Le guide Patron des vins bio

Pascal Patron

Le guide Patron des vins bio

AMÉRIK MÉDIA

Catalogage avant publication de Bibliothèque et Archives nationales du Québec
et Bibliothèque et Archives Canada

Patron, Pascal

Le guide Patron des vins bio

Comprend des réf. bibliogr. et un index.

ISBN 978-2-923543-17-8

1. Vin biologique. I. Titre.

TP548.6.O74P372 2010   641.2'2   C2010-940257-X

AMÉRIK MÉDIA
3523, rue Gertrude
Verdun (Québec)   H4G 1R4
Téléphone : 514 652-5950
www.amerik-media.com

Distribution : ÉDIPRESSE
945, avenue Beaumont
Montréal (Québec) H3N 1W3
Téléphone : 514 273-6141
Sans frais : 1 800 361-1043
Télécopieur : 514 273-7021

Édition : Julien Brault
Conception de la couverture : Isabelle Carpenter
Mise en pages : Édiscript enr.
Aide à la rédaction : Johanne Robichaud
Révision technique : Dominique Brault
Correction : Sylvie Lallier

Dépôt légal : 2010
Bibliothèque et Archives nationales du Québec
Bibliothèque et Archives Canada

À ma grand-mère Liline,
sans qui ma mémoire olfactive
ne serait pas ce qu'elle est.

Je suis pour l'augmentation du goût de la vie.

JACQUES DUTRONC

PRÉFACE

Il faut lire le Guide Patron des vins bio *pour plusieurs raisons. D'abord, parce que cet ouvrage sanctionne un travail précis et méticuleux, nourri par des milliers de kilomètres dans le vignoble et des centaines de dégustations authentiques et fidèlement annotées. Ensuite, à cause de la personnalité et du parcours de l'auteur, Pascal Patron. Français par la naissance, il a reconstruit sa vie au Québec et possède donc ce double regard précieux aujourd'hui, d'un côté l'académisme du Vieux Continent, de l'autre l'ouverture et l'audace offertes par le Nouveau Monde. Il y a aussi la cohérence de son parcours. Après une première vie professionnelle dans le milieu de la santé, Pascal Patron ne s'est pas intéressé au phénomène des vins bio par hasard. Passionné par la qualité du travail d'artisan qui est la signature des meilleurs vignerons d'Europe, Pascal a très tôt été choqué par les excès des traitements chimiques et par le productivisme dans le vignoble. Scrupuleux, il est venu étudier le vin à Bordeaux pour en savoir plus, a tâté du journalisme à* La Revue du vin de France *avant de regagner le Canada pour enseigner sa passion du vin à Montréal. Son livre est donc le fruit de l'engagement d'une vie et c'est ce qui fait sa valeur. Il aidera les amateurs à choisir les vins les plus fins et digestes parmi la production toujours plus dense de vins bio. Il permettra aussi à celui qui apprécie le vin sans être un spécialiste de mieux définir son goût personnel, en lui laissant la liberté et le plaisir du choix. Ce n'est pas là la moindre de ses qualités.*

DENIS SAVEROT,
Directeur de la rédaction de La Revue du vin de France

LES VINS BIO, UNE RÉALITÉ

L ongtemps considérés marginaux, les vins bio, même si le terme est abusif puisqu'il s'agit encore à proprement parler de « vins issus de raisins cultivés en agriculture biologique » font désormais partie intégrante du paysage viticole moderne et mondial. De par l'augmentation considérable de la surface viticole convertie, il devient de plus en plus difficile de les passer sous silence. En 2010, une charte européenne de vinification bio devrait même voir le jour et de ce fait légiférer sur les différents termes utilisés, par exemple « Nature » ou « Authentique », qui reflètent plus l'apanage d'une tendance que d'une pratique.

De plus, si certains vignerons s'affichent, d'autres considèrent que ce n'est pas un argument de vente mais plus une philosophie. C'est pourquoi il était intéressant de fournir aux consommateurs et amateurs, soucieux de leur bien-être ou tout simplement à la recherche d'authenticité, un guide sur les vins bio. Plus qu'un simple guide, c'est un parcours initiatique à travers les vignobles bio du monde qui est proposé puisque les vins bio dégustés proviennent de tous les continents. Pour ce faire, l'auteur n'a pas hésité à parcourir quelque 10 000 km en sillonnant les vignobles de France et à déguster un millier de vins qu'il vous rapporte dans cet ouvrage qu'il a complété par les vins des autres pays producteurs. De plus, il s'efforce de répondre à certaines questions et incite à travers ses commentaires de dégustation à découvrir ce monde captivant.

Les vins ont été goûtés et analysés de façon objective en gardant toujours présent à l'esprit que le vin est un produit culturel élaboré pour être bu, partagé et destiné au plaisir.

Le vin bio, s'il a été à un moment un phénomène de mode, est devenu aujourd'hui une réalité avec laquelle il faut désormais composer, et ce, pour le plus grand plaisir des amateurs et des consommateurs. Même si le vignoble « biologique » mondial est encore confidentiel, il gagne du terrain et suscite un engouement croissant. Si la méthode de culture est un argument, les scandales autour des dérives alimentaires poussent aussi les consommateurs à se tourner vers ce type de produit.

De plus, si rien ne prouve que le vin bio est meilleur, il n'est certainement pas moins bon, et consommé avec modération, il possède des vertus qu'il ne faut pas négliger, au même titre que tout autre aliment bio.

Déjà à l'époque de Pasteur, où les produits chimiques de synthèse étaient méconnus, le vin était pour lui « la plus saine des boissons ».

Plus qu'un type de viticulture, une philosophie.

LES VINS BIO

O n ne peut que se réjouir aujourd'hui de voir à travers le monde viticole une augmentation du nombre de producteurs qui font machine arrière dans leur mode de culture de la vigne et s'orientent vers la viticulture biologique. L'époque des vins bio mal vinifiés est révolue et ce mode de culture rallie aujourd'hui non seulement de jeunes viticulteurs, mais aussi des domaines renommés qui comptent parmi les meilleurs. Cependant, il faut faire attention, car comme le marché du « bio » semble porteur, certains viticulteurs s'en réclament sans forcément faire l'effort d'adhérer à un organisme de certification qui contrôle la véracité des faits. L'agriculture raisonnée comme l'indique son nom n'est pas bio, car seules les doses de produits chimiques de synthèse utilisées sont inférieures à la viticulture conventionnelle et ceux qui s'en réclament doivent aussi être agréés.

QU'EST-CE QU'UN VIN BIO ?

En fait, il n'existe pas à proprement parler de vin bio, la biologie concerne uniquement la production du raisin et non sa transformation. C'est le raisin qui est bio et, par conséquent, le « vin bio » comme sa mention l'indique sur l'étiquette est un « vin issu de raisins de l'agriculture biologique », sur lequel le label AB peut être apposé.

S'il existe déjà plusieurs chartes qui régissent la vinification en bio et donnent aux vignerons un cadre précis de vinification en accord avec l'éthique de la bio, en 2010 une charte européenne devrait être ratifiée. Elle définira un ensemble de règles, de pratiques et de produits utilisés pour la vinification des raisins issus d'agriculture biologique, mais aussi, pour l'élaboration, la conservation et le conditionnement des vins. Son but étant d'engendrer des vins de qualité les plus naturels possible. Elle portera notamment sur l'interdiction d'emploi de tout produit issu d'OGM, ou non biologique, sur les limites de SO_2 autorisées et sur tout produit strictement interdit.

L'objectif principal de la viticulture bio est de renforcer l'expression du terroir dans le vin. Pour ce faire, le vigneron bio cherche à valoriser les interactions entre la vigne, le sol et le climat en utilisant des méthodes respectueuses de l'environnement sans adjonction aucune de produits chimiques de synthèse. Les seuls engrais et autres fertilisants autorisés sont d'origine organique (fumiers, composts). Naturels, ces derniers libèrent des éléments minéraux absorbés par la plante. Cette volonté de cultiver la vigne autrement nécessite plus de travail et de vigilance de la part du vigneron. Les sols sont travaillés manuellement ou mécaniquement, parfois enherbés pour les aérer et afin d'éviter tout produit phytosanitaire de types herbicides ou acaricides, les produits d'origine naturelle sont privilégiés, tels que les insecticides végétaux, les traitements à base de cuivre et de soufre ou encore la lutte prophylactique ou la confusion sexuelle. De ce fait, les levures indigènes sur la peau des raisins se redéveloppent : plus besoin d'avoir recours à des levures exogènes fabriquées en laboratoire pour les fermentations.

Cependant, cette viticulture bio a évidemment un coût, nécessite plus de travail à la vigne donc plus de main-d'œuvre et engendre une productivité moindre et des rendements plus faibles.

Les normes de production en agriculture biologique sont établies depuis 1991 par un règlement européen (CE2092/91) et imposent :
• D'avoir déclaré son activité à l'Agence Bio.
• De cultiver les vignes sans produits chimiques de synthèse (engrais, pesticides, herbicides).
• De mettre en œuvre les règles de l'agriculture biologique pendant trois campagnes pour pouvoir prétendre à la mention « vin issu de raisins de l'agriculture biologique ».
• D'être certifié par un organisme agréé.

Aujourd'hui, il ne suffit pas de le faire et de le dire, encore faut-il le prouver et pour cela il faut consciencieusement inscrire toutes les opérations effectuées de façon à conserver une traçabilité. C'est d'autant plus important que, sur certains domaines, toutes les parcelles ne sont pas conduites selon le mode de culture agrobiologique et qu'il est donc impératif d'en faire la distinction.

Certains viticulteurs bio vont encore plus loin dans leur démarche et optent pour la culture en biodynamie.

QU'EST-CE QUE LA BIODYNAMIE ?
La biodynamie est née au début du xxᵉ siècle sous l'impulsion de Rudolph Steiner, philosophe et scientifique autrichien. Connue sous le nom d'anthroposophie, sa philosophie se définit comme « une synthèse entre la

science, l'art et la religion à partir d'une investigation rigoureuse des réalités du monde et de l'esprit» et s'applique à l'agriculture.

En clair, cette méthode de culture se base sur le principe selon lequel le vignoble est une entité vivante et qu'il faut respecter l'équilibre entre les quatre éléments : terre, eau, air et feu (soleil). Concrètement, elle agit pour redonner de la vitalité aux sols et à la plante à l'aide de préparations biodynamiques pour lui permettre de s'exprimer pleinement tout en tenant compte des rythmes cosmiques. Les engrais chimiques et autres pesticides, herbicides et insecticides ayant affaibli les facultés de défense et de réaction de la vigne face aux éléments extérieurs, la biodynamie va donc privilégier les défenses internes de la plante et non les traitements externes.

L'agriculture biodynamique va encore plus loin que l'agriculture biologique en éliminant aussi tout produit phytosanitaire, même à base de sels minéraux ou d'extraits de plantes, à l'exception du soufre et du cuivre. Pour développer toutes les espèces vivantes, elle utilise plutôt des tisanes de plantes, des cristaux de roche, des composts animaux ou végétaux décomposés et fermentés. Ces préparations spécifiques sont élaborées à partir d'achillée, de camomille, d'ortie, de pissenlit, de valériane, de compost et de silice et permettent à la vigne de renforcer son immunité en respectant l'équilibre naturel de la faune et de la flore. Elles ont, pour la plupart, subi des transformations, fermentations en présence d'organes d'animaux, le tout «dynamisé» au préalable et utilisé dans des doses infinitésimales. Certains peuvent voir dans cette pratique un côté ésotérique et les préparas aux noms étranges de préparation 500, 501 ou compost de bouse MT (élaboré à partir de bouse de vache enterrée dans une corne et déterrée à point nommé, mélangée au fumier et épandue sur les sols), peuvent laisser dubitatif le néophyte. Cependant, dans certains cas, pour aider la vigne, des tisanes ou décoctions de plantes utilisées à doses homéopathiques sont jugées nécessaires ainsi que des produits naturels comme la bouillie bordelaise et la fleur de soufre si indispensable.

La biodynamie s'intéresse aussi aux rythmes terrestres, lunaires ainsi qu'aux influences cosmiques liées à la croissance de la plante et utilise un calendrier strict, tenant compte des interactions du soleil, de la lune et des planètes pour les travaux et traitements de la vigne.

En bref, si pour certains, cela semble farfelu, ce mode de culture ne fait finalement qu'appliquer des recettes de grand-père, basées sur des observations empiriques. Force est de constater que les vins issus de ce type de culture expriment des particularités de terroir propres à chaque domaine.

D'un point de vue gustatif, en général les vins bio apportent un plus parce qu'ils ont su garder leurs levures indigènes et toute la typicité du terroir et du millésime dont ils sont issus. Certains se classent même en tête de nombreux concours. Néanmoins, comme il existe de piètres vins conventionnels, il existe aussi de piètres vins bio.

QU'EN EST-IL DES SULFITES ?

Les quantités de soufre (SO_2) utilisées pour le vin bio sont inférieures de moitié à la normale. C'est la raison pour laquelle le vin bio est moins susceptible de provoquer des maux de tête qu'un vin issu de culture conventionnelle.

Autre débat que celui de la présence de SO_2 dans le vin puisque depuis la récolte 2005, « l'étiquetage des allergènes sur les boissons alcoolisées » rendu obligatoire par l'Union européenne, impose la mention « Contient des sulfites » sur l'étiquette des bouteilles de vin. Or l'important n'est pas la présence de SO_2, indispensable et bénéfique à la plupart des vins et qui est même produit naturellement, mais sa teneur dont il n'est nullement fait mention. Le dioxyde de soufre est un antioxydant, un antiseptique et un acidifiant. Il protège le vin de l'oxygène qui fait évoluer ses arômes jusqu'à l'altérer.

Tout n'est que question de mesure et, quand le raisin est sain, il n'est pas nécessaire d'utiliser des doses importantes de soufre pour stabiliser le vin. La présence de SO_2 doit être mentionnée à partir de 10 mg/l, teneur très faible : la viticulture conventionnelle autorise des doses maximales de l'ordre de 160 mg/l pour les rouges, de 210 mg/l pour les blancs et rosés secs et de 400 mg/l pour les liquoreux. La viticulture bio n'en permet que la moitié environ, soit, selon le cahier des charges de Nature et Progrès, 70 mg/l pour les rouges, 90 mg/l pour les blancs et rosés et 200 mg/l pour les liquoreux. En réalité, les doses sont encore plus faibles.

De ce fait comment faire la différence avec ce simple phrasé « Contient des sulfites » entre un vin bio produit par un vigneron respectueux qui contient 20 mg/l de SO_2, et un vin conventionnel qui en contient 10 fois plus ?

Comme la totalité des vins contiennent des sulfites à différentes doses, cette mention est obsolète et les quelques vignerons bio aventuriers qui vinifient sans soufre mentionneront « Ne contient pas de soufre ajouté ». Et si dans ce petit monde d'exception, il existe des merveilles, on peut rencontrer aussi des déconvenues.

LES VERTUS DU VIN

Si le vin « bio » reflète plus l'expression d'un terroir, le fait que les raisins soient cultivés et vinifiés sans produits chimiques lui confère aussi bien des vertus. Ces propriétés étant pour la plupart inhibées par les produits chimiques utilisés dans la viticulture « conventionnelle ».

Le vin est très complexe et près de 1 000 composés sont dénombrés dans un vin. C'est donc bien plus qu'une simple dilution alcoolique colorée de jaune, de rouge ou de rose, comme certains peuvent le croire. Il se compose de 80 à 90 % d'eau et les 10 à 20 % restants contiennent de l'alcool éthylique issu de la fermentation du sucre, du glycérol, des acides aminés (les concentrations se rapprochant du sang humain), des acides organiques (tartrique, malique, lactique, succinique, citrique), mais aussi des éléments minéraux (potassium, calcium, magnésium, sodium, fer, sulfates et phosphores), des vitamines B et P et des composés phénoliques dont les tanins et les anthocyanes responsables de la couleur rouge des vins. Une bouteille de bordeaux, par exemple, renferme 680 calories, ce qui fait 50 calories dans un verre, autant que dans une pomme.

Les vertus médicinales et antiseptiques du vin étaient déjà reconnues dans l'Antiquité.

Et, il n'y a pas si longtemps, les médecins utilisaient le vin pour soigner toutes sortes d'infections et désinfecter les plaies. Hippocrate en prescrivait lui aussi à des fins diurétiques et aussi pour combattre la fièvre.

Aujourd'hui, le côté « alicament » du vin semble oublié, on ne voit plus que le côté néfaste attribué à certaines dérives. Cependant, la question des vertus du vin est toujours d'actualité et les médecins qui la relancent s'appuient sur des études scientifiques qui démontrent que les consommateurs modérés (un à trois verres de vin par jour pris pendant les repas) ont moins de risques de maladies cardiovasculaire, que les polyphénols présents dans le vin rouge ont des propriétés antioxydantes qui diminuent les risques de cancer et ont une action bénéfique sur le système nerveux, que le resvératrol présent dans le pinot noir et en grande quantité dans le cépage italien teroldego inhiberait l'initiation et la progression des tumeurs. Une autre étude a même mis de l'avant que les buveurs modérés avaient des facultés intellectuelles supérieures aux autres et que le vin influerait sur la diminution de la maladie d'Alzheimer (même il est trop tôt pour le confirmer).

Cependant toutes ces substances qui ont des effets bénéfiques se trouvent fortement inhibées par les produits chimiques de synthèse et autres pesticides, herbicides, fongicides utilisés dans la viticulture conventionnelle. D'ailleurs, pour pallier les carences de ces substances dans le métabolisme de certains individus, elles sont aujourd'hui synthétisées en laboratoire comme apport nutritionnel complémentaire.

De plus, une étude réalisée en 2008 par les associations du Pesticides Action Network Europe portant sur 40 échantillons de vins provenant de divers pays du monde et regroupant des vins issus d'agriculture conventionnelle et biologique, a démontré que tous les vins issus de viticulture conventionnelle testés contenaient des résidus de pesticides. Ces molécules toxiques ont des effets non négligeables sur notre santé. Pour n'en citer que quelques-unes, le carbaryl serait possiblement un agent cancérigène et un perturbateur endocrinien, le carbendazim est suspecté d'être un agent mutagène et un perturbateur hormonal et le tébuconazol, d'être reprotoxique et cancérigène.

Le vin «bio», élaboré à partir de raisins issus de l'agriculture biologique et vinifié sans adjuvants de synthèse, ne contient donc aucun produit nocif pour la santé (excepté l'alcool si consommé sans modération) et garde toutes ses propriétés «médicinales».

Non seulement le vin bio est plus gustatif, mais il est meilleur pour la santé, il préserve l'environnement, la viticulture bio n'épuise pas les sols, permet le retour de la flore et de la faune. De plus, l'absence de désherbants protège les nappes phréatiques, donc les ressources en eau. Il préserve aussi la santé du vigneron, moins exposé aux produits chimiques et toxiques.

Mais la viticulture bio a un prix. Elle coûte beaucoup plus cher, car les pratiques de ce mode de production nécessitent un suivi régulier des vignes, des interventions raisonnées et certaines opérations manuelles qui emploient plus de main-d'œuvre qu'en viticulture conventionnelle. De plus, les rendements sont plus faibles. Cependant, pour les vins bio comme pour les autres, la concurrence existe. Par conséquent, la différence de prix entre les vins bio et les autres se réduit considérablement pour le bonheur des consommateurs. De plus, il est possible de trouver des vins bio dans tous les types de vins, qu'ils soient rouges, blancs secs, moelleux, liquoreux, rosés, vin doux naturels ou effervescents, et ce, dans toutes les appellations.

Si le prix des vins bio permet de compenser les coûts de production plus élevés, cela permet aussi à certains vignerons qui pratiquent des prix prohibitifs de valoriser leur vin.

SITUATION MONDIALE

Dans tous les continents aujourd'hui, on boit du vin et on en produit. Une nouvelle culture œnophile voit le jour, les habitudes de consommation changent, et face à ce changement, la nouvelle génération de vignerons se voit obliger de s'adapter et de repenser la viticulture autrement.

Certains viticulteurs découvrent les conséquences néfastes que le matérialisme et le productivisme de la deuxième moitié du xxe siècle ont induites sur la santé de l'homme, sur son environnement et sur les sols. Force est de constater que le développement à outrance des traitements chimiques pour combattre les maladies, faciliter le travail et augmenter la production n'a eu pour effet que d'appauvrir la notion même d'Appellation d'Origine Contrôlée (AOC). Pour pallier ce phénomène, et obtenir un bon vin, la technologie a alors pris le relais.

Timidement au début, plus en force aujourd'hui, une nouvelle génération de vignerons voit donc le jour. Ces vignerons, respectueux de leur environnement, essaient de retrouver le savoir faire d'autrefois et se tournent vers la viticulture en biologie et en biodynamie. Ils redéfinissent la notion même de terroir qui s'exprime dans leur vin.

Même si elle reste encore confidentielle avec une superficie de 120 000 hectares, soit 1,6 % du vignoble mondial, la viticulture bio gagne du terrain et il est agréable de voir que ce mode de production est de plus en plus pratiqué dans tous les pays du monde par de grands vignerons.

Les données sur la viticulture bio dans le monde ne sont pas des plus accessibles mais si on se fie aux chiffres de Millésime Bio, salon professionnel international consacré aux vins bio, la viticulture biologique représente aujourd'hui une part importante de la production biologique mondiale.

En Europe, l'Italie avec 5 % de sa surface viticole convertie en bio, soit environ 36 700 hectares, arrive en tête du palmarès. Elle est suivie par la France avec quelque 28 190 hectares, soit 3,3 %, répartis majoritairement dans le sud. L'Espagne arrive derrière avec une superficie de 17 000 hectares. Dans les autres pays d'Europe, notamment à l'est, la viticulture bio gagne aussi du terrain. Il en est de même aux États-Unis où face à l'augmentation de la consommation de vin, le vignoble américain s'agrandit. Espérons que la surface bio suivra le même chemin.

En France, si les vins bio sont vendus sur place, dans les magasins spécialisés et chez les bons cavistes, c'est à l'export que la part du marché est la plus importante avec 70 %, et la demande reste largement supérieure à l'offre. La réponse à cette demande constitue une motivation et contribue à l'augmentation de la surface convertie à ce type de viticulture.

Si dans les autres pays producteurs de vin, le sujet de la viticulture bio n'était jusque-là que peu abordé, aujourd'hui ce type de production fait des émules et de nombreux producteurs lancent des vins bio sur le marché. Ils proviennent d'Australie, du Chili, d'Argentine, mais aussi d'Afrique du Sud. Aujourd'hui, tous les pays producteurs de vin ont une partie de leur vignoble conduite en biologie.

Le marché du vin bio est en constante évolution. Cependant, comme dans tous les secteurs porteurs, les dérives de l'agriculture bio vers un « agrobusiness » bio industriel existent et sont hélas réelles.

RAPPELS DE DÉGUSTATION

La dégustation n'est pas une science exacte, elle fait référence à la mémoire olfactive de chaque individu. Cependant, elle se déroule dans des conditions particulières et systématiques qui ne sont pas celles de la consommation habituelle des vins. Ce n'est pas parce qu'un vin séduit en dégustation qu'il se révélera aussi plaisant à table, surtout s'il ne s'harmonise pas avec les mets qui l'accompagnent.

Déguster, c'est soumettre le vin à nos sens, en ordonnant nos impressions. En particulier la vue, l'odorat et le goût auxquels s'ajoute le toucher par les récepteurs tactiles et thermiques de la bouche.

L'œil renseigne sur l'aspect global du vin, sur la couleur, la limpidité, la brillance et la présence ou non d'effervescence. Il faut mettre de côté ses *a priori* et ce n'est pas parce qu'un vin est dense ou brillant qu'il est meilleur. En revanche, certains vins bio non filtrés peuvent présenter une légère turbidité qui sera préférable à un vin trop brillant ayant perdu son équilibre et ses arômes lors d'une filtration trop fine.

Le nez donne une perception des odeurs à travers les arômes et le bouquet caractéristique du vin. Ces derniers sont liés au terroir, au cépage, à la vinification et à l'évolution du vin. La température de dégustation joue aussi un rôle important dans son expression aromatique. Le vin peut être discret au début et très expressif quelques heures après. Certains vins, encore plus pour les vins bio, ont souvent besoin d'être carafés pour s'ouvrir.

La bouche informe sur le goût par les arômes perçus en rétro-olfaction, mais aussi par le goût à proprement parler. Par la perception tactile et thermique des stimulations générées par le vin, les muqueuses, elles, renseignent sur la consistance, l'onctuosité, mais aussi sur l'astringence et la chaleur. Chez les vins jeunes, le fruit est plus perceptible, l'acidité, plus marquée et les tanins, un peu secs et moins agréables pour le palais.

L'ensemble de ces perceptions permet de se faire une idée du vin dans le verre. Mais il ne faut jamais perdre de vue que l'appréciation d'un vin dépend surtout de la satisfaction gustative qu'il procure, en résumé de son harmonie globale.

Le vin n'est pas produit pour être analysé, c'est avant tout un produit culturel élaboré pour être bu et destiné au plaisir.

MODE D'EMPLOI

CONDITIONS DE DÉGUSTATION

Tous les vins ont été dégustés par Pascal Patron dans un verre Spiegelau Expert, verre qui permet, par sa forme, d'offrir une belle ouverture tout en restant maniable, ou au pire dans un verre à dégustation de type INAO. Ils ont été servis à bonne température dans un cadre adéquat. Beaucoup de dégustations ont été réalisées directement à la propriété mais aussi organisées par les interprofessions, ou encore dans ses locaux. L'auteur s'est efforcé de donner un avis le plus impartial possible.

ÉCHANTILLONS

Les échantillons ont été, pour la plupart, fournis par les producteurs, les agences, ou encore achetés par l'auteur. Cependant, tous les vins bio n'ont pu être dégustés et les millésimes disponibles à la date de publication auront peut-être changé. Ce guide permet de donner un aperçu substantiel de ce que l'on peut retrouver comme vins bio sur le marché. Certains domaines en cours de conversion, jugés intéressants, et travaillant depuis longtemps de cette façon figurent aussi dans cette édition.

Des domaines ont pu être oubliés, ce dont l'auteur s'excuse.

Enfin, les domaines qui pratiquent la viticulture bio sans contrôle officiel n'ont pas été retenus dans ce guide.

NOTATION

L'auteur s'est longtemps interrogé au sujet de la notation. Noter ou pas et sur combien ? C'est naturellement qu'il a opté pour une notation sur 20, ayant lui-même été souvent évalué de cette façon durant son parcours scolaire. La notation sur 5 lui semblait trop limitative et celle sur 100, de type anglo-saxonne, ne lui correspondait pas.

Les notes ne sont que le reflet de l'appréciation du dégustateur, qui s'est efforcé d'être le plus objectif possible, la dégustation n'étant pas une science exacte. C'est pourquoi il a tenu à vous faire part de ses impressions. Les vins dont les notes se sont avérées trop basses n'ont pas été retenus.

PRIX

Pour pallier toute variation de prix, l'auteur a préféré s'abstenir d'indiquer le prix exact. Il a plutôt choisi de le situer dans une fourchette pour donner une idée approximative.

ND   non disponible
🐷   inférieur à 15 $ CAN/6 €
🐷🐷   entre 15 $ CAN/6 € et 25 $ CAN/12 €
🐷🐷🐷   entre 25 $ CAN/12 € et 50 $ CAN/24 €
🐷🐷🐷🐷 supérieur à 50 $ CAN/24 €

EXEMPLE DE FICHE
(explication page suivante)

❶ DOMAINE DE LA TOUR BICHON

❷ Pascal L'Inconnu	Tél.: + 33 (0) 00 00 00 00
❸ DOMAINE DE LA TOUR BICHON	Fax: + 33 (0) 00 00 00 00
07100 Factice	Courriel: ND (Non disponible)
	Site Web: www.exempleinconnu.com

❹ **Appellation de référence:** Vin de Pays
❺ **Superficie:** 1 ha
❻ **Production:** 1 Bt/an
❼ **Cépages:** Viognier, Chatus, Aramon
❽ **Types de viticulture:** Agrobiologie et biodynamie
❾ **Organisme et année de certification:** Ecocert 2009

❿ **Domaine**

Ce domaine inventé de toutes pièces sert d'exemple pour tous les autres domaines qui, eux, sont réels. Les renseignements fournis donnent un bref aperçu historique de la propriété, ainsi que la philosophie de la maison.

⓫ **Les vins**

Factice, Domaine de la Tour Bichon, Vin de Pays 2008 🐑 🐑 <u>17,5/20</u>

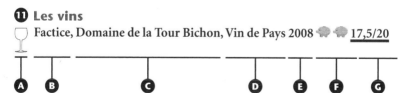

A   B   C   D   E   F   G

1 Non du domaine ou de la propriété
2 Nom du propriétaire, voire du directeur
3 Coordonnées du domaine
4 Appellation de référence quand le domaine produit des vins dans plusieurs appellations
5 Surface du vignoble en hectares (ha)
6 Production annuelle en nombre de bouteilles (Bt/an)
7 Cépages entrant dans la composition du vin
8 Méthode de viticulture
9 Organisme et année de certification
10 Présentation du domaine
11 Le vin
   A Couleur du vin
      Vin blanc

      Vin blanc effervescent

      Vin rouge

      Vin rosé

      Vin rosé effervescent

   B Nom du vin (cuvée)
   C Producteur
   D Appellation
   E Millésime
   F Prix
   G Note sur 20

LES INCONTOURNABLES

Clos de l'Anhel (Languedoc)
Champagne Bedel (Champagne)
Domaine Barmès Buecher (Alsace)
Château de Beaucastel (Rhône)
Domaine Borie la Vitarèle (Languedoc)
Domaine Cazes (Languedoc)
Domaine Canet-Valette (Languedoc)
Domaine des Carabiniers (Rhône)
Domaine Alain Chabanon (Languedoc)
M. Chapoutier (Rhône)
Château de Coulaine (Loire)
Domaine Combier (Rhône)
Domaine du Coulet (Rhône)
Domaine Marcel Deiss (Alsace)
Château Falfas (Bordeaux)
La Ferme des Sept Lunes (Rhône)
Champagne Fleury (Champagne)
Domaine Ganevat (Jura)
Domaine Gauby (Languedoc)
Domaine Goissot (Bourgogne)
Domaine Henri-Richard (Bourgogne)
Domaine Huet (Vouvray)
Viña Ijalba (Rioja)
Josmeyer (Alsace)
Alois Lageder (Alto Adige)
Mas de Libian (Rhône)
Vignoble du Loup Blanc (Languedoc)
Domaine Maxime Magnon (Languedoc)
Domaine Alphonse Mellot (Sancerre)
Montesecondo (Italie)
Domaine Pierre Overnoy (Jura)
Domaine Ostertag (Alsace)

Alvaro Palacios (Espagne)
Parés Baltà (Espagne)
Domaine Olivier Pithon (Languedoc)
Pithon-Paillé (Loire)
Punset (Italie)
Château le Puy (Bordeaux)
Clos de la Procure (Provence)
Château Revelette (Provence)
Domaine des Roches Neuves (Loire)
Château de Roquefort (Provence)
Domaine Rousset-Peyraguey (Bordeaux)
Domaine de Souch (Jurançon)
Domaine André et Mireille Tissot (Jura)
Château Tour des Gendres (Bergerac)
Domaine A. et P. de Villaine (Bourgogne)
Domaine de la Vieille Julienne (Rhône)
Domaine Zind-Humbrecht (Alsace)
Domaine Valentin Zusslin (Alsace)

FRANCE

Dans le peloton de tête des pays producteurs mondiaux de vins, la France l'est aussi dans celui des pays viticoles producteurs de « vins biologiques » avec une surface convertie de 28 190 hectares, soit environ 3,3 % du vignoble national, selon les données de l'Agence Bio. Sur cette superficie, 15 663 hectares sont déjà certifiés, le reste étant en cours de certification. Une progression en forte hausse, puisqu'elle est de plus de 25 % en 2008 et d'environ 50 % entre 2007 et la fin 2008.

Cette augmentation fait suite au Grenelle de l'environnement, ensemble de rencontres politiques organisées en octobre 2007 en France et visant à prendre des décisions à long terme en matière d'environnement et de développement durable. On est même en mesure de s'attendre à ce que cette croissance s'accélère sous la pression du plan Barnier, du nom de l'ex-ministre de l'Agriculture, mais aussi de la demande en forte croissance. Selon les objectifs de ce plan, la surface consacrée aux exploitations bio doit atteindre 6 % de la surface agricole d'ici 2012 et 20 % en 2020. Dans cette perspective, la viticulture, qui représente 3 % de l'agriculture française, devrait elle aussi voir sa surface en biologie s'accroître dans les prochaines années, croissance qui est déjà amorcée.

Sur l'ensemble du vignoble français, la progression est dans l'ensemble homogène avec une moyenne autour de 25 %. Les 2/3 des surfaces certifiées ou en cours se répartissent sur trois appellations. En premier, le Languedoc-Roussillon avec une superficie de 8 837 hectares, ce qui représente 11 % du vignoble, suivi de la région Provence-Alpes-Côte d'Azur avec 6 674 hectares, environ 23 %, et Bordeaux avec 3 763 hectares mais seulement 3 % de son vignoble.

Le Languedoc se positionne en tête du peloton dans la course à la certification et enregistre la plus forte progression avec une hausse d'environ 36 % sur la dernière année, talonné par le Sud-Ouest avec une progression de 33 % et le Rhône avec 31 %, même si dans ces deux dernières régions, la proportion de surface bio reste encore relativement faible. La Bourgogne 27 %, la Provence 26 %, l'Alsace 23 % et Bordeaux 22 % arrivent ensuite

Vignoble de France

PARIS

CHAMPAGNE

Reims

Troyes

ALSACE

Strasbourg

Colmar

VALLÉE DE LA LOIRE

Orléans

Auxerre

CHABLIS

Dijon

Tours

BOURGOGNE

Lons-le-Saunier

Nantes

CÔTE CHALONNAISE

Mâcon

BEAUJOLAIS

LYON

Chambéry

BORDEAUX

VALLÉE DU RHÔNE

Valence

Bordeaux

SUD-OUEST

LANGUEDOC-ROUSSILLON

Avignon

PROVENCE

Nice

Bastia

Toulouse

Montpellier

MARSEILLE

Perpignan

Ajaccio

CORSE

avec des progressions notables. Les autres régions viticoles suivent cette progression de près.

L'époque où les vins biologiques, pas toujours de bonne qualité, étaient produits par des marginaux est révolue et, aujourd'hui, c'est l'élite qui se tourne vers ce mode de culture dans un souci de faire revivre les terroirs et de redonner un sens à cette notion.

La nouvelle génération s'intéresse à ce type de viticulture avec enthousiasme et la viticulture bio compte aujourd'hui quelque 2 300 viticulteurs, soit 17 %, dont certains de renom qui ont déjà pris ce virage vert pour une production totale d'environ 1,1 million d'hectolitres. Parmi eux, 10 à 15 % suivent les préceptes de la biodynamie, une méthode de culture qui fait elle aussi de plus en plus d'adeptes.

Le label AB, en vigueur en France depuis janvier 2005, a donné de la visibilité aux vins bio et informe le consommateur sur la qualité du vin, du moins du raisin dont il est issu. Si rien ne réglemente encore la vinification bio, car pour l'instant la législation concerne uniquement le mode de production du raisin, ça ne devrait pas être long. Le nouveau règlement sur l'agriculture biologique en vigueur depuis janvier 2009 prévoit d'intégrer un règlement spécifique pour la vinification bio qui devrait voir le jour en 2010.

Il existe déjà plusieurs cahiers des charges de vinification bio en France et en Europe. Ils servent de cadre de travail aux vignerons bio, notamment celui de la FNIVAB (Fédération nationale des vins issus de l'agriculture biologique), de Biodyvin, et visent à limiter et à réglementer les intrants dans le processus d'élaboration du vin.

Connue depuis la nuit des temps, c'est à l'époque gallo-romaine et surtout au Moyen Âge, grâce au clergé, que la viticulture s'est développée en France.

Aujourd'hui, même si la surface totale du vignoble français est en baisse depuis ces dernières années, elle occupe encore environ 870 000 hectares, superficie que se répartissent 150 000 exploitations. Les climats, conjugués à la variété des sols et aux multiples cépages, favorisent la culture de la vigne sur l'ensemble du territoire français. Ce vaste vignoble subit trois types de climats, atlantique à l'ouest, continental à l'est et méditerranéen au sud.

Le vignoble français peut se subdiviser en 10 grandes régions : Alsace, Bordeaux, Bourgogne, Champagne, Jura-Savoie, Languedoc-Roussillon, Loire, Provence-Corse, Rhône et Sud-Ouest qui possèdent une particularité de cépages.

Par une législation rigoureuse de ses vins, la France s'est distinguée assez tôt en créant en 1935 des Appellations d'Origine Contrôlées (AOC)

et a servi de modèle aux autres pays viticoles. Les vins issus de ces AOC
sont des vins produits dans des terroirs délimités en fonction de caractéristiques climatologiques et historiques précises. De plus, ils doivent satisfaire à des conditions de production déterminées par l'Institut National
des Appellations d'Origine (INAO), notamment en matière de réglementation sur les cépages utilisés, la densité de plantation, les rendements. À
partir des années soixante, les AOC se sont multipliées et on dénombre
aujourd'hui quelque 400 aires d'appellations d'origine contrôlées. Cependant, à force de trop tirer sur la corde, elle finit par se détendre et se
rompre : aujourd'hui, les vins d'AOC représentent plus de la moitié de la
production nationale et ce label ne garantit en rien un gage de qualité,
loin de là. L'AOC peut aussi avoir des effets plus pervers et générer des
contraintes qui s'opposent à la production de vins conformes aux attentes
du marché. Dans ces conditions, certains viticulteurs désireux de planter
des cépages non autorisés par cette réglementation sur leur terroir, voient
leurs vins déclassés en vin de table.

    Le vignoble français est aujourd'hui en pleine mutation pour répondre
au goût du consommateur et concurrencer les vins des pays du Nouveau
Monde (États-Unis, Chili…). La notion même d'appellation est en complète refonte.

    Aujourd'hui, face à la crise viticole, la viticulture française se cherche
entre tradition et modernisation, si bien que l'on assiste au développement d'un vignoble à deux vitesses. Face à cette ultramodernisation et à
cette productivité compétitive, certains vignerons soucieux de respecter
la notion de terroir et d'appellation, tout en préservant l'environnement,
reviennent à un type de viticulture ancestrale dite « biologique » où est
exclue toute utilisation de produits chimiques de synthèse. La France est
au troisième rang mondial pour l'utilisation de pesticides et 20 % de ces
produits sont répandus dans les vignes. Ces vignerons poussent même
parfois leur philosophie plus loin vers la biodynamie, l'objectif étant de
produire des vins authentiques qui expriment un terroir.

    Faut-il faire du vin pour répondre au goût du consommateur ou édu-
quer le consommateur au goût du vin qui exprime un terroir ? C'est
aujourd'hui la question en France, mais aussi dans tout le monde viticole.

ALSACE

Presque à la limite septentrionale de la zone de culture de la vigne, telle une lanière viticole séparant la France de l'Allemagne, entre Vosges et Forêt Noire, le vignoble alsacien s'étend pratiquement sur 100 kilomètres de Strasbourg à Mulhouse.

Dans un souci qualitatif et pour préserver la richesse des magnifiques terroirs de cette région viticole, certains viticulteurs, parmi les meilleurs, se sont très tôt orientés vers la biologie et la biodynamie. Les influences de leurs proches voisins allemands et autrichiens, avant-gardistes en matière d'environnement et de biodynamie, les ont incités à repenser la viticulture autrement. Aujourd'hui, sur les 1 261 hectares de vignobles bio dont 481 sont en conversion bio, environ 137 producteurs pratiquent ce mode de viticulture, ce qui représente une hausse de 24 % au cours de la dernière année. Ces vignerons engagés portent haut l'étendard de l'appellation Alsace et créent l'émulation au sein de la population viticole.

L'histoire du vignoble alsacien remonte au temps des Romains mais comme partout, son apogée fut assurée par le clergé. L'invasion germanique, les multiples guerres et les maladies le ruinèrent à plusieurs reprises et ce n'est qu'après la Deuxième Guerre mondiale qu'il retrouva son plein essor grâce à la volonté des vignerons alsaciens de redorer son blason en misant sur la qualité. Il couvre aujourd'hui une superficie d'environ 15 000 hectares.

Implanté sur les plateaux ou les collines du piémont des Vosges, le vignoble alsacien se trouve isolé du reste du pays. Cette chaîne montagneuse, en bloquant les masses d'air de l'intérieur, crée un climat spécifique plutôt sec où brille le soleil en été et en automne. Ici la pluviométrie est la plus faible de France. De plus, la complexité du relief crée une multitude de sols (granitique, sableux, gréseux, argilo-calcaire…) et de microclimats, donc de terroirs, qui expriment toute la richesse de la gamme des vins de cette appellation. Ici les raisins essentiellement blancs atteignent une maturité optimale comme nulle part ailleurs en France.

Le vignoble alsacien est le plus grand des vignobles de vins blancs en France même si le pinot noir y est cultivé à une échelle confidentielle.

Vignoble d'Alsace

Marlenheim

STRASBOURG

Mutzig

OBERNAI

Barr

Dieffenthal   Dambach

Orschwiller
            Bergheim

Zellenberg

Kaysersberg
            Bennwihr

COLMAR

Wintzenheim   Eguisheim

Rouffach

Orschwihr

Thann   Wattwiller

Mulhouse

Si le riesling règne en seigneur incontesté de cette appellation, le gewurz-traminer, le pinot gris (anciennement appelé tokay) et le muscat font par-tie de ses vassaux. Considérant la multitude de terroirs, les pinots blanc et auxerrois y trouvent aussi des affinités de même que le sylvaner qui, grâce à certains viticulteurs, retrouve son rang. Le klevener, propre à quelques communes, reste quant à lui plus secret.

Outre ses terroirs et ses cépages, l'Alsace comporte certaines autres particularités. C'est la seule appellation française à pratiquer le mono-cépage et à autoriser la dénomination de ses vins d'après le cépage dont ils sont issus. Si elle ne figure pas, ou s'il est mentionné Edelzwicker, c'est qu'il s'agit d'un vin issu d'un assemblage de plusieurs cépages, parfois en complantation sur une même parcelle. Il en est de même pour la mention Gentil qui doit contenir dans son assemblage au moins 50 % de l'un ou de plusieurs des quatre cépages nobles de cette région.

Face à cette diversité de terroirs et à la détermination de certains vignerons, les meilleurs lieux-dits de cette appellation sont aujourd'hui classés en 51 Grands Crus officiels où seuls les quatre cépages nobles sont autorisés. Il est alors mentionné sur l'étiquette « Alsace Grand Cru » suivi du nom du cépage et du nom du cru. Cependant, ce n'est plus tout à fait vrai puisque, à la suite de la pugnacité de Jean-Michel Deiss du Domaine Marcel Deiss, l'INAO a reconnu la complantation. Une étude est aussi en cours pour faire classer certains lieux-dits en Premier Cru.

En plus de ses appellations Alsace et Alsace Grand Cru, cette région élabore aussi, à partir de raisins riches en sucre naturel, des Vendanges Tardives issues des quatre cépages nobles et, dans les meilleures années, des Sélections de Grains Nobles issues de raisins botrytisés qui rivalisent avec les plus grands liquoreux du monde. Mais cette large gamme ne serait pas complète si le Crémant d'Alsace élaboré selon la méthode tradition-nelle n'était pas cité.

DOMAINE JEAN-BAPTISTE ADAM

Jean-Baptiste Adam   Tél. : + 33 (0) 3 89 78 23 21
DOMAINE JEAN-BAPTISTE ADAM   Fax : + 33 (0) 3 89 47 35 91
5, rue de l'Aigle   Courriel : jbadam@jb-adam.fr
68770 Ammerschwihr   Site Web : www.jb-adam.fr

Appellation de référence : Alsace
Superficie : 15 ha
Production : 70 000 bt/an
Cépages : Pinot blanc, Pinot gris, Riesling, Gewurztraminer, Sylvaner, Muscat, Chardonnay, Pinot noir
Types de viticulture : Agrobiologie et biodynamie
Organismes et année de certification : Ecocert, Demeter 2007

Domaine

Cette maison, une des plus anciennes d'Alsace, a été fondée en 1614 par Jean-Baptiste Adam, et de Jean-Baptiste Adam à Jean-Baptiste Adam, 14 générations se sont succédé pour perpétuer la tradition et œuvrer sans relâche dans les vignes et à la cave. Les magnifiques foudres centenaires témoignent de ce riche passé. Au cœur du vignoble alsacien, sur des collines sous-vosgiennes à environ 300 m d'altitude, Jean-Baptiste Adam a fait le choix dans les années quatre-vingt-dix de cultiver ses vignes en biodynamie afin de restituer au mieux, l'expression des magnifiques terroirs qu'il possède, du Grand Cru Kaefferkopf, dernier de l'appellation, au Letzenberg en passant par les coteaux d'Ammerschwihr. Par la même occasion, il assure une belle longévité au domaine en respectant l'environnement.

Ici les sols sont travaillés, parfois même au cheval, dans les endroits les plus escarpés, afin de les revitaliser. Si un grand respect est apporté à la vigne, il en va de même à la cave où les foudres en chêne ainsi que la nouvelle cuverie conçus sur mesure répondent aux exigences des raisins dans le souci de respecter le cépage et les terroirs dont ils sont issus.

En plus des 15 hectares du domaine, ce vigneron sympathique possède aussi une petite activité de négoce où les raisins ne sont pas encore certifiés.

À Ammerschwihr, Jean-Baptiste Adam, c'est plus qu'un nom, c'est une référence dans la viticulture alsacienne. Il signe des vins qui restituent au plus juste l'expression de la pureté et de la minéralité du terroir. Le Grand Cru Kaefferkopf d'Ammerschwihr en témoigne. Si aujourd'hui il est vinifié cépage par cépage, il n'en a pas toujours été ainsi et l'étiquette datant de 1834 ne porte pas le nom d'un cépage mais la mention « Kaefferkopf-Ammerschwihr ». C'est dire la personnalité de ce terroir.

Les vins

🍷 **Pinot gris Letzenberg, Domaine Jean-Baptiste Adam, Alsace 2007**
🌳🌳🌳 <u>15/20</u>

Jaune d'or à reflets verts, il s'ouvre sur un nez délicat aux arômes de fruits blancs, dont la poire, associés à une belle minéralité. L'attaque est souple, sur une belle onctuosité, et la bouche ample. La finale possède une belle longueur sur les fruits confits.

🍷 **L'Auxerrois Vieilles Vignes, Domaine Jean-Baptiste Adam, Alsace 2008** 🌳🌳 <u>15,5/20</u>

Sous son apparence jaune pâle aux reflets argent se dissimule un nez frais qui exhale des arômes de fruits blancs, dont la poire, associés à des notes plus florales sur le tilleul, avec en arrière-plan, une agréable minéralité. La bouche, tendue par une acidité vive, possède un beau volume, et la pointe de sucre résiduel ne déplace pas l'équilibre mais apporte de la rondeur. La finale sur les fruits possède une belle allonge. Elle sublimera vos sushis.

🍷 **Le paradis d'Adam, Domaine Jean-Baptiste Adam, Alsace 2007**
🌳🌳 <u>15/20</u>

Ayant pris le nom de R'Eve d'Adam avec le millésime 2008, ce vin est issu d'un assemblage de chasselas, de pinot auxerrois, de gewurztraminer et de riesling. Il se pare d'une robe jaune paille aux reflets argentés et s'ouvre, au nez, sur des notes florales de bouquet printanier associées à des effluves plus épicées et nimbées d'une belle fraîcheur. Après une attaque franche et vive la bouche se révèle bien équilibrée, sur une grande pureté. La finale d'une belle tension sur les fleurs lui confère une longueur persistante.

🍷 **Riesling Vieilles Vignes, Domaine Jean-Baptiste Adam, Alsace Grand Cru Kaefferkopf 2007** 🌳🌳🌳 <u>17/20</u>

Jaune paille brillant et lumineux aux reflets argentés, il s'ouvre sur un nez complexe alliant les fruits à chair jaune, notamment la pêche, associés à des notes plus florale sur l'acacia, voire un côté plus miel, le tout souligné par une fraîcheur minérale. Attaque franche et vive, la bouche d'un beau volume renferme richesse et élégance. D'un bel équilibre, sa finale minérale sur une pointe de salinité lui confère une belle longueur persistante. Un grand vin de belle facture.

Gewurztraminer Vieilles Vignes, Domaine Jean-Baptiste Adam, Alsace Grand Cru Kaefferkopf 2007 🍇 🍇 🍇 <u>16,5/20</u>

D'une teinte jaune doré brillant aux reflets or de belle intensité, ce vin charme par son nez aromatique et complexe aux fragrances florales sur la rose fanée, mais aussi les fruits confits, en association avec les épices et, en toile de fond, de légers parfums minéraux et de truffe. En bouche, il est riche, sur une légère sucrosité équilibrée par une belle acidité. Droit, de belle amplitude, son bouquet complexe en rétro-olfaction lui confère une finale appuyée d'une grande longueur. Un vin racé de grande classe.

Pinot noir, Domaine Jean-Baptiste Adam, Alsace 2007 🍇 🍇 🍇 <u>16,5/20</u>

D'un rouge rubis éclatant aux légers reflets violacés, il s'ouvre sur un nez fin et aromatique où dominent des fragrances de fruits rouges, dont la fraise, la framboise et la cerise, voire même une note kirschée, mais aussi des fruits plus acidulés, dont la groseille, en harmonie avec des notes épicées, poivrées et une touche florale. La bouche se révèle friande, gourmande, tout en finesse sur une trame tannique aux tanins fins. Assez puissants, bien équilibrés, les arômes de fruits reviennent en finale pour lui conférer une belle longueur persistante et fraîche. Un vin de belle facture.

DOMAINE BARMÈS BUECHER

François et Geneviève Barmès	Tél. : + 33 (0) 3 89 80 62 92
DOMAINE BARMÈS BUECHER	Fax : + 33 (0) 3 89 79 30 80
30, rue Sainte-Gertrude	Courriel : barmesbuecher@terre-net.fr
68920 Wettolsheim	Site Web : www.barmes-buecher.com

Appellation de référence : Alsace
Superficie : 16 ha
Production : 100 000 bt/an
Cépages : Pinot blanc, Riesling, Gewurztraminer, Pinot gris, Sylvaner, Muscat
Types de viticulture : Agrobiologie et biodynamie
Organisme et année de certification : Ecocert 1999

Domaine

Depuis 1985, Geneviève et François Barmès, enfants de vignerons, exploitent ce domaine de Wettolsheim situé au sud de Colmar, et dont le vignoble majoritairement en coteaux, d'une superficie de 16 hectares, se compose de 70 parcelles réparties sur trois des grands crus, Steingrübler, Hengst, Pfersigberg et sur six lieux-dits dont la moitié dans le Rosenberg, mais aussi, sur le Herrenweg.

Si dans un premier temps François a continué de travailler comme le faisait son père en viticulture conventionnelle, il a vite eu la volonté de faire à son envie. N'en déplaise à son père qui avait connu le cheval jusqu'en 1972, puis la chimie en produisant plus et travaillant moins. Dès 1990, il a diminué puis arrêté progressivement les traitements chimiques sur certaines parcelles pour constater que les vignes se portaient tout aussi bien, ce qui l'a conforté dans son idée. Sa rencontre avec François Bouchet de la Loire lui fut salvatrice et décisive et dès 1996, il se lançait dans la conversion bio de tout son vignoble. Il reconnaît que sans François Bouchet, son maître en quelque sorte, il n'en serait sûrement pas là. La démarche de cet homme passionné et authentique était simple : trouver l'équilibre pour ne plus avoir besoin d'utiliser d'intrants. Aujourd'hui, il a fait des émules et la commune de Wettolsheim est la première avec autant de viticulteurs bio.

Depuis 1998, l'ensemble du vignoble est travaillé en biodynamie, les sols sont labourés et binés et les densités de plantation sont élevées pour concurrencer au maximum les racines. De plus, il utilise les divers prépa-ras à base de plante. Le but : favoriser les échanges entre la biologie du sol et le système racinaire et foliaire de la plante pour lui permettre d'exprimer le terroir dans le raisin.

En 2001, ces vignerons, puisque Geneviève travaille avec lui, se sont dotés d'un chai construit sur le nombre d'or alliant le modernisme à la tradition où les raisins sont pris en charge et vinifiés séparément cépage par cépage sans intrants quelconques extérieurs. Quel que soit le millésime, les vins ne sont jamais chaptalisés ni collés.

Le but de ces vignerons sympathiques, passionnés et passionnants, est de préserver dans leurs vins tout le potentiel des terroirs dont ils sont issus, ce qu'ils réussissent fort bien.

Les vins

 Brut zero Dosage, Domaine Barmès Buecher, Crémant d'Alsace 🐷 🐷 **15/20**

D'une teinte jaune pâle à reflets or d'où s'échappe une fine effervescence, il s'ouvre sur un nez frais aux arômes de fruits secs associés à une pointe florale, le tout nimbé d'une belle minéralité sur de légères odeurs de truffe blanche. Après une

attaque franche, la bouche tendue par une acidité vive et renforcée par les fines bulles qui s'en dégagent se montre d'une grande pureté. La finale élégante, sur la minéralité lui confère une belle fraîcheur et une agréable longueur.

Pinot Blanc Rosenberg, Domaine Barmès Buecher, Alsace 2006
🐑🐑🐑 <u>16,5/20</u>

Jaune pâle à reflets verts, sur un nez riche et puissant de fruits blancs et de minéralité. La bouche harmonieuse et friande, riche sur une acidité vive. Droit, sur un beau gras, il revient sur les fruits blancs dans une finale longue et appuyée par une belle fraîcheur.

Sylvaner Rosenberg, Domaine Barmès Buecher, Alsace 2007
🐑🐑 <u>15,5/20</u>

De teinte jaune pâle, cristallin, lumineux, il s'ouvre sur un nez frais aux arômes d'agrumes, notamment de pamplemousse, associés à une pointe végétale évoquant l'asperge et une touche mentholée, le tout sur un fond de minéralité. La bouche d'une belle rectitude, grâce à une acidité vive, possède un beau volume. La rétro sur les perceptions du nez accompagnées d'une pointe de salinité lui confère une belle longueur fraîche accentuée par une légère amertume.

Riesling Rosenberg, Domaine Barmès Buecher, Alsace 2007
🐑🐑🐑 <u>17/20</u>

Sous sa robe pâle aux reflets vieil or, il émane de ce vin un nez frais sur une forte minéralité qui s'exprime par de notes pétrolées et crayeuses, en harmonie avec les fruits blancs sous-jacents. En bouche après une attaque franche, il se révèle d'une belle tension. Bien équilibré, il possède une finale fraîche sur un côté iodé de belle facture et de grande allonge.

Riesling Herrenweg, Domaine Barmès Buecher, Alsace 2007
🐑🐑🐑 <u>16,5/20</u>

Jaune d'or lumineux, ce riesling s'exprime sur un nez complexe et aromatique par des effluves de fruits blancs, dont la mirabelle, ainsi que d'agrumes, avec un fond de minéralité. La bouche, droite, d'une belle tension se montre suave, sur un beau volume et une acidité vive. Bien équilibré, il revient sur la minéralité en finale pour lui conférer une élégance rafraîchissante et une belle allonge. Un vin de belle facture.

Riesling Clos de Sand, Domaine Barmès Buecher, Alsace 2007
🐷 🐷 🐷 __16/20__

Cristallin, aux reflets vieil or, il s'ouvre sur un nez aux effluves de citronnelle associés à un côté truffé, mellifère, ainsi qu'à des notes iodées sur une fraîcheur minérale. La bouche s'avère tranchante, sur une acidité vive. La finale sur la pointe de citronnelle perçue au nez possède une belle allonge minérale. Un vin de belle pureté.

Riesling, Domaine Barmès Buecher, Alsace Grand Cru Hengst 2004
🐷 🐷 🐷 __17,5/20__

Il émane de ce vin qui se pare d'une robe dorée aux reflets intenses des arômes complexes sur les fruits à chair blanche, dont la mirabelle, mais aussi les agrumes confits, le tout dans une fraîche ambiance minérale. En bouche, il se révèle savoureux, d'une grande amplitude sur une acidité fraîche. Harmonieux, tout semble prendre sa place, et sa finale sur la minéralité lui confère une grande pureté. Un vin long, racé et tenace de grande classe.

Pinot gris Rosenberg, Domaine Barmès Buecher, Alsace 2007
🐷 🐷 🐷 __16,5/20__

De teinte jaune pâle aux reflets verdoyants, il s'exprime sur les fruits à chair blanche, associés à des notes légèrement grillées dans une ambiance truffée due à la minéralité. Ample, riche, sur une acidité fraîche il revient en bouche sur les fruits avec un côté lardé. Harmonieux, la finale d'une belle fraîcheur possède une longueur intéressante.

Gewurztraminer Rosenberg, Domaine Barmès Buecher, Alsace 2007
🐷 🐷 🐷 __16,5/20__

De couleur lumineuse, jaune pâle à reflets argentés, il s'exprime par un nez puissant sur les fleurs blanches, notamment la rose fanée, associées à des notes d'épices douces sur une belle minéralité. La bouche est ample, riche, bien équilibrée, alliant puissance et finesse. La finale d'une belle pureté possède une agréable longueur en rémanence sur les épices. Un vin racé de belle facture.

Gewurztraminer, Domaine Barmès Buecher, Alsace Grand Cru Steingrübler 2006 🐷 🐷 🐷 __17/20__

Jaune paille à miroitements or, il exhale des arômes épicés associés à un côté floral subtil sur une pointe de muguet et de rose associés aux fruits mûrs nimbés d'une fraîcheur minérale. La bouche est friande, gourmande, sur une grande concentration soutenue par une acidité fraîche. Belle harmonie des saveurs fruitées sur une finale longue, appuyée et suave.

Cuvée Maxime Gewurztraminer Wintzenheim, Domaine Barmès Buecher, Alsace 2006 🍇 🍇 🍇 **18/20**

Jaune or aux reflets éclatants, il émane de ce gewurztraminer des arômes puissants et riches sur un bouquet de fleurs, dont la rose, associés à des effluves de fruits blancs mûrs, voire confits, notamment la pêche, accommodés de notes épicées. La bouche riche, suave, sur une grande concentration soutenue par une belle acidité qui équilibre les saveurs s'avère majestueuse. La finale sur un léger côté de pourriture noble renferme une grande longueur sans lourdeur. Un grand vin tout en finesse et élégance.

Pinot noir Réserve, Domaine Barmès Buecher, Alsace 2007 🍇 🍇 🍇 **16/20**

Rubis pourpre, lumineux, il organise son nez autour des fruits rouges, dont la cerise et la fraise des bois, associés à une pointe lactée, et une fraîcheur mentholée, voire épicée. La bouche d'intensité moyenne s'avère friande, construite sur une belle matière et soutenue par des tanins souples. La finale sur les fruits renferme une belle longueur rafraîchissante. Un vin d'une grande digestibilité.

DOMAINE LAURENT BARTH

Laurent Barth   Tél. : + 33 (0) 3 89 47 96 06
DOMAINE LAURENT BARTH   Fax : + 33 (0) 3 89 47 96 06
3, rue du Maréchal de Lattre   Courriel : laurent.barth@wanadoo.fr
68630 Bennwihr

Appellation de référence : Alsace
Superficie : 3,7 ha
Production : 17 000 bt/an
Cépages : Riesling, Auxerrois, Gewurztraminer, Pinot gris, Muscat, Sylvaner, Pinot noir
Type de viticulture : Agrobiologie
Organisme et année de certification : Ecocert 2007

Domaine

Ce petit vignoble familial, créé après-guerre et repris par Laurent Barth en 1999, se situe sur la route des vins au cœur du vignoble alsacien non loin de Ribeauvillé et se compose de 28 parcelles.

En cave particulière depuis 2004, il a décidé naturellement dans un souci de respect de l'environnement et afin de renforcer l'expression de terroir, de conduire son vignoble en agriculture biologique. Qui plus est, cette méthode de culture permet aussi de canaliser les excès climatiques. Il apporte le même soin à la cave qu'à la vigne et les vins qu'il élabore sont de belles expressions de ce que peut donner le terroir.

Les vins

Sylvaner, Domaine Laurent Barth, Alsace 2007 🐖 🐖 <u>15/20</u>

De couleur jaune paille aux reflets verdoyants, il s'ouvre sur un nez frais aux effluves fruités sur des notes d'agrumes et de pamplemousse associés à un côté floral sur une belle minéralité. La bouche, bien équilibrée, tendue par une belle acidité se révèle riche et sa finale sur les agrumes lui confère une belle longueur persistante et rafraîchissante. Un vin droit de belle facture.

Pinot gris Récoltes Nomades Châtenois, Domaine Laurent Barth, Alsace 2007 🐖 🐖 🐖 <u>16,5/20</u>

Sous sa robe jaune pâle à reflets dorés se cache un nez délicat qui allie les fruits blancs, dont la mirabelle, aux notes plus florales, le tout sur une toile de fond minérale. La bouche après une attaque franche se révèle riche sur une belle acidité et une matière consistante. Bien équilibré, la fraîcheur en finale lui imprime une agréable longueur soutenue. Un vin vigoureux de belle expression.

Gewurztraminer, Domaine Laurent Barth, Alsace Grand Cru Marckrain 2007 🐖 🐖 🐖 <u>17/20</u>

Jaune doré aux reflets or d'une belle intensité, il émane de ce vin un nez délicat sur des effluves de fleurs blanches, dont le jasmin, associés à des notes épicées dans une belle ambiance vanillée. La bouche est riche, puissante, sur une belle concentration tout en conservant une certaine retenue. La finale épicée s'évanouit en douceur, laissant une sensation de plénitude. Un gewurztraminer qui en impose.

DOMAINE BOTT-GEYL

Jean-Christophe Bott   Tél. : + 33 (0) 3 89 47 90 04
DOMAINE BOTT-GEYL   Fax : + 33 (0) 3 89 47 97 33
1, rue du Petit Château   Courriel : info@bott-geyl.com
68980 Beblenheim   Site Web : www.bott-geyl.com

Appellation de référence : Alsace
Superficie : 13 ha
Production : 80 000 bt/an
Cépages : Pinot blanc, Pinot gris, Riesling, Gewurztraminer, Muscat, Pinot noir
Types de viticulture : Agrobiologie et biodynamie
Organismes et année de certification : Ecocert, Biodyvin 2005

Domaine

Fondé en 1953, le vignoble du Domaine Bott-Geyl se répartit sur 7 communes autour de Ribeauvillé. D'une superficie de 4 hectares à la base, il couvre aujourd'hui 13 hectares et se compose de pas moins de 70 parcelles, sur différents lieux-dits et sur les Grands Crus Sonnenglanz, Mandelberg, Schoenenbourg et Furstentum.

Depuis 1993, Jean-Christophe Bott, fort de son expérience acquise auprès de vignerons de France et du Nouveau Monde, conduit ce vignoble en biologie afin de préserver l'environnement et de pérenniser le vignoble. S'il est respectueux à la vigne, il l'est tout autant à la cave en intervenant le moins possible dans le processus de transformation et en laissant faire la nature de façon à engendrer des vins authentiques, qui expriment au mieux leur terroir.

Les vins

Riesling, Domaine Bott-Geyl, Alsace Grand Cru Shoenenbourg 2007
🐑 🐑 🐑 **18,5/20**

D'une teinte brillante jaune d'or profond, il exhale au nez des arômes puissants et frais sur des notes minérales ainsi qu'une pointe de truffe blanche, associés à des notes florales, voire de miel et de fruits.
L'attaque est franche, sur un imposant volume et une acidité fraîche. La finale sur la minéralité, avec une pointe d'amertume qui complète l'équilibre, possède une longueur majestueuse et persistante sur une belle fraîcheur. Un vin harmonieux de grande classe et de grande pureté qui se peaufinera avec le temps.

Pinot gris, Domaine Bott-Geyl, Alsace Grand Cru Sonnenglanz 2005
🍷🍷🍷 18,5/20

Sous sa robe jaune doré intense et lumineuse se dissimule un nez aromatique et complexe sur des effluves de fruits confits, notamment de melon, associés à une touche rancio et des notes épicées avec en fond une fraîcheur minérale. La bouche après une attaque franche se révèle suave sur une belle matière savoureuse soutenue par une acidité fraîche. D'un équilibre quasi parfait, la rémanence sur les fruits confits lui confère une finale d'une longueur indescriptible. Un vin magique à attendre encore.

Gewurztraminer, Domaine Bott-Geyl, Alsace Grand Cru Sonnenglanz 2005 🍷🍷🍷 17,5/20

Jaune doré lumineux, il s'exprime, et Dieu sait qu'il a des choses à dire, sur des arômes puissants de fruits confits et d'épices, associés à des notes mellifères dans une ambiance minérale. La bouche est savoureuse, bien équilibrée, où tout est à sa place pour notre plus grand plaisir. Un vin riche, concentré, charmant, qui se dissipe en douceur en laissant une forte impression. Un grand vin.

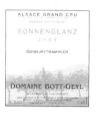

DOMAINE MARCEL DEISS ET FILS

Jean-Michel Deiss
DOMAINE MARCEL DEISS
15, route du Vin
68750 Bergheim

Tél. : + 33 (0) 3 89 73 63 37
Fax : + 33 (0) 3 89 73 32 67
Courriel : marceldeiss@marceldeiss.fr
Site Web : www.marceldeiss.com

Appellation de référence : Alsace
Superficie : 27 ha
Production : 135 000 bt/an
Cépages : Riesling, Pinot gris, Gewurztraminer, Pinot blanc, Muscat, Pinot noir
Type de viticulture : Biodynamie
Organisme et année de certification : Ecocert 1997

Domaine

Le domaine Marcel Deiss, niché à Bergheim au cœur de l'Alsace viticole, rassemble une multitude de sites viticoles puisqu'il se compose d'environ 220 parcelles disséminées sur 9 communes totalisant 27 hectares. Même si les origines vigneronnes de la famille Deiss remontent au XVIIIᵉ siècle, il faut attendre l'après-guerre pour que Marcel Deiss, soutenu par son fils André, constitue cette entreprise viticole dynamique qu'est devenu ce domaine. Aujourd'hui, il est géré par son petit-fils Jean-Michel Deiss, qui a reçu en héritage de son aïeul l'amour de la terre. De par son caractère novateur et son exigence, ce vigneron sensible fait figure de proue dans le vignoble alsacien, qui plus est depuis qu'il assure la présidence des Grands Crus et figure parmi les meilleurs viticulteurs de la région.

Dans les années quatre-vingt-dix, Jean-Michel Deiss a servi de fer de lance dans le combat pour une viticulture agrobiologique respectueuse du terroir en utilisant les anciennes techniques de la tradition viticole alsacienne, même si, pour lui, sa démarche était bien antérieure. Il est depuis 1997 certifié en biodynamie dans le respect du terroir et du travail de l'homme.

Ce vigneron pugnace mène aussi un autre cheval de bataille qui lui tient à cœur : faire retirer la notion de cépage sur l'étiquette afin de pouvoir complanter certaines parcelles avec plusieurs cépages et de réaliser des assemblages comme dans l'ancienne pratique alsacienne. Même si la guerre n'est pas encore gagnée, il a remporté une victoire en 2005 quand, par décret d'appellation, le terroir de l'Altenberg de Bergheim, terroir cher à Jean-Michel Deiss, fut enfin reconnu et autorisé à la complantation. Pour lui, « c'est le terroir qui signe l'identité du vin alors pourquoi mettre en avant le cépage ». On distingue, au domaine, trois catégories de vins. Il s'agit des vins de fruits où le cépage domine, les vins de temps où le millésime exprime son potentiel de concentration (ce sont les Vendanges Tardives et les Sélections de Grains Nobles, qui ne sont pas produits chaque année) et les vins de terroirs, où seul le terroir détermine la personnalité du vin. Pour les Grands Crus (Altenberg de Bergheim, Schoenenbourg et Manbourg) et les futurs Premiers Crus (Burlenberg, Engelgarten, Grasberg, Burg, Rotenberg et Gruenspiel), l'influence du terroir est si forte que la mention de cépages sur l'étiquette en devient superflue, voire inutile ici, puisque la vigne est conduite en complantation. Ce sympathique vigneron novateur est épaulé dans cette aventure par sa femme et son fils qui, dorénavant, travaillent avec lui.

Les vins de ce prestigieux domaine, dont il parle comme de ses enfants, sont des expressions du terroir comme dans la plus pure tradition alsacienne d'autrefois.

Les vins

Alsace, Domaine Marcel Deiss, Alsace 2008 🐑 🐑 **15,5/20**
D'une teinte jaune paille à reflets argentés, il s'ouvre au nez sur une agréable fraîcheur d'où émergent les fruits blancs, dont l'ananas, les agrumes, sur un fond minéral. La bouche, après une attaque franche, regorge de vivacité grâce à une belle acidité. Tendu, il possède un beau volume où toutes les saveurs sont en harmonie. D'une belle sapidité, sa finale fraîche et fruitée est accentuée par une pointe d'amertume de belle allonge. Un vin qui annonce le reste de la gamme.

Pinot blanc Bergheim, Domaine Marcel Deiss, Alsace 2007 🐑 🐑 🐑 **16,5/20**
Jaune pâle à reflets or, il émane de ce vin au nez discret des arômes de fruits frais et secs, dont la poire, l'ananas et la pêche de vigne, ainsi que d'amande, associés à un petit côté lacté, voire beurré, sur une belle minéralité. La bouche s'avère friande, tendue par une acidité vive sur un beau volume. La rémanence sur les fruits secs et la poire lui confère une longueur persistante et rafraîchissante. Un vin élégant et droit, bien équilibré.

Riesling, Domaine Marcel Deiss, Alsace 2007 🐑 🐑 🐑 **16/20**
De couleur jaune paille aux reflets verdoyants, il exhale un nez d'une belle fraîcheur aromatique où se marient les agrumes, sur un côté zeste de citron et la minéralité sous-jacente. La bouche gourmande, ample, sur une belle acidité, revient sur le côté citronné. Harmonieux, rectiligne, d'une grande pureté, qui supporte la pointe de sucre résiduel, sur une finale longue et soutenue.

Pinot gris Bergheim, Domaine Marcel Deiss, Alsace 2005 🐑 🐑 🐑 **17/20**
Jaune doré aux éclats d'or, il s'exprime sur les agrumes, les fruits blancs et exotiques, notamment la pêche, associés à une pointe de fruits secs, de légers champignons, le tout dans une ambiance fumée, lardée. La bouche de belle concentration se révèle gourmande. Bien équilibré, les fruits reviennent en finale encadrés par une salinité agréable pour s'évanouir sur une belle allonge. Un vin fin et élégant d'une grande fraîcheur.

Gewurztraminer Bergheim, Domaine Marcel Deiss, Alsace 2005
🐑 🐑 🐑 🐑 **17/20**

Sous sa robe jaune pâle légèrement doré se cache un nez aromatique sur des effluves d'agrumes, le pamplemousse, le citron, mais aussi les fruits blancs confits associés à des notes florales sur la rose fanée, le tout accommodé d'épices douces. En bouche, après une attaque nette, il s'avère riche, puissant, sur une acidité vive qui contrebalance le sucre résiduel et lui confère un bel équilibre. Sapide, la rémanence sur les fruits nimbée d'une belle fraîcheur lui imprime une finale longue et appuyée. Un vin harmonieux de belle facture.

Engelgarten, Domaine Marcel Deiss, Alsace Premier Cru Bergheim
2005 🐑 🐑 🐑 🐑 **17,5/20**

D'une belle luminosité sur une teinte jaune pâle aux reflets or, il s'exprime par un nez frais sur des arômes de fruits, dont la poire, mais aussi le zeste d'orange confit, le tout sur une belle minéralité en toile de fond. Tendu par une acidité toni- fiante, il s'avère droit, élégant. Son équilibre et sa rétro sur les fruits lui confèrent une belle finale sur une froideur minérale de belle allonge. Un vin de belle prestance qui possède un glorieux avenir.

Rotenberg, Domaine Marcel Deiss, Alsace Premier Cru Bergheim
2005 🐑 🐑 🐑 🐑 **17,5/20**

Jaune paille à tendance or, il s'ouvre sur un nez invitant aux effluves d'agrumes, de citron confit, de lime, voire de citronnelle, le tout sur une belle minéralité. L'attaque est franche et la bouche se révèle puissante, riche tout en gardant une  dimension aérienne grâce à une belle acidité. Bien équili- bré, il est charmeur et sa finale sur les fruits lui imprime une belle fraîcheur et une longueur soutenue. Finesse, puissance et élégance sont les maîtres mots pour qualifier ce vin encore jeune.

Schoffweg, Domaine Marcel Deiss, Alsace Premier Cru Bergheim 2005
🐑 🐑 🐑 🐑 **17,5/20**

Derrière sa couleur jaune paille à reflets argentés se dissi- mule un nez racé sur des arômes d'agrumes, avec un côté beurré, lacté, habillé d'un joli boisé sur des notes fumées, lardées, mais aussi une pointe de vanille subtile. La bouche  ample, tendue par une belle acidité, renferme un beau gras et monte crescendo en puissance. Bien équilibré, avec qua- siment une perception de tanins, il se révèle viril. Sa finale sur les arômes du nez s'avère longue et persistante. Un vin de grande classe qui saura bien évoluer.

Grasberg, Domaine Marcel Deiss, Alsace Premier Cru Bergheim 2005 🐑🐑🐑🐑 <u>18/20</u>

Il émane de ce vin jaune paille lumineux des arômes de citrons confits ainsi que de fruits blancs et exotiques, associés à une pointe vanillée et un côté botrytisé qui complexifie le tout. En bouche, il se révèle friand, suave, tendu par une belle acidité qui s'harmonise à merveille avec le sucre résiduel. Un vin aérien, harmonieux dont la finale sur les fruits exotiques possède une belle fraîcheur minérale et une longueur d'une profondeur insondable. Un grand vin de belle tenue.

Burg, Domaine Marcel Deiss, Alsace Premier Cru Bergheim 2005 🐑🐑🐑🐑 <u>17,5/20</u>

Jaune pâle à reflets or, il séduit par son nez aromatique un rien timide aux senteurs de fruits exotiques, dont l'ananas, et de fruits confits, mêlés d'effluves de truffe blanche, d'orange amère et d'une pointe de botrytis. La bouche est puissante, d'une grande concentration et équilibrée par une acidité vive. Encore fermé, il est équilibré et sa finale sur une pointe d'amertume, qui lui confère une belle fraîcheur, s'avère de belle allonge. Intimidé, dans sa crise d'adolescence, donnez-lui du temps car il possède l'étoffe d'un grand.

Gruenspiel, Domaine Marcel Deiss, Alsace Premier Cru Bergheim 2005 🐑🐑🐑🐑 <u>18/20</u>

Jaune pâle, teinte d'un très léger soupçon de rose apporté par le pinot noir, il exprime une belle minéralité d'où émergent des notes épicées, de zeste d'orange, de tabac, avec une pointe plus végétale sur le fenouil, voire une touche mentholée. Puissant, concentré, d'une grande pureté, il se tient droit grâce à une acidité vive. Il revient sur un côté mandarine encadré par la minéralité sur une finale longue et appuyée par une grande fraîcheur. Un vin racé de magnifique augure.

Mambourg, Domaine Marcel Deiss, Alsace Grand Cru Mambourg 2005 🐑🐑🐑🐑 <u>18,5/20</u>

D'une couleur jaune d'or brillant, il exhale un nez patiné aromatique et puissant sur des notes beurrées, de fruits secs, dont l'amande, dans une ambiance agréable de fumée qui lui apporte encore plus de complexité. La bouche suave, tout en rondeur se révèle d'une extrême richesse et d'une grande concentration sur un beau volume et du gras. Il revient sur les notes fumées associées à une pointe de salinité dans une finale d'une longueur incommensurable sur une sensation de légèreté. Quelle allure et quelle classe pour ce vin encore tout jeune.

Altenberg de Bergheim, Domaine Marcel Deiss, Alsace Grand Cru
Altenberg de Bergheim 2005 🍷 🍷 🍷 🍷 <u>**19/20**</u>
Sous son apparence jaune pâle se cache un grand vin qui s'offre sur un nez puissant et riche sur des arômes confits et une pointe épicée dans une complexité sans pareille. En bouche, il est opulent, sur une belle énergie, et d'une très grande concentration. Droit, racé, il possède un équilibre quasi parfait entre ses différentes saveurs, et sa belle acidité contrebalance à merveille le sucre résiduel. Son harmonie en finale laisse un agréable souvenir tant il est majestueux. Un brillant avenir lui est assuré.

Schoenenbourg, Domaine Marcel Deiss, Alsace Grand Cru
Schoenenbourg 2005 🍷 🍷 🍷 🍷 <u>**19,5/20**</u>
Que dire de ce vin si ce n'est qu'il est exceptionnel. Il se pare d'une robe diaphane et laisse dans son sillage de magnifiques effluves capiteux aux accents toniques d'une grande complexité, sur les épices, nimbée d'une belle minéralité. La bouche est riche, puissante, d'une rectitude incroyable sur un volume impressionnant. D'une grande plénitude, et d'une élégance sans pareille, sa finale d'une profondeur abyssale laisse un souvenir impérissable. Un vin qui inspire le plus grand des respects déjà aujourd'hui et invite à la méditation. Merci Jean-Michel.

Pinot noir Burlenberg, Domaine Marcel Deiss, Alsace 2004 <u>**17/20**</u>
Sur les mêmes sols qu'à Gevrey, ce pinot noir de couleur pourpre aux légers reflets grenatés s'ouvre sur un nez aromatique et complexe sur des fragrances de fruits stendhaliens, soit rouges et noirs, notamment la cerise, associés à un côté floral, sur la pivoine, le tout dans une ambiance boisée sur des notes fumées où se mêlent une pointe de tabac et un côté graphite et sanguin. La bouche est friande, sur une acidité vive et une belle matière structurée par des tanins soyeux. D'un bel équilibre, la finale longue et appuyée sur les épices, dont le poivre, lui confère une belle fraîcheur. Un pinot noir qui joue dans la cour des grands et qui possède un beau potentiel de garde.

DOMAINE FERNAND ENGEL ET FILS

Bernard Engel   Tél. : + 33 (0) 3 89 73 77 27
DOMAINE FERNAND ENGEL ET FILS   Fax : + 33 (0) 3 89 73 63 70
1, route du Vin   Courriel : f-engel@wanadoo.fr
68590 Rorschwihr   Site Web : www.fernand-engel.fr

Appellation de référence : Alsace
Superficie : 50 ha
Production : 40 0000 bt/an
Cépages : Gewurztraminer, Riesling, Pinot gris, Pinot blanc, Chardonnay, Muscat, Sylvaner, Pinot noir
Types de viticulture : Agrobiologie et biodynamie
Organisme et année de certification : Ecocert 2006

Domaine

Depuis 1949, date à laquelle se sont installés les Engel sur ce domaine, situé au centre du vignoble alsacien, dans le petit village de Rorschwihr, au pied du château de Haut-Koenigsbourg, il n'a cessé de s'agrandir et de se spécialiser. De 90 ares de vignes, le reste en polyculture à cette époque, il compte aujourd'hui, à la suite des différents achats et échanges de terres, 50 hectares en Grands Crus, lieux-dits et le Clos de Meyerhof.

Après les problèmes de santé de Bernard Engel, fils de Fernand, sur l'exploitation depuis 1973, le domaine a pris la décision en 1998 d'engager une conversion en agriculture biologique. La maladie provenait d'allergies prononcées à deux fongicides et un insecticide qui, associés à un médicament contre la tension artérielle, se révélaient extrêmement dangereux. De ce fait, l'agriculture biologique s'est rapidement imposée comme solution à l'exposition à ces matières.

La résolution de ce problème a apporté une réponse à une problématique plus large, produire sainement un vin de qualité.

Pour ce faire, ce domaine se base sur une observation constante de la vigne et un suivi des conditions météorologiques afin d'intervenir en préventif et non en curatif. L'installation d'une station météorologique contenant les modélisations des deux principales maladies de la vigne permet un positionnement judicieux des traitements à base de tisanes et de décoctions de plantes qui permettent de renforcer la vigne et de lutter contre les parasites afin de produire de beaux raisins.

L'attention portée à la vigne se poursuit à la cave où les raisins sont vinifiés dans le même état d'esprit en réduisant au maximum les interventions.

Les vins

Riesling Réserve, Domaine Fernand Engel, Alsace 2008 **15,5/20**

D'une teinte jaune claire et lumineuse à reflets verts, il s'ouvre sur un nez aromatique évoquant les fruits, dont la pêche et les agrumes, associés à des notes florales sur l'acacia, le tout sur des nuances minérales et un côté légèrement lacté. La bouche, après une attaque franche, se révèle d'une belle fraîcheur grâce à une acidité vive sur un beau volume. Bien équilibré, sa finale sur les agrumes avec une pointe d'amertume lui confère une belle longueur persistante et rafraîchissante. Un vin droit et élancé.

Cuvée Engel Pinot gris, Domaine Fernand Engel, Alsace 2008  **15/20**

Jaune cristallin à reflets argentés, il exhale des arômes de fruits blancs mûrs, dont la mirabelle et la poire, mêlés de notes de fleurs séchées et des nuances vanillées, voire un côté truffe. En bouche, il est riche, ample et d'une acidité fraîche. D'un bel équilibre, la rémanence des fruits lui confère une belle allonge soutenue.

Gewurztraminer Réserve, Domaine Fernand Engel, Alsace 2007 **16/20**

Sous sa robe jaune pâle à reflets or se dissimule un nez riche sur des discrets arômes de fleurs, dont la rose et le litchi, associés à des notes épicées de muscade, de vanille, voire de grillé, sur une fraîcheur mentholée. La bouche s'avère tendue par une bonne acidité, et sa finale florale et légèrement grillée lui imprime une belle longueur fraîche et persistante. Un gewurztraminer de belle facture sur la fraîcheur.

DOMAINE GINGLINGER

Mathieu Ginglinger   Tél. : + 33 (0) 3 89 41 32 55
DOMAINE GINGLINGER   Fax : + 33 (0) 3 89 24 58 91
33, Grand'Rue   Courriel : gingling@terre-net.fr
68420 Eguisheim   Site Web : www.vins-ginglinger.com

Appellation de référence : Alsace
Superficie : 9 ha
Production : 50 000 bt/an
Cépages : Gewurztraminer, Muscat, Pinot blanc, Pinot auxerrois, Sylvaner, Pinot gris, Riesling, Pinot noir
Type de viticulture : Agrobiologie
Organisme et année de certification : Ecocert 2004

Domaine

Depuis 12 générations, la famille Ginglinger cultive les vignes à Eguisheim au sud de Colmar. De 1,30 hectare en 1946, le vignoble occupe aujourd'hui une superficie de 9 hectares dont 1,36 hectare en Alsace Grand Cru sur l'Eichberg et le Pfersigberg répartis sur 3 communes où tous les cépages alsaciens sont représentés. Dans un souci de produire des vins de qualité dans un environnement préservé, ce domaine a franchi une étape en 2000 en se convertissant officiellement à la viticulture biologique et en demandant sa certification. L'attention portée à la vigne se poursuit au chai où les raisins vendangés à la main sont transformés en vin le plus naturellement possible. Depuis 2001, Mathieu, l'un des deux fils, s'est joint à l'aventure en intégrant le domaine.

La gamme complète des vins de ce domaine, du pinot noir aux Sélections de Grains Nobles en passant par les crémants, et tous les autres cépages en la possession des Ginglinger, regorge d'authenticité.

Au-delà des vins, ce domaine perpétue aussi la coutume des eaux-de-vie qui sont élaborées à partir des propres fruits de la propriété.

Les vins

Crémant Brut, Domaine Henri-Pierre Ginglinger, Crémant d'Alsace 🍇 🍇 __15,5/20__

Riesling, pinot auxerrois et pinot noir s'assemblent dans ce crémant qui se teinte d'une couleur jaune pâle aux reflets vieil or d'où s'échappent de fines bulles. Le nez frais s'affiche sur des arômes de fruits blancs, d'ananas et d'agrumes, dont le pamplemousse, le tout dans une belle minéralité. En bouche, grâce à une belle acidité rehaussée par la pétulance de ses fines bulles, il renferme une belle vivacité et s'évanouit sur un côté floral dans un bel équilibre et une agréable longueur.

Crémant Brut Rosé, Domaine Henri-Pierre Ginglinger, Crémant d'Alsace 🍇 🍇 __16/20__

De teinte saumon très pâle à reflets plus framboise d'où montent de fines bulles, il s'ouvre sur les fruits blancs et rouges acidulés nimbés d'une belle fraîcheur minérale. Après une attaque franche, il renferme une belle vinosité sur une acidité vive et un léger grain de tanin. La fine effervescence qui encadre les arômes de fruits acidulés, dont la groseille, vient accentuer la fraîcheur en finale.

Pinot gris, Domaine Henri-Pierre Ginglinger, Alsace 2007 🍇 __15/20__

Jaune pâle cristallin, à reflets verdoyants, il s'exprime par un nez aux arômes de fruits blancs, dont la poire, associés à des notes florales de glycine, sur une toile de fond minérale. En bouche, il possède de la rondeur sur une acidité vive qui équilibre parfaitement la pointe de résiduel. La finale d'une fraîcheur minérale lui confère une belle allonge.

Pinot blanc, Domaine Henri-Pierre Ginglinger, Alsace 2007 🍷 <u>15/20</u>
Derrière sa couleur jaune paille lumineuse, se dissimule un nez frais sur les fruits blancs, l'abricot et les agrumes, complété par une touche fleurie. La bouche après une attaque franche se révèle délicate, sur une belle acidité, et revient sur les fruits avec une pointe d'amertume minérale qui accentue la fraîcheur en finale. Bien équilibré, généreux, il possède une agréable longueur.

Ambre, Pinot blanc Barrique, Domaine Henri-Pierre Ginglinger, Alsace 2007 🍷 🍷 <u>15,5/20</u>
Sous sa robe jaune doré se cache un nez puissant d'où émanent des arômes de fruits et d'agrumes, le tout sur des notes grillées et vanillées témoins du passage en barrique. Après une attaque franche, il se révèle onctueux, construit sur une belle concentration et un beau volume gras, soutenue par une acidité vive. Bien équilibré, sa finale boisée lui apporte de la complexité. Un vin racé de belle facture et de belle longueur qui possède un certain potentiel de vieillissement

Sylvaner, Domaine Henri-Pierre Ginglinger, Alsace 2005 🍷 <u>15/20</u>
Jaune pâle cristallin aux reflets vieil or, il exhale au nez des arômes frais sur une belle minéralité associée à des notes fleuries et un côté lacté, dans une fraîcheur anisée. La bouche, d'un beau volume, se révèle riche, tendue par une belle acidité. Bien équilibré, sa finale en continuité du nez s'avère rafraîchissante.

Riesling, Domaine Henri-Pierre Ginglinger, Alsace 2007 🍷 🍷 16/20
D'une teinte jaune paille aux reflets vieil or, il s'ouvre sur un nez assez aromatique où se mêlent les fruits blancs, les agrumes, les fleurs et la citronnelle, le tout dans une atmosphère minérale. Après une attaque vive sur une belle acidité, la bouche se révèle bien équilibrée, d'une grande générosité sur une fraîcheur minérale. Un vin élégant de grande pureté qui s'achève sur une belle impression.

Gewurztraminer, Domaine Henri-Pierre Ginglinger, Alsace 2008 🍷 🍷 17/20
Derrière sa robe éclatante d'une teinte jaune d'or se cache un bouquet aromatique qui annonce la couleur sur des fragrances florales aux accents de rose, de muguet, de litchi, typiques, accommodés de notes plus épicées. En bouche, il s'avère tendu grâce à une acidité vive qui lui confère un bel équilibre. Les arômes pressentis au nez reviennent et sa finale d'une grande pureté longue et persistante préserve une belle fraîcheur. Un gewurztraminer de belle facture comme on aimerait en voir plus souvent.

Riesling, Domaine Henri-Pierre Ginglinger, Alsace Grand Cru Eichberg 2005 🍷 🍷 🍷 16,5/20

De couleur jaune d'or, il s'ouvre sur un nez expressif et frais aux parfums d'agrumes mêlés de notes minérales, voire un léger côté pétrolé et une pointe florale. La bouche, après une attaque vive, se révèle tendue, d'une grande pureté sur un beau volume. Bien équilibré, il est riche et sa finale en rémanence sur le citron accentue sa fraîcheur et sa longueur. Un beau riesling qui possède de belles années devant lui.

Pinot noir, Domaine Henri-Pierre Ginglinger, Alsace 2006 🍷 🍷 15,5/20

D'un rouge pourpre, aux reflets légèrement grenatés, il se dévoile par des arômes de fruits rouges, dont la griotte, avec une pointe de kirsch, associés à une touche florale sur la pivoine et des notes épicées sur le poivre. La bouche s'avère friande, sur une belle acidité et une agréable matière soutenue par des tanins soyeux. Son côté épicé, associé à la cerise en finale, lui confère une belle longueur fraîche.

Rubis Pinot noir, Domaine Henri-Pierre Ginglinger, Alsace 2007 🍷 🍷 🍷 15/20

Paré d'une robe pourpre, il laisse dans son sillage des effluves de fruits rouges, dont la cerise et la framboise, le tout dans une ambiance vanillée. Au palais, il se révèle friand, gourmand, sur un beau volume et une belle fraîcheur structurée par des tanins fondus. Encore fougueux, il revient sur la cerise dans une longue finale appuyée. Encore jeune, le temps parachèvera son œuvre.

JOSMEYER

Céline Meyer
Christophe Ehrhart
JOSMEYER
76, rue Clémenceau
68920 Wintzenheim

Tél. : + 33 (0) 3 89 27 91 90
Fax : + 33 (0) 3 89 27 91 99
Courriel : domaine@josmeyer.com
Site Web : www.josmeyer.com

Appellation de référence : Alsace
Superficie : 27 ha
Production : 180 000 bt/an
Cépages : Riesling, Pinot blanc, Pinot auxerrois, Pinot gris, Gewurztraminer, Chasselas, Sylvaner, Muscat
Types de viticulture : Agrobiologie et biodynamie
Organismes et année de certification : Ecocert, Demeter, Biodyvin 2004

Domaine

Situé à Winzenheim, commune proche de Colmar, ce domaine familial a été fondé en 1854 par Aloyse Meyer. Son petit-fils, Hubert Meyer, décide de diversifier ses marchés en se lançant dans l'exportation, et crée en 1963, la marque JOSMEYER qui associe les trois premières lettres du prénom de son père, Joseph, au nom familial.

À la fin des années quatre-vingt-dix, dans un but d'excellence et sous l'impulsion de Christophe Ehrhart, ce vignoble se convertit à la culture biologique et biodynamique. Depuis 2004, l'ensemble de la gamme est certifié. De ce fait, ce vignoble qui détient cinq hectares sur les deux grands crus Hengst et Brand a été complètement repensé à partir de la plantation car impossible ici de faire bien avec du matériel de troisième zone.

Ils utilisent les plantes et autres préparas pour aider la vigne à trouver son propre équilibre. Si l'attention est portée sur la vigne afin qu'elle engendre des raisins de qualité en respect des terroirs dont ils sont issus, il en va de même à la cave, ou seul un peu de SO_2 est utilisé avant la mise avec des doses trois fois plus basses que celles homologuées. Des vins qui expriment au mieux leurs origines. Les étiquettes réalisées par des artistes sont des œuvres d'art à l'image des vins.

Ils ne se limitent pas au vin puisqu'ils ont aussi un magnifique jardin de roses cultivé lui aussi en bio et dont ils élaborent du sirop.

Les vins

A Noir, Josmeyer, Alsace 2007 🍷 🍷 🍷 <u>16/20</u>
Pinot auxerrois et pinot noir composent cette cuvée qui se pare d'une teinte jaune pâle lumineux aux reflets argentés. Il exhale des arômes d'infusion, sur un côté floral, la verveine, le tilleul, la rose fanée sur une belle minéralité. La bouche est friande, sur une belle vivacité due à l'acidité. D'un beau volume et d'une grande fraîcheur, il s'avère bien équilibré et sa finale florale possède une belle allonge.

Mise de printemps Pinot blanc, Josmeyer, Alsace 2008 🍷 🍷 <u>16/20</u>
Jaune pâle aux reflets argentés, il s'ouvre sur un nez frais d'agrumes associés à des notes végétales d'asperge, le tout dans une belle minéralité. En bouche, il possède un léger perlant qui accentue sa fraîcheur et se révèle sur un beau volume tendu par une acidité vive. Pur, élégant, il possède une finale appuyée de belle facture.

Les Lutins Pinot blanc, Josmeyer, Alsace 2008 🐷🐷🐷 <u>15/20</u>
De couleur jaune pâle, il s'exprime sur les fruits blancs, dont la poire, nimbés d'une minéralité rafraîchissante. L'attaque est franche et la bouche s'avère ample. Bien équilibré grâce à une belle acidité, il renferme une grande plénitude et s'évanouit sur une finale assez longue.

H Pinot Auxerrois Vieilles Vignes, Josmeyer, Alsace 2008 🐷🐷🐷 <u>16,5/20</u>
D'une teinte jaune paille aux reflets argentés, il s'ouvre sur la minéralité qui sert de toile de fond aux arômes pâtissiers, aux fruits blancs, dont la poire, avec un côté légèrement terreux. La bouche friande, pure, se révèle un peu serrée et sa rétro sur la minéralité lui confère une belle finale fraîche. Un vin qu'il faut savoir attendre afin qu'il donne son meilleur.

Riesling Le Kottable, Josmeyer, Alsace 2007 🐷🐷🐷 <u>16,5/20</u>
Derrière sa robe jaune pâle lumineux aux reflets or, il s'exprime par des arômes de fruits blancs et d'agrumes associés à des notes pétrolées dues à la grande minéralité dont il fait part. La bouche, après une attaque nette, se révèle pure et élégante sur une belle tension, et sa finale sur une pointe d'amertume possède une agréable longueur rafraîchissante.

Les Pierrets Riesling, Josmeyer, Alsace 2004 🐷🐷🐷 <u>17/20</u>
Jaune pâle avec de légers éclats or, il se dévoile sur un nez frais sur des notes de fruits secs, notamment l'amande, associés aux fruits blancs, le tout dans une ambiance minérale et fraîche. L'attaque est franche et vive et la bouche s'avère tendue sur un beau volume. Bien équilibré, sa finale sur une belle plénitude possède une belle allonge.

Riesling, Josmeyer, Alsace Grand Cru Hengst 2007 🐷🐷🐷🐷 <u>18/20</u>
D'une teinte jaune paille aux reflets argentés, il s'ouvre sur un nez riche et aromatique marqué par des notes minérales, voire pétrolées, additionnées d'agrumes qui lui confèrent une belle fraîcheur. En bouche, il est généreux, riche et puissant, tendu par une acidité vive rehaussée par une salinité plaisante. Les notes d'agrumes, voire de citronnelle, accompagnées d'une légère amertume minérale, lui impriment une longue finale ample et fraîche. Élégant, bien équilibré, déjà de belle facture, il a de belles années devant lui.

Le Fromenteau Pinot gris, Josmeyer, Alsace 2007 🍷 🍷 🍷 <u>16/20</u>
De couleur jaune pâle à reflets verdoyants, il s'ouvre sur les
fruits blancs dans une atmosphère de sous-bois sur des notes
d'humus, de champignon, voire de truffe, le tout avec en fond
une grande minéralité. La bouche se révèle suave, riche sur
une acidité fraîche et sa finale, plus sur les fruits, possède une
grande longueur persistante.

Pinot gris, Josmeyer, Alsace Grand Cru Hengst 2007
🍷 🍷 🍷 🍷 <u>17,5/20</u>
Jaune pâle aux reflets dorés, il émane de ce vin un nez riche sur la minéralité
d'une grande fraîcheur. La bouche puissante, tendue par une
acidité vive sur un imposant volume, contrebalance la pointe de
sucre résiduel et crée un magnifique équilibre. La finale sur les
fruits blancs caractéristiques du cépage, en adéquation avec ce
terroir, lui confère une grande plénitude et une longueur persistante sur une belle fraîcheur. Un vin de belle facture.

Les Folastries Gewurztraminer, Josmeyer, Alsace 2008
🍷 🍷 🍷 <u>16,5/20</u>
De teinte jaune pâle aux reflets dorés, il développe un nez aromatique et
frais sur des notes fruitées, le litchi, de fleur, la rose, et d'épices.
La bouche, d'une belle amplitude, s'avère droite et suave, d'un
bel équilibre. Malgré la pointe de sucre résiduel, il est harmonieux et revient sur les épices dans une finale longue et persistante d'une belle fraîcheur. Un gewurztraminer élégant,
d'une belle pureté.

Gewurztraminer, Josmeyer, Alsace Grand Cru Hengst 2002
🍷 🍷 🍷 🍷 <u>18/20</u>
De couleur jaune doré, il exhale un nez puissant aromatique aux fragrances
de fruits confits associés à des notes florales sans oublier le litchi, le tout dans une ambiance épicée de gingembre confit qui
le complexifie. La bouche est majestueuse, tout est en harmonie et grâce à une acidité vive, l'équilibre avec le sucre résiduel
est préservé. Tendu, sa finale sur les fleurs s'avère d'une grande
élégance et d'une longueur magistrale. Un vin de belle tenue.

DOMAINE KUENTZ-BAS

Samuel Tottoli   Tél. : + 33 (0) 3 89 49 30 24
DOMAINE KUENTZ-BAS   Fax : + 33 (0) 3 89 49 23 39
14, route des Vins   Courriel : samuel@kuentz-bas.fr
68420 Husseren Les Châteaux   Site Web : kuentz-bas.fr

Appellation de référence : Alsace
Superficie : 10 ha
Production : 75 000 bt/an
Cépages : Riesling, Gewurztraminer, Pinot gris, Muscat, Pinot blanc, Sylvaner, Pinot noir
Types de viticulture : Agrobiologie et biodynamie
Organismes et années de certification : Ecocert, AB 2004, Demeter 2008

Domaine

Situé au cœur du vignoble alsacien, ce vignoble jouit d'une exposition et d'un microclimat privilégiés. S'il était familial depuis 1795, il a été repris en 2003 par Jean-Baptiste Adam, du domaine éponyme à Ammerschwihr. Dès 2004, sous son impulsion, le vignoble est passé en bio tout en préservant le style mais en y apportant une vision novatrice grâce à la biodynamie. Afin de respecter le travail effectué dans les vignes en amont, c'est naturellement qu'à la cave, sous la direction de Samuel Tottoli, les vinifications s'effectuent sans intervention.

Ce domaine qui détient des parcelles en grands crus Eichberg et Pfersigberg, se donne aujourd'hui les moyens de revenir parmi l'élite alsacienne en élaborant des vins qui reflètent au mieux les terroirs dont ils sont issus.

Les vins

Riesling Trois Châteaux, Domaine Kuentz-Bas, Alsace 2007
🐑 🐑 🐑 <u>14,5/20</u>

D'une teinte cristalline jaune pâle à reflets argentés, il s'ouvre sur un nez floral aux parfums de fleurs blanches, dont la glycine, associés aux agrumes, le pamplemousse, sur un fond de minéralité rafraîchissante. Après une attaque franche, la bouche, friande, se révèle tendue par une acidité vive. La finale sur les arômes perçus au nez lui confère une longueur moyenne.

Gewurztraminer, Domaine Kuentz-Bas, Alsace Grand Cru Pfersigberg 2007 🐑 🐑 🐑 <u>15,5/20</u>

Jaune paille brillant à reflets dorés, il émane de ce vin des effluves aromatiques sur des notes florales caractéristiques du cépage, la rose, le lilas, additionnés d'odeurs de fruits exotiques, dont le litchi et l'ananas, le tout nimbé d'épices. La bouche se révèle gourmande sur un beau volume et l'acidité contrebalance le sucre résiduel pour lui conférer un bel équilibre. Un vin riche, d'une belle plénitude, qui revient sur le côté floral pour se dissiper sur une finale longue et persistante. Un gewurztraminer de belle facture.

 Cuvée Jeremy Pinot gris SGN, Domaine Kuentz-Bas, Alsace 2007
🍇 🍇 🍇 🍇 **15/20**
Cette sélection de grains nobles se pare d'une robe jaune doré intense aux reflets lumineux et s'ouvre sur un nez complexe et aromatique aux senteurs de fruits mûrs, notamment de pâte de coing, d'abricot confit et de pêche de vigne, dans une ambiance épicée. Après une attaque souple, la bouche, friande, puissante, riche, possède un beau volume sur les arômes de coing. Et grâce une acidité fraîche qui équilibre le sucre résiduel, sa finale possède une belle longueur soutenue.

DOMAINE ALBERT MANN

Jacky et Maurice Barthelmé   Tél. : + 33 (0) 3 89 80 62 00
DOMAINE ALBERT MANN   Fax : + 33 (0) 3 89 80 34 23
13, rue du Château   Courriel : vins@albertmann.com
68920 Wettolsheim   Site Web : www.albertmann.com

Appellation de référence : Alsace
Superficie : 21 ha
Production : 120 000 bt/an
Cépages : Riesling, Pinot blanc, Gewurztraminer, Pinot gris, Muscat, Pinot noir
Types de viticulture : Agrobiologie et biodynamie
Organisme et année de certification : Ecocert 2006

Domaine

Né de l'union des familles Mann et Barthelmé, vignerons depuis le XVIIᵉ siècle, ce vignoble situé à Wettolsheim, proche de Colmar, comprend pas moins de cinq grands crus : Hengst, Schlossberg, Furstentum, Steingrubler et Pfersigberg. Aujourd'hui, dirigé par les deux frères Barthelmé, ce vignoble est conduit en biologie dans un respect de l'environnement et des terroirs, afin d'engendrer des vins construits par ces terroirs. Le soin qu'apporte Maurice à la vigne est poursuivi à la cave par Jacky où les vinifications se font naturellement.

Les étiquettes des différentes gammes du domaine sont réalisées par François Bruetschy qui compose en fonction des différentes cuvées tout en tenant compte de la rigueur de cette maison.

Les vins

Riesling Cuvée Albert, Domaine Albert Mann, Alsace 2008 🍇🍇🍇 **15,5/20**

D'une couleur lumineuse jaune paille aux légers reflets argent, il s'ouvre sur un nez frais sur des arômes de fruits blancs, dont la poire et la mirabelle, sur une toile de fond minérale sur de légères notes d'hydrocarbures qui lui confèrent une agréable fraîcheur. L'attaque est franche et la bouche se tend sur une acidité vive. Bien équilibré sur un beau volume, il s'avère droit, et sa finale d'une pureté sur le fruit possède une belle longueur appuyée et fraîche. Un vin de belle facture.

Pinot gris Cuvée Albert, Domaine Albert Mann, Alsace 2007 🍇🍇🍇 **14,5/20**

Bouché en capsule à vis, il se teinte de couleur jaune pâle moyennement intense à reflets or et s'exprime par des arômes de fruits blancs associés à un côté floral, avec une pointe de fruits secs sur une belle minéralité. La bouche, parée d'une acidité vive, s'avère bien équilibrée sur un agréable volume et sa finale en continuité du nez possède une belle fraîcheur agrémentée d'une légère amertume.

Pinot noir, Domaine Albert Mann, Alsace 2007 🍇🍇🍇 **16/20**

D'une robe rubis, moyennement intense à reflets pourpres, il émane de ce vin un nez de fruits rouges frais, dont la fraise et la cerise, associés à une tonalité florale, le tout rehaussé par une touche épicée sur le poivre avec en arrière-plan un boisé subtil. La bouche suave, friande offre une belle gourmandise, construite sur une acidité fraîche et une matière soutenue par des tanins souples. La finale sur la griotte et les épices possède une belle longueur rafraîchissante.

DOMAINE OSTERTAG

André Ostertag   Tél.: + 33 (0) 3 88 85 51 34
DOMAINE OSTERTAG   Fax: + 33 (0) 3 88 85 58 95
87, rue Finckwiller   Courriel: domaine.ostertag@wanadoo.fr
67680 Epfig

Appellation de référence: Alsace
Superficie: 15 ha
Production: 95 000 bt/an
Cépages: Riesling, Gewurztraminer, Sylvaner, Pinot gis, Pinot blanc, Muscat, Pinot noir
Types de viticulture: Agrobiologie et biodynamie
Organisme et année de certification: Ecocert 1997

Domaine

Ce vignoble, réparti sur cinq communes (Epfig, Nothalten, Itterswiller, Ribeauvillé et Albé), regroupe 75 parcelles sur 4 des grands terroirs en grand cru que sont Fronholz, Heissenberg, Zellberg et Muenchberg.

En biodynamie depuis 1997, André Ostertag, vigneron instinctif et atypique, vinifie même certaines cuvées à la «bourguignonne» en utilisant des barriques de 228 litres en chêne des Vosges. Ce qui lui a valu la foudre de ses confrères, mais formation bourguignonne oblige!

Grâce à un travail acharné, tant à la vigne qu'au chai, il arrive à gommer l'effet millésime pour laisser s'exprimer le terroir avec brio comme en témoignent ses 2003.

Ce poète puriste élabore dans cette région complexe au niveau géologique et historique pas moins de 17 cuvées différentes, en fonction des cépages et en respectant les terroirs, et apporte beaucoup d'importance à la digestibilité et à la pureté de ses vins à forte personnalité. Il les vinifie sans sucres résiduels afin de ne pas en modifier l'équilibre, la finesse et la subtilité.

Les vins

Riesling Heissenberg, Domaine Ostertag, Alsace 2007 🍷🍷🍷 17/20
Jaune pâle à reflets argentés, il s'ouvre sur un nez expressif aux effluves de fleurs blanches, dont l'acacia, associées à une pointe minérale subtile, voire une touche mentholée. Belle complexité aromatique. La bouche après une attaque franche se révèle tendue par une acidité vivifiante. D'un beau volume, pur, droit, il s'avère bien équilibré. Sa finale en rétro sur la minéralité et les fruits lui confère une belle fraîcheur et une longueur persistante. Élégance et race caractérisent ce vin.

Pinot gris Barriques, Domaine Ostertag, Alsace 2007 🐷 🐷 🐷 <u>16/20</u>
De teinte jaune paille aux miroitements argent, au nez il s'exprime par des arômes frais aux senteurs florales sur l'aubépine, associés à des fragrances grillées, voire vanillées, le tout nimbé d'une grande minéra- lité. La bouche généreuse, sur une acidité vive, se révèle d'une grande pureté. Sa finale sur une légère amertume lui confère une belle longueur rafraîchissante. Élégant et digeste.

Pinot gris Fronholz, Domaine Ostertag, Alsace 2007 🐷 🐷 🐷 <u>16,5/20</u>
Jaune pâle cristallin à reflets argentés. Au nez puissant sur les fruits blancs, dont l'ananas, ainsi que les fleurs avec une pointe d'agrumes, complétés par des notes épicées. À tous ces arômes se mêle une touche lactée rappelant le caramel salé. La bouche d'un beau volume se révèle puissante, riche sur une acidité fraîche avec une touche saline. Bien équilibrée, la rétro sur les fruits avec toujours cette fraîcheur et cette minéralité en fin de bouche qui lui impriment une finale racée longue et soutenue.

Gewurztraminer Vignoble d'E, Domaine Ostertag, Alsace 2007
🐷 🐷 🐷 <u>16,5/20</u>
Jaune paille moyennement soutenu avec des reflets verts, voire argentés. Nez expressif, complexe et invitant sur un bouquet d'arômes se composant de rose fanée, de fruits confits et d'épices, la muscade, avec une pointe de miné- ralité. La bouche est riche sur une acidité fraîche. Ample et généreuse, elle est gourmande et caressante. Bien équilibrée grâce à une belle minéralité, elle se prolonge en finale sur les épices, ce qui lui confère une grande pureté appuyée. Une belle définition de ce que peut donner ce magnifique cépage.

CAVE DE RIBEAUVILLÉ

Jean Baltenweck (vigneron bio)   Tél. : + 33 (0) 3 89 73 61 80
CAVE DE RIBEAUVILLÉ   Fax : + 33 (0) 3 89 73 31 21
2, route de Colmar   Courriel : cave@cave-ribeauville.com
68150 Ribeauvillé   Site Web : www.vins-ribeauville.com

Appellation de référence : Alsace
Superficie : 8 ha en bio
Production : 60 000 bt/an
Cépages : Riesling, gewurztraminer, Pinot gris, Pinot blanc, Sylvaner, Muscat, Pinot noir)
Type de viticulture : Agrobiologie
Organisme et année de certification : Ecocert 2004

Domaine

Au sein de la cave de Ribeauvillé qui date du xixe siècle, Jean Baltenweck est le premier vigneron bio à vinifier ses raisins. Il est imité maintenant par Bernard Bagy et Fabrice Guyot. Cette cave qui compte quelque 260 hectares de vignes possède 11 des 51 Grands Crus, et travaille en lutte raisonnée.

Pour les Baltenweck, viticulteurs de père en fils depuis cinq générations, la cave est une véritable histoire de famille. Le vignoble Baltenweck, qui date de 1988, a pris un virage bio dès 1997, c'est pourquoi Jean a décidé à cette époque de jouer cavalier seul sur ses huit hectares, laissant le reste à son beau-frère. Cet amoureux de la nature depuis son plus jeune âge s'est orienté dans un premier temps en bio pour l'écologie. Depuis, il est toujours resté fidèle à ses convictions avec pour fondement, le respect de la vie du sol et sa gestion durable, même si cela n'a pas toujours été facile. Il travaille ses vignes avec le même enthousiasme et la même passion du respect de l'environnement qui l'anime.

Jean exploite donc la vigne qu'il possède dont des parcelles dans deux des Grands Crus de la cave de Ribeauvillé Schlossberg et Rosacker où il y conduit ses raisins. Les raisins sont vinifiés à part dans une cuverie et avec du matériel spécifique.

L'avantage pour ce vigneron, c'est qu'il peut passer tout le temps nécessaire à la vigne et exercer pleinement le travail qu'il aime et aller au fond des choses. La cave prend le relais, ce qui lui facilite la vie surtout sur le plan de la commercialisation. Un homme entier qui recherche avant tout la qualité.

Les vins

Pinot blanc Jean Baltenweck, Cave de Ribeauvillé, Alsace 2007

🍇 🍇

Jaune pâle cristallin aux reflets argentés, il s'exprime par un nez frais aux arômes de fleurs et de fruits blancs, voire de fruits secs, le tout sur une belle minéralité. Après une attaque franche et vive, la bouche se révèle friande, construite sur un beau volume et tendue par l'acidité. Bien équilibré, la pointe de salinité en bouche lui confère une finale assez longue et agréable.

Riesling Jean Baltenweck, Cave de Ribeauvillé, Alsace 2007
🍇 🍇 🍇 **15,5/20**
De couleur jaune brillant à reflets légèrement verts, il s'ouvre sur une belle minéralité aux effluves pétrolés associés à des notes d'agrumes et un côté mellifère. L'attaque est franche et la bouche est d'une acidité vive. Équilibré, droit, avec une pointe rancio en rétro, il possède de l'élégance et sa finale longue et persistante est rafraîchissante.

Riesling Jean Baltenweck, Cave de Ribeauvillé, Alsace Grand Cru Rosacker 2005 (🍇 🍇 🍇 **16/20**
Sous sa robe jaune paille brillant aux chatoiements argentés se dissimule un nez frais assez puissant, sur des notes minérales, même pétrolées, associées aux agrumes, ainsi que de miel, avec une pointe de rancio. La bouche se révèle ample, grasse, puissante, tendue par une acidité vive. Bien équilibrée, sa finale sur le miel, nimbée de notes pétrolées, lui confère une longueur soutenue. Un vin qui possède devant lui de belles années.

Riesling Jean Baltenweck, Cave de Ribeauvillé, Alsace Grand Cru Schlossberg 2007 🍇 🍇 🍇 **15,5/20**
Jaune cristallin aux reflets vieil or, il émane de ce vin un nez discret sur la minéralité associée à des notes rancio. La bouche d'une bonne acidité revient sur les agrumes encadrés des notes pétrolées perçues au nez. La finale d'une belle pureté sur une fraîcheur agréable possède longueur et persistance. Encore jeune, donnons-lui le temps de s'épanouir.

Pinot gris Jean Baltenweck, Cave de Ribeauvillé, Alsace 2005
🍇 🍇 **15/20**
De teinte jaune pâle à reflets verdoyants, au nez sur des notes florales de glycine associés aux fruits blancs et avec un côté épicé, voire lardé, et une pointe de truffe. L'attaque est souple, et la bouche d'une belle amplitude est riche. L'acidité fraîche contrebalance la pointe de sucre résiduel même s'il reste présent. La rétro sur le côté lardé et humus pressentis au nez lui imprime une finale appuyée sur une pointe de sucrosité.

Gewurztraminer Jean Baltenweck, Cave de Ribeauvillé, Alsace 2006
🍇 🍇 **16/20**
Jaune paille à reflets or, il exhale un nez d'une grande pureté sur un côté floral de rose, de lilas, mêlé d'une touche de fruits exotiques, dont le litchi, dans une ambiance épicée et minérale. La bouche, puissante, riche, renferme un beau volume tendu par une acidité vive. La finale sur la rose d'une belle fraîcheur accentuée par une pointe d'amertume possède une belle allonge.

Pinot noir Jean Baltenweck, Cave de Ribeauvillé, Alsace 2004

🐷 🐷 __15/20__

Rubis pourpre, aux reflets violacés, il s'exprime par des
arômes de fruits noirs et rouges, dont la cerise et la framboise,
associés à des notes de violette, le tout accommodé d'épices
et de poivre rose. La bouche d'une belle gourmandise est bâtie
sur une acidité vive et des tanins soyeux mais bien présents.
La finale manque peut-être un peu de profondeur mais elle
possède une belle fraîcheur épicée.

DOMAINE WEINBACH-FALLER

Colette, Catherine et Laurence Faller	Tél. : + 33 (0) 3 89 47 13 21
DOMAINE WEINBACH-FALLER	Fax : + 33 (0) 3 89 47 38 18
25, route du Vin	Courriel : contact@domaineweinbach.com
68240 Kaysersberg	Site Web : www.domaineweinbach.com

Appellation de référence : Alsace
Superficie : 29 ha
Production : 130 000 bt/an
Cépages : Riesling, Gewurztraminer, Pinot gris, Muscat, Pinot blanc,
Sylvaner, Pinot noir
Types de viticulture : Agrobiologie et biodynamie
Organismes et année de certification : Ecocert, Demeter 2010 sur
l'intégralité

Domaine

Le Domaine Weinbach, « ruisseau à vin » du nom du cours d'eau qui le
traverse, se situe au pied de la colline du Schlossberg et fut édifié par les
moines capucins au XVIIᵉ siècle qui cultivaient les cinq hectares du prestigieux Clos des Capucins dans la vallée de Kaysersberg.

Dans la famille Faller depuis 1898, ce domaine a été magnifié par
Théo Faller, défunt mari de Colette Faller, figure emblématique du vignoble alsacien qui a œuvré pour la qualité des vins d'Alsace et la mise en
valeur de ses incomparables terroirs. Aujourd'hui, le domaine est passé
aux mains de sa femme et de ses filles, Catherine et Laurence, qui sont
animées de la même passion pour les grands vins et du même attachement à la qualité.

C'est parce que chaque terroir du domaine est unique avec sa propre
personnalité et des affinités particulières pour les différents cépages que
depuis 1998, naturellement, elles ont commencé petit à petit la conversion

du domaine en biodynamie jusqu'à obtenir la certification en 2005. Comment être autrement quand leur philosophie repose sur le respect de la nature et des terroirs ? Le travail apporté à la vigne se concrétise à la cave et les vins façonnés ici sont de pures expressions de ses magnifiques terroirs. Un domaine qui a choisi l'excellence pour devise

Les vins

Cuvée Théo Riesling, Domaine Weinbach-Faller, Alsace 2007
🍷🍷🍷 **16,5/20**

D'une teinte lumineuse jaune or pâle aux reflets vieil or, il s'ouvre sur un nez complexe et aromatique aux effluves d'agrumes, notamment de pamplemousse et de fruits blancs associés à une senteur florale, le tout sur des notes minérales et un côté grillé, lacté, voire pétrolé, très caractéristique. En bouche, après une attaque franche et vive grâce à une acidité marquée, il possède une belle densité. D'un bel équilibre, sa finale sur la minéralité avec une légère amertume renferme une belle fraîcheur et une longueur persistante. Un riesling droit et élégant.

Cuvée Sainte-Catherine Pinot gris, Domaine Weinbach-Faller, Alsace 2007 🍷🍷🍷🍷 **16/20**

Jaune paille à reflets or, brillant, ce pinot gris s'exprime par une puissance aromatique sur des fragrances de fruits à chair jaune, de mirabelle et de poire, complexifiés par une minéralité s'exprimant par des notes de truffes blanches. La bouche renferme un beau volume, bien équilibrée par une acidité tonique qui structure les arômes en rétro-olfaction et lui confère une grande fraîcheur en finale de belle longueur. Un vin d'une belle rectitude.

Cuvée Théo Gewurztraminer, Domaine Weinbach-Faller, Alsace 2007 🍷🍷🍷 **17/20**

Il émane de ce gewurztraminer de teinte jaune pâle à reflets verdoyants, des arômes complexes et délicats de fleurs, d'agrumes confits et d'épices douces, sur une touche végétale subtile de perce-neige qui le nimbe de fraîcheur. La bouche, d'une grande suavité, renferme une belle matière et un équilibre notable. De plus, sa rémanence sur le côté floral perçu au nez lui confère une finale élégante de belle longueur sans lourdeur. Un gewurztraminer d'une grande pureté.

DOMAINE ZIND-HUMBRECHT

Léonard et Olivier Humbrecht	Tél.: + 33 (0) 3 89 27 02 05
DOMAINE ZIND-HUMBRECHT	Fax: + 33 (0) 3 89 27 22 58
4, route de Colmar	Courriel: o.humbrecht@zind-humbrecht.fr/
68230 Turckheim	malou@zind-humbrecht.fr

Appellation de référence: Alsace
Superficie: 40 ha
Production: 150 000 bt/an
Cépages: Gewurztraminer, Pinot gris, Riesling, Pinot blanc, Muscat, Pinot noir
Types de viticulture: Agrobiologie et biodynamie
Organisme et année de certification: Ecocert 2001

Domaine

Le Domaine Zind-Humbrecht, un des plus prestigieux domaines d'Alsace par son exemplaire qualité, résulte du mariage en 1959 du fils Humbrecht et de la fille Zind, deux familles déjà bien connues dans le paysage viticole alsacien. À la suite de cette union, les vignobles ont fusionné pour constituer ce vignoble phare de l'appellation. Le bon sens et la vision avant-gardiste du père, Léonard Humbrecht, qui n'a pas hésité à visiter les vignobles des quatre coins du monde, associés à la rigueur de son fils Olivier, ont fait que ce remarquable domaine se retrouve dans le peloton de tête des vignobles alsaciens.

Parmi les terroirs qui composent ce domaine, les meilleurs de l'appellation, qualitativement parlant, on retrouve des parcelles en Grands Crus Hengst, Brand, Rangen et Goldert, des parcelles en lieux-dits, Rotenberg, Herrenweg et Heimbourg sans oublier les Clos Windsbuhl, Hauserer et Jebsal.

Sous l'influence, non pas de la lune, même si ici on respecte le calendrier lunaire, mais de celle du fils Olivier, le vignoble est conduit intégralement selon les préceptes de la biodynamie auxquels tous deux croient comme s'ils étaient tombés dans la potion, même si cela peut paraître ridicule pour certains. De ce fait, le vignoble a été intégralement repensé, et grâce au travail des sols, à des rendements plus faibles que ceux acceptés pour les Grands Crus, et à une maîtrise de la maturité, les vins fermentés en foudre de chêne se distinguent par leur richesse et leur concentration. Des vins de grande classe et de grande garde.

Les vins

Muscat Herrenweg de Turkheim, Domaine Zind-Humbrecht, Alsace 2007 🍇 🍇 🍇 🍇 <u>16/20</u>

Jaune doré aux reflets vieil or, il s'ouvre sur un typé muscat aux effluves de fleurs blanches, associés aux fruits blancs, dont l'ananas, additionnés d'une pointe de truffe et d'humus, sur une belle minéralité. La bouche se révèle friande, suave avec un côté amande amère. L'acidité fraîche lui confère une belle rectitude et une harmonie qui se traduit par une finale de belle allonge. Un vin très plaisant pour ouvrir les hostilités.

Muscat, Domaine Zind-Humbrecht, Alsace Grand Cru Goldert 2007 🍇 🍇 🍇 🍇 <u>17/20</u>

D'une couleur brillante jaune paille aux miroitements or, il s'ouvre sur un nez riche, puissant et complexe sur des arômes de fruits blancs, dont la mirabelle et l'ananas, associés à des notes florales subtiles et une pointe truffée, le tout sur une toile de fond minérale.

Après une attaque franche, la bouche s'avère agréablement tendue par une acidité vive. Épuré, d'un bel équilibre, il revient sur la minéralité, pour s'évanouir sur une grande fraîcheur dans une finale longue et persistante. Un vin élégant d'un beau potentiel.

Riesling Turkheim, Domaine Zind-Humbrecht, Alsace 2007 🍇 🍇 🍇 🍇 <u>17/20</u>

Lumineux, d'une carnation vieil or, il s'ouvre sur un nez aromatique aux effluves frais sur des notes de fenouil, d'agrumes, dont le pamplemousse rose, associés à de fines notes pétrolées sur une fraîche minéralité. L'attaque est franche, d'une grande suavité sur une acidité vive, voire mordante, qui lui confère une belle rectitude. Bien équilibré, sa finale sur les agrumes associée à une pointe d'amertume renferme une longueur soutenue d'une fraîcheur remarquable. Un vin encore jeune.

Riesling Herrenweg de Turkheim, Domaine Zind-Humbrecht, Alsace 2007 🍇 🍇 🍇 🍇 <u>16,5/20</u>

Sous sa robe brillante jaune pâle aux reflets argentés, il s'ouvre sur une belle minéralité qui perdure en toile de fond, laissant le premier rang aux notes florales, voire mellifères, et de fruits blancs, tel l'ananas. La bouche, friande, sur une acidité vive et un beau gras, possède une belle fraîcheur. Bien équilibré, sa finale élégante sur la minéralité possède une belle allonge.

Riesling Clos Windsbuhl, Domaine Zind-Humbrecht, Alsace 2007
🐑 🐑 🐑 🐑 **17/20**
Jaune pâle argenté, il émane de ce riesling un nez aromatique et complexe sur des notes beurrées, lardées, où se mêlent les agrumes et des notes de truffe, le tout dans une ambiance minérale. La bouche droite, presque fière, sur une belle matière, possède finesse et élégance. Sa finale sur les agrumes avec une pointe d'amertume le nimbe d'une grande fraîcheur et d'une persistance aromatique soutenue. Un vin de belle facture.

Riesling Clos Saint-Urbain, Domaine Zind-Humbrecht, Alsace Grand Cru Rangen de Thann 2007 🐑 🐑 🐑 🐑 **18,5/20**
Pas la peine de parler de ce monument tant sa réputation le précède. Il se pare d'une robe jaune paille aux reflets dorés de laquelle il émane des arômes puissants et complexes d'une grande minéralité comme seuls peuvent lui conférer les sols volcaniques de ce cru. Les fruits secs associés à des notes lardées avec une pointe de rancio viennent compléter cette palette aromatique. La bouche est ample, riche, tout en dualité entre la puissance et la finesse. D'une grande concentration, hérissé par une acidité vive, il revient en bouche sur ce côté lardé, fumé. D'un équilibre quasi parfait, il s'évanouit en douceur sur une finale d'une grande fraîcheur minérale. Un vin d'anthologie, de grande classe, qui tient son rang même si encore un peu immature.

Riesling Clos Haüsser, Domaine Zind-Humbrecht, Alsace 2007
🐑 🐑 🐑 🐑 **17/20**
De couleur jaune pâle, au nez aromatique de fruits blancs, voire exotiques, tel l'ananas, associés à des notes fraîches d'anis et de menthol, dans une grande minéralité qui s'exprime par une touche légèrement pétrolée. L'attaque en bouche est franche, sur une acidité vive. Bien équilibré, sa finale sur les arômes perçus au nez lui confère un beau caractère.

Riesling, Domaine Zind-Humbrecht, Alsace Grand Cru Brand 2007 (Blanc) 🐑 🐑 🐑 🐑 **18/20**
Vieil or, il émane de ce vin des arômes de fruits blancs, dont la poire, et d'agrumes, associés à une belle minéralité sous-jacente. La bouche, d'un beau volume soutenu par une acidité vive, possède élégance et fraîcheur. La finale harmonieuse s'avère longue et persistante. Un vin de belle facture qui possède de belles années devant lui.

Riesling Vieilles Vignes, Domaine Zind-Humbrecht, Alsace Grand Cru Brand 2007 🐑 🐑 🐑 🐑 <u>18,5/20</u>

Issu de vieilles vignes, il s'ouvre sur des notes d'agrumes confits, de fruits secs, dont l'amande, voire d'un côté kirsch, et une touche florale toujours accommodées d'une forte minéralité. La bouche possède une suavité et une rectitude impression-nante. Harmonieux, sa finale laisse une impression dont on se souvient longtemps. Attendez-le, il saura vous enchanter.

Pinot gris Clos Windsbuhl, Domaine Zind-Humbrecht, Alsace 2007 🐑 🐑 🐑 🐑 <u>16,5/20</u>

Lumineux et brillant sur une touche or, il exhale de ce pinot gris des arômes complexes de fruits blancs, dont la mirabelle, associés aux agrumes, dont le pamplemousse, avec une pointe florale, le tout rehaussé par une touche de kirsch sur la minéralité sous-jacente. Après une attaque nette, la bouche se révèle marquée par une acidité vive et une belle matière. Bien équilibré, il revient sur les notes d'amande et de fruits et sa finale pos-sède une belle allonge.

Pinot gris Clos Saint-Urbain, Domaine Zind-Humbrecht, Alsace Grand Cru Rangen de Thann 2007 🐑 🐑 🐑 🐑 <u>18,5/20</u>

Jaune d'or lumineux et éclatant, il émane de ce vin un nez puissant et aro-matique sur des notes de pâtisseries, notamment de crème brûlée, asso-ciées à des effluves d'écorces d'orange confites et à des notes fumées, voire lardées, complexifiés par la minéralité. La bouche se révèle suave, riche, sur un volume concentré, érigé par une belle acidité. D'un superbe équi-libre, entre les différentes saveurs, il est majestueux et sa finale renferme grâce et volupté. De belles années de garde se dessinent à l'horizon.

Gewurztraminer Turkhiem, Domaine Zind-Humbrecht, Alsace 2007 🐑 🐑 🐑 🐑 <u>16,5/20</u>

Jaune bouton d'or au nez complexe et aromatique de fruits confits, notamment l'ananas et la mangue, associé à des notes florales de rose fanée et de litchi si caractéristique, le tout relevé d'épices douces, dont la cardamome, avec une pointe truffée. La bouche se révèle riche, puissante, ample, sur un beau volume. La rétro sur les épices s'avère longue et per-sistante grâce à un bel équilibre.

Gewurztraminer, Domaine Zind-Humbrecht, Alsace Grand Cru Hengst 2007 🐑 🐑 🐑 🐑 <u>18/20</u>

Or brillant et lumineux, il exhale de ce vin des arômes puissants de fleurs, la rose, sublimés par les épices, la coriandre, avec un petit côté crème brû-lée. La bouche est ample, puissante, sur une acidité fraîche et une belle harmonie des saveurs entre elles. D'une magnifique concentration, il monte en crescendo pour s'évanouir en finale sur la fraîcheur, laissant une forte impression derrière lui.

Gewurztraminer SGN, Domaine Zind-Humbrecht, Alsace Grand Cru Hengst 2007 (37,5 Cl) 🍷 🍷 🍷 🍷 <u>19/20</u>
Les qualificatifs manquent pour décrire ce nectar des dieux s'il en est un. Il se pare de ses plus beaux atours et se dévoile sur une robe de lumière de teinte or. Il laisse dans son sillage des fragrances puissantes et complexes de mandarine confite, de coing, de fruits secs et de mangue en harmonie avec une pointe mentholée et anisée accompagnée d'épices. La bouche est volumineuse, majestueuse, caressante, d'une grande volupté, et même s'il est encore jeune tout a déjà trouvé sa place. D'un équilibre parfait, il n'en finit plus tant sa longueur est incommensurable. Un moment d'anthologie. Je n'ose même pas imaginer ce qu'il adviendra quand le temps aura parachevé son œuvre.

DOMAINE VALENTIN ZUSSLIN

Jean-Marie, Jean-Paul et Marie Zusslin	Tél. : + 33 (0) 3 89 76 82 84
DOMAINE VALENTIN ZUSSLIN	Fax : + 33 (0) 3 89 76 64 36
57, Grand'Rue (Haut)	Courriel : info@zusslin.com
68500 Orschwihr	Site Web : www.zusslin.com

Appellation de référence : Alsace
Superficie : 13 ha
Production : 80 000 bt/an
Cépages : Pinot blanc, Riesling, Pinot gris, Gewurztraminer, Muscat, Chardonnay, Chasselas, Sylvaner, Pinot noir
Types de viticulture : Agrobiologie et biodynamie
Organismes et années de certification : Ecocert 1997, Demeter, Biodyvin 2000

Domaine
Fondé en 1691, le Domaine Valentin Zusslin, dirigé par Jean-Marie, regroupe aujourd'hui avec sa fille Marie et son fils Jean-Paul, trois générations de vignerons. Situé sur la commune d'Orschwihr, au sud de Colmar, le vignoble occupe le coteau du Bollenberg, du clos Liebenberg et du Grand Cru Pfingstberg.

Depuis 1997, le domaine est conduit suivant les principes de la biodynamie, à la suite d'un stage de Jean-Marie avec François Bouchet, de la Loire. Effectivement, il en avait marre d'être une sorte de vigneron condamné à traiter toujours plus sans rien gagner en retour. Sur ce domaine, les vignes sont travaillées essentiellement à la main, même si des essais avec le cheval et avec le bœuf ont été faits. Durant toute l'année, les divers préparas de la biodynamie à base de plantes cueillies à proximité du domaine sont utilisés. Si l'attention est portée à la vigne, il en va de même à la cave où il n'y a pas d'intervention chimique pendant la fermentation ni l'élevage qui s'effectue en foudre. Seul le soufre est utilisé à des doses minimales pour permettre une conservation normale.

Ce domaine élabore des vins qui naissent dans les vignes et non pas dans les chais et propose une gamme de vins qui expriment un terroir, un millésime, un cépage, mais aussi la passion qui anime ces vignerons fort sympathiques.

Les vins

Pinot d'Alsace, Domaine Valentin Zusslin, Alsace 2007 🐑 🐑 <u>15,5/20</u>
Jaune très pâle, cristallin à reflets argentés, il s'ouvre sur un nez frais aux arômes de fleurs blanches, dont l'acacia, associés aux fruits, dont la poire et l'ananas, le tout dans une belle minéralité. Après une attaque franche, la bouche, sur une acidité vive, s'avère d'une belle fraîcheur sur un beau volume et du gras. Les fruits blancs sur la minéralité en finale lui confèrent une longueur persistante. Un vin bien équilibré d'une grande pureté qui accompagnera à merveille la fondue au fromage.

Muscat Bollenberg, Domaine Valentin Zusslin, Alsace 2007 🐑 🐑
<u>16,5/20</u>
De couleur jaune paille aux reflets verts, il s'offre sur un bouquet printanier aux arômes de lilas, de muguet, voire même de jasmin, associés à de jolies épices douces. La bouche, sur un beau volume gras, se révèle d'une belle tension grâce à son acidité. Droit, élégant, harmonieux, le côté floral en finale avec une pointe d'amertume lui donne une belle allonge élancée sur la fraîcheur.

Riesling Bollenberg, Domaine Valentin Zusslin, Alsace 2007
🐑 🐑 <u>16,5/20</u>
Il émane de ce riesling de couleur jaune paille aux reflets légèrement verts un nez frais sur une belle minéralité, d'où s'échappent des arômes d'agrumes, notamment de pamplemousse, rehaussés par une pointe pétrolée subtile. La bouche, sur une belle énergie, se dresse sur une acidité vive qui encadre les agrumes. Bien équilibré sur un beau volume, il possède une agréable fraîcheur en finale ce qui lui confère une belle allonge. Un vin racé, pur, d'une grande digestibilité.

Riesling Clos Liebenberg, Domaine Valentin Zusslin, Alsace 2004
🍷 🍷 🍷 <u>17,5/20</u>
Paré d'une robe jaune paille aux reflets vieil or, il émane de ce vin un nez puissant, aromatique et complexe sur des effluves de fruits confits, notamment de mirabelle et d'écorces d'orange, associés à des notes florales, voire mellifères, avec une pointe beurrée, sur une toile de fond légèrement pétrolée. La bouche majestueuse d'une grande amplitude et de belle concentration s'équilibre merveilleusement grâce à une acidité vive. Harmonieux, droit, il revient sur les fruits pour s'évanouir tranquillement en laissant une agréable sensation de fraîcheur. Un vin de grande classe.

Riesling, Domaine Valentin Zusslin, Alsace Grand Cru Pfingstberg 2005 🍷 🍷 🍷 17/20
Jaune paille à reflets argentés, lumineux, il exhale des arômes de fruits confits et d'agrumes associés à un côté floral, voire de miel, sur une belle minéralité. En bouche, il se révèle puissant, riche, d'une grande concentration sur une acidité vive qui crée un bel équilibre. Dans la continuité du nez, il se dissipe sur une belle longueur en laissant une sensation de plénitude.

Pinot gris Bollenberg, Domaine Valentin Zusslin, Alsace 2006
🍷 🍷 🍷 <u>16/20</u>
D'une teinte jaune pâle, il s'ouvre sur un nez aux notes de fruits blancs, dont la mirabelle et la poire, avec une pointe de miel et un petit côté rancio, le tout dans une ambiance fraîche.
Après une attaque franche, la bouche s'avère friande, sur une acidité marquée qui lui confère un bel équilibre et une finale suave et rafraîchissante. Un vin d'une belle pureté.

Gewurztraminer Bollenberg Prestige, Domaine Valentin Zusslin, Alsace 2005 🍷 🍷 🍷 <u>17,5/20</u>
Brillant, sur des reflets verdoyants, au nez typé sur un agréable bouquet composé de rose, de muguet, de lilas, d'où pointent les épices douces sur un fond de minéralité. La bouche, ample, riche, possède un superbe équilibre malgré la pointe de sucre résiduel. Tout dans ce vin prend sa place et la finale sur les fleurs et les épices s'éternise sur une édifiante fraîcheur. Un gewurztraminer de belle facture, qui allie élégance et puissance.

Harmonie Pinot noir Bollenberg, Domaine Valentin Zusslin, Alsace 2007 🍷 🍷 🍷 <u>16/20</u>
D'un rouge rubis moyennement intense, il se dévoile par un nez invitant aux arômes de fruits rouges et noirs, dont la fraise et la guigne, associés à une pointe épicée, sur le poivre, le tout dans une ambiance florale de pivoine. La bouche est friande, gourmande, grâce à une matière soutenue par des tanins souples et une acidité fraîche. Sa finale sur le juteux des

fruits lui confère une longueur soutenue. Un rouge tout en finesse et en harmonie.

AUTRES DOMAINES INTÉRESSANTS
DOMAINE AUDREY ET CHRISTIAN BINNER
DOMAINE MARC KREYDENWEISS
DOMAINE PIERRE FRICK
DOMAINE OTTER ET FILS
DOMAINE SCHAETZEL
DOMAINE STOEFFLER
DOMAINE TEMPÉ

BORDEAUX

Quand on pense Bordeaux, on pense systématiquement au vin. Plus qu'un vignoble, c'est un mythe. De par l'intérêt mondial que l'on porte à ses grands vins, imités mais jamais égalés, Bordeaux jouit d'une réputation inébranlable et son prestige international réside dans la large gamme de grands vins rouges ou blancs, secs ou moelleux, que produit cette région.

Cette région sait aussi faire parler d'elle, médiatiquement parlant, et tient l'amateur en haleine. Cependant, ses ventes en primeurs, parfois envenimées par certains critiques, font que les prix de ses grands vins fluctuent spectaculairement à la hausse comme à la baisse d'une année sur l'autre. Cependant, tous les autres vins de Bordeaux, bon marché, qui constituent la moitié de la production, bénéficient des portes que leur ouvre la notoriété de ce nom.

Sur cette vaste mer de vigne que constitue le vignoble bordelais, la viticulture biologique ou biodynamique, pas très répandue jusqu'à tout récemment, est en forte hausse. Quelque 311 producteurs pratiquent ce type de conduite de la vigne avec la même volonté de renouer avec leur terroir et de retrouver la typicité, bien souvent oubliée, des vins de Bordeaux. La superficie que représente ce mode de viticulture est aujourd'hui d'environ 3 700 hectares, dont 1 500 en conversion, en hausse de 23 % dans la dernière année, ce qui place cette région dans le peloton de tête des régions les plus converties ou en conversion.

La gloire de Bordeaux ne date pas d'hier. On dit même qu'à Bordeaux grâce au commerce, le vin existait avant la vigne. Avec plus de 2 000 ans d'histoire viticole, ce vignoble a connu des périodes plus ou moins fastes comme au XIIᵉ siècle avec le mariage d'Aliénor d'Aquitaine avec Henri II Plantagenêt, futur roi d'Angleterre, qui favorisa l'exportation sur le marché britannique, puis par les Hollandais pour aboutir au XIXᵉ siècle, en 1855, au controversé mais intouchable classement des crus du Médoc et du Sauternais. Il a été depuis complété par celui des crus bourgeois du Médoc, celui de Saint-Émilion et celui des vins de Graves.

Le vignoble girondin, le plus grand vignoble de France, couvre une superficie d'environ 125 000 hectares et s'organise autour de trois axes

Vignoble de Bordeaux

Médoc
St-Estèphe
Pauillac
St-Julien
Listrac
Moulis
Margaux
Haut-Médoc

Côtes de Blaye
Côtes de Bourg

BORDEAUX

Lalande-de-Pomerol
Fronsac
Canon-Fronsac
Pomerol
St-Émilion
Graves de Vayres
LIBOURNE

Bordeaux
Côtes de Francs
Côtes de Castillon

Premières Côtes de Bordeaux
Pessac-Léognan
Graves
Cadillac
Loupiac
Barsac
Ste-Croix-du-Mont
Sauternes
Graves

Sainte-Foy-Bordeaux

Bordeaux
Côtes de Bordeaux St-Macaire

Sauternais

Médoc
Lihournais
Graves

fluviaux : la Garonne, la Dordogne et leur estuaire, la Gironde. Ces voies maritimes ont joué un rôle important dans le transport du vin de ce lieu de production vers ceux de consommation.

Cette vaste région, bien située, jouit d'un climat océanique tempéré par la proximité de la mer, ce qui la rend propice à la culture de la vigne. De par sa vaste étendue, les sols sont diversifiés même si Bordeaux est avant tout célèbre pour ses graves qui ont donné leur nom à une appellation du sud de la région, mais aussi très présents dans le Médoc et à Pomerol, à quelques exceptions faites de la boutonnière argileuse de Pétrus. On trouve aussi des sols plus argilo-calcaires notamment à Saint-Émilion. Les sols de Sauternes, quant à eux, sont divers et imprègnent leur personnalité et leur spécificité aux différents crus. Entre Garonne et Dordogne, sur le vignoble assez méconnu de l'Entre-Deux-Mers, les sols et les reliefs sont multiples et complexes et créent une grande diversité de terroirs.

Cet imposant vignoble peut se subdiviser en trois grandes régions.

La rive gauche de la Gironde constituée du Haut-Médoc et du Médoc, véritable vignoble dans le vignoble, qui regroupe les magnifiques terroirs des crus classés de Margaux à Saint-Estèphe en passant par Pauillac et Saint-Julien sans oublier Listrac et Moulis. Ils sont réputés pour leurs rouges où règne en maître absolu le cabernet sauvignon assemblé au merlot, au cabernet franc, au petit verdot et plus rarement à la carmenère. En prolongement, sur la rive gauche de la Garonne, la région des Graves avec, dans sa partie septentrionale, l'appellation Pessac-Léognan, réputée tant pour ses rouges que pour ses blancs issus de sauvignon blanc associé au sémillon et à la muscadelle. Le dernier vignoble sur cette rive et non le moindre, le majestueux vignoble de Sauternes et Barsac où sont vinifiés ici les mêmes cépages blancs mais en liquoreux. Ils comptent parmi les plus réputés du monde.

Par opposition, sur la rive droite de la Dordogne, se trouvent les vignobles rouges de Saint-Émilion, escorté de ses satellites de Pomerol et de Lalande-de-Pomerol. Ils se partagent cette rive et leur réputation n'est plus à faire. Ici les propriétés sont de taille humaine et le merlot a supplanté le cabernet sauvignon dans les assemblages. Il ne faut cependant pas oublier les Côtes-de-Castillon, Côtes-de-Francs et, en remontant l'estuaire, les Premières Côtes-de-Blaye qui avec les Premières Côtes-de-Bordeaux viennent de se rassembler, en ce qui concerne les vins rouges, sous la nouvelle appellation Côtes de Bordeaux à laquelle il sera possible d'accoler la dénomination locale. Les Côtes-de-Bourg ont décidé de préserver leur indépendance et leur identité.

Le vignoble de l'Entre-Deux-Mers qui, comme son nom l'indique, se situe entre Garonne et Dordogne, est la terre de prédilection des bordeaux blancs secs du même nom et sert aussi de berceau aux bordeaux rouges et à certains liquoreux.

Le reste de ce vaste vignoble de Bordeaux se compose en blanc comme en rouge des appellations Bordeaux et Bordeaux Supérieurs.

BORDEAUX

CHÂTEAU COURONNEAU

Bénédicte et Christophe Piat   Tél. : + 33 (0) 5 57 41 26 55
CHÂTEAU COURONNEAU   Fax : + 33 (0) 5 57 41 27 58
33220 Ligueux   Courriel : chateau-couronneau@wanadoo.fr
                              Site Web : www.chateau-couronneau.fr

Appellation de référence : Bordeaux
Superficie : 38 hectares
Production : 150 000 bt/an
Cépages : Sauvignon blanc, Sauvignon gris, Merlot
Type de viticulture : Agrobiologie
Organisme et année de certification : Ecocert 1999

Domaine

Flanqué de ses quatre tours percées de meurtrières, et entouré de larges fossés, le Château Couronneau, datant du XVᵉ siècle, fut l'ancienne propriété de la famille de Jacques Cartier, découvreur du Canada. Cependant, le vaste vignoble qui l'entoure remonte, lui, à l'époque romaine.

Situé à une trentaine de kilomètres de Saint-Émilion, à la limite du vignoble bergeracois, ce domaine, en pente, domine tout le département, puisque situé en son point culminant sur des sols argilo-calcaires.

L'arrivée il y a quelque dix ans de la famille Piat, tombée amoureuse de ce château, marque le renouveau de ce vignoble. Effectivement, depuis, elle n'a cessé de consacrer toute son énergie tant dans la restauration du château lui-même que du vignoble et s'est dotée d'un chai exceptionnel, entièrement restauré et pourvu des installations techniques les plus novatrices. Christophe, cherchant toujours le moyen d'optimiser les choses, va même jusqu'à réadapter à sa guise ses propres engins viticoles.

Dans ces conditions, et dans un respect de cet environnement romanesque, le vignoble qui occupe environ la moitié de la propriété, le reste étant en bois, ne pouvait pas être conduit autrement qu'en agrobiologie avec retour au travail du sol. La majorité des vins élaborés sont rouges, puisque l'encépagement en blanc du château ne représente qu'environ 9 %.

Tous les travaux qu'effectuent ces passionnés leur permettent aujourd'hui d'obtenir un haut niveau qualitatif. En témoignent les gratifiantes récompenses qui sont attribuées à leurs vins.

Les vins

Château Couronneau, Bordeaux, 2008 🍷🍷 <u>**15/20**</u>

Assemblage de sauvignon blanc et gris, d'une teinte jaune pâle aux reflets argentés, il s'ouvre sur les fruits blancs, dont la poire, voire des notes plus exotiques sur l'ananas et les agrumes, dont le pamplemousse, associés à une belle fraîcheur minérale. En bouche, après une attaque franche et vive, il s'avère droit, tendu par une belle acidité et revient sur les agrumes, voire même la citronnelle, dans une finale rafraîchissante de belle longueur. Un vin élégant et racé.

Château Couronneau, Bordeaux Supérieur, 2007 🍷🍷 <u>**15/20**</u>

Rubis aux reflets pourpres, ce vin possède un nez assez discret sur les fruits noirs, dont le cassis, dominé par des arômes de torréfaction, d'épices et de vanille, voire d'un côté plus fumé. La bouche se révèle bien équilibrée, onctueuse sur des tanins fondus mais présents. En rétro-olfaction, les fruits et les épices sont plus présents et la finale s'avère longue et persistante. Encore tout jeune, mais prometteur.

Château Couronneau, Bordeaux Supérieur, 2006 🍷🍷 <u>**15,5/20**</u>

Le boisé sur la vanille laisse la place aux fruits noirs, dont le cassis et la mûre. La bouche bien structurée s'avère friande, onctueuse. Un vin droit, pur, d'un grand classicisme.

Pierre de Cartier, Château Couronneau, Bordeaux Supérieur, 2007 🍷🍷 <u>**16/20**</u>

De teinte rubis violacé, il émane de ce vin puissant des effluves de fruits noirs, dont la mûre et la myrtille, avec une pointe florale, le tout baigné dans de légers arômes épicés sur la vanille, la noix de coco dus à un boisé fondu. La bouche, bien équilibrée, se révèle construite sur une belle matière concentrée aux tanins fondus mais encore présents. Le boisé et les fruits en rétro lui confèrent une finale assez longue et persistante. Beau potentiel mais encore tout jeune et fougueux.

CHÂTEAU DES SEIGNEURS DE POMMYERS

Jean-Luc Piva   Tél. : + 33 (0) 5 56 71 65 16
CHÂTEAU DES SEIGNEURS DE POMMYERS   Fax : + 33 (0) 5 56 71 61 82
33540 Saint-Félix-de-Foncaude

Appellation de référence : Bordeaux
Superficie : 21 ha
Production : 55 000 bt/an
Cépages : Sauvignon gris, Sémillon, Merlot, Cabernet sauvignon, Cabernet franc
Type de viticulture : Agrobiologie
Organisme et année de certification : Ecocert 1989

Domaine

Le château des Seigneurs de Pommyers est situé dans l'aire d'appellation Bordeaux et Entre-Deux-Mers, sur un terroir où la vigne fut introduite par les Romains. Par la fidélité de ses seigneurs au roi d'Angleterre, marié à Aliénor d'Aquitaine, ce domaine a connu son succès au Moyen Âge comme tous les vins de Bordeaux.

Acheté en 1989 par le fils des propriétaires du château Pouchaud-Larquey qui rêvait depuis sa plus tendre enfance de devenir châtelain, ce château du XIIIᵉ siècle est classé monument historique. Aujourd'hui, cette ruine est en partie restaurée grâce à des aides, mais Jean-Luc Piva ne se consacre pas uniquement au château. Dans sa quête d'authenticité, il s'affaire de la même façon à faire revivre son vignoble attenant.

Le virage bio, pour cette famille, trouve son origine dans un incident qui a failli coûter la vie au grand-père de l'actuel propriétaire en 1948. Ce dernier, alors qu'il traitait l'excoriose à l'arsénite de soude, avec une sulfateuse à dos percée, s'est empoisonné.

Depuis ce jour, tout produit chimique a été exclu de la viticulture. Plus qu'anecdotique, cette orientation s'inscrit dans une volonté de préserver la nature et son environnement.

Sur ce domaine, la vigne est cultivée comme il y a cinquante ans. Le labour est pratiqué ainsi que l'enherbement entre les rangs, mais avec une approche particulière. Afin de rééquilibrer les sols, ici, on sème jusqu'à 11 variétés d'herbe et pousse ce qui veut. Les vinifications sont classiques selon les méthodes de jadis et la mise en bouteille s'effectue à la lune de mars.

Aujourd'hui, le propriétaire de ce domaine se bat pour être reconnu Bordeaux terroir car pour lui, ce qui prime avant tout c'est le goût du raisin, et il est important de le préserver. Son travail est très bien récompensé puisque les vins de ce château comptent parmi les médaillés dans différents concours.

Les vins

Château des Seigneurs de Pommyers, Bordeaux, 2006 🍷 🍷 **14,5/20**
D'une teinte pourpre, ce vin expressif associe les arômes de fruits noirs, de cassis et de mûre à des notes de sous-bois, avec une pointe végétale sur le poivron et une touche plus fraîche. L'attaque est franche et il se révèle d'une belle amplitude sur une acidité fraîche et une structure tannique aux tanins un peu serrés. Bien équilibré, il revient sur les fruits avec une belle fraîcheur qui lui imprime une finale d'une longueur intéressante.

CHÂTEAU VAL BEYLIE

Christophe Pont et Britta Hohnecker	Tél : +33 (0) 5 56 67 61 46
CHÂTEAU VAL BEYLIE	Fax : +33 (0) 5 57 84 08 79
« Maillou »	Courriel : valbeylie@free.fr
33350 Mérignas	Site Web : www.valbeylie.com

Appellation de référence : Bordeaux
Superficie : 12 ha
Production : 50 000 bt/an
Cépages : Sauvignon blanc, Merlot, Cabernet sauvignon, Cabernet franc
Type de viticulture : Agrobiologie
Organisme de certification et année : Ecocert 2009

Domaine

Si on se fie au Féret, encyclopédie des châteaux de Bordeaux, les origines du château Val Beylie, situé en Entre-Deux-Mers à quelque 25 kilomètres de Saint-Émilion, remontent à la fin du XIXᵉ siècle. Ce vignoble sur des sols argilo-calcaires se trouve sur un des points culminants de la région et bénéficie donc d'un excellent ensoleillement.

Il aura fallu attendre 2000 que Christophe Pont, conscient du potentiel de ce vignoble, reprenne une partie de ce château et décide d'y vinifier les raisins. Chose qui n'avait pas été faite depuis l'acquisition de ce château en 1933 par son arrière-grand-père et sa descendance qui portaient les raisins à la cave coopérative de Rauzan.

Fort de son expérience acquise en France et à l'étranger, ce jeune vigneron passionné et travailleur a donc, en reprenant 12 ha, voulu aller au bout des choses et transformer en vin les raisins qu'il cultivait et de ce fait valoriser son terroir. Pour ce faire, il a, en 2001, entièrement restauré l'ancien chai. Pour ce vigneron, la recherche de la qualité est constante, et ce, à toutes les étapes, de la conduite du vignoble pour avoir une maturité optimale à la transformation avec une extraction douce pour n'obtenir que le meilleur, un vin fruité aux tanins soyeux. Le vin est ensuite élevé tranquillement pendant un an en barrique, dans d'anciennes carrières souterraines, pour qu'il se repose et se bonifie.

Sa quête de la qualité et de l'authenticité a poussé Christophe Pont à convertir son vignoble à la culture biologique en 2006 et à utiliser progressivement les préparas de la biodynamie. Pour lui, son terroir et son environnement sont importants et il tient à les respecter, mais il tient aussi à faire des vins qui soient à leur image, c'est-à-dire de belles expressions, et il y réussit très bien. Il n'hésite pas, s'il estime sa récolte de qualité inférieure, à ne pas élaborer sa grande cuvée sur certains millésimes.

Les vins

L'Originel, Château Val Beylie, Bordeaux Supérieur 2007
🍷 🍷 __15,5/20__

D'un rouge rubis intense et profond, aux reflets pourpres, il s'ouvre sur un nez frais aux arômes de fruits noirs, dont le cassis et la mûre, où se mêlent des notes florales, voire végétales, avec une pointe de musc, d'épices, et un boisé subtil. La bouche se révèle friande, gourmande, construite sur une acidité fraîche, et soutenue par une structure aux tanins soyeux et biens enrobés. D'un beau volume et d'une belle amplitude, il revient sur les fruits pour s'évanouir sur une finale d'une fraîcheur appuyée, de belle allonge. Un vin agréable dès aujourd'hui qui se bonifiera encore au cours des prochaines années.

Château Val Beylie, Bordeaux Supérieur 2008 🍷 🍷 __16/20__

Dégusté à la barrique, le 2008 s'annonce sous de bons augures. De teinte rubis aux miroitements violacés, au nez aromatique et complexe, il émane de ce vin des effluves floraux de violette et de pivoine, associés aux fruits noirs, la mûre fraîche, avec une pointe d'épices, de clou de girofle et de poivre, le tout nimbé de légers arômes de vanille et de cacao dus à un boisé maîtrisé. En bouche, grâce à sa belle matière, sur une acidité fraîche, et des tanins déjà bien fondus et enveloppés, il s'avère ample, généreux et bien équilibré. Belle puissance sur la rémanence des fruits, avec une belle fraîcheur qui lui confère une longueur persistante. Un fort potentiel.

Sans oublier sa **Cuvée Demoiselle** *en bordeaux blanc et son* **Clairet***.*

CÔTES DE BOURG

CHÂTEAU FALFAS

John et Véronique Cochran	Tél : +33 (0) 5 57 64 80 41
CHÂTEAU FALFAS	Fax : +33 (0) 5 57 64 93 24
33710 Bayon-sur-Gironde	Courriel : info@chateaufalfas.fr
	Site Web : www.chateaufalfas.fr

Appellation de référence : Côtes de Bourg
Superficie : 20 ha
Production : 100 000 bt/an
Cépages : Merlot, Cabernet sauvignon, Cabernet franc, Malbec
Types de viticulture : Agrobiologie et biodynamie
Organismes et année de certification : Ecocert et Biodyvin 1988

Domaine

Considéré comme l'un des plus grands du Bourgeais, le Château Falfas dont le vignoble attenant est situé sur les pentes sud des coteaux de la rive droite de la Gironde en face de Margaux, appartient depuis 1988 à John et Véronique Cochran. Il faut peut-être voir là un signe puisque John est américain d'origine et que, pendant longtemps, les vins du château ont régalé la cour d'Angleterre.

Ce n'est pas pour rien non plus que les vignes de ce château sont depuis leur reprise conduites en biodynamie puisque Véronique est la fille de François Bouchet, viticulteur au Domaine de Château Gaillard dans la Loire, aujourd'hui repris par son fils, et instigateur de la biodynamie en France depuis ses débuts en 1962 sur sa propre propriété.

C'est par intérêt pour l'art et par amour pour le vin que John, avocat américain, qui n'imaginait pas être propriétaire de quelque chose qu'il ne pouvait pas boire et Véronique, qui enseignait alors l'eurythmie, ont acquis ce magnifique château du XVIIᵉ siècle nommé Falfas. Épaulés à leurs débuts par le père de Véronique, ils ont naturellement par respect de l'expression de leur terroir et par philosophie, opté pour une viticulture en biodynamie avec tout ce que cela implique aussi bien à la vigne qu'au chai.

Depuis vingt ans, millésime après millésime, ils n'ont cessé d'accroître la qualité de leurs vins qu'ils « cultivent » comme ils aiment à le dire, et ce, pour notre plus grand plaisir. Les honneurs qu'ils se voient attribuer en témoignent.

Les vins

🍷 **Les Demoiselles de Falfas, Côtes de Bourg, 2008** 🍷🍷 <u>15,5/20</u>
Issu de jeunes vignes, il émane de ce vin rouge pourpre intense et profond
où miroitent des reflets violet des arômes de fruits noirs, dont la mûre et
la guigne, associés à des notes florales et une pointe d'épices qui souligne
le tout. La bouche, bien équilibrée, est friande, construite
sur une acidité fraîche et des tanins fondus. La finale sur les
fruits rafraîchie par les épices, possède une belle allonge.
À savourer maintenant et dans les années à venir.

🍷 **Château Falfas, Côtes de Bourg, 2006** 🍷🍷🍷 <u>16/20</u>
Rubis qui s'empourpre, il exhale de ce vin complexe des effluves réglissés
en premier nez qui se poursuivent par les fruits noirs, dont le cassis et la
mûre, avec une touche florale, le tout sublimé par une pointe d'épices,
notamment de poivre. La bouche, structurée par des tanins fondus mais
encore présents, se révèle gourmande et suave, grâce à son volume et sa
fraîcheur. Bien équilibré, sa finale rafraîchissante sur les arômes perçus au
nez s'avère longue et persistante. Un vin d'un beau potentiel qui s'affinera
encore avec le temps.

🍷 **Château Falfas, Côtes de Bourg 2005** 🍷🍷🍷 <u>16,5/20</u>
Plus puissant et plus concentré que 2006, où tout prend sa
place et s'harmonise. Un vin d'un grand potentiel de garde.

🍷 **Le Chevalier, Château Falfas, Côtes de Bourg, 2006** 🍷🍷🍷 <u>17/20</u>
De teinte rubis intense et profond, ce vin issu des vieilles vignes du domaine
s'ouvre sur un nez aromatique et invitant aux arômes de fruits noirs et
rouges, dont la mûre, la prune et la cerise, avec une pointe florale de pivoine
et une fraîcheur végétale mais rehaussée d'une touche musquée. Le tout est
mis en valeur par un boisé bien intégré qui s'exprime par des notes de
vanille, voire de cacao. Riche, puissante, d'une belle concentration, la bouche
s'avère bien équilibrée sur des tanins encore vigoureux mais
qui ne demandent qu'à s'arrondir. Sa finale fraîche sur les
fruits, les épices et le subtil boisé lui confère une longueur
appuyée. Encore tout jeune, mais quel avenir.

🍷 **Le Chevalier, Château Falfas, Côtes de Bourg, 2005** 🍷🍷🍷 <u>17,5/20</u>
Plus de matière qu'en 2006, il possède une puissance et une
complexité, tout en conservant élégance et fraîcheur.

SAINT-ÉMILION

CHÂTEAU FONROQUE

Alain Moueix	Tél : +33 (0) 5 57 24 60 02
CHÂTEAU FONROQUE	Fax : +33 (0) 5 57 24 74 59
33330 Saint-Émilion	Courriel : info@chateaufonroque.com
	Site Web : www.chateaufonroque.com

Appellation de référence : Saint-Émilion Grand Cru
Superficie : 17,6 ha
Production : 65 000 bt/an
Cépages : Merlot, Cabernet franc
Types de viticulture : Agrobiologie et biodynamie
Organismes et années de certification : Agrocert 2003, Ecocert et Biodyvin 2005

Domaine

Le Château Fonroque, berceau de la famille Moueix en saint-émilionnais depuis 1931, marque le début d'une longue et belle histoire. Situé au nord-ouest de la ville de Saint-Émilion, son vignoble de 17 hectares se répartit sur un plateau et un coteau exposé à l'ouest.

Dans un souci de recréer le lien entre l'homme et la terre qui existait du temps de ses grands-parents, Alain Moueix, actuel propriétaire depuis 2001, s'est rapidement tourné vers la conduite de ce vignoble en biologie et par extension en biodynamie. Le but était de remettre en place un environnement favorable pour prévenir un éventuel dérèglement d'ordre naturel. Ce travail minutieux, qui prend en considération l'ensemble des manifestations visibles mais aussi l'influence des planètes et des champs électromagnétiques, passe par une redynamisation de la vie du sol et permet aujourd'hui de laisser s'exprimer au mieux chaque parcelle. D'où l'importance de reconstruire un environnement respectueux des équilibres naturels.

L'argile et le calcaire qui composent les différentes parcelles de ce château associés au merlot et au cabernet franc apportent aux vins force et fraîcheur tout en respectant l'authenticité du terroir.

Les vins

Château Fonroque, Saint-Émilion Grand Cru, 2007
🐷🐷🐷🐷 **15,5/20**
De teinte rubis intense et profond, ce vin exhale des arômes de fruits noirs, dont le cassis et la mûre, en harmonie avec des notes plus fraîches sur un registre végétal, notamment le poivron vert, associé à des notes épicées et boisées. La bouche, bien équilibrée sur un beau volume, présente une acidité vive et des tanins fondus. La finale sur les arômes perçus au nez possède une belle allonge fraîche accentuée par une pointe d'amertume. À attendre.

Château Fonroque, Saint-Émilion Grand Cru, 2006 🐷🐷🐷🐷 **15/20**
Plus vert que 2007, les tanins sont plus présents et quelque peu plus anguleux. Sa prime jeunesse y est aussi pour beaucoup.

CHÂTEAU FRANC-POURRET

François Ouzoulias
VIGNOBLES OUZOULIAS
17, rue du Colonel-Picot (BP 93)
33503 Libourne Cedex

Tél : +33 (0) 5 57 51 07 55
Fax : +33 (0) 5 57 25 18 27
Courriel : vignobles.ouzoulias@wanadoo.fr
Site Web : www.ouzoulias-vins.com

Appellation de référence : Saint-Émilion Grand Cru
Superficie : 5 ha
Production : 30 000 bt/an
Cépages : Merlot, Cabernet franc
Type de viticulture : Agrobiologie
Organisme et année de certification : Ecocert 1989

Domaine

Cette propriété des vignobles Ouzoulias se situe sur la commune de Saint-Émilion, au cœur du vignoble bordelais. Ce vignoble familial s'est constitué par acquisitions successives de Château Franc-Pourret, du Domaine Haut-Patarabet et du Clos Chante Alouette par les parents et grands-parents des actuels propriétaires. C'est par attachement pour les terroirs qu'ils détiennent ainsi que pour préserver l'environnement que monsieur Ouzoulias père s'est tourné très tôt vers la biologie. Sur le Château Franc-Pourret comme sur les autres propriétés, tout ce qu'ils font à la vigne répond au cahier des charges de l'agriculture biologique certifié par Ecocert.

Des vins élaborés dans la pure tradition, qui exprime le magnifique terroir de Saint-Émilion.

En plus de nous séduire avec ses vins, ce château dispose de quelques chambres d'hôtes au cœur de ce magnifique vignoble.

Les vins
Château Franc-Pourret, Saint-Émilion Grand Cru 2004
🍷🍷🍷 **16/20**

De teinte grenat, ce vin s'offre à nous sur des effluves de fruits noirs et rouges légèrement confiturés, dont le cassis et la mûre, associés à des notes florales, le tout baigné par de subtiles notes fumées, voire de vanille. En bouche, il se révèle ample, bien équilibré, construit sur une acidité fraîche et des tanins soyeux et ronds. D'une aimable suavité, il revient sur les fruits noirs pour se dissiper sur une belle impression soutenue.

CHÂTEAU MOULIN DU CADET

Pierre et Isabelle Blois-Moueix | Tél : +33 (0) 5 57 55 00 50
MOULIN DU CADET | Fax : +33 (0) 5 57 51 63 44
SAS Blois Moueix | Courriel : moulinducadet@wanadoo.fr
33330 Saint-Émilion

Appellation de référence : Saint-Émilion Grand Cru
Superficie : 5 ha
Production : 30 000 bt/an
Cépage : Merlot
Types de viticulture : Agrobiologie et biodynamie
Organismes et années de certification : Agrocert 2002, Ecocert, Biodyvin 2005

Domaine
Aux portes de Saint-Émilion, ce petit vignoble est assis sur le plateau calcaire du Cadet de notoriété qui remonte à plus d'un siècle et demi puisqu'il obtint une médaille à l'Exposition universelle de Paris en 1867.

Tant pour préserver ce vignoble que par respect pour les gens qui y travaillent et par souci d'exprimer au mieux le terroir, la viticulture s'est tournée vers la biologie depuis 2002. À la suite d'essais concluant sur certaines parcelles conduites en biodynamie depuis 1996, elle s'est généralisée à l'ensemble du vignoble.

Les raisins vendangés à maturité optimale sont vinifiés naturellement et les vins sont élevés en fût de douze à dix-huit mois en fonction de leur potentiel.

Dans cette aventure, Isabelle Moueix est épaulée par son frère Alain, du Château Fonroque, afin d'extraire de ce formidable terroir des vins d'exception alliant puissance et finesse.

Les vins

Château Moulin du Cadet, Saint-Émilion Grand Cru, 2007

🍇 🍇 🍇 🍇 **15,5/20**

De teinte rubis violacé, ce vin exhale des arômes de fruits rouges et noirs comme le cassis, la mûre et la framboise, associés à une pointe végétale et minérale ainsi qu'à de subtiles notes épicées dues à un élevage maîtrisé. En bouche, il se révèle bien équilibré, friand, grâce à une acidité fraîche, voire vive, le tout soutenu par des tanins soyeux et ronds. La finale sur les fruits rehaussée par le bois possède une belle longueur fraîche. Un classique du genre.

Château Moulin du Cadet, Saint-Émilion Grand Cru, 2006

🍇 🍇 🍇 🍇 **15/20**

Un peu moins concentré, il n'en demeure pas moins élégant. On l'attendra moins longtemps.

CHÂTEAU VIEUX POURRET

Sylvie Richert-Boutet
CHÂTEAU VIEUX POURRET
Miaille
33330 Saint-Émilion

Tél : +33 (0) 5 57 24 68 17
Fax : +33 (0) 5 57 24 63 27
Courriel : château-vieux-pourret@orange.fr
Site Web : www.chateau-vieux-pourret.fr

Appellation de référence : Saint-Émilion Grand Cru
Superficie : 6 ha
Production : 20 000 bt/an
Cépages : Merlot, Cabernet franc
Types de viticulture : Agrobiologie et biodynamie
Organismes et années de certification : Ecocert 2003, Demeter 2008

Domaine

C'est naturellement qu'après avoir hérité de ce château familial saint-émilionnais en 2002 ce jeune couple de nouveaux viticulteurs s'est orienté vers la conduite du vignoble en biologie et par la suite en biodynamie. Ici on fait le vin comme on cultive la vigne, c'est-à-dire en faisant attention à tout ce qui entre dedans. De plus, au chai, tous les intrants sont d'origine bio.

Toujours dans une quête d'harmonie avec la nature et afin de redonner vie à ce vignoble « mort », ils ont recours au travail des sols et de la plante en respectant le calendrier lunaire mais aussi grâce aux différents préparas utilisés en biodynamie afin d'imprimer dans leur vin le terroir dont ils bénéficient. Pour ce faire, ils fabriquent eux-mêmes leurs diverses tisanes mais ont recours à l'achat de divers préparas. Leur chef de culture se place en accompagnateur de la plante afin d'extraire le meilleur du terroir, et au chai l'élevage se fait de façon plus consciente

En 2008, l'arrivée au domaine comme conseillers de Michel Laurent et d'Olivier Dauga marque un nouveau départ. En témoigne cette cuvée plus moderne « Dixit Château Vieux-Pourret » fruit de la conjugaison de tous ces talents et véritable mue du Château Vieux Pourret.

Un couple novateur tant dans ses étiquettes que dans le conditionnement de ses vins. Effectivement, la demi-bouteille de vin de ce Château sous le nom de « Petit Pourret » favorise les tête-à-tête dans la modération qui, comme on le sait, a bien meilleur goût.

De plus, ce château dispose de cinq chambres d'hôtes au milieu des vignes, à seulement deux km de Saint-Émilion, le tout décoré avec goût puisque avant d'être vignerons, l'un comme l'autre œuvraient dans le design.

Les vins

Château Vieux Pourret, Saint-Émilion Grand Cru, 2006
🌑🌑🌑 <u>15,5/20</u>
De couleur rubis aux reflets grenatés, il émane de ce vin des arômes frais de fruits rouges associés à des notes florales et épicées, le tout en harmonie avec des notes fumées, voire même un côté mélasse, dues à l'élevage. La bouche sur une belle matière soutenue par des tanins fondus et une acidité fraîche s'avère généreuse. La rétro sublimée par le boisé encore présent possède une belle longueur soutenue. Encore jeune mais bien structuré.

Château Vieux Pourret, Saint-Émilion Grand Cru, 2005
🌑🌑🌑 <u>16/20</u>
Le boisé s'est déjà harmonisé avec le reste et les tanins se sont affinés grâce à la patine du temps. À l'aube de sa vie, il a de belles années devant lui.

Dixit Château Vieux Pourret, Saint-Émilion Grand Cru, 2008
🌑🌑🌑 <u>17/20</u>
En cours d'élevage mais déjà très prometteur, ce saint-émilion dans un style résolument plus moderne s'avère complexe, puissant et riche tout en conservant une belle fraîcheur. Que de belles années devant lui.

POMEROL

CHÂTEAU GOMBAUDE-GUILLOT

Claire Laval et Dominique Techer   Tél : +33 (0) 5 57 51 17 40
CHÂTEAU GOMBAUDE-GUILLOT   Fax : +33 (0) 5 57 51 16 89
4, chemin Les Grands Vignes   Courriel : château.gombaude-guillot@wanadoo.fr
33500 Pomerol   Site Web : www.chateau-gombaude-guillot.com

Appellation de référence : Pomerol
Superficie : 8 ha
Production : 40 000 bt/an
Cépages : Merlot, Cabernet franc
Types de viticulture : Agrobiologie et biodynamie
Organismes et années de certification : Ecocert 2000, Demeter 2006

Domaine

Au centre du plateau de Pomerol, à deux pas de l'église, ce cru familial quelque peu atypique de l'appellation est depuis conduit par sa propriétaire Claire Laval.

Aujourd'hui, elle est secondée par Dominique Techer et tous deux appliquent les règles de la viticulture biologique et biodynamique en respectant un cahier des charges qui garantit une élaboration naturelle du vin tant à la vigne qu'au chai.

Le tout ne s'est pas fait en un tour de main et c'est progressivement, en réduisant puis en supprimant les produits de synthèse et en limitant les interventions au maximum, qu'ils sont arrivés à cet aboutissement en sautant littéralement le pas en 1993. En fait, c'est en comprenant le plus possible la plante grâce aux observations objectives, notamment la lecture des sols à travers des plantes bioindicatrices et en se basant sur l'expérience des autres, qu'ils organisent leur travail et sont arrivés naturellement à la biodynamie.

Pour eux, le terroir, qui plus est le leur qui est exceptionnel, doit être vivant car même si on parle de terroir partout, il est le plus souvent tué sur 30 cm de profondeur.

De millésime en millésime ils progressent encore et leurs vins qui sont des pures expressions de leur terroir allient ampleur et finesse.

Ce Château qui s'est adjoint le Clos de Plince, autre Pomerol sur un sol sablonneux, fait des émules puisque sur l'appellation Pomerol qui couvre 800 hectares et qui regroupe quelque 150 producteurs, 5 sont en conversion.

Les vins

Château Gombaude-Guillot, Pomerol 2007 🍷 🍷 🍷 🍷 **16,5/20**
Majoritairement issu de merlot associé a du cabernet franc, ce pomerol de teinte rubis lumineux aux légers reflets violacés s'exprime par un nez aromatique et frais sur des arômes de fruits rouges et noirs, dont la fraise et la mûre, associés à un côté floral de violette, avec une touche d'épices et de boisé subtil. La bouche se révèle complexe, sur une grande pureté du fruit. Friande, ample, sur une acidité fraîche et des tanins soyeux et ronds, elle est bien équilibrée et sa finale sur un boisé suave et une belle minéralité lui confère une longueur appuyée.

Château Gombaude-Guillot, Pomerol 2006 🍷 🍷 🍷 🍷 **16/20**
Plus frais et plus tendu que 2007, il possède une belle concentration. Puissant mais fin, on doit encore attendre avant qu'il atteigne son plein épanouissement.

Château Gombaude-Guillot, Pomerol 2005 🍷 🍷 🍷 🍷 **17/20**
Belle concentration où tout s'harmonise même s'il doit encore digérer un peu sa barrique. Riche, puissant, de bonne mâche et d'allonge persistante. Encore jeune mais de belle fraîcheur.

CÔTES DE FRANCS

CHÂTEAU LE PUY

Jean-Pierre et Pascal Amoreau   Tél. : + 33 (0) 5 57 40 61 82
CHÂTEAU LE PUY   Fax : + 33 (0) 5 57 40 67 65
33 570 Saint-Cibard   Courriel : amoreau@chateau-le-puy.com
                                             Site Web : www.chateau-le-puy.com

Appellation de référence : Côtes de Francs
Superficie : 25 ha
Production : 105 000 bt/an
Cépages : Sémillon, Merlot, Cabernet sauvignon, Carménère
Types de viticulture : Agrobiologie et biodynamie
Organismes et années de certification : Ecocert 1970, Demeter 1990

Domaine

Situé en Côtes de Francs, sur un site enchanteur appelé «Coteau des Merveilles» par les anciens de par l'excellence de son cru, et surplombant la vallée de la Dordogne, le château Le Puy, anciennement dénommé château Du Puy, jouit d'un site exceptionnel. De plus, la présence d'un oppidum gaulois, capteur d'énergie cosmique, sur le domaine associé à la roche mère en prolongement du plateau rocheux de Saint-Émilion et Pomerol, fait de ce vignoble un lieu hautement énergétique propice à la culture de la vigne qui est de plus conduite en biodynamie.

Depuis 1610, soit quatre siècles en arrière, la famille Amoreau règne sur ce domaine où le vin se fait de père en fils, et ce, depuis 14 générations.

Ici, dans un souci de préserver ce lieu magique, la monoculture n'existe pas et de ce fait, un écosystème associant la vigne, les bois, les pâturages, les taillis et l'eau a été recréé afin de préserver la chaîne naturelle des prédateurs. C'est naturellement que ce vignoble avant-gardiste, vierge de tous produits chimiques, où la culture de la vigne s'effectue comme par le passé, a demandé sa certification bio en 1970. Et depuis 1990, de par les énergies positives qui l'entourent, ce domaine s'est tourné vers la biodynamie.

La vigne est traitée avec grand soin et respect afin de ne pas la stresser. Les sols sont travaillés pour l'instant mécaniquement mais la traction animale devrait faire son retour, et les vins issus de ce château restituent à la dégustation tout l'amour qui leur est apporté.

Sur ce domaine où a été bercé Jean-Pierre Amoreau et où par la suite il vadrouillait partout dans les vignes avec son grand-père Jean, les traditions se perpétuent de génération en génération. L'appel de la terre a eu raison de Jean-Pierre. En 1964, enrichi de ses expériences professionnelles, il a pris la décision de mettre le vin en bouteille et de le vendre directement à ses amis. En 1987, il est naturellement revenu à la propriété qu'il a reprise complètement en 1992. Face à la crise latente, il lui a fallu se positionner et décider de faire soit du vin industriel, soit du vin de niche, ce pour quoi il a opté

Il poursuit aujourd'hui l'aventure avec sa femme Françoise et son fils Pascal à qui il a su transmettre sa philosophie et son amour du vin bien fait et qui assure la relève. Toujours dans un souci constant d'avancer qualitativement, de récentes cuvées sans soufre ajouté sont nées. La Cuvée Barthélémy en rouge, du nom de l'arrière-grand-père, élevée vingt-quatre mois dans de vieux fûts de chêne et bâtonnée en fonction du calendrier lunaire, et la Cuvée Marie-Élisa en liquoreux. En plus de leur richesse et leur plénitude, les vins sont élevés dans des vieux fûts de chêne pour ne pas les maquiller et les goulots des bouteilles sont cirés pour éviter le développement de champignons et, de ce fait, favoriser une meilleure conservation.

Les vins du Château Le Puy, issus de vignes âgées de cinquante ans, cultivées selon les méthodes ancestrales, sont denses, concentrés, agréables dans leur jeunesse mais traversent très bien le temps et gardent toute leur fraîcheur même après cinquante ans.

Pour eux, faire du vin c'est facile si on est à l'écoute et si on a l'humilité de faire bien. Ils y réussissent très bien et c'est du bonheur que chaque année ils embouteillent.

Les vins

Marie Cécile, Château Le Puy, Vin de Table de France, 2007 **16/20**

De teinte jaune pâle à reflets vieil or, il émane de cette cuvée des arômes de fleurs, dont l'acacia, voire le miel, de fruits blancs, dont la prune, associés à un côté légèrement rancio, le tout dans une ambiance minérale. Après une attaque franche, la bouche se révèle bien équilibrée, tendue par une belle acidité. Sa finale suit le nez pour se dissiper sur des notes rafraîchissantes, laissant une agréable sensation. Un vin droit, racé et élégant.

Château Le Puy, Côtes de Francs, 2006 **16,5/20**

Sous sa robe rubis légèrement grenaté se dissimule un nez riche et aromatique sur des effluves de fruits rouges et noirs, dont la mûre et le cassis, associés à des notes de sous-bois et de champignon, avec des notes plus animales, le tout sublimé par quelques épices. La bouche se révèle friande, bien équilibrée grâce à des tanins fondus. Sa finale de grande fraîcheur lui confère une belle longueur soutenue. Un vin élégant.

Barthélémy, Château Le Puy, Côtes de Francs, 2006 **17,5/20**

Issu d'une sélection parcellaire et vinifiée sans anhydride sulfureux, cette cuvée se pare d'un rouge grenat profond. Au nez, ce vin se révèle d'une belle intensité aromatique, de laquelle émanent des effluves de fruits rouges et noirs, dont la mûre, en harmonie avec des notes plus musquées, un côté sous-bois nimbé par un boisé subtil s'exprimant par le cacao, le café. Si le nez est invitant, la bouche nous comble. Après une attaque polie, il s'avère plein, dense, sur des tanins finement enrobés. Puissant tout en restant fin, il possède un bel équilibre et sa finale sur une grande fraîcheur se prolonge par une agréable sensation de plénitude. Un vin de grande classe.

Marie-Élisa, Château Le Puy, Vin de table **17,5/20**

D'une teinte inspirée de l'or liquide, ce vin de dessert d'une belle puissance aromatique nous en met plein le nez. Ses fragrances de coing, de miel et de poire associées aux épices lui confèrent un caractère unique. La bouche n'est que volupté tant elle regorge de stimulations. Enveloppé d'une grande fraîcheur, il possède un superbe équilibre entre sucre résiduel et acidité. Sa finale d'une grande élégance lui confère une belle allonge suave. Un vin charismatique qui laisse rêveur. Pour avoir dégusté les 2008 de Le Puy et de Barthélémy en cours d'élevage, ils sont prometteurs, délicats et puissants sur une belle concentration.

CÔTES DE CASTILLON

VIEUX CHÂTEAU CHAMPS DE MARS

Régis et Sébastien Moro	Tél. : + 33 (0) 5 57 40 63 49
GFA MORO	Fax : + 33 (0) 5 57 40 61 41
Le Pin	Courriel : moro-regis@wanadoo.fr
33350 Les Salles de Castillon	

Appellation de référence : Côtes de Castillon
Superficie : 42 ha
Production : 200 000 bt/an
Cépages : Merlot, Cabernet franc, Cabernet sauvignon
Type de viticulture : Agrobiologie
Organisme et année de certification : Agrocert 2008

Domaine

Ce vignoble de 42 hectares se compose de 3 propriétés réparties sur deux appellations à l'est du bordelais, en prolongement de Saint-Émilion. Vieux Château Champs de Mars et Château Puy-Landry en Côtes de Castillon et Pelan-Bellevue en Côtes de Francs.

Sur ces terroirs argilo-calcaires, depuis ses débuts en 1984, Régis Moro, vigneron sympathique et talentueux, aujourd'hui secondé par son fils Sébastien, s'applique à faire des vins vrais. Si l'idée était dans l'air depuis longtemps, il lui a fallu attendre 2005 pour que, par respect pour ces vieilles parcelles, certaines de presque cent ans d'âge, du terroir exceptionnel et de l'environnement, il franchisse un pas et convertisse la totalité de son vignoble en bio. Philosophie qu'il applique dans sa vie de tous les jours.

Afin d'honorer pleinement les raisins qu'il cultive, il a complètement restructuré son chai. Lui et son fils élaborent des vins de belles expressions et ce n'est qu'un début.

Les vins

Vieux Château Champs de Mars, Côtes de Castillon 2005
16,5/20

Ce millésime marque officiellement la première année de conversion en bio. De teinte rubis à reflets pourpres, ce vin s'exprime au nez sur les fruits frais, notamment la cerise noire et la framboise, associés à des notes plus épicées de poivre et un côté floral. La bouche se révèle puissante, riche, concentrée sur une belle matière soutenue par une acidité fraîche et des tanins fondus mais présents. D'un bel équilibre, la touche boisée en finale sur les fruits apporte une complexité. Belle longueur fraîche et persistante. Encore jeune mais déjà agréable. Belle promesse que le merlot 2008, dégusté en cours d'élevage.

Château Puy-Landry, Côtes de Castillon 2007 15/20

D'un rouge rubis violacé, il s'ouvre sur un côté floral, où domine la pivoine, associé aux fruits rouges, dont la fraise, et à un côté épicé. La bouche s'avère bien équilibrée, construite sur une acidité fraîche et des tanins fondus qui supportent la matière. La finale rafraîchissante sur les fruits possède une longueur agréable.

Château Pelan Bellevue, Côtes de Francs 2005 16/20

Rubis pourpre, il se dévoile sur un nez expressif et frais où se mêlent les fruits rouges et noirs légèrement confiturés, dont la cerise et la mûre, mais aussi les épices et les fleurs, le tout dans une atmosphère légèrement grillée due au boisé subtil. Bien équilibré en bouche, il possède un beau volume structuré par des tanins fondus. La finale évanescente sur les fruits et le bois renferme une allonge. Tout dans ce vin s'harmonise et se fond.

SAUTERNES

DOMAINE ROUSSET PEYRAGUEY

Alain Déjean	Tél : +33 (0) 5 56 63 49 43
DOMAINE ROUSSET PEYRAGUEY	Fax : +33 (0) 5 57 31 08 33
8, lieu-dit Arrançon	Site Web : www.rousset-peyraguey.com
33210 Preignac	

Appellation de référence : Sauternes
Superficie : 10,3 ha

Production : 11 000 bt/an
Cépages : Sauvignon, Sémillon, Muscadelle
Types de viticulture : Agrobiologie et biodynamie
Organismes et années de certification : Ecocert 1997, Demeter 2000

Domaine

Situé au beau milieu des plus grands du Sauternais (Yquem, Suduiraut, Rieussec, Lafaurie-Peyraguey), ce domaine morcelé en 33 parcelles, sans compter celles sur les communes de Barsac et Fargues de Langon, est exploité depuis plusieurs générations en culture traditionnelle. Son propriétaire actuel, Alain Dejean, qui a hérité du domaine par sa mère et du bon sens de son père tout en étant très cartésien, comme il le dit, s'est très tôt tourné vers la biodynamie et plus particulièrement, l'agriculture anthroposophique afin de mieux comprendre les processus terre/vigne.

Pour ce faire, il suit les principes de Steiner, anthroposophe du début du siècle dernier, en respectant scrupuleusement pour les travaux de la vigne et du vin les cycles lunaires et planétaires. Il est donc nécessaire pour lui de « s'engager sur la voie d'un élargissement considérable dans la perspective cosmique » dans sa façon de considérer la vie des plantes, des animaux, mais aussi la vie de la Terre elle-même.

Ici le sol est labouré, et la vigne, exempte de tout traitement, est vivifiée par les applications biodynamiques, homéopathiques et régénératrices, de fleurs dynamisées, de cuivre à très petites doses ainsi que des poudrages fréquents d'algues, de lave de volcan et de cendre de bois. Ce vigneron qui tout en ayant la tête dans les étoiles reste les pieds profondément ancrés au sol comme ses vignes, élabore toutes ses tisanes à base de tabac, d'achillée, d'ail, d'ortie ainsi que ces préparas à base de silice ou encore de bouse de corne.

Selon les lois de dame Nature, le *botrytis cinerea*, responsable de la pourriture noble, si chère au sauternais, se développe et, après récolte par tries successives, les raisins sont vinifiés de façon ancestrale afin de préserver toute la typicité.

La fermentation et l'élevage, qui peut durer jusqu'à cinq ans, s'effectuent en vieilles barriques qui peuvent parfois atteindre jusqu'à quatre-vingt-dix-neuf ans, afin d'acquérir une grande complexité aromatique tant au nez qu'en bouche. Par la suite, les vins ne sont ni collés ni filtrés : seule une pointe de soufre minéral et volcanique est ajoutée pour les protéger.

Des vins qui à l'image de leur artisan ne laissent pas indifférents tant ils sont touchants de sincérité, mais surtout des vins vivants, riches, d'une présence et d'une expression en bouche incommensurable.

Les vins

Cuvée L'Aisthésis, Domaine Rousset Peyraguey, Sauternes 2004

🐷 🐷 🐷 🐷 **17,5/20**

D'une robe jaune ambrée étincelante, ce nectar s'offre à nous par un nez aromatique d'une grande complexité et d'une agréable suavité. Si les fruits nous séduisent d'entrée par leurs effluves de coing et de citron confit, les fleurs sous-jacentes prennent ensuite le relais, le tout auréolé d'une fraîcheur minérale. La bouche majestueuse, soyeuse, sur un superbe équilibre entre sucre et acidité n'offre que plaisir et volupté. Les fruits confits et les épices viennent sublimer la finale de cet or liquide pour nous laisser un souvenir inoubliable.

Cuvée Orthopraxie, Domaine Rousset Peyraguey, Sauternes 2001

🐷 🐷 🐷 🐷 **18/20**

De teinte jaune bouton d'or, lumineuse, cette cuvée s'exprime sur les fruits confits, notamment le citron et la mirabelle, avec une pointe vanillée de crème brûlée à laquelle se mêlent des fragrances florales d'acacia, voire de miel, tout en conservant un côté très aérien. La bouche est tout aussi complexe que le nez, alliant la puissance et la finesse, grâce à un équilibre sur l'acidité qui lui confère une grande fraîcheur. Céleste, sa finale persistante sur les épices lui confère une longueur abyssale d'une grande fraîcheur et une garde à l'épreuve du temps. Un pur moment de bonheur.

Crème de Tête, Domaine Rousset Peyraguey, Sauternes 2002

🐷 🐷 🐷 🐷 **18,5/20**

Cloîtrée en barrique pendant cinq ans pour parfaire son épanouissement, elle se pare aujourd'hui pour se présenter à nous de ses plus beaux atours et se drape d'une robe de lumière ambrée aux reflets plus cuivrés. Son parfum aux effluves complexes et enivrants de fruits confits, notamment l'abricot, la figue et l'orange, mais aussi des notes plus caramélisées, voire miellées, laisse dans son sillage de belles promesses. La bouche nous comble par sa générosité, sa richesse et sa profondeur, le tout dans un équilibre frôlant la perfection. Elle disparaît en laissant derrière elle une forte impression. Dotée d'une classe impressionnante et d'une forte personnalité, il faut savourer sa présence.

AUTRES DOMAINES INTÉRESSANTS

CLOS PUY ARNAUD (Côtes de Castillon)
CHÂTEAU DE CASTETS (Côtes de Blaye)
CHÂTEAU LA GRAVE (Fronsac)
CHÂTEAU LAGARETTE (Premières-Côtes-de-Bordeaux)
CHÂTEAU FERRAN (Entre Deux Mers)

BOURGOGNE/BEAUJOLAIS

Au même titre que Bordeaux et la Champagne, la Bourgogne jouit d'une réputation prestigieuse à travers le monde. Deux cépages règnent ici en grands seigneurs : le pinot noir en rouge et son pendant en blanc, le chardonnay, tous deux parfaitement adaptés au sol et au climat. Même s'ils sont répandus dans le monde, ils ne supplanteront jamais les vins de bourgogne que l'on considère comme des modèles du genre. Certains pays viticoles sont même allés jusqu'à usurper le nom de Chablis pour désigner leur vin.

Aujourd'hui, l'élite de la nouvelle génération locale revient à la tradition et ce n'est pas pour rien que la Bourgogne connaît une hausse considérable de ses exploitations conduites en biologie ou biodynamie. Elle représente plus de 27 % au cours de la dernière année. De plus, la petite taille des exploitations le leur permet plus facilement. La filière bio représente 146 domaines sur cette appellation générale qui se répartissent sur 1 231 hectares dont 654 en conversion. Si la moitié des exploitations bio se trouvent en Côte d'Or, l'Yonne ne laisse pas sa place. Les viticulteurs bio sont présents dans les régions viticoles traditionnelles, mais plusieurs participent aussi à la revalorisation de certains vignobles et exercent bien souvent leur leadership sur leur appellation.

Même si l'on ne sait pas exactement qui a introduit la vigne dans cette région, les Romains la trouvèrent quand ils occupèrent la Gaule. L'histoire de ce vignoble a été influencée, comme bien d'autres, par les moines de Cîteaux et de Cluny qui, au XIIe siècle, participèrent à son essor, et par le duché de Bourgogne qui en élimina le cépage gamay, qui n'était pas à son goût. À la suite de la révolution, les domaines furent morcelés et c'est l'une des raisons pour lesquelles la Bourgogne se compose aujourd'hui d'une multitude de parcelles, la distinguant des autres régions viticoles. Elle s'organise autour d'exploitations familiales de faible superficie, le plus souvent constituées de parcelles éparses. Par exemple, le célèbre clos Vougeot, d'une superficie de 50 hectares, est divisé en plus de 70 propriétaires.

Sur la route entre Paris et Lyon, l'appellation Bourgogne au sens large, d'une superficie de 25 000 hectares, englobe les vignobles de l'Yonne, de

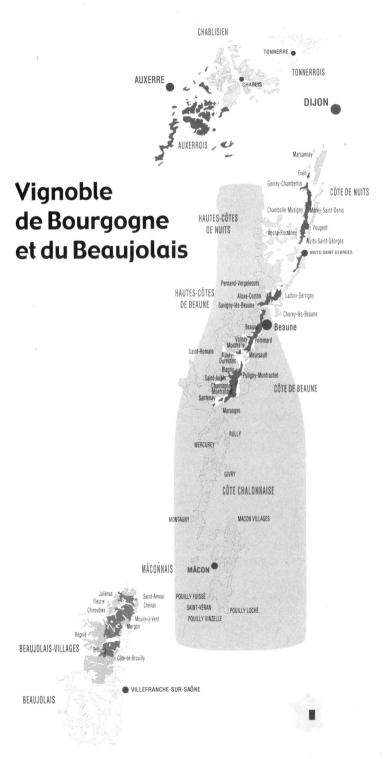

Vignoble
de Bourgogne
et du Beaujolais

CHABLISIEN

TONNERRE

TONNERROIS

AUXERRE

CHABLIS

DIJON

AUXERROIS

Marsannay

Fixin

Gevrey-Chambertin

CÔTE DE NUITS

Chambolle-Musigny · Morey-Saint-Denis

HAUTES-CÔTES
DE NUITS

Vougeot

Vosne-Romanée

Nuits-Saint-Georges

NUITS-SAINT-GEORGES

Pernand-Vergelesses

HAUTES-CÔTES
DE BEAUNE

Aloxe-Corton

Ladoix-Serrigny

Savigny-lès-Beaune

Chorey-lès-Beaune

Beaune   **Beaune**

Volnay Pommard

Monthélie

Saint-Romain

Meursault

Auxey-
Duresses

Blagny

Saint-Aubin

Puligny-Montrachet

Chassagne-
Montrachet

CÔTE DE BEAUNE

Santenay

Maranges

RULLY

MERCUREY

GIVRY

CÔTE CHALONNAISE

MONTAGNY

MACON VILLAGES

MÂCONNAIS   **MÂCON**

POUILLY FUISSÉ

Juliénas

Saint-Amour

SAINT-VÉRAN

POUILLY LOCHÉ

Fleurie

Chénas

Chiroubles

POUILLY VINZELLE

Moulin-à-Vent

Morgon

Régnié

BEAUJOLAIS-VILLAGES

Brouilly

Côte-de-Brouilly

VILLEFRANCHE-SUR-SAÔNE

BEAUJOLAIS

Chablis et de l'Auxerrois, de la Côte d'Or, ce dernier regroupant la Côte de Nuits et la Côte de Beaune, de la Côte Chalonnaise et le Mâconnais. Bien que controversé, le vignoble du beaujolais, autonome par son cépage gamay et son histoire, est malgré tout rattaché à la Bourgogne au sens large. Sur ce terroir bourguignon, le climat est semi-continental et ce sont les sols majoritairement argilo-calcaires qui vont spécifier les caractères des très nombreux vins de Bourgogne. Pour les cépages, rien de plus simple, pinot noir en rouge et chardonnay en blanc mais on trouve aussi en blanc l'aligoté servant de base au traditionnel « Kir », et répandu surtout sur la commune de Bouzeron, et le gamay en rouge, ailleurs qu'en Beaujolais, assemblé avec le pinot noir dans le bourgogne Passe-Tout-Grain et dans les Mâcon-villages. Plus confidentiels, le sacy et le sauvignon en blanc et le césar en rouge se retrouvent surtout dans les vignobles de l'Yonne.

Le vignoble de Bourgogne est très hiérarchisé et ses appellations se superposent sur quatre niveaux : de l'appellation générale Bourgogne aux Grands Crus et ses 33 « climats » en passant par les appellations régionales (Côte de Beaune, Côte de Nuits) qui représentent la moitié de la production, par les appellations communales pour les communes les plus prestigieuses et par les Premiers Crus correspondant à des climats réputés. Un « climat » correspondant à un terroir viticole restreint lié à une unité de terroir.

En suivant la route des vins, du nord au sud sur 250 kilomètres, on passe du vignoble de l'Yonne avec les appellations Saint-Bris, Irancy et Chablis qui regroupe Petit Chablis, Chablis et ses Premiers et Grands Crus.

À quelque 50 kilomètres plus au sud, on aborde la célèbre Côte d'Or par le vignoble de la Côte de Nuit, notoire pour ses illustres rouges de Marsannay, Fixin, Gevrey-Chambertin, Morey-Saint-Denis, Chambolle-Musigny, Vougeot, Vosne-Romanée (et son notoire Grand Cru Romanée-Conti), Nuits-Saint-Georges et Hautes-Côtes-de-Nuits.

La non moins célèbre Côte de Beaune, autant en blanc qu'en rouge, la prolonge avec les appellations Ladoix, Pernand-Vergelesse, Aloxe-Corton, Chorey-lès-Beaune, Savigny-lès-Beaunes, Beaune, Pommard, Volnay, Monthélie, Auxey-Duresses, Saint-Romain, Meursault, Blagny, Puligny-Montrachet, Saint-Aubin, Santenay, Maranges et Hautes-Côtes-de-Beaune.

En descendant toujours vers le sud, l'appellation Côte-Chalonnaise regroupe Bouzeron, Rully, Mercurey, Givry et Montagny.

La véritable appellation Bourgogne se termine par le vignoble du Mâconnais qui englobe les appellations Mâcon, Pouilly, suivies de la distinction village, et Saint-Véran.

La liste ne serait pas complète si, comme dans la plupart des régions viticoles françaises, on oubliait le Crémant de Bourgogne élaboré sur l'ensemble de l'aire d'appellation.

À part, mais non négligeable, sous un climat plus méditerranéen et sur des sols granitiques, le beaujolais rendu célèbre pour son beaujolais nouveau dans les années soixante a fait oublier qu'en plus des appellations Beaujolais et Beaujolais village, cette région, possède ses propres crus de grande qualité. Au nombre de dix, Saint-Amour, Moulin-à-Vent, Juliénas, Chénas, Fleurie, Chiroubles, Morgon, Régnié, Brouilly et Côte-de-Brouilly, ils sont capables de produire des vins superbes rivalisant avec certains bourgognes.

En Bourgogne où la qualité et la tradition sont de rigueur, la viticulture bio suscite un intérêt grandissant chez les vignerons qui font ensuite le choix d'entrer ou non en conversion officielle.

CHABLIS/YONNE

DOMAINE DE LA BOISSONNEUSE

Julien Brocard	Tél. : + 33 (0) 3 86 41 49 00
DOMAINE DE LA BOISSONNEUSE	Fax : + 33 (0) 3 86 41 49 09
3, route de Chablis	Courriel : info@broccard.fr
89800 Préhy	Site Web : www.brocard.fr

Appellation de référence : Chablis
Superficie : 11 ha
Production : 50 000 bt/an
Cépage : Chardonnay
Types de viticulture : Agrobiologie et biodynamie
Organisme et année de certification : Ecocert 2005

Domaine

Le domaine Brocard, bien connu du chablisien, se convertit petit à petit à la biodynamie depuis l'arrivée de Julien Brocard, fils de Jean-Marc Brocard, en 1998. Aujourd'hui, sur les 200 hectares que compte ce domaine, 25 hectares sont déjà certifiés et 70 sont en conversion. Le Domaine de la Boissonneuse qui représente une parcelle de 11 hectares en un seul tenant en appellation Chablis bénéficie d'une particularité exceptionnelle de terroir et est conduite en biologie et biodynamie comme autrefois en utilisant préparas et autres tisanes depuis 1998.

Après des études d'ingénieur, Julien Brocard en revenant dans les vignes ne concevait pas de travailler autrement que de manière naturelle dans le but d'accentuer le caractère de chaque parcelle. Il y réussit très bien.

Les vins

Domaine de la Boissonneuse, Chablis 2007 🍷 🍷 🍷 <u>16/20</u>
Sous sa robe or aux reflets argentés se dissimule un nez frais et complexe sur des arômes d'agrumes, notamment le pamplemousse, associés à des notes plus mentholées, voire anisées, rehaussés par une touche épicée, le tout dans une belle minéralité sur un côté pierre à fusil.
Attaque franche en bouche, sur une acidité vive et un beau volume de grande amplitude. La finale sur la miné-ralité perceptible par une belle salinité lui confère une longueur rafraîchissante. Un vin tendu et racé très élégant.

DOMAINE GHISLAINE ET JEAN-HUGUES GOISOT

Jean-Hugues et Ghislaine Goisot   Tél. : + 33 (0) 3 86 53 35 15
DOMAINE GOISOT   Fax : + 33 (0) 3 86 53 62 03
30, rue Bienvenu-Martin   Courriel : domaine.jhg@goisot.com
89530 Saint-Bris-le-Vineux   Site Web : www.goisot.com

Appellation de référence : Saint-Bris
Superficie : 29 ha
Production : 150 000 bt/an
Cépages : Aligoté, Chardonnay, Sauvignon blanc, Pinot noir
Types de viticulture : Agrobiologie et biodynamie
Organisme et année de certification : Ecocert 2005

Domaine

Ce domaine familial qui s'étend sur les communes viticoles de Saint-Bris et d'Irancy s'insère dans le vignoble auxerrois, voisin du vignoble chablisien.

Les coteaux aux multiples sols et climats sont à la base des expressions de terroir de leurs vins. Cependant, à l'image de son voisin, les sols qui composent ce vignoble sont généralement de nature argilo-calcaire même si on distingue plusieurs catégories. Ici, le choix de l'encépagement a été réfléchi en fonction de l'exposition des pentes de façon à obtenir des maturités optimales.

C'est la recherche de l'expression de leurs terroirs, tout en respectant l'environnement, qui a conduit ce domaine à se tourner vers une agriculture en biologie et en biodynamie.

Afin d'avoir une plus grande maturité des raisins, ils ont augmenté considérablement la densité de plantation, les sols sont travaillés et ils prennent grand soin de leurs ceps.

Ici tout est naturel, sans aucune molécule chimique, des traitements naturels de la biodynamie, aux humus. Pour eux, « le vin se vinifie dans la vigne et non dans la cave ». La vinification, au sein de caves datant du XIe siècle, est traditionnelle, pour ne surtout pas déguiser la personnalité du vin, mais uniquement pour révéler le terroir à travers lui et magnifier les raisins. Sur les rouges comme sur les blancs, le fût n'est utilisé que pour certains terroirs et dans un but de sublimer le vin.

Même si l'appellation sur laquelle ces vignerons exercent avec rigueur leur talent est modeste, leurs vins eux sont d'une grande complexité, de grande qualité et possèdent une forte identité.

Des vins sans artifice, sains, vivants et bons pour la santé tout en respectant l'environnement. À faire pâlir certaines des appellations voisines.

Les vins

Domaine Goisot, Bourgogne Aligoté 2007 🐷 🐷 <u>15,5/20</u>
De teinte jaune d'or clair aux reflets verts et brillants, il organise son nez autour des notes florales, voire miellées, associées aux fruits blancs, dont la poire. La bouche est franche et bien équilibrée sur les fleurs blanches. Bien structuré, sa finale sur le miel est longue et persistante.

Exogyra Virgula, Domaine Goisot, Saint-Bris 2007 🐷 🐷 <u>16,5/20</u>
Doré aux reflets plus verts, il s'ouvre sur un nez complexe sur les agrumes, notamment le pamplemousse rose, associés à des notes florales avec une touche minérale. La bouche se révèle pure, ample, tendue par une acidité vive. Droit, sa finale sur la minéralité possède fraîcheur et longueur. Belle élégance dans ce vin.

Corps de Garde, Domaine Goisot, Saint-Bris 2007 🐷 🐷 <u>16/20</u>
Jaune à reflets vieil or, ce vin possède un nez frais sur des notes de fruits secs, voire de fruits blancs ou exotiques, notamment l'ananas, assez aromatique. La bouche se révèle fraîche et gourmande et sa finale sur le côté fruité est d'une très belle longueur persistante. Belle pureté.

Corps de garde, Domaine Goisot, Bourgogne Côtes d'Auxerre 2007 🐷 🐷 <u>16,5/20</u>
Derrière sa teinte jaune d'or pâle et brillant s'harmonise un nez complexe sur les fruits secs avec une pointe plus grillée de miel et d'épices. La bouche, après une attaque franche, se révèle volumineuse tout en restant fine. Un vin généreux et gourmand qui s'évanouit en douceur.

Corps de Garde, Domaine Goisot, Bourgogne Côtes d'Auxerre 2006 🍷 🍷 <u>16,5/20</u>
De teinte grenat, il s'ouvre au nez sur des effluves de fruits noirs, mais aussi d'épices, le poivre avec une subtile pointe florale, le tout rehaussé par une touche grillée. La bouche se révèle de belle amplitude sur des tanins fins et fondus. La finale pure, d'une belle fraîcheur, s'avère longue et persistante. Une élégante expression du pinot noir.

Les Mazelots, Domaine Goisot, Irancy 2006 🍷 🍷 <u>17/20</u>
Un pinot noir d'un grenat à reflets rubis moyennement soutenu, duquel se livrent des arômes de fruits noirs, dont la cerise et la mûre, associés à de légères notes torréfiées, voire mentholées. La bouche, ample et tout en finesse sur une matière soutenue par des tanins fins s'épanouit en finale d'une grande pureté sur une pointe épicée longue et persistante.

CÔTE D'OR

DOMAINE CATHERINE ET DOMINIQUE DERAIN

Catherine et Dominique Derain   Tél. : + 33 (0) 3 80 21 35 49
DOMAINE CATHERINE   Fax : + 33 (0) 3 80 21 94 31
ET DOMINIQUE DERAIN   Courriel : dc.derain@wanadoo.fr
46, rue des Perrières   Site Web : www.domainederain.com
21190 Saint-Aubin

Appellation de référence : Saint-Aubin
Superficie : 5,5 ha
Production : 15 000 bt/an
Cépages : Aligoté, Chardonnay, Pinot noir
Types de viticulture : Agrobiologie et biodynamie
Organisme et année de certification : Ecocert 1989

Domaine

Pour Dominique Derain, tonnelier de métier, tout a commencé lors de sa reconversion vers la passion qu'il nourrit pour le vin et son élaboration. Après une expérience enrichissante dans de nombreux domaines bourguignons, sa rencontre avec Catherine, tout aussi passionnée que lui, fut décisive. En 1988, alors qu'ils cherchaient à partir dans le Lubéron, ils ont su saisir l'opportunité qui leur était offerte en acquérant des terres à vignes à Saint-Aubin. Au début, une parcelle de 40 ares. C'était le début de ce domaine qui se situe dans l'ancienne cure de ce village. Depuis leur première récolte, ils ont décidé de conduire leur vignoble en biodynamie. Lui qui avait utilisé la technologie dans ses expériences précédentes notamment au Château de Puligny était à même de faire machine arrière. Confortés par leurs propres expériences, cette approche s'est affirmée avec le temps afin de valoriser l'originalité de leurs terroirs.

En parallèle, Dominique ne reste pas les bras croisés, et quand il ne reconstruit pas les murs de ses parcelles, il s'occupe de la petite activité de négoce qu'il a développée avec son employé Julien sous le nom de « Sextant » afin d'avoir certaines appellations même si, aujourd'hui, son vignoble en couvre déjà 10. Ils essaient au maximum d'acheter des raisins issus de culture biologique et les vins sont vinifiés dans le même esprit, sextant voulant dire ne pas perdre le fil, et ils y réussissent fort bien.

Le pommard Les Petits Noizons ou le mercurey La Plante Chassey sont à réserver car rares.

Les vins

Dégustés à la barrique en fin d'élevage.

Domaine Catherine et Dominique Derain, Saint-Aubin 1er Cru En Remilly 2008 🍷 🍷 🍷 <u>16/20</u>

Jaune pâle aux reflets verts, il émane de ce vin aromatique un nez frais de fruits secs, secondés par une belle minéralité. Après une attaque suave et vive, la bouche renferme un beau volume sur une belle matière. Droit et élégant, sa finale sur la minéralité lui confère longueur et fraîcheur.

Domaine Catherine et Dominique Derain, Saint-Aubin Le Ban 2008 🍷 🍷 🍷 <u>16/20</u>

D'un rouge pourpre aux reflets rubis, il s'ouvre sur des effluves de fruits rouges, dont la fraise et la cerise, associés à des notes florales de pivoine et d'épices. La bouche est friande, fruitée et se construit sur une acidité vive et une structure aux tanins fondus mais présents. Un vin de forte personnalité qui finit lentement sur la fraîcheur.

Domaine Catherine et Dominique Derain, Gevrey-Chambertin En Vosne 2008 🍷 🍷 🍷 <u>16,5/20</u>

Rubis pourpre moyennement intense, il s'exprime par les fruits rouges et les épices accompagnés d'une touche minérale. La bouche, sur l'acidité, est friande et la matière est soutenue par une trame tannique aux tanins soyeux. La rétro sur le côté amande du noyau de cerise et du poivre blanc possède une belle allonge. Un vin élégant et délicat.

Domaine Catherine et Dominique Derain, Pommard Les Petits Noisons 2008 ND <u>16/20</u>

Pourpre lumineux, il dégage au nez un côté fruité avec une pointe animale et florale plus un côté amande sur le noyau de cerise dans une belle complexité. En bouche, il possède une certaine rondeur, mais sans lourdeur grâce à son acidité fraîche. Un vin gourmand sur des tanins soyeux qui s'évanouit sur les épices.

Domaine Catherine et Dominique Derain, Mercurey La Plante Chassey 2008 ND <u>16,5/20</u>

Lumineux sur le pourpre, ce vin tout en fruits rouges sur la fraise, associés aux petits fruits à noyau, sur l'amande, avec une touche délicatement épicée. Fin et élégant il se révèle d'une grande pureté en bouche grâce à une acidité fraîche et des tanins soyeux et ronds. Sa finale sur les épices douces lui imprime une belle allonge.

Les vins de négoce sous le nom de « Sextant » sont aussi des belles expressions, même si pas complètement bio.

DOMAINE PIERRE MOREY

Pierre Morey   Tél. : + 33 (0) 3 80 21 21 03
DOMAINE PIERRE MOREY   Fax : + 33 (0) 3 80 21 66 38
13, rue Pierre Mouchoux   Courriel : morey-blanc@wanadoo.fr
21190 Meursault   Site Web : www.morey-meursault.fr

Appellation de référence : Meursault
Superficie : 10 ha
Production : 45 000 bt/an
Cépages : Chardonnay, Pinot noir
Types de viticulture : Agrobiologie et biodynamie
Organismes et années de certification : Ecocert 1993, Biodyvin 1997

Domaine

Installée à Meursault depuis 1793, chaque génération de la famille Morey a toujours travaillé la vigne et le vin. Lors de l'installation de Pierre Morey en 1971, son père lui a cédé son bail et il est alors devenu métayer d'une partie des parcelles du Domaine des Comtes Lafon. En anticipant la reprise progressive des quatre hectares de ce domaine, à partir de 1984, Pierre Morey, en tant qu'homme prévoyant, a accepté le poste de régisseur du Domaine Leflaive à Puligny-Montrachet. C'est ainsi que pendant cette période, il conduisait son propre domaine, la partie technique du Domaine Leflaive et comme il ne possédait pas certaines appellations, il a développé une petite activité de négociant-éleveur bien distincte sous le nom de Morey-Blanc.

Depuis 1991, ce vigneron en constatant le déséquilibre de certains sols, ne se retrouvait plus dans l'utilisation de produits chimiques de synthèse et a recherché une autre méthode de culture. Il a alors envisagé une façon plus raisonnable de faire du bon vin et de respecter les sols et a donc pris la décision de convertir ses parcelles à la culture biologique et par extension biodynamique. Depuis, sa fille Anne l'a rejoint. Ensemble, ils s'efforcent sur leurs 10 hectares répartis sur les communes aux noms évocateurs de Meursault, Monthélie, Pommard, Puligny-Montrachet, de faire des vins respectant le savoir-faire traditionnel et surtout les terroirs.

Les vins

Domaine Pierre Morey, Bourgogne Aligoté 2007 ND <u>15,5/20</u>
Jaune paille cristallin, aux reflets argentés, il émane de ce vin des arômes de fruits secs, dont l'amande, accompagnés d'une pointe plus minérale et d'un petit côté lacté. La bouche renferme une belle fraîcheur due à une acidité

vive. Droit, pur, élaboré sur une belle matière, sa finale sur une pointe d'amertume due à la minérale lui confère finesse et longueur.

Domaine Pierre Morey, Meursault 2007 ND 16,5/20
Provenant d'un assemblage des trois lieux-dits de Meursault, ce vin jaune paille aux reflets vieil or exprime au nez un côté pain grillé, associé à des notes de beurre, voire de brioche, mais aussi une pointe d'amande amère. En bouche, il se révèle ample, racé sur une acidité fraîche et un beau gras. Il revient en finale sur les notes grillées pressenties au nez, voire une touche de boisé subtil, pour s'évanouir lentement grâce à sa fraîcheur et sa digestibilité.

Domaine Pierre Morey, Bourgogne Pinot noir ND 14,5/20
Toutes les parcelles qui entrent dans l'élaboration de ce vin sont situées sur la commune de Meursault, au nord près de Volnay. D'une couleur rubis moyennement intense à reflets pourpres. Il s'harmonise au nez sur des notes de fruits rouges acidulés, notamment de cerise, voire de noyau de cerise, associées à une touche épicée. La bouche est friande, sur une acidité vivifiante. Les tanins qui composent sa structure sont soyeux et la pointe de réglisse associée à une certaine minéralité perçue en finale lui confère un bel équilibre et une longueur agréable.

Domaine Pierre Morey, Monthélie 2007 ND 16/20
Rubis aux reflets légèrement violacés, ce vin s'exprime par les fruits rouges associés aux épices, au poivre et à quelques notes réglissées. La bouche se révèle onctueuse, construite sur une trame tannique aux tanins soyeux et enrobés. Bien équilibré, il revient en finale sur les amandes et les épices et sa finale élégante et fraîche est assez soutenue.

Domaine Pierre Morey, Volnay-Santenots 1ᵉʳ Cru 2007 ND 16,5/20
Paré d'une couleur pourpre aux reflets éclatants, il s'ouvre sur un nez aromatique aux effluves de fruits noirs, mêlés à des notes plus épicées de zan, de poivre, mais aussi à une pointe plus florale. En bouche, il se révèle assez puissant tout en conservant une finesse et une élégance. Bien équilibré sur des tanins soyeux, il possède une finale appuyée de belle longueur.

DOMAINE HENRI RICHARD

Margaret Richard   Tél. : + 33 (0) 3 80 34 35 81
DOMAINE HENRI RICHARD   Fax : + 33 (0) 3 80 34 35 81
75, route de Beaune   Courriel : schenririchard@hotmail.com
21220 Gevrey-Chambertin

Appellation de référence : Gevrey-Chambertin
Superficie : 3,6 ha
Production : 15 000 bt/an
Cépage : Pinot noir
Type de viticulture : Agrobiologie
Organisme et année de certification : Ecocert 2005

Domaine

Ce petit domaine par sa taille mais grand par ses vins, situé sur la commune de Gevrey-Chambertin, est aujourd'hui dirigé par Margaret Richard, fille d'Henri Richard, à l'origine de ce domaine. Dans cette aventure, cette femme dynamique et chaleureuse est épaulée par son régisseur Patrick Maroillier. Par écœurement pour les produits chimiques, au tournant du siècle elle a converti son domaine en agriculture biologique même si ce virage vert avait été amorcé au milieu des années quatre-vingt-dix en arrêtant l'utilisation de désherbants. Avec son régisseur, ils s'intéressent à la biodynamie, respectent le calendrier lunaire mais ne veulent pas que cela devienne trop contraignant. À la cave ils suivent la même philosophie et respectent le cahier des charges de la FNIVAB excluant tout intrant d'origine non bio ni OGM.

Tous les vins de ce domaine, que les raisins proviennent des parcelles de Gevrey-Chambertin ou du grand Cru Charmes-Chambertin, sont élevés en fût dès le pressurage sans pour autant retrouver le goût dans les vins. Un élevage qui souligne les atouts des vins sans les défigurer. Un domaine qui conserve une belle constance dans ses vins.

Les vins

Domaine Henri Richard, Bourgogne 2008 🍷 🍷 <u>15/20</u>
Rubis étincelant, aux reflets légèrement violets, il développe au nez des arômes de fruits rouges associés à des notes épicées, notamment de poivre, avec un petit côté amande amère sur le kirsch. La bouche est friande, gourmande sur une acidité vive et des tanins soyeux. La finale de longueur moyenne renferme une belle fraîcheur.

Domaine Henri Richard, Marsannay 2007   <u>16/20</u>

Lumineux, de teinte rubis violacé, il émane de ce vin au nez aromatique et complexe des odeurs de fruits acidulés, dont la framboise, associés à une pointe plus florale. D'un beau volume sur une acidité fraîche et des tanins soyeux et bien enveloppés, il se termine lentement et agréablement sur les épices.

Domaine Henri Richard, Gevrey-Chambertin Aux Corvées 2007  <u>16,5/20</u>

Après aération, ce vin rubis tirant sur le pourpre de belle intensité s'harmonise sur des effluves de fruits rouges, dont la fraise des bois, de griotte et d'épices, dont le poivre, avec une pointe plus florale sur la pivoine. En bouche, il se révèle riche, puissant, sur une acidité vive et des tanins soyeux. La rétro sur les épices, associée à un petit côté sanguin et à un boisé subtil sans négliger les fruits, dont la cerise, lui confère longueur et persistance. Encore dans sa prime jeunesse.

Domaine Henri Richard, Gevrey-Chambertin Aux Corvées 2005 <u>17,5/20</u>

Ce 2005 renferme plus de matière tout en conservant cette élégance et cette finesse qui lui sont propres. Et toujours cette fraîcheur en finale.

Domaine Henri Richard, Charmes-Chambertin Grand Cru 2007 <u>17/20</u>

De teinte intense, pourpre légèrement grenaté aux reflets lumineux, ce vin s'offre à nous avec un nez invitant aux effluves de fruits rouges et noirs, dont la cerise et la fraise, en harmonie avec des notes plus florales et épicées de poivre rose, le tout subtilement rehaussé par une touche de bois. La bouche d'une belle suavité se dévoile puissante, construite sur une structure appuyée par des tanins fins et bien enrobés même si encore présents. La finale sur les épices et les fruits lui imprègne une longueur intarissable sur la fraîcheur et la digestibilité. Tout n'est que volupté pour ce vin encore trop jeune pour être apprécié à sa juste valeur. Un pinot noir d'un grand potentiel.

Domaine Henri Richard, Charmes Chambertin Grand Cru 2006 <u>17,5/20</u>

Ce millésime, tout en gardant sa finesse et son élégance, possède plus de concentration en bouche. Pour avoir dégusté les vins du millésime 2008 à la barrique, ils s'annoncent de bonne qualité, même si la garde ne sera peut-être pas aussi longue.

DOMAINE DE LA VOUGERAIE

Famille Boisset	Tél.: + 33 (0) 3 80 62 48 25
DOMAINE DE LA VOUGERAIE	Fax: + 33 (0) 3 80 61 25 44
7, rue de l'Église	Courriel: vougeraie@domainedelavougeraie.com
21700 Prémeaux-Prissey	Site Web: www.domainedelavougeraie.com

Appellation de référence: Côte de Nuits
Superficie: 35 ha
Production: 130 000 bt/an
Cépages: Chardonnay, Pinot noir
Types de viticulture: Agrobiologie et biodynamie
Organisme et année de certification: Ecocert 1999

Domaine

Le Domaine de la Vougeraie d'aujourd'hui, et ce depuis 1999, résulte de la fusion de domaines acquis au fil des ans mais son origine remonte à 1964. Aux mains de la famille Boisset, il a été orchestré jusqu'en 2006 par le talentueux Québécois Pascal Marchand.

Passé, progressivement, depuis 1987, en lutte raisonnée puis en culture biologique, sur la totalité des surfaces, ce domaine morcelé comme on en retrouve en Bourgogne se répand sur des appellations et des terroirs prestigieux. Il possède un patrimoine de Grands et de Premiers Crus, mais aussi de villages et de bourgogne en Côte de Nuits et Côte de Beaune. Tout en respectant la nature, la vie est redonnée aux sols des différents terroirs qui composent ce domaine. Les vins du domaine de la Vougeraie commencent à la vigne, se poursuivent à la cave et se terminent longtemps après dans la dégustation.

Un domaine qui se hisse au rang des grands de la Bourgogne.

Les vins

Les Pierres Blanches, Domaine de la Vougeraie, Côte de Beaune 2005
🍷🍷🍷 16/20

Sous sa robe rouge rubis lumineux aux reflets légèrement violets se dissimule un vin au nez aromatique et délicat sur des effluves de fruits noirs, dont la mûre et la cerise, associés à des notes plus florales de pivoine additionnées d'une touche épicée, le tout dans un subtil boisé. Après une attaque franche, la bouche se révèle friande, gourmande, sur une belle acidité fraîche. Bien équilibré sur une belle matière soutenue par des tanins fins, il revient sur les fruits et les épices pour se dissiper sur une finale persistante de belle allonge. Un vin élégant tout en finesse et de belle facture.

CÔTE CHALONNAISE

DOMAINE AUBERT ET PAMÉLA DE VILLAINE

Aubert de Villaine et Pierre de Benoist   Tél. : + 33 (0) 3 85 91 20 50
DOMAINE AUBERT   Fax : + 33 (0) 3 85 87 04 10
ET PAMÉLA DE VILLAINE   Courriel : contact@de-villaine.com
2, rue de la Fontaine   Site Web : www.de-villaine.com
71150 Bouzeron

Appellation de référence : Bouzeron
Superficie : 20 ha
Production : 100 000 bt/an
Cépages : Aligoté, Chardonnay, Pinot noir
Type de viticulture : Agrobiologie
Organisme et année de certification : Qualité France 1986

Domaine

C'est sur son domaine de Bouzeron, premier village de la Côte Chalonnaise entre Santenay, Rully et Mercurey, qu'Aubert de Villaine cogérant de la Romanée-Conti exerce son métier de vigneron, depuis 1971. Il est secondé par sa femme Paméla et épaulé par Pierre de Benoist, son neveu. Il a su reconnaître sur ce petit vallon déjà planté de vignes il y a des siècles par les moines de Cluny, un terroir d'exception. Ici, le cépage aligoté est roi et tire toute sa quintessence sur ces coteaux calcaires. Mais ce n'est qu'en 1997 qu'il a reçu réellement ses lettres de noblesse en obtenant l'appellation AOC Village Bouzeron. Ce domaine sert même de conservatoire au cépage aligoté. Les terroirs de bas de coteaux sont, eux, plus propices au pinot noir et au chardonnay, produits sous l'appellation Bourgogne Côte Chalonnaise.

Même si son nom est à jamais attaché à celui de la Romanée-Conti, il applique ici la même rigueur et la même discipline à la vigne, puisque c'est là que le vin se fait, qu'à l'élaboration des vins.

Comme pour vinifier de grands vins, il faut des raisins sains et à bonne maturité, ils ont opté depuis 1986 pour une conduite de la vigne en bio, excluant tout herbicide, pesticide et autre produit chimique de synthèse. Au chai, ils restent fidèles aux méthodes traditionnelles en Bourgogne afin de restituer tout le potentiel aromatique de chaque terroir et de chaque cépage. Pour ne pas masquer la vraie nature des vins, les blancs sont élevés en fût, en cuve ou en foudre et par la suite assemblés. L'usage de la barrique neuve pour les rouges est modéré pour ne pas masquer la nature des vins. Ils continuent leurs expérimentations et restent ouverts à tout ce qui se passe comme la biodynamie, mais aussi la musicothérapie, puisque certaines musiques seraient plus propices au développement d'enzymes. Des essais de vinification en amphore, qui s'inspirent des travaux du vigneron Philippe Viret, propriétaire en Rhône sont également en cours.

Les vins de ce séduisant domaine sont des expressions pures et droites des terroirs dont ils sont issus. Pour avoir dégusté un Bouzeron 1995, je peux affirmer qu'ils vieillissent admirablement.

Les vins

Domaine A. et P. de Villaine, Bouzeron 2008 🍇 🍇 🍇 **16,5/20**
De teinte jaune paille aux reflets verts, ce vin cristallin s'exprime au nez par une belle fraîcheur aromatique par des notes de fruits blancs, dont la pêche, associés à des notes miellées. En bouche, l'attaque est franche et vive grâce à une acidité mordante. Un vin ample, droit, bien équilibré, qui se termine lentement sur une belle fraîcheur.

Les Clous, Domaine A. et P. de Villaine, Bourgogne Côte Chalonnaise 2007 🍇 🍇 🍇 **16/20**
Tout en fraîcheur, ce vin de couleur jaune pâle aux reflets vieil or développe au nez des arômes de fruits secs, dont l'amande grillée, accompagnés d'une touche florale et minérale ainsi que d'une pointe de fenouil. En bouche, il se révèle ample, onctueux, tendu par une belle acidité et sa finale d'une grande pureté minérale est soutenue. Un vin à attendre.

Les Saint-Jacques, Domaine A. et P. de Villaine, Rully 2007 🍇 🍇 🍇 **17/20**
Derrière sa robe jaune paille aux chatoiements vieil or, ce vin marqué par la minéralité se dévoile par des arômes de fleur, d'anis, voire de fenouil. En bouche, grâce à un beau volume, il se révèle opulent sur une acidité vive. Un vin blanc quasi viril où l'on perçoit presque une pointe de tanin. Sa finale sur l'amande, longue et persistante, est dotée d'une belle fraîcheur due à sa minéralité.

La Fortune, Domaine A. et P. de Villaine, Bourgogne Côte Chalonnaise 2007 🍇 🍇 🍇 **17,5/20**
D'un rouge rubis éclatant, moyennement intense, il s'ouvre au nez sur les fruits rouges, dont la framboise et la fraise, où s'adjoignent des notes de fruits à noyaux, cerise, mais aussi un côté floral sur la glycine et d'épices, le poivre. En bouche, il prend toute sa dimension et se révèle suave, croquant, presque fougueux sur une belle acidité. Construit sur des tanins soyeux, sa puissance monte *crescendo* et sa finale élégante et épicée se révèle pleine de charme et de longueur.

La Digoine, Domaine A. et P. de Villaine, Bourgogne Côte Chalonnaise 2007 🍷🍷🍷 18/20
Rubis lumineux qui s'empourpre, ce vin aromatique sur la fraîcheur harmonise ses odeurs de petits fruits rouges et noirs, dont la fraise fraîche et le bigarreau, associées à des notes d'épices, notamment le poivre rose. En bouche, il est friand, sur une acidité fraîche et la rondeur de sa matière s'équilibre grâce à la présence de tanins bien enrobés. Un vin racé, possédant caractère et énergie. Sa finale longue et persistante fait qu'on ne peut l'oublier même s'il est conseillé de le laisser un peu en cave.

Les Montots, Domaine A. et P. de Villaine, Mercurey 2007 🍷🍷🍷 17,5/20
De couleur pourpre foncé, ce vin puissant et viril s'ouvre sur les fruits noirs, dont la prune et la cerise, où se mêlent des notes métalliques, sanguines, voire animales, et une pointe d'épices. La bouche s'avère riche et puissante, construite sur une acidité vive, une certaine salinité et une charpente aux tanins fondus. Bien équilibré, sa finale vigoureuse possède allonge et fraîcheur. Encore tout jeune, il mérite qu'on l'attende un peu.

MÂCONNAIS

LA SOUFRANDIÈRE — BRET BROTHERS

Jean-Guillaume et Jean-Philippe Bret
LA SOUFRANDIÈRE — BRET BROTHERS
71680 Vinzelles

Tél. : + 33 (0) 3 85 35 67 72
Fax : + 33 (0) 3 85 32 90 10
Courriel : contact@bretbrothers.com
Site Web : www.bretbrothers.com

Appellation de référence : Pouilly-Vinzelles
Superficie : 9 ha
Production : 70 000 bt/an
Cépages : Chardonnay, Gamay
Types de viticulture : Agrobiologie et biodynamie
Organismes et année de certification : Ecocert, Demeter 2006

Domaine
Depuis 2000, le Domaine de la Soufrandière, situé à Vinzelles dans le Mâconnais, est aux mains des frères Bret qui ont succédé à leur père. En parallèle, ils ont développé une activité de négoce, Bret-Brothers, dans le but d'élaborer des grands vins provenant du sud de la Bourgogne. Les

deux entités cohabitent très bien et les raisins sont vinifiés avec le même soin que ceux provenant du Domaine la Soufrandière.

Afin de révéler au mieux leurs terroirs de la Soufrandière à Pouilly-Vinzelles Climat « Les Quarts » et « Les Longeays », ils ont opté depuis 2000 pour une conduite de la vigne en biologie sur ce vignoble et appliquent les méthodes et préparas de la biodynamie. À ces terroirs s'est ajouté, en 2005, le Clos de Grand-Père, en Mâcon-Vinzelles. Le but des propriétaires est d'élaborer des grands vins de terroir. Et comme il n'y a pas de grands vins sans grands raisins, tout est mis en œuvre pour obtenir les meilleurs fruits possibles.

Les vins
Climat Les Quarts, La Soufrandière, Pouilly-Vinzelles 2006
🍷 ☙☙☙ **16,5/20**

D'une teinte jaune paille où miroitent de légers reflets vieil or, il émane de ce vin un nez délicat aux arômes de fruits blancs, dont la poire, en association avec des fruits exotiques, l'ananas et une pointe d'agrumes, avec une touche beurrée et miellée, voire de rancio, le tout sur une toile de fond minérale. La bouche est riche, complexe et ample, sur un beau volume, soutenue par une acidité fraîche qui lui confère une belle rectitude. La finale où la minéralité se joint aux fruits secs possède une longueur appuyée. Un vin élégant de belle facture.

BEAUJOLAIS

CHÂTEAU DES BOCCARDS

James Pelloux   Tél. : + 33 (0) 3 85 36 81 70
CHÂTEAU DES BOCCARDS   Fax : + 33 (0) 3 85 33 85 69
71570 La Chapelle de Guinchay   Courriel : infos@château-des-boccards.com
                                      Site Web : www.chateau-des-boccards.com

Appellation de référence : Chénas
Superficie : 2,5 ha
Production : 15 000 bt/an
Cépage : Gamay
Type de viticulture : Agrobiologie
Organisme et année de certification : Qualité France 1995

Domaine

Il faut remonter au XVᵉ siècle pour attester de l'existence du château des Boccards, qui tire son nom d'un petit hameau bâti sur le point culminant de la commune de La Chapelle de Guinchay.

Sur ce petit domaine du Beaujolais en appellation Chénas, un des dix crus du Beaujolais, la conduite de la vigne répond aux normes de la culture biologique, par respect de la nature, de la santé et dans un souci de préserver un cadre de vie. La vigne se transforme ici en un jardin plein d'essences de fleurs et la faune a fait son retour.

Le but ultime pour ce couple de vignerons médecins homéopathes, qui exerce dans la prévention contre le vieillissement, est de rechercher la qualité globale du raisin et de préserver tous les éléments qui lui sont propres. Les herbicides et autres pesticides détruisent certains éléments du raisin comme le resvératrol. Ce polyphénol, qui a un effet sur le système cardiovasculaire, favorise la longévité des cellules et ralentit le développement des cellules tumorales. Pour ce faire, ils respectent la terre, mère nourricière, afin d'avoir des sols vivants et des vignes équilibrées dans un environnement sain.

Ici, c'est le véritable goût du raisin du terroir que l'on cherche à faire découvrir à l'amateur et surtout on cherche à préserver les vertus intrinsèques du raisin et donc du vin.

Les vins

Château des Boccards, Chénas 2007 🍷 🍷 <u>15/20</u>

D'un rouge grenat lumineux, ce cru du beaujolais s'ouvre sur un nez expressif de fruits rouges et noirs, dont la fraise et la framboise, dans une ambiance chaleureuse et épicée sur des notes de poivre mais aussi de moka. Après une attaque franche, la bouche se révèle construite sur une belle acidité et des tanins fondus. Tout en fruits, sa finale acidulée lui confère une belle allonge.

DOMAINE DE LA BONNE TONNE

Monique et Marcel Grillet	Tél. : + 33 (0) 4 74 69 12 22
DOMAINE DE LA BONNE TONNE	Fax : + 33 (0) 474 69 12 73
Haut Morgon	Courriel : info@bonne-tonne.com
69910 Villié Morgon	Site Web : www.bonne-tonne.com

Appellation de référence : Morgon
Superficie : 9,5 ha
Production : 50 000 bt/an

Cépage : Gamay
Type de viticulture : Agrobiologie
Organisme et année de certification : Ecocert 2003

Domaine

Vignerons de père en fils et fille depuis six générations, ils ont regroupé leurs deux domaines respectifs pour n'en faire qu'un. Situé à Morgon, au cœur des crus du Beaujolais, ce domaine produit donc sur plusieurs appellations, sur le célèbre cru de Morgon, mais aussi de Régnié ainsi qu'en Beaujolais.

Sensible à l'environnement, ce couple de vignerons a fait le choix en 2003 de la culture biologique afin d'être en adéquation avec eux-mêmes et d'apporter à la vigne et aux vins l'équilibre le plus naturel.

Le travail du sol est de rigueur, afin de favoriser la vie microbienne de la terre et de respecter la personnalité de chaque parcelle de vigne. Seuls les traitements à base de soufre, de silice, d'argile et de bouillie bordelaise sont pratiqués.

Si l'attention est portée à la vigne, il en va de même au chai où les raisins à parfaite maturité sont vinifiés en macération carbonique pour préserver toute la fraîcheur du fruit.

Les vins

Domaine de la Bonne Tonne, Régnié 2007 🍷 🍷 🍷 **16/20**
D'une couleur pourpre à reflets légèrement violets, il émane de ce vin de juteux arômes de fruits, dont la mûre et la cerise noire, voire même le kirsch, associés à une belle fraîcheur avec une légère pointe épicée. La bouche, tout en fruits, possède une vive acidité. D'une belle matière soutenue par des tanins souples, il s'avère bien équilibré et d'une longueur rafraîchissante en finale. Un vin droit et élégant de belle facture.

AUTRES DOMAINES INTÉRESSANTS

DOMAINE DU COMTE ARMAND (Pommard)
DOMAINE EMMANUEL GIBOULOT (Côte de Beaune)
DOMAINE LAFARGE (Côte de Beaune)
DOMAINE LEFLAIVE (Puligny-Montrachet)
DOMAINE LEROY (Côte d'Or)
CHÂTEAU DES RONTETS (Pouilly-Fuissé)
DOMAINE TRAPET (Gevrey-Chambertin)

CHAMPAGNE

Mondialement connue, cette région, de par son effervescence, se démarque des autres. Sur une superficie de 32 000 hectares pas moins de 300 millions de bouteilles sont produites tous les ans pour prendre part aux célébrations en tout genre.

Afin de préserver une certaine typicité et de respecter l'environnement, certains vignerons champenois, mais aussi de grandes maisons de négoce, élaborent désormais des champagnes bio ou issus de raisins certifiés comme tels.

Sur le vignoble champenois, le plus septentrional des vignobles de France, 191 hectares sont déjà convertis et 65 autres hectares sont en conversion. Il s'agit d'une forte progression cette dernière année puisqu'elle représente environ 18 % de plus par rapport à l'an dernier. Cette surface convertie regroupe 38 producteurs et espérons qu'ils fassent de plus en plus d'émules.

On atteste à tort la découverte du champagne à Dom Pérignon au XVIIᵉ siècle alors qu'en fait il n'est qu'à l'origine des assemblages qui font la force de cette région. En fait, c'est le docteur Meuret en Angleterre à la même époque qui a découvert que si on mettait du sucre il se formait du gaz carbonique, principe de base de la fermentation.

Le vignoble champenois, caractérisé par ses sols de craie d'où les célèbres crayères où reposent ces trésors, regroupe cinq zones, la Montagne de Reims, la Vallée de la Marne, la Côte des Blancs, la Côte de Sézanne et plus au sud la Côte des Bars.

Si cette région est permissive puisque c'est la seule en France à autoriser les assemblages de millésime et même de couleur pour ses rosés, elle se limite à trois cépages, le chardonnay en blanc et le pinot meunier et le pinot noir en rouge, vinifiés en blanc.

Il existe deux manières d'élaborer un champagne, pour une prise de mousse en bouteille. La méthode ancestrale qui consiste à stopper la fermentation alcoolique avant la mise en bouteille pour qu'elle s'achève dans cette dernière, ou la méthode traditionnelle appelée champenoise en

Champagne qui consiste à élaborer un vin sec et d'y ajouter une liqueur de tirage composée de sucre et de levures lors de la mise pour créer une effervescence, engendrée par un dégagement de gaz carbonique lors de cette deuxième fermentation. Les bouteilles sont ensuite élevées et remuées avant d'être dégorgées, opération qui vise à enlever le dépôt formé par l'autolyse des levures dans la bouteille et éventuellement dosées avant d'être muselées. On retrouve différentes catégories de champagnes en fonction de leur taux de sucre. Le brut non dosé, l'extra brut, le brut, l'extra dry, le sec, le demi-sec et le doux pour satisfaire toutes les bonnes occasions de fêter.

La palette des vins champenois ne se résume pas à ses effervescents, cette région élabore aussi des vins tranquilles dans les trois couleurs sous l'appellation Coteaux Champenois et aussi le très rare rosé des Riceys.

CHAMPAGNE BEDEL ET FILS

Françoise Bedel et Fils   Tél. : + 33 (0) 3 82 15 80
71, Grande rue   Fax : + 33 (0) 3 23 82 11 49
02310 Crouttes-sur-Marnes   Courriel : contact@champagne-bedel.fr
     Site Web : www.champagne-bedel.fr

Appellation de référence : Champagne
Superficie : 8,5 ha
Production : 60 000 bt/an
Cépages : Chardonnay, Pinot meunier, Pinot noir
Types de viticulture : Agrobiologie et biodynamie
Organismes et année de certification : Ecocert, Biodyvin 1999

Domaine

Le Domaine Françoise Bedel se situe à la limite sud de la Champagne. Il se répartit de part et d'autre de la Marne sur différents terroirs vu le morcellement de ce vignoble, et même si les trois cépages champenois y sont plantés, le pinot meunier y règne en maître.

Françoise Bedel, aujourd'hui secondée par son fils Vincent, conduit son vignoble de main de maître. C'est parce qu'elle aime la nature et qu'elle la respecte qu'elle a décidé de conduire son domaine en biodynamie proscrivant les produits chimiques de synthèse mais aussi pour transmettre à sa descendance une terre saine.

Elle honore ses terroirs, avec leurs qualités et leurs particularités, afin d'engendrer des champagnes de caractère qui soient de pures expressions des lieux. Ici, le pinot meunier trouve son terroir de prédilection et constitue la majorité des assemblages.

Les différentes parcelles vinifiées séparément offrent une multitude de possibilités quand vient le choix des assemblages toujours avec en toile de fond une recherche constante de l'harmonie. Pour ce faire, Françoise Bedel et son fils savent être à l'écoute de leurs vins en les dégustant régulièrement.

Ces récoltants manipulants, comme on le dit en Champagne, élaborent leur propre champagne directement au domaine à partir des raisins qu'ils ont cultivés, vendangés et vinifiés. De plus, leurs cuvées se déclinent en différents dosages.

Les vins

Dis, Vin Secret Brut, Champagne Bedel, Champagne
🍷 🥂 🥂 🥂 🥂 **17/20**

Majoritairement issu de pinot meunier assemblé aux deux autres cépages et provenant essentiellement de la récolte 2003, ce champagne jaune d'or brillant, d'où se dégage une effervescence vive, s'ouvre sur un nez aromatique aux notes d'agrumes, dont le pamplemousse rose, associées à des notes plus grillées. En bouche, il se révèle volumineux, sur une acidité rehaussée par la finesse des bulles. Belle persistance et finesse en finale.

Entre Ciel et Terre Brut, Champagne Bedel, Champagne
 🍂🍂🍂🍂 <u>16,5/20</u>

Élaboré à partir de la récolte 2001, d'une teinte jaune d'or aux chatoyants reflets argent, où s'épanouissent de fines bulles. Le nez, sur des notes florales de tilleul, voire mellifères, associées à une belle minéralité, est assez aromatique et frais. Après une attaque franche et vive, il s'avère puissant en bouche et la finesse de son effervescence renforce ce sentiment de fraîcheur en finale.

**L'Âme de la Terre Millésime 1998 Brut, Champagne Bedel,
Champagne** 🍂🍂🍂🍂 <u>17/20</u>

Jaune d'or soutenu, d'où se dégage un cordon de fines bulles invitantes. Les arômes qui en émanent sont tout aussi alléchants sur des notes de fruits secs, dont l'amande, où s'adjoignent des effluves épicés, floraux et mellifères. La bouche ample, bien équilibrée démontre une grande plénitude renforcée par la délicatesse et la finesse de ses bulles. La finale sur une légère amertume associée à la minéralité lui confère une grande fraîcheur.

CHAMPAGNE DUVAL-LEROY

Carol Duval-Leroy
CHAMPAGNE DUVAL-LEROY
69, avenue de Bammental
51130 Vertus

Tél. : + 33 (0) 3 26 52 10 75
Fax : + 33 (0) 3 26 52 12 93
Courriel : champagne@duval-leroy.com
Site Web : www.duval-leroy.com

Appellation de référence : Champagne
Superficie : 200 ha et achat de raisin
Production : 5 000 000 bt/an
Cépages : Chardonnay, Pinot meunier, Pinot noir
Types de viticulture : Agrobiologie et biodynamie
Organisme de certification : Ecocert

Domaine

Installée à Vertus, au cœur de la Côte des Blancs, cette maison de champagne est née du mariage de deux familles. Depuis sa création en 1859, cette maison où le chardonnay domine les assemblages est en constante évolution et ne cesse d'innover. Par son nouveau bouchon révolutionnaire qui s'ouvre en toute simplicité mais aussi par ses cuvées issues de raisins produits en agriculture biologique certifiée par Ecocert, le Brut AB et la Cuvée Cumière. Cette cuvée issue de Premier Cru de la Vallée de la Marne démontre une volonté d'authenticité et d'expression de la part de cette grande maison.

Les vins

Authentis-Cumières 2001, Champagne Duval-Leroy, Champagne
🍶 🍶 🍶 🍶 **17,5/20**
Issu à 100 % de pinot noir, cette cuvée de champagne se pare d'une robe éclatante de couleur jaune d'or de laquelle s'échappent de fines bulles et laisse derrière elle des fragrances délicates aux senteurs de fruits secs et confits, dont l'amande, combinées à des notes mellifères, mais aussi de brioche, de beurre et de vanille avec une pointe légèrement grillée, le tout dans une ambiance minérale. La bouche est riche, puissante et, tout en étant suave, elle offre un volume de belle amplitude. Bien équilibré, nimbé de bulles de grande finesse, il est dans la continuité du nez et sa finale sur une pointe de minéralité lui confère une allonge persistante. Un champagne de grande classe, fin et délicat tout en étant étoffé, qui laisse une belle impression.

CHAMPAGNE FLEURY

Jean-Pierre Fleury
CHAMPAGNE FLEURY
43, Grande rue
10250 Courteron

Tél. : + 33 (0) 3 25 38 20 28
Fax : + 33 (0) 3 25 38 24 65
Courriel : champagne@champagne-fleury.fr
Site Web : www.champagne-fleury.com

Appellation de référence : Champagne
Superficie : 25 ha
Production : 200 000 bt/an
Cépages : Chardonnay, Pinot noir
Types de viticulture : Agrobiologie et biodynamie
Organismes et année de certification : Ecocert, FNIVAB 1992

Domaine

Sise à Couteron, sur les coteaux argilo-calcaires de la Côte des Bars, la famille Fleury y cultive la vigne depuis plusieurs générations. Après le phylloxéra, cette famille, installée depuis 1895, fut novatrice en plantant des pinots noirs greffés. Par la suite, le fils, face à la crise, va même jusqu'à créer son propre champagne en vinifiant ses propres raisins plutôt que de les vendre.

Dans les années soixante-dix, moment du boom de l'utilisation des produits chimiques de synthèse, la relève assurée par la nouvelle génération prend conscience de l'empreinte écologique qu'elle laissera sur cette terre. Pour Jean-Pierre Fleury, vigneron avant-gardiste, commence alors une réflexion qui le conduira à convertir petit à petit ses vignes à la culture biodynamique en favorisant les produits organiques et le travail du sol.

Aujourd'hui, les enfants de Jean-Pierre, Morgane et Jean-Sébastien, assurent la relève et travaillent au domaine familial.

Les distinctions que leurs cuvées remportent à l'international témoignent de leur attachement au terroir.

De plus, si vous passez par Paris n'oubliez pas d'aller faire un tour à «Ma Cave Fleury», cave éco-logique, au 177, rue Saint-Denis, tenue par Morgane Fleury où en plus d'une grande sélection de champagnes et autres vins d'auteurs (bio) elle organise des soirées d'exception autour de ce divin nectar et de la culture.

Les vins

Rosé de Saignée Brut, Champagne Fleury, Champagne
🌹🌹🌹🌹 <u>16,5/20</u>

Sous sa robe lumineuse rose framboise pâle qui laisse s'échapper de fines bulles se dissimule un nez frais et invitant sur des effluves de petits fruits rouges acidulés, dont la groseille et la canneberge, le tout dans une atmosphère minérale. En bouche, il allie finesse et élégance, sur une acidité vivifiante accentuée par une belle effervescence. Bien équilibré, il possède un certain mordant et sa finale minérale lui confère une longueur rafraîchissante. Racé et gracieux, le compagnon idéal pour ouvrir les hostilités.

Carte Rouge, Champagne Fleury, champagne 🌹🌹🌹🌹 <u>17/20</u>

Issu d'un assemblage de pinot noir des millésimes 2005 et 2006, il se pare d'une teinte cristalline jaune paille aux reflets or accentuée par une fine mousse. Il émane de ce champagne un nez complexe et délicat sur des arômes de brioche au beurre, de levures et de fruits secs, rehaussés par des notes minérales. Riche, il possède une belle rondeur grâce à un beau volume. Le vin est bien équilibré et de fines bulles viennent accentuer sa belle fraîcheur. Sa rémanence sur les arômes pressentis au nez lui confère une belle allonge. Un champagne délicat, d'une grande pureté.

Brut Millésimé 1995, Champagne Fleury, champagne
🍷🍷🍷🍷 **17,5/20**
Sous son apparence jaune d'or d'une grande brillance dans laquelle
dansent de fines bulles, se cache un nez aromatique et complexe aux fragrances beurrées, briochées, en harmonie avec
une touche de fruits secs. Puissant, riche, il possède un bon
équilibre et la finesse de son effervescence en devient caressante. Belle finale longue et harmonieuse. Un champagne de
grande classe.

CHAMPAGNE FRANCK PASCAL

Franck Pascal	Tél. : + 33 (0) 3 26 51 89 80
CHAMPAGNE FRANCK PASCAL	Fax : + 33 (0) 3 26 51 88 98
1 bis, rue V. Régnier	Courriel : franck.pascal@wanadoo.fr
51700 Baslieux-sous-Châtillon	Site Web : http://blogfranckpascal.over-blog.com

Appellation de référence : Champagne
Superficie : 4 ha
Production : 30 000 bt/an
Cépages : Chardonnay, Pinot meunier, Pinot noir
Types de viticulture : Agrobiologie et biodynamie
Organisme et année de certification : Ecocert 2005

Domaine

En reprenant le vignoble familial morcelé de la Vallée de la Marne en 1994,
Franck Pascal, ingénieur de formation, se lançait un défi de taille qui plus est
en décidant d'opter pour une viticulture propre en biologie et biodynamie,
pratique peu familière de cette appellation reconnue pour son négoce. Défi
qu'il a su relever avec brio grâce à une main-d'œuvre importante puisqu'il
emploie un employé par hectare. Sur ce domaine, les ⅔ de la surface sont
plantés de chardonnay et le tiers restant avec deux autres cépages rouges
autorisés en champagne. Ce vigneron consciencieux poursuit son travail de
la vigne au chai, puisque les vins sont vinifiés naturellement.

Un homme exigeant et courageux qui propose une gamme aux
dosages variés, du non dosé ou nature au plus dosé pour satisfaire tout le
monde, du néophyte au puriste, tout en respectant scrupuleusement la
notion de terroir.

Les vins

Rosé Brut, Champagne Franck Pascal, Champagne 🍷 🍷 🍷 🍷 **17/20**
D'une teinte rose saumoné pâle, ce champagne à la fine effervescence
s'ouvre sur des arômes de petits fruits acidulés, dont la groseille et la fraise,
alliés à une fraîcheur minérale. En bouche, il se révèle onctueux, sur une
belle tension due à son acidité. D'une grande finesse, sublimée
par la caresse des bulles, il s'évanouit en douceur sur le croquant
du fruit dans une finale longue, persistante et rafraîchissante. Un
bel exemple de pureté.

AUTRES DOMAINES INTÉRESSANTS
CHAMPAGNE ANDRÉ ET JACQUES BEAUFORT
CHAMPAGNE RAYMOND BOULARD
CHAMPAGNE LARMANDIER-BERNIER
CHAMPAGNE DAVID LÉCLAPART

JURA

L e vignoble jurassien, assez méconnu de nos jours, tire pourtant ses origines du temps des Romains comme en attestent les textes de Pline le Jeune. Au Moyen Âge, il fut même assez réputé mais, par la suite, le phylloxéra et les diverses guerres l'ont considérablement amputé.

Face à la volonté de préserver la typicité des vins du terroir jurassien, le vignoble se convertit petit à petit à la biologie, voire pour certains à la biodynamie, sous l'impulsion de viticulteurs avant-gardistes. On dénombre aujourd'hui quelque 38 producteurs qui ont opté pour cette méthode de conduite de leur vignoble, ce qui représente environ 191 hectares au total, dont 65 en cours de conversion. Cette surface convertie qui représente 10 % du vignoble s'est accrue d'environ 18 % rien qu'au cours de la dernière année.

Aujourd'hui, ce vignoble d'altitude, entre 200 et 450 m, renaît de ses cendres et couvre environ 1 800 hectares qui s'étalent sur les coteaux de la façade ouest du massif du Jura avec une production annuelle d'environ 100 000 hectolitres.

Il s'articule du nord au sud autour de la ville de Lons-le-Saunier et ne comprend pas que l'appellation Côtes du Jura : il englobe aussi, en son centre, les appellations Étoile qui produit surtout des vins blancs, et Château-Chalon, fief du Vin Jaune et du Comté. Plus au nord, autour de la ville d'Arbois, qui a vu naître Pasteur, père des fondements de l'œnologie moderne par ses travaux sur la fermentation, se trouve l'appellation Arbois, qui produit une forte proportion de vins rouges, avec une distinction communale Arbois-Pupilin.

Réputé avant tout pour la typicité de son Vin Jaune et de son Vin de Paille, passerillé, qui caractérisent encore aujourd'hui cette région, le Jura a su conserver ses cépages ancestraux, comme le poulsard et le trousseau en rouge ainsi que le savagnin, cépage blanc essentiel à l'élaboration de ce « fameux » Vin Jaune, exclusivité jurassienne. Ce cépage riche en alcool et en acidité est ici susceptible, grâce aux bactéries locales, de prendre le voile qui le protège de l'oxydation pendant les six ans où le vin demeure en barrique. Si ailleurs, dans de telles conditions, le vin tournerait au vinaigre, ici, il acquiert cette inimitable saveur de noix.

Vignoble
du Jura

Mouchard ●

s

Arbois ●
Arbois

Pupillin ●

Sellières ●

Côtes
du Jura

Mantry ●

Miéry ●

Château-Chalon

Arlay ●

Château-Chalon

L'Étoile

L'Étoile ● Le Pin ●

● **LONS-LE-SAUNIER**

Chilly-le-Vignoble ●

Macornay ●

Beaufort ●

Côtes du Jura

Maynal ●

Cousance ●

St-Amour ●

De nos jours, ces cépages locaux entretiennent aussi des relations de bon voisinage avec les cépages que l'on retrouve partout dans l'est de la France, le chardonnay et le pinot noir.

Dans cette région viticole, le climat est de type continental accentué par le relief jurassien. Les hivers sont rudes et les étés assez irréguliers, alternant facilement entre des périodes chaudes et d'autres plus fraîches. Ces variations climatiques rendent les vendanges assez espacées dans le temps, pouvant même s'échelonner jusqu'au mois de novembre pour permettre aux différents cépages d'atteindre leur maturité optimale. Le sous-sol du vignoble jurassien, constitué essentiellement de marnes, se revêt de sols peu épais d'argile au nord ou de calcaire plus au sud. La géologie complexe de ce terroir, offrant même parfois des « reculées », est particulièrement adaptée aux cépages régionaux et est à l'origine de la typicité de ses vins. De plus, sur ces sols, pour pallier le côté gélif du climat, la taille de la vigne est haute, constituée de longs bois arqués.

Aujourd'hui, certains vignerons du Jura sont soucieux de préserver leurs terroirs exceptionnels ainsi que la typicité de leurs vins dans un souci de qualité. C'est le seul vignoble capable de décliner ses vins non pas en trois, mais en cinq couleurs : rouge, rosé, blanc, paille et jaune.

Un vignoble à découvrir, tant pour la beauté de ses paysages que pour la gentillesse de ses habitants.

DOMAINE GANEVAT

Jean-François Ganevat   Tél. : +33 (0) 3 84 25 02 69
DOMAINE GANEVAT   Fax : +33 (0) 3 84 25 02 69
La Combe
39190 Rotalier

Appellation de référence : Côtes du Jura
Superficie : 8,5 ha
Production totale : 30 000 bt/an
Cépages : Chardonnay, Savagnin, Pinot noir, Poulsard, Trousseau
Types de viticulture : Agrobiologie et biodynamie
Organisme et année de certification : Ecocert 2006

Domaine

Dans un hameau de 66 habitants, à la combe de Rotalier, au sud de Lons-le-Saunier dans le Sud-Revermont, se cache Jean-François Ganevat. Après avoir fait ses classes en Bourgogne au domaine Morey à Chassagne-Montrachet, Fanfan, comme il est surnommé, a repris le domaine familial en Côtes du Jura en 1998. Vignerons de père en fils depuis 1650, il travaille aujourd'hui son vignoble assis sur les meilleurs terroirs de schiste de marnes blanches et bleues et d'argile noire, planté des cinq cépages jurassiens, entièrement en bio à l'aide de son chenillard ou au cheval pour ne pas compacter les sols. Ici les parcelles sont vinifiées séparément avec un apport minimal, voire sans soufre, dans un souci d'authenticité, et le plus souvent les vins sont ouillés.

Le travail de cet anticonformiste au franc-parler, mais ô combien jovial, révèle toute la complexité et la typicité des différents terroirs, en pente et bien exposés, sur lesquels il exerce son art, et ce, sans artifice, comme en témoignent ses vins.

Un homme pour qui le Jura, « c'est que du bonheur » comme il aime à le dire et je le comprends.

Les vins

Les Grandes Teppes Vieilles Vignes, Domaine Ganevat, Côtes du Jura 2007 🌑 🌑 🌑 <u>17,5/20</u>

Ce chardonnay de teinte jaune paille éclatant et brillant, où miroitent de légers reflets verts, s'exprime sur un nez expressif et frais aux arômes de fleurs blanches, l'aubépine, mais aussi de fruits secs, soulignés par une touche de fumée, le tout porté par une belle minéralité. Après une attaque franche et vive, sur une pointe de gaz carbonique, la bouche s'avère ample, bien équilibrée sur une belle tension, et sa finale suave et minérale lui confère une longueur appuyée. Un vin élégant et fin, d'une grande pureté.

Les Chalasses Vieilles Vignes, Domaine Ganevat, Côtes du Jura 2007
17/20
D'un lumineux jaune pâle aux reflets argentés, ce chardonnay se livre sur des effluves de fruits blancs, dont la mirabelle, associés à un côté floral sur le tilleul, nimbé par la minéralité. La bouche grasse, bien équilibrée s'avère droite sur la minéralité en finale pour lui imprégner une belle longueur fraîche. Plus opulent, il reste très élégant.

Les Chalasses Marnes Bleues, Domaine Ganevat, Côtes du Jura 2007
16,5/20
Ce savagnin ouillé se pare d'une robe lumineuse jaune paille, s'exprime sur une légère touche de réduction qui laisse la place aux fruits blancs, aux fleurs et aux épices sur un soupçon de rancio, le tout plongé dans une grande minéralité. La bouche tendue par une acidité vive, voire mordante, est bien équilibrée sur une belle minéralité. La finale florale, associée à cette fraîcheur, lui confère une finale longue et persistante. Un vin racé.

Cuvée Prestige, Domaine Ganevat, Côtes du Jura 2004 17/20
Jaune pâle brillant aux reflets argentés, ce savagnin s'ouvre sur un nez aromatique et complexe composé de notes épicées de cumin, de curry, de céleri et voire de radis noir, associées à un côté rancio, dans une grande fraîcheur minérale. L'attaque est franche et vive grâce à une belle acidité. Bien équilibré, il revient pour notre plaisir sur les notes de rancio, voire une touche de noix fraîche, perçues au nez pour se dissiper dans une finale soutenue de belle longueur. Un vin de grande classe qui supporte son long élevage.

Cuvée Julien, Domaine Ganevat, Côtes du Jura 2007 16,5/20
De couleur pourpre lumineux aux légers reflets violacés, ce pinot noir jurassien s'annonce sur les fruits rouges et noirs, dont la griotte, la mûre et la prune, le tout dans une ambiance épicée de poivre et de muscade. Juteux, sur les fruits, la matière est soutenue par des tanins fins et une belle acidité. La finale longue et rafraîchissante lui confère une agréable longueur digeste. Un pinot noir de belle facture.

HENRI MAIRE
DOMAINE DE BRÉGAND

Marie-Christine Tarby-Maire
HENRI MAIRE
Château de Boichailles
BP 106
39600 Arbois Cedex

Tél. : +33 (0) 84 66 12 34
Fax : +33 (0) 84 66 42 42
Courriel : info@henri-maire.fr
Site Web : www.henri-maire.fr

Appellation de référence : Arbois
Superficie : 4 ha
Production : 20 000 bt/an
Cépage : Pinot noir
Type de viticulture : Agrobiologie
Organisme et année de certification : Ecocert 2001

Domaine

Si HENRI MAIRE s'est fait connaître pour son célèbre effervescent « Vin fou » et son non moins célèbre vin jaune, la maison compte aujourd'hui 300 hectares répartis en différents domaines, et ce, dans toutes les appellations jurassiennes : domaine du Sorbief, domaine de Grange Grillard et domaine de Montfort. Ils sont tous cultivés selon les préceptes de la lutte raisonnée, exception faite des quatre hectares du Domaine Brégand, au sein du domaine de la Croix d'Argis, qui lui est en agriculture biologique. Leader incontesté des vins du Jura, Henri Maire dans une démarche de qualité a voulu réaliser un produit où l'homme et la nature soient associés.

Pour ce faire, dès 1997, le vignoble du Domaine Brégand, exclusivement planté de pinot noir, s'est converti à l'agriculture biologique. Ce domaine qui sert en quelque sorte de laboratoire expérimental de recherche et de développement, favorise toute action permettant de stimuler les défenses propres de la vigne. Pour ce faire, le cheval comtois a même été réintroduit dans les vignes pour les labours, afin de préserver le sol.

Si pour l'instant ce domaine sert d'inspiration aux autres domaines HENRI MAIRE, pourquoi ne pas voir un jour fleurir d'autres cuvées en rouge, en blanc ou en jaune mais surtout en bio.

Les vins

Domaine Brégand, Henri Maire, Arbois 2005 🍷🍷🍷 **15/20**

De teinte rouge rubis moyennement intense et lumineux, il s'ouvre sur un nez aux effluves de fruits rouges frais, dont la cerise, voire la cerise au marasquin, associés aux fruits secs, dont l'amande, le tout rehaussé par une pointe de muscade. La bouche, élégante, présente une acidité fraîche et des tanins soyeux et souples. La rétro sur les fruits et les épices lui confère une finale agréable et fraîche. Un vin fin et charmant.

Pinot noir, Auguste Pirou, Henri Maire, Arbois 2005 🍷🍷🍷 **14,5/20**
Rouge grenat lumineux, il organise son nez chaleureux sur des arômes de fruits rouges et de cerise, voire de noyau, alliés à des notes florales sur la pivoine et les épices. En bouche, il compose avec une acidité fraîche et des tanins fondus. La légère amertume perçue en finale appuyée sur les épices accentue sa fraîcheur.

DOMAINE DE L'OCTAVIN
(Anciennement Opus Vinum)

Alice Bouvot et Charles Dagand
DOMAINE DE L'OCTAVIN
EARL Les vins d'ABCD
1, rue de la Faïencerie
39600 Arbois

Tél. : +33 (0) 3 84 66 27 39
Courriel : contact@octavin.fr
Site Web : www.octavin.fr

Appellation de référence : Arbois
Superficie : 5 ha (dont 1 ha converti, le reste en conversion)
Production : 12 000 bt/an
Cépages : Chardonnay, Savagnin, Pinot noir, Poulsard, Trousseau
Types de viticulture : Agrobiologie et biodynamie
Organisme et année de certification : Ecocert 2006

Domaine

Sur ce petit domaine créé en 2005, Alice Bouvot et Charles Dagand ont décidé d'allier leurs violons d'Ingres, le vin et la musique (d'où le nom du domaine) et de composer avec les meilleurs terroirs arboisiens. Riches de leurs expériences de vinification, elle à travers le monde, lui plus jurassiennes, ils jouent aujourd'hui sur leur domaine, à quatre mains et en bio, afin que l'harmonie soit parfaite.

De plus, leur vignoble semble être réglé comme du papier à musique et même si l'intégralité de la partition n'est pas encore en bio (seulement un hectare sur «La Mailloche» est certifié), ils interprètent tout de la même façon pour que tout soit en harmonie. Depuis 2008, ils font de nouvelles gammes sur la biodynamie. Si pour eux le travail en bio est une philosophie, la certification qu'ils obtiendront en 2010 sur l'ensemble de leur vignoble leur permettra simplement d'attester de la véracité de leur discours sans pour autant en faire mention.

Même si Alice a reçu un prix de conservatoire en violoncelle, ce jeune couple qui connaît la musique ne semble pas pisser dans un violon à en juger par leurs cuvées qui portent toutes les noms de personnages d'opéras de Mozart.

Les vins

Dorabella La Mailloche, Domaine de l'Octavin, Poulsard, Arbois 2008 🍷 🍷 15,5/20

Grenat légèrement tuilé et lumineux, il émane de cette cuvée issue de poulsard un nez frais sur les fruits noirs acidulés, dont le cassis et le sureau, associés à un joli boisé, le tout exalté par les épices, notamment le poivre rose, et des notes plus iodées, voire de safran. La bouche se révèle juteuse, sur les fruits et les épices, d'une belle fraîcheur sur des tanins fins et fondus. Un vin d'une belle plénitude sur une finale rafraîchissante.

MAISON PIERRE OVERNOY

Pierre Overnoy, GEAC Emmanuel,   Tél. : +33 (0) 3 84 66 24 27
Adeline et Aurélien Houillon   Fax : +33 (0) 3 84 66 24 27
MAISON PIERRE OVERNOY
Rue Abbé Guichard
39 600 Pupillin

Appellation de référence : Arbois-Pupillin
Superficie : 6 ha
Production : 24 000 bt/an
Cépages : Chardonnay, Savagnin, Ploussard
Types de viticulture : Agrobiologie et biodynamie
Organisme et année de certification : Ecocert 2001

Domaine

Aujourd'hui sous la houlette d'Emmanuel Houillon, ancien apprenti de Pierre Overnoy, la maison éponyme située au cœur du vignoble arboisien, plus précisément sur les pentes de Pupillin, s'est tournée très tôt, au milieu des années quatre-vingt, vers une viticulture respectueuse de la vigne et de l'environnement. Pierre Overnoy, que les désherbants n'inspiraient pas, fut même un pionnier en matière d'élevage du vin sans adjonction de soufre. Depuis, il a fait bon nombre d'émules. Cet homme a su non seulement redonner ses lettres de noblesse au « ploussard », comme il l'appelle, mais aussi au Naturé, plus communément désigné sous le nom de Savagnin, Chardonnay ou melon à queue rouge. Étymologiquement, le nom de ploussard vient de « plosse », qui signifie prunelle sauvage, qui n'est pas sans rappeler les grains de raisin de ce cépage ou encore la légère agression qu'elle exerce sur les joues. Il est à noter qu'entre la floraison, qui intervient généralement début juin, et la maturité des raisins, qui détermine la date des vendanges, il se passe en moyenne cent jours.

Ce passionné fort sympathique est donc à même de vous montrer, sur la table de sa salle à manger, sa collection de bocaux de grappes en devenir qui en disent long sur l'état du millésime, notamment dans des cas d'école comme 91, année du gel, ou 2003, année de la sécheresse. Les cycles pouvant varier de quatre-vingt-dix à cent trente jours.

Aujourd'hui, cet agréable personnage, qui scelle ses bouteilles à la cire de différentes couleurs en fonction des cépages et les conserve un an en cave après la mise, laisse sa place à Emmanuel Houillon qui travaille d'arrache-pied à la vigne comme à la cave, secondé par sa sœur Adeline et son frère Aurélien.

Les vins

Chardonnay, Maison Pierre Overnoy, Arbois-Pupillin 2007
🍇🍇🍇 **17,5/20**
De couleur jaune paille aux lumineux reflets dorés, il s'ouvre sur un nez aromatique et complexe alliant les fruits blancs confits, les agrumes, voire la citronnelle, les épices sans oublier le petit côté pâtisserie sur des notes mellifères, beurrées, même vanillées. La bouche, bien équilibrée, renferme une grande pureté, sur une acidité vive. De belle ampleur, il est droit et sa finale fraîche se déploie longuement. Un vin élégant et racé.

Savagnin, Maison Pierre Overnoy, Arbois-Pupillin 2006
🍇🍇🍇 **17/20**
Jaune doré lumineux, ce vin exhale des arômes caramélisés associés à des notes de fruits confits, notamment de raisins secs, le tout dans une grande fraîcheur aromatique sur un côté floral, la verveine, avec une pointe de rancio. La bouche est charmeuse, d'une acidité vive et d'une belle tension. D'un bel équilibre, la rétro sur les arômes frais du nez lui confère une longueur persistante. Un vin élégant, de belle tenue.

Savagnin, Maison Pierre Overnoy, Arbois-Pupillin 2000
🍇🍇🍇 **17,5/20**
De teinte jaune doré intense et brillant, sur un nez aromatique et complexe aux effluves de miel, de caramel et de crème brûlée associés à des notes d'oranges confites où pointent les épices et des notes d'oxydation. En bouche, il s'avère ample, gras sur une acidité fraîche et d'un grand équilibre. Sa finale sur un côté rancio et miellé, lui imprime une grande profondeur. La légère amertume due à la minéralité lui donne une belle fraîcheur persistante. Un vin de grande classe et de belle longévité.

Ploussard, Maison Pierre Overnoy, Arbois-Pupillin 2008
 **18/20**

D'une teinte lumineuse rouge tirant sur la framboise tant il est clair, il s'ouvre sur un nez invitant de fruits rouges, dont la fraise des bois et la grenadine, associés à de jolies notes épicées sur le poivre, la muscade, le tout dans une ambiance de fraîcheur. Charmeuse, la bouche est friande, voire gourmande, bien équilibrée sur des tanins fins et une acidité fraîche. Le côté juteux des fruits allié aux épices lui confère en finale une allonge persistante. De belle facture, il est racé, fin et élégant.

DOMAINE PIGNIER

Jean-Étienne Pignier
DOMAINE PIGNIER
Cellier des Chartreux
39570 Montaigu

Tél. : +33 (0) 3 84 24 24 30
Fax : +33 (0) 3 84 47 46 00
Courriel : pignier-vignerons@wanadoo.fr
Site Web : www.domaine-pignier.com

Appellation de référence : Côtes du Jura
Superficie : 15 ha
Production : 58 000 bt/an
Cépages : Chardonnay, Savagnin, Pinot noir, Poulsard, Trousseau
Types de viticulture : Agrobiologie et biodynamie
Organismes et années de certification : Ecocert 2002, Demeter 2006

Domaine

Depuis sept générations, la famille Pignier perpétue la tradition viticole héritée des moines chartreux. Effectivement sur les coteaux de Montaigu, village proche de Lons-le-Saunier, la vigne a trouvé des conditions favorables pour se développer, et ce, grâce aux reculées typiquement jurassiennes.

Dans un souci d'optimiser la qualité, ce domaine en appellation Côtes du Jura est aujourd'hui conduit en biodynamie même si cela ne s'est pas fait du jour au lendemain. C'est quelque chose qui s'est mis en place petit à petit, quand leur père leur a laissé l'exploitation, favorisé par des rencontres importantes et des essais. Aujourd'hui, le vignoble est entièrement converti mais Jean-Étienne Pignier préfère faire confiance à des spécialistes pour l'élaboration des différents préparas qu'il utilise afin qu'ils soient de bonne qualité et même si ça peut être critiqué, il estime ne pas se détacher des principes de base de la biodynamie. Un vigneron organisé et méticuleux qui respecte le calendrier lunaire et qui n'hésite pas à goûter l'eau de pluie qu'il récupère et qui servira à dynamiser les préparas et les tisanes à base des plantes cueillies dans le vignoble, bardane, sauge, ortie, prêle, dont il se sert.

Si le travail à la vigne est important, il en va de même à la cave où la vinification se fait sans levurage avec peu, voire pas, de SO_2.

Les vins

Domaine Pignier, Crémant du Jura 2006 **15,5/20**
Cet effervescent issu de chardonnay se pare d'une robe jaune pâle aux reflets argentés d'où s'échappent de fines bulles. Au nez, il s'exprime par un côté levure, brioche, mais aussi beurré et un léger rancio, voire la noix, le tout dans une belle fraîcheur minérale. En bouche, l'attaque est franche et vive, construite sur une belle acidité rehaussée par une fine effervescence. La finale sur la brioche associée à une pointe d'amertume minérale se révèle d'une belle longueur persistante et rafraîchissante.

À la Percenette, Domaine Pignier, Côtes du Jura 2007 **15/20**
Ce chardonnay jurassien d'une lumineuse teinte jaune paille s'exprime par un parfum floral d'aubépine associé à une pointe minérale et un léger côté rancio. La bouche, bien équilibrée, renferme un beau volume sur une acidité vive. Tendu, il revient en finale sur la minéralité pour lui imprimer une belle allonge.

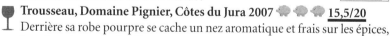

Les Gauthières, Domaine Pignier, Côtes du Jura 2007 16,5/20
Issu de trousseau, il se dévoile par sa couleur rubis d'où miroitent des reflets violacés. Après une pointe de réduction, il s'ouvre sur un nez de fruits sauvages, dont la mûre et la cerise, associés à un côté amande, une touche florale de pivoine et des notes plus épicées. La bouche, en continuité du nez, s'avère friande, gourmande sur le juteux des fruits sublimé par les épices. Équilibré et structuré par des tanins soyeux et souples, il possède une finale longue et persistante. Un vin racé de belle facture

Trousseau, Domaine Pignier, Côtes du Jura 2007 **15,5/20**
Derrière sa robe pourpre se cache un nez aromatique et frais sur les épices, le poivre, la muscade, d'où pointent les fruits rouges, dont la fraise et la framboise, le tout dans une agréable fraîcheur. Construit sur une acidité fraîche et des tanins soyeux, il revient sur les épices dans une finale agréable. Un peu moins de caractère que Les Gauthières.

Pinot noir, Domaine Pignier, Côtes du Jura 2007 🍷 🍷 🍷 <u>14,5/20</u>
D'une couleur rubis aux reflets violacés, d'une belle intensité lumineuse, il s'offre à nous sur des arômes de fruits noirs et rouges, dont la cerise, et d'épices, le poivre rose, ainsi que sur une note florale. La bouche, équilibrée sur une acidité et ses tanins fondus, s'achève sur les épices dans une finale légèrement asséchante. Pour avoir dégusté les barriques qui constitueront les différentes cuvées du millésime 2008, ça s'annonce prometteur.

DOMAINE DE LA PINTE

Bruno Ciofi	Tél. : +33 (0) 3 84 66 06 47
DOMAINE DE LA PINTE	Fax : +33 (0) 3 84 66 24 58
Route de Lyon	Courriel : accueillapinte.fr/p.chatillon@lapinte.fr
39600 Arbois	Site Web : www.lapinte.fr

Appellation de référence : Arbois
Superficie : 34 ha
Production totale : 135 000 bt/an
Cépages : Chardonnay, Savagnin, Pinot noir, Poulsard, Trousseau
Types de viticulture : Agrobiologie et biodynamie
Organismes et années de certification : Ecocert 2002 et Demeter 2009

Domaine

Même si le terroir du Domaine de la Pinte était planté de vignes avant la crise du phylloxera, il a fallu attendre que Roger Martin, enfant du pays, fasse revivre ce lieu dès 1953. Face à la disparition tangible du vin jaune, figure emblématique du Jura, qui demande entre le moment de sa plantation et son éventuelle consommation un minimum quinze ans, cet homme a su être visionnaire et a planté du Savagnin. De plus il a su se doter de caves majestueuses à base de pierres calcaires jurassiennes dont les voûtes sont en anse de panier. Aujourd'hui, le vignoble court sur 34 hectares dont 17 d'un seul tenant plantés de ce seul cépage sur des marnes bleues du lias propres à l'obtention du goût si particulier du vin jaune.

Aujourd'hui, son fils Pierre a pris la relève et si dans un premier temps son ex-régisseur Philippe Chatillon a conduit le vignoble en lutte raisonnée, il a poussé plus en avant vers la biologie en le convertissant dès 1999. Mais comme il lui manquait une dimension cosmique, il a recours aujourd'hui à la biodynamie. Il va encore plus loin et se tourne vers l'isothérapie, science qui fait appel à la notion d'identité et qui consiste à montrer à la vigne comment se défendre en élaborant sous l'influence d'une maladie des substances permettant de lutter contre cette même maladie.

Ici les vignes sont travaillées et aucun intrant chimique n'est ajouté.

Il en va de même à la cave où, grâce à des barriques vitrées, il est possible de suivre le développement du voile responsable du vin jaune.

« Plante beau, cueille bon, pinte bien », voilà la devise du Domaine de la Pinte.

Les vins

Crémant du Jura Brut, Domaine de la Pinte 🍷 🍷 <u>15/20</u>
Assemblage de chardonnay et de savagnin de teinte jaune doré aux reflets vieil or duquel s'échappent de fines bulles, il s'ouvre sur un nez frais de belle minéralité aux notes pétrolées associées aux fruits secs, dont l'amande amère, voire avec une pointe mentholée, et à une touche rancio caractéristique. La bouche, d'une grande fraîcheur et accentuée par la délicatesse des bulles évanescentes, se dissipe sur une finale agréable.

Chardonnay, Domaine de la Pinte, Arbois Pupillin 2006 🍷 🍷 **<u>16/20</u>**
Jaune paille à reflets argentés, il s'ouvre sur un nez aromatique et complexe aux effluves d'agrumes confits, de pêches de vigne et de fruits secs, associés à des notes épicées et vanillées, un côté pain grillé, une touche rancio dans une fraîcheur mentholée, anisée. La bouche, bien équilibrée, possède un beau volume, sur une acidité fraîche. D'une grande finesse et de belle élégance, la finale sur le menthol lui confère une belle longueur minérale soutenue.

Melon à queue rouge, Domaine de la Pinte, Arbois Pupillin 2007
🍷 🍷 🍷 <u>15,5/20</u>
De teinte jaune pâle à reflets vieil or, il se dévoile sur un nez frais aux arômes de fleurs blanches, notamment le tilleul, associés à une pointe d'agrumes, de rancio, mais aussi un côté anisé, le tout appuyé par une belle minéralité. La bouche, fraîche, se révèle d'une belle tension et revient sur une touche fumée pour s'évanouir sur une finale longue et persistante.

Savagnin, Domaine de la Pinte, Arbois 2004 🍷 🍷 🍷 <u>17/20</u>
Après un séjour de quatre ans en fût, ouillé à 80 %, ce savagnin typé se pare d'une robe paille et s'exprime au nez par une belle dualité de ses arômes, d'un côté le cumin, le curry, voire le céleri, de l'autre des notes plus rancio, de fruits confits, voire une touche végétale d'artichaut, et une pointe de fumé, le tout d'une grande complexité. La bouche se révèle élégante, droite, tout en finesse, sur une acidité vive et un beau volume. La finale sur une pointe de

minéralité associée au côté rancio dans une ambiance de boisé subtil possède une belle allonge. Un vin racé de belle facture.

Savagnin Cuvée S, Domaine de la pinte, Arbois 2006
🐑 🐑 🐑 🐑 <u>17,5/20</u>

Ce savagnin ouillé, sous son apparence jaune d'or à reflets dorés, nous révèle sa fraîcheur par des effluves de fruits blancs, dont la poire, associés à des notes épicées de vanille et de caramel. La bouche renferme une belle tension grâce à une acidité fraîche. Riche, bien équilibré, il possède une belle matière, et la rémanence sur les fruits blancs lui confère une finale longue et soutenue.

Savagnin Grain de folie, Domaine de la Pinte, Arbois 1997
🐑 🐑 🐑 🐑 <u>16,5/20</u>

Élevé et ouillé pendant sept ans ce vin de couleur dorée exhale des notes de fumé, de vanille, un léger côté rancio ainsi que des notes anisées combinées à une belle minéralité. Après une attaque franche et vive sur l'acidité, il s'avère droit et s'achève sur un boisé bien fondu dans une finale persistante. Intéressant que ce long élevage.

Port Lesney, Domaine de la Pinte, Côtes du Jura 2005 🐑 🐑 🐑 <u>17/20</u>

Issu de la complantation de chardonnay et de savagnin, il se teinte d'une couleur jaune aux reflets or éclatants et harmonise son nez sur une belle complexité aux arômes de fruits blancs, dont la poire, associés aux fruits secs, dont l'amande, et à des notes minérales et épicées de vanille dues au bois. D'une belle vivacité, soutenue par une belle matière, ce vin élégant revient en finale sur les fruits pour lui conférer longueur et persistance.

Poulsard, Domaine de la Pinte, Arbois 2007 🐑 🐑 <u>16,5/20</u>

Brillant, d'un rouge grenat clair aux légers reflets orangés, il s'exprime par un nez d'une grande fraîcheur aromatique sur des effluves de fruits acidulés, dont la griotte et son noyau, mais aussi d'oranges confites, associés à des notes florales de pivoine, le tout assaisonné d'épices, dont le poivre rose et le clou de girofle. La bouche tout en finesse se révèle friande. Juteux, bien équilibré, sur une belle acidité et des tanins au grain soyeux, il est riche et sa finale épicée lui confère une longueur persistante et rafraîchissante. Un vin racé de grande classe.

Trousseau, Domaine de la Pinte, Arbois 2004 🐑 🐑 <u>16/20</u>

D'un rouge éclatant aux reflets grenat, il s'offre par d'invitants arômes de fruits noirs, dont la cerise, mais aussi d'amande amère, additionnés de notes épicées, de poivre et de gentiane, et d'un côté musqué, le tout dans une atmosphère fumée. Onctueux, sur une acidité fraîche et des tanins soyeux, il s'estompe sur le boisé dans une finale de belle allonge.

Les Grandes Gardes, Pinot noir, Domaine la Pinte, Arbois 2005
🍷 🍷 **15,5/20**
Ce pinot noir rubis aux reflets violacés d'intensité moyenne invite par un nez expressif sur les fruits noirs, dont la guigne, associés à des notes légèrement animales sans oublier les épices, notamment le poivre, soulignés par un boisé subtil. La bouche, fraîche, bien équilibrée, renferme une belle matière soutenue par des tanins fondus. La finale sur les fruits et les épices dans la lignée du nez possède une agréable longueur soutenue.

Port Lesney, Domaine de la Pinte, Côtes du Jura 2005
🍷 🍷 🍷 **16,5/20**
Issu d'un assemblage de poulsard, trousseau et pinot noir, de teinte lumineuse, rubis qui s'empourpre, il se dévoile par des arômes de fruits rouges, dont la griotte, associés à des notes florales de pivoine, accentués par une touche épicée de poivre, de muscade et de safran et un côté fumé. La bouche se révèle onctueuse, d'une grande fraîcheur avec des tanins soyeux. Racé, fin et élégant la rémanence des épices en finale lui confère une belle allonge. Un vin de forte personnalité.

Vin jaune, Domaine de la Pinte, Arbois 2002 🍷 🍷 🍷 🍷 **17/20**
Sous sa robe jaune doré aux reflets légèrement ambrés, ce vin qui a séjourné en barrique six ans et trois mois s'ouvre sur un nez complexe et aromatique aux effluves d'agrumes confits, orange, citron, en harmonie avec des notes de noix, une touche rancio, sans oublier les épices qui fondent sa personnalité, le curry et le safran. La bouche est ample, bien équilibrée grâce à une acidité vive, et le bouquet d'épices en finale si caractéristique avec une pointe pétrolée lui confère une longueur soutenue. Un vin de caractère.

Vin de Paille, Domaine de la Pinte, Arbois 2004 🍷 🍷 🍷 🍷 **16,5/20**
De teinte jaune ambré, intense, ce vin issu majoritairement de savagnin, de chardonnay et de poulsard, préalablement passerillés, nous offre un nez puissant de fruits blancs, de prune, de coing et d'agrumes confits, le tout additionné d'épices, de caramel, voire de crème brûlée. Sans distorsion entre le sucre résiduel et l'acidité, il présente un bel équilibre et sa grande persistance conserve une agréable fraîcheur. Un dessert à lui tout seul.

DOMAINE ANDRÉ ET MIREILLE TISSOT

Stéphane et Bénédicte Tissot	Tél. : +33 (0) 3 84 66 08 27
DOMAINE ANDRÉ	Fax : +33 (0) 3 84 66 25 08
ET MIREILLE TISSOT	Courriel : stephane.tissot.arbois@wanadoo.fr
39600 Montigny-les-Arsures	Site Web : www.stephane.tissot.com

Appellation de référence : Arbois
Superficie : 40 ha
Production : 135 000 bt/an
Cépages : Chardonnay, Savagnin, Pinot noir, Poulsard, Trousseau
Types de viticulture : Agrobiologie et biodynamie
Organismes et années de certification : Ecocert 2001, Demeter 2005

Domaine

Il y a dix ans déjà que ce domaine familial d'Arbois, créé en 1962, s'est converti à l'agriculture bio. En réalité, cette conversion remonte à la fin des années quatre-vingt qui sont synonymes de technologie et de progrès dans la vigne. Stéphane, fils d'André et Mireille Tissot, a décidé, après ses études de viticulture-œnologie à Beaune, de s'investir dans le domaine familial avec la volonté de mettre de l'avant le terroir. Pour ce faire, la première précaution à prendre était de préserver ce dernier. C'est pourquoi la conduite de la vigne s'est orientée vers la biologie, en remplaçant les produits chimiques par des traitements plus respectueux de l'environnement et en retravaillant les sols. Aujourd'hui, le cheval fait même son grand retour dans les vignes. D'année en année, Stéphane Tissot est allé de plus en plus loin, notamment en respectant le calendrier lunaire, en utilisant des tisanes et infusions et c'est naturellement, toujours dans un souci d'expression de ses terroirs exceptionnels (Les Bruyères, La Mailloche, En Barberon, Curon) que le vignoble a été certifié en biodynamie en 2004. Ce moyen d'aller encore plus de l'avant dans la quête de la qualité s'est aujourd'hui imposé comme une évidence. Une biodynamie que ce vigneron interprète à sa manière en fonction de son climat, de son sol et de sa forte personnalité, en intervenant sur le sol et sur la plante.

Stéphane, qui met toute son énergie à produire des vins de qualité, privilégie la main-d'œuvre à la mécanique pour effectuer certains traitements comme, notamment, la pulvérisation au lever du soleil d'une préparation dynamisée à base de silice favorisant la photosynthèse. Quel ballet magnifique que ces ouvriers harnachés de leur bouille à eau vaporisant les vignes dans la lumière diaphane du petit matin, et quelle énergie il s'en dégage comparativement à un tracteur.

Un domaine à suivre avec attention, puisque Stéphane, vigneron dynamique, à la verve facile et aux pieds sur terre, ne manque pas de projets. Non seulement il crée de nouvelles cuvées, notamment « Audace », un vin de paille rouge semblable à un recioto italien et maintenant des vins jaunes de terroir, mais en plus il replante des vignes comme le Clos de la Tour de Curon, endroit magnifique surplombant le village d'Arbois. Il garde cependant toujours à l'esprit la quête constante de la qualité afin d'engendrer des vins d'exception. En tout cas, ses vins jaunes, ses vins de paille, ses rouges et ses blancs sont résolument modernes, d'une pureté et d'une élégance sans pareilles. Les 28 références qui composent la gamme de ce domaine en témoignent, tous des modèles du genre. Un homme qui va au bout de ses idées, parfois même jusqu'à court-circuiter l'INAO en faisant des cuvées déclassées qui ne répondent pas aux normes. Les doses de soufre utilisées sont réduites et les différentes cuvées en sec sont au alentour de 40 mg/l de SO_2 total et 60 pour ses liquoreux.

Stéphane Tissot, aidé de sa femme Bénédicte, a trouvé sa voie et l'important pour lui, c'est avant tout de se faire plaisir en vinifiant des vins de façon naturelle qui reflètent ses magnifiques terroirs. Sa cuvée PMG est une très belle illustration de sa philosophie. (Pour ceux qui n'avaient pas compris, PMG signifie « Pour Ma Gueule »).

Et comme aime à le dire Stéphane : « Arbois le nom, Pupillin le bon et Montigny-les-Arsures le plus sûr ».

Les vins

Indigène, Domaine André et Mireille Tissot, Crémant du Jura
16,5/20

D'une teinte jaune doré étincelante d'où s'échappent de fines bulles, il s'exprime par une belle complexité aux effluves frais de fruits blancs, dont la poire, associés à des notes de levure, voire un côté beurré, le tout rehaussé par une belle minéralité. D'une belle amplitude en bouche, sur une fraîcheur accentuée par la présence de fines bulles persistantes, il possède finesse et élégance et se dissipe sur une finale longue, laissant une sensation de plénitude.

Chardonnay, Domaine André et Mireille Tissot, Arbois 2007
16/20

Jaune paille à reflets argentés, il s'ouvre sur un nez riche et complexe où se mêlent les fruits blancs, dont la poire, mais aussi une touche florale, associés aux épices comme la vanille et l'anis, avec un côté lacté et beurré, le tout nimbé d'une grande minéralité. La bouche, riche, bien équilibrée, possède un beau volume qui allie puissance et finesse. Dans le prolongement du nez, il se dissipe sur une finale minérale longue et appuyée. Un vin de belle facture.

Les Bruyères, Chardonnay, Domaine André et Mireille Tissot, Arbois 2007 🍷 🍷 🍷 <u>17/20</u>

Il émane de ce chardonnay, de teinte or intense et brillant, des arômes complexes de fruits blancs et d'anis additionnés de notes qui se réfèrent au registre de la pâtisserie, dont la vanille et le caramel, avec une pointe de fruits secs et un côté légèrement rancio dans une belle minéralité. Puissant et gras, il possède un bel équilibre sur une acidité vive et revient sur son côté anisé pour accentuer sa fraîcheur en finale. Long et expressif, il possède une forte personnalité.

Les Graviers, Chardonnay, Domaine André et Mireille Tissot, Arbois 2007 🍷 🍷 🍷 <u>16,5/20</u>

Peut-être un peu moins concentré que Les Bruyères, ce vin se pare des mêmes atours et exhale des effluves de fruits blancs et secs d'amande grillée en association avec un côté anisé, voire une touche de fenouil, et une minéralité moins prononcée. La bouche ample et riche possède un bel équilibre mais peut-être un peu moins d'envergure. La finale conserve une belle fraîcheur et une agréable longueur.

La Mailloche, Chardonnay, Domaine André et Mireille Tissot, Arbois 2007 🍷 🍷 🍷 <u>17,5/20</u>

De couleur jaune paille aux reflets or, il émane de ce chardonnay des arômes de grillé, de fruits secs, dont la graine de sésame, de fruits blancs et d'épices qui lui confèrent une belle complexité. La bouche renferme du gras, sur une acidité fraîche. Bien équilibré, sa finale possède une belle allonge. Un chardonnay qui a du caractère.

En Barberon Chardonnay, Domaine André et Mireille Tissot, Côtes du Jura 2006 🍷 🍷 🍷 <u>17/20</u>

Toujours cette même étincelle allume ce chardonnay duquel émanent des arômes puissants de fruits blancs et d'agrumes, dont le citron, en harmonie avec une pointe de fumée, d'épices et de minéralité. D'un bel équilibre grâce à sa tension et son volume, il possède une fraîcheur qui lui confère une finale agréable et élégante.

Le Clos de la Tour de Curon, Chardonnay, Domaine André et Mireille Tissot, Arbois 2006 🍷 🍷 🍷 🍷 <u>18,5/20</u>

Tout n'est que volupté dans ce vin qui se pare d'une robe jaune doré qui allie finesse et puissance. Il laisse dans son sillage des effluves puissants de fruits secs, dont l'amande grillée, d'agrumes confits, de beurre et de vanille, voire une pointe caramélisée, le tout nimbé d'une belle minéralité. La bouche allie richesse et puissance, dans un bel équilibre sur un imposant volume et une acidité fraîche. La finale dans la continuité du nez en impose. Un vin majestueux de grande classe et d'un beau potentiel de vieillissement même s'il est déjà délectable aujourd'hui.

Traminer, Domaine André et Mireille Tissot, Arbois 2007
🐷 🐷 🐷 <u>16,5/20</u>

Cette cuvée nommée du nom ampélographique du savagnin est ouillée en cuve. Il se décline sous une teinte jaune doré, d'une belle luminosité. Le nez de fruits blancs, notamment de pêche, d'agrumes et d'amande amère, associés à une pointe florale et une note épicée sur une belle minéralité, lui confère une belle fraîcheur aromatique. La bouche est tendue par une acidité vive et sa finale équilibrée possède pureté et longueur. Un vin élégant et charmant.

Savagnin, Domaine André et Mireille Tissot, Arbois 2005
🐷 🐷 🐷 <u>18/20</u>

Élevé deux ans sous voile, d'un beau compromis entre puissance et finesse, il se pare d'une robe jaune à reflets légèrement orangés et s'ouvre sur un nez puissant, aromatique et complexe aux effluves d'épices, de curry et de céleri, associés à un côté rancio de noix. La bouche d'une grande élégance renferme une belle amplitude et un beau gras. Bien équilibrée, sur une acidité fraîche, elle est dans la continuité du nez, appuyée par le voile et le bois. Sa finale possède une longueur qui ne laisse pas indifférent.

Vin Jaune, Domaine André et Mireille Tissot, Arbois 2002
🐷 🐷 🐷 🐷 <u>17,5/20</u>

De teinte or liquide, ce vin se révèle, après son long élevage, complexe et puissant. Son nez intense évoque les épices, la noix, le curry, le céleri, voire le safran. Alliant puissance, richesse et équilibre, il s'avère ample et nimbé d'une belle fraîcheur. Sa finale épicée d'une plénitude remarquable est d'une longueur incommensurable. Un moment d'anthologie.

Poulsard Vieilles vignes sans soufre, Domaine André et Mireille Tissot, Arbois 2007 🐷 🐷 <u>16,5/20</u>

D'un rouge lumineux, grenat rubis aux reflets pourpres, il émane de ce vin des arômes frais de fruits acidulés, dont la groseille, la fraise et la canneberge, le tout complexifié par les épices, le poivre, la muscade. La bouche est juteuse telle une friandise, sur une acidité vive et des tanins fins et soyeux. La finale sur les épices possède une agréable longueur rafraîchissante. Un vin typé de belle « buvabilité ».

Singulier, Trousseau, Domaine André et Mireille Tissot, Arbois 2007 🍷🍷🍷 <u>17/20</u>

Rubis aux légers reflets violacés, il émane de ce vin un nez expressif et complexe, sur les épices, le poivre et la muscade additionnés de fruits confiturés, de cerise et même de noyau. La bouche est onctueuse, friande, gourmande, tout en fraîcheur sur les fruits. Les tanins qui la structurent sont présents mais enrobés. Un vin puissant qui ne laisse pas indifférent et qui se dissipe sur la griotte et les épices dans une finale appuyée. Une grande personnalité qui saura se faire désirer.

En Barberon, Pinot noir, Domaine André et Mireille Tissot, Arbois 2007 🍷🍷🍷 <u>17,5/20</u>

D'une teinte rubis clair, lumineux et brillant, il s'ouvre sur un nez aromatique, complexe et frais sur les fruits rouges, dont la griotte et la fraise des bois, associés à un côté floral de pivoine, le tout assaisonné d'épices, le poivre rose. La bouche se révèle onctueuse, charmeuse, d'une belle définition sur une acidité rafraîchissante et des tanins souples au grain fin. Un vin d'une belle rectitude, bien équilibré, qui se dissipe sur les épices dans une finale de belle allonge. Un excellent pinot noir.

Spirale, Domaine André et Mireille Tissot, Moût de raisin Passerillé 2005 🍷🍷🍷🍷 <u>18/20</u>

Issu de raisins passerillés à l'ancienne, ce moût partiellement fermenté de teinte ambrée s'exprime par un nez riche et puissant aux effluves d'agrumes confits, de pâte de coing, de fruits séchés, notamment l'abricot et la poire, associés à des notes épicées. La bouche imposante par son volume se révèle d'un bel équilibre entre sucre et acidité. Tout ici n'est que caresse et volupté. La finale sans lourdeur est élégante et d'une longueur sans nom. Une belle friandise.

Audace, Domaine André et Mireille Tissot, Moût de raisin Passerillé 2006 🍷🍷🍷🍷 <u>17,5/20</u>

Audacieux que ce vin issu de raisins de poulsard passerillés, d'un rouge grenat intense et profond qui dissimule un nez puissant et aromatique d'une belle complexité, sur la confiture de fruits noirs, dont la cerise et le pruneau, associée à une pointe de caramel et d'épices. La bouche est puissante, bien équilibrée malgré le fort taux de sucre résiduel avoisinant les 350 g/l. La finale sur les fruits lui confère une longueur et une persistance dont on se souvient.

○ **PMG, Domaine André et Mireille Tissot, Moût de raisin Passerillé**
Ⴑ **2005** 🍇 🍇 🍇 🍇 <u>18/20</u>
Joli équilibre malgré les 500 g de sucre résiduel pour environ
six degrés d'alcool que ce nectar nous offre. D'une immense
complexité sur une grande concentration, tout n'est qu'opu-
lence dans ce vin qui constitue un dessert liquide de toute
beauté sur les fruits confits. Une belle réussite.

DOMAINE VILLET

Gérard Villet	Tél. : +33 (0) 3 84 37 40 98
DOMAINE VILLET	Fax : +33 (0) 3 84 37 40 98
16, rue de Pupillin	Courriel : domaine.villet@orange.fr
39600 Arbois	Site Web : http://pagesperso-orange.fr/domaine.villet

Appellation de référence : Arbois
Superficie : 6 ha
Production : 17 000 bt/an
Cépages : Chardonnay, Savagnin, Poulsard, Pinot noir, Trousseau
Type de viticulture : Agrobiologie
Organisme et année de certification : Ecocert 1992

Domaine

Repris à ses beaux-parents en 1988 par Gérard Villet et son épouse, le
domaine Villet qui avait pour habitude de livrer ses raisins s'est, du jour
au lendemain, non seulement mis à les vinifier mais aussi converti à la
viticulture en agrobiologie. C'est parce qu'elle respecte non seulement
l'environnement mais aussi la qualité du produit que l'agriculture en
biologie, plus bénéfique pour tous, a été adoptée ici. Qui plus est, cet
homme s'efforce aussi de diminuer les doses de « bouillie bordelaise »
composée de cuivre au profit de remèdes plus naturels, comme la tisane
d'ortie.

   La vigne est de nouveau travaillée, et même s'il n'existe pas encore à
proprement parler de cahier des charges pour la vinification en bio, ce
vigneron consciencieux limite ses doses de produits stabilisateurs notamment au niveau du soufre en utilisant des doses homéopathiques.

Les vins

Chardonnay, Domaine Gérard Villet, Arbois 2007 🍷 🍷 **15,5/20**
Jaune paille à reflets argentés, il s'ouvre sur des arômes de fruits blancs
associés à un côté rancio évoquant la pomme fanée et la
noix verte, le tout sur une pointe d'épices et une fraîcheur
minérale. Attaque franche sur une acidité vive qui tend le
vin. Bien équilibré, droit, il se dissipe sur une finale agréable
de longueur moyenne. Belle personnalité.

Poulsard, Domaine Gérard Villet, Arbois 2006 🍷 🍷 **14,5/20**
De teinte grenat tirant sur l'orangé, lumineux, il harmonise son nez assez
expressif sur les fruits confits, dont l'orange et la prune, voire
le pruneau, sublimé par les épices, dont le poivre et la cardamome qui lui confèrent une agréable fraîcheur. La
bouche, de belle matière, sur une franche acidité et des
tanins fondus, s'achève sur une finale légèrement asséchante.

Vin de Paille, Domaine Gérard Villet, Arbois 2002 🍷 🍷 🍷 **16,5/20**
Issu d'un assemblage de chardonnay, poulsard et savagnin passerillés, de
teinte jaune doré intense et lumineux, aux reflets ambrés, ce vin dégage
une grande suavité sur des arômes de foin coupé, de tilleul, de coing et
d'épices, avec une touche caramélisée. La bouche s'avère
d'un bel équilibre par son acidité fraîche qui contrebalance
le sucre résiduel. La rémanence sur le côté foin laisse une
agréable sensation en fin de bouche. Un dessert à lui tout
seul.

LANGUEDOC-ROUSSILLON

Longtemps réputé comme région productrice de «piquette» qui servait secrètement à couper les petits bordeaux ou qui, pour acquérir du caractère, devait être assemblée à des vins espagnols ou algériens, le vignoble du Languedoc-Roussillon possède pourtant des terroirs exceptionnels. Même s'il a du mal à se défaire de cette idée surannée, aujourd'hui la qualité prime sur la quantité.

De par son passé et face à un souci qualitatif, il n'est pas étonnant que ce «jeune» vignoble en plein essor soit le vignoble de France le plus converti à la viticulture en biologie et en biodynamie. Effectivement, les nouveaux viticulteurs puristes du Languedoc se sont massivement tournés vers ce mode de culture, et environ 8 300 hectares sont aujourd'hui convertis ou en cours de conversion et 3 900 sont en conversion. Une hausse phénoménale de 36 % a été enregistrée au cours de la dernière année. Les 542 vignerons adeptes de cette pratique luttent ardemment pour préserver la typicité de cette région et même si ce n'est pas toujours le cas, elle regorge de fabuleuses découvertes. Cette région sert de chef de file de la viticulture bio en France.

Des Grecs qui l'initièrent, jusqu'à la prise de conscience du début des années quatre-vingt, ce vignoble a connu toutes les vicissitudes de l'histoire. Depuis deux décennies, il renaît et affirme son plein potentiel. On assiste, dans cette région, à une viticulture à deux vitesses, une qui cherche à préserver l'authenticité en mettant de l'avant la typicité du terroir et l'autre, pour concurrencer le nouveau monde (États-Unis, Chili...), qui s'oriente sur des vins dits de cépages. Les deux trouvent leur place même si le consommateur a, lui, parfois du mal à s'y retrouver.

Situé sur le littoral languedocien de la mer Méditerranée, influencé par un climat chaud et ensoleillé, ce vignoble d'une superficie d'environ 75 000 hectares offre un large éventail de paysages qui s'ouvrent sur la mer. Les sols et les sous-sols variés créent une multitude de terroirs de qualité. Dans cette mosaïque de sols généralement pentus, on retrouve des schistes, des grès, des calcaires, des marnes, des galets roulés ainsi que des terrains d'alluvions, mais tous possèdent des caractères propices à la culture de la vigne.

Vignoble
du Languedoc Roussillon

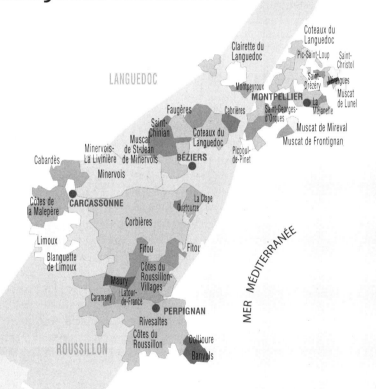

Coteaux du Languedoc

Clairette du Languedoc

Pic-Saint-Loup

Saint-Christol

LANGUEDOC

Saint-Drézéry

Vérargues

Montpeyroux

MONTPELLIER

Muscat de Lunel

Faugères

Cabrières

Saint-Georges-d'Orques

La Méjanelle

Saint Chinian

Muscat de St-Jean de Minervois

Coteaux du Languedoc

Muscat de Mireval

Minervois-La Livinière

BÉZIERS

Picpoul-de-Pinet

Muscat de Frontignan

Cabardès

Minervois

Côtes de la Malepère

CARCASSONNE

La Clape

Quatourze

Corbières

Limoux

Fitou

Fitou

Blanquette de Limoux

Côtes du Roussillon-Villages

Maury

Caramany

Latour-de-France

PERPIGNAN

Rivesaltes

Côtes du Roussillon

Collioure

ROUSSILLON

Banyuls

MER MÉDITERRANÉE

En Languedoc-Roussillon, pour répondre à ce puzzle de terroirs, tous les cépages méditerranéens sont cultivés. En rouge, le carignan, le grenache noir, la syrah, le mourvèdre et le cinsault apportent aux vins structure, chaleur, tanins, élégance et souplesse. En blanc, le grenache blanc, le picpoul, le macabeu et la clairette, mais aussi depuis peu, la marsanne, la roussanne, le viognier et le vermentino agrémentent cet encépagement. Vinifiés en Vin de Pays, car non autorisés par les appellations, le cabernet sauvignon, le merlot, le cabernet franc et le chardonnay font leur apparition dans cette région. Le Languedoc-Roussillon offre dans les trois couleurs, blanc, rouge et rosé, une large gamme de vins tous différents mais appartenant à une même famille.

On distingue, sur cette vaste et complexe région du Languedoc-Roussillon, deux sous-régions, Le Languedoc et sur le piedmont des Pyrénées, le Roussillon. Le Languedoc regroupe les appellations Coteaux du Languedoc avec ses différents terroirs, Saint-Chinian (et ses deux crus Berlou et Roquebrun), Faugères, Corbières, Picpoul de Pinet en blanc exclusivement, Fitou, Minervois et son cru La Livinière, Malpère, Cabardès, mais aussi ses Muscats de Lunel, Mireval, Frontignan et Saint-Jean-de-Minervois sans oublier sa légendaire Blanquette de Limoux élaborée à partir du cépage mauzac.

En Roussillon, les appellations Côtes du Roussillon et Côtes du Roussillon-villages se partagent ce terroir. Quant à l'appellation Collioure, elle gagne aussi à être connue. Mais cette région ne serait pas ce qu'elle est sans ses magnifiques et trop méconnus Vins Doux Naturels, qui sont des vins mutés, parmi les plus réputés, Banyuls, Maury et Rivesaltes et son muscat.

Dans cette vaste région Languedoc-Roussillon, à l'encontre des vins de cépages vinifiés en Vins de Pays, les vins fins d'appellation se distinguent par leur authenticité et démontrent le potentiel de qualité du terroir.

LANGUEDOC

CORBIÈRES

DOMAINE DES 2 ÂNES

Magali et Dominique Terrier	Tél. : +33 (0) 4 68 41 67 79
DOMAINE DES 2 ÂNES	Fax : +33 (0) 4 68 41 61 33
Route de Sainte Eugénie	Courriel : info@domainedes2anes.com
11440 Peyriac de Mer	Site Web : www.domainedes2anes.com

Appellation de référence : Corbières
Superficie : 20 ha
Production : 80 000 bt/an
Cépages : Carignan, Grenache noir et gris, Mourvèdre, Syrah, Cinsault
Types de viticulture : Agrobiologie et biodynamie
Organismes et année de certification : Ecocert, AB 2005

Domaine

Bercé par le champ des cigales, ce domaine des Corbières maritimes, au pied du massif de Fondfroide, surplombe la mer Méditerranée. C'est ici, sur ce vignoble d'exception niché au milieu de pinèdes et de garrigues, que Magali et Dominique Terrier, après avoir exploité des vignes dans diverses régions françaises, notamment dans le Beaujolais d'où elle est originaire et dans le Jura d'où il est natif, qu'ils ont jeté leur dévolu quand fut venu le temps d'exprimer librement leur passion.

Séduit par la magie des lieux, et je les comprends fort bien, ainsi que par le potentiel des terroirs de cette région, ils s'appliquent, depuis leur début en 2000, à révéler ce vignoble endormi et ils y réussissent très bien.

Le nom des 2 Anes qu'ils ont choisi pour leur domaine signifie non seulement un clin d'œil à l'animal qui a appris à l'homme à tailler les vignes, mais caractérise aussi ce couple de vignerons têtus et besogneux qui cheminent hors des sentiers battus comme ils aiment à le dire.

Dans cet environnement privilégié, pas question de travailler autrement qu'en respectant la nature, en valorisant leur terroir qui plus est avec des antécédents familiaux bio dans les années hippies. C'est pourquoi dès leur début, en 2001 ils ont choisi de travailler leurs vignes en bio et en biodynamie en excluant tous produits chimiques et en privilégiant les composts, les macérations de plantes et autres préparas. Ils utilisent même les algues associées au soufre et à l'argile pour combattre l'oïdium.

Une fois le vignoble en état, ils ont imaginé et réalisé une cave traditionnelle mais fonctionnelle pour vinifier les raisins dans un respect du fruit. Les différents cépages sont assemblés en cours de vinification pour permettre une meilleure harmonisation. L'utilisation du bois est ici bien maîtrisée.

Ces vignerons qui se complètent admirablement se répartissent les tâches, et les raisins que Magali vinifie à la cave résultent du travail que Dominique effectue à la vigne pour qu'ils soient de qualité, donc des vignes saines sur des sols en santé.

Ils élaborent des grands vins tout en restant simples, le vin se devant avant tout d'être un élément de convivialité à l'image de leur personnalité.

Les vins

Premiers Pas, Domaine des 2 Ânes, Corbières 2008 🍷 🍷 <u>16/20</u>

Cette cuvée à dominante de carignan, complété d'un peu de grenache noir, se teinte d'un rouge rubis intense et vif aux reflets violacés. Les fruits rouges et noirs acidulés, notamment de canneberge et de cerise montmorency, sont associés à une pointe florale et épicée. La bouche d'une belle vivacité se révèle friande grâce à des tanins discrets. La rétro sur les fruits juteux lui confère un caractère d'une grande « buvabilité » sur une longueur moyenne mais agréable. Un vin qui appelle un autre verre.

Fontanilles, Domaine des 2 Ânes, Corbières 2007 🍷 🍷 <u>16,5/20</u>

Assemblage majoritairement de carignan avec un peu de grenache et de syrah, vinifié en cuve inox. De couleur rubis à reflets carminés, il s'exprime par des parfums de fruits noirs, dont la cerise et la mûre, voire la quetsche, où se mêlent les épices de la garrigue avoisinante. En bouche, il se montre gourmand, onctueux, grâce à une belle fraîcheur. Sa matière généreuse est soutenue par des tanins soyeux. Il revient sur le mordant des fruits en finale pour notre plus grand plaisir et s'évanouit avec élégance et style. Un vin de plaisir immédiat.

Fontanilles, Domaine des 2 Ânes, Corbières 2008 🍷 🍷 <u>16,5/20</u>

Le 2008 dans la foulée du 2007, avec des tanins peut-être un peu plus présents mais de la même trempe.

L'Enclos, Domaine des 2 Ânes, Corbières 2007 🍷 🍷 <u>17/20</u>

Grenache, carignan, syrah et mourvèdre s'harmonisent dans cette cuvée de teinte rubis pourpre soutenu au nez expressif de fruits rouges avec une touche florale, de garrigue et de poivre, le tout souligné par de subtiles notes boisées. Dans la continuité, la bouche est volumineuse grâce à une belle concentration sur des tanins soyeux et enrobés. Le boisé perceptible en rétro-olfaction ne fait que souligner les caractéristiques de ce vin qui se termine sur une finale longue et soutenue. Un vin de grande élégance qui se peaufinera encore avec le temps.

🍷 **Les Cabrioles, Domaine des 2 Ânes, Corbières 2007** 🐑 🐑 🐑 <u>17/20</u>
Dominé par le mourvèdre, qui doit voir la mer pour s'épanouir, et assemblé à une pointe de carignan, ce vin annonce d'entrée de jeu la couleur en exhibant une teinte rubis profonde et dense. Au nez, il se livre par une grande complexité où on retrouve les fruits noirs, dont la mûre, la prune et la figue, mais aussi une pointe d'épices et de cacao à laquelle s'ajoutent de subtiles notes boisées. La bouche prolonge cette intensité, grâce à une attaque gourmande et onctueuse. Construit sur une grande concentration, soutenue par des tanins encore un peu présents mais déjà fondus. Volumineux, sa finale sur les fruits et les épices soulignés par le bois regorge de fraîcheur et se dissipe en douceur. Un vin qui ne demande qu'à être attendu et savouré sur une viande rouge pleine de saveur.

🍷 **Les Cabrioles, Domaine des 2 Ânes, Corbières 2006**
🐑 🐑 🐑 <u>16,5/20</u>
Dans la même lignée, peut-être un peu moins concentré, il se déguste déjà très bien.

🍷 **Les Cabrioles, Domaine des 2 Ânes, Corbières 2008** 🐑 🐑 🐑 <u>17,5/20</u>
En devenir, dégusté en cours d'élevage, il s'annonce déjà prometteur avec peut-être un petit quelque chose de plus.

*Sans oublier le corbières **Rosé** et le Vin de Table en blanc, **Les 2 Ânes Gris**.*

CLOS DE L'ANHEL

Sophie Guiraudon et Philippe Mathias   Tél. : +33 (0) 4 68 43 18 12
CLOS DE L'ANHEL   Fax : +33 (0) 4 68 43 18 12
11220 Lagrasse   Courriel : anhel@wanadoo.fr
                                         Site Web : www.anehl.fr

Appellation de référence : Corbières
Superficie : 9 ha
Production : 35 000 bt/an
Cépages : Carignan, Gre🐑🐑yrah, Mourvèdre
Types de viticulture : A🐑🐑iologie et biodynamie
Organismes et année de certification : Ecocert 2003 et Demeter en cours

Domaine

Au pied de la mythique montagne d'Alaric, surplombant la vallée de l'Orbieu, le Clos de l'Anhel, qui veut dire agneau en occitan, est né en l'an 2000 de la volonté de deux personnes qui se sont trouvées autour de leur passion pour le vin. Après avoir fait leurs preuves chacun de leur côté, ils ont décidé d'unir leurs forces et d'engendrer leurs propres vins. Dès le début, en remettant en état le vignoble, ils ont décidé de redonner vie aux sols. Il faut dire que Philippe Mathias comme régisseur du Château Pech-Latt depuis 1996 était sensibilisé à la viticulture en biologie.

Autour d'une ancienne bergerie, d'où le domaine tire son nom, à 200 m d'altitude, les parcelles aux expositions variées sont en terrase, majoritairement plantées en carignan et classées en appellation Corbières. Dans un environnement sauvage où les vignes sont entourées de murets ou de haies, ils ont replanté quelque 200 arbres et arbustes méditerranéens pour abriter la faune locale afin de recréer le plus possible l'équilibre. Ils ont même installé des nichoirs à mésanges et chauve-souris, grands prédateurs d'insectes. Ces vignerons ne pouvaient envisager de travailler autrement qu'en respectant complètement la terre, la faune et la flore environnante. En plus de conduire leurs vignes en biologie et biodynamie, utilisant purins et tisanes, dans le plus grand respect de l'environnement, ils laissent de temps à autre paître les brebis du berger voisin sur leurs terres. Ils sont très fiers car leurs enfants n'ont aucune crainte en mangeant les mûres, les figues et autres baies sauvages.

Pour eux, il n'y a pas de vins de qualité sans des raisins qui ont le même mérite, et donc le travail à la cave se fait avec le moins d'interventions possible tout en restant constamment à l'écoute.

Chaque cuvée, issues de vignes particulières, présente ses propres caractéristiques.

Les vins

Le Lolo de l'Anhel, Clos de l'Anhel, Corbières 2008 🍷 🍷 <u>15,5/20</u>
Issu des vins de presse, d'une couleur rubis violacé, au nez de fruits noirs, de cerise et d'amande additionnés d'un côté floral et épicé. En bouche, il est construit sur une acidité fraîche et un beau volume. Le fruité en rétro est soutenu par des tanins fondus, mais présents. La finale de longueur moyenne conserve une agréable fraîcheur. Un vin pour les copains.

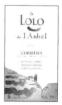

Cuvée Les Autres, Clos de l'Anhel, Vin de Table 08 🐷 🐷 <u>16/20</u>
Vieux carignans centenaires majoritaires complétés d'une touche de grenache noir. D'une teinte pourpre violacé, son nez expressif associe les arômes de fleurs, de violette, aux fruits noirs, dont la guigne, aux épices de la garrigue. En bouche, il est onctueux, friand, sur une acidité fraîche et des tanins soyeux et enrobés. De belle concentration, il revient sur les fruits, et la pointe d'amertume en finale lui confère longueur et persistance, le tout dans une grande « buvabilité ». Un vin de table qui saura lui faire honneur ! À offrir aux copains.

Les Terrassettes, Clos de l'Anhel, Corbières 2008 🐷 🐷 <u>16,5/20</u>
Composé majoritairement de carignan, de syrah, de grenache et de mourvèdre, ce vin à la robe rouge tirant sur le violet offre un nez de fruits noirs, dont la cerise et son noyau, où se mêlent les senteurs chaudes de la garrigue avoisinante. Concentré, caressant, il s'avère bien équilibré grâce à des tanins fondus et ronds. Sa finale sur les arômes perçus au nez lui confère une agréable persistance mais surtout une fraîcheur invitant un autre verre. À ouvrir et savourer en agréable compagnie.

Les Dimanches, Clos de l'Anhel, Corbières 2007 🐷 🐷 🐷 <u>17/20</u>
Issu majoritairement de vieux carignans additionnés de syrah et de grenache, il se pare d'une teinte rubis intense et profonde où miroitent des reflets violets. Son nez riche et complexe s'exprime par des arômes de fruits noirs, dont le bigarreau et la mûre, avec une touche de romarin et une pointe chocolatée. La bouche bien équilibrée, riche, construite sur une belle concentration s'avère, grâce à une acidité soutenue et des tanins soyeux et enveloppés, d'une grande élégance. La rétro sur les épices se révèle rafraîchissante et il s'évanouit en douceur dans une grande plénitude. Encore tout jeune, il mérite de se bonifier avec le temps. Un vin, comme son nom l'indique, à ouvrir le dimanche. En fait, il tire son nom du fait que cette vigne n'était travaillée que le dimanche et que, comme elle était en mauvais état, les ceps manquants représentaient des « dimanches » pour les vendangeurs.

CHÂTEAU LA BARONNE

Famille Lignères
CHÂTEAU LA BARONNE
21, rue Jean-Jaurès
11700 Fontcouverte

Tél. : +33 (0) 4 68 43 90 20
Fax : +33 (0) 4 68 43 96 73
Courriel : info@chateaulabaronne.com
Site Web : www.chateaulabaronne.com

Appellation de référence : Corbières
Superficie : 90 ha
Production : 200 000 bt/an
Cépages : Grenache blanc, Roussanne, Vermentino, Bourboulenc, Carignan, Grenache noir, Syrah, Mourvèdre
Types de viticulture : Agrobiologie et biodynamie
Organisme et année de certification : Ecocert 2007

Domaine

Depuis six générations, la famille Lignères tisse des liens étroits avec le monde du vin dans cette région du Languedoc. Même si l'arrière-grand-père de Jean Lignères, actuel propriétaire, avait déjà une petite activité de négoce, ce sont ses parents qui firent l'acquisition de La Baronne en 1957. D'année en année, ce domaine de 30 hectares à ses débuts n'a cessé de s'étendre sur les meilleurs terroirs de la Montagne d'Alaric où toutes les formations géologiques sont ici présentes, en particulier sur Las Vals. Pas moins de 15 terroirs différents composent ce vignoble. Dans une volonté de respecter la typicité de cette région, ils valorisent depuis toujours les cépages traditionnels autochtones, même s'ils entretiennent un penchant tout particulier pour le Carignan, cépage emblématique de cette région.

Le vignoble de La Baronne est implanté entre 100 et 200 m d'altitude sur des formations calcaires, argileuses ou gréseuses et les parcelles qui le composent sont entourées de forêts de chênes verts, de cyprès, de pins et surtout la garrigue où poussent romarin, buis, thym, genévrier, arbousier et même des curiosités botaniques.

En plus d'être viticulteurs, ils sont aussi médecins de père en fils au village, ce qui explique qu'ils sont à l'écoute de leurs vignes et qu'ils les soignent si bien. Ce domaine a toujours été conduit de manière tradi-tionnelle, biologique parce qu'à l'inverse de leurs voisins, ils ont toujours eu conscience de la nocivité des produits chimiques.

Si l'emphase est mise sur la culture du raisin dans un respect total du terroir, ce domaine n'en demeure pas moins consciencieux au chai qui est à l'avant-garde de la technologie, entièrement équipé de systèmes OXO qui permettent une rotation des barriques pour remettre les lies en sus-pension.

La famille Lignères a finalement consenti à demander la certification bio et biodynamique même si au départ elle était réticente de peur de rentrer dans une secte.

Une famille pour qui le vin représente le plaisir de bien boire, mais avant tout, celui de l'élaborer et elle y réussit très bien, comme en témoignent leurs cuvées « Las Vals ».

Les vins

Las Vals, La Baronne, Vin de Pays de Hauterive 2008 🍇🍇🍇 <u>16,5/20</u>
Prélevé à la barrique, cet assemblage de roussanne, de grenache gris et de vermentino de teinte jaune doré aux reflets verts a un nez expressif de fruits blancs frais et secs associés à une pointe d'amande et des notes plus fraîches, voire mentholées. Avec son caractère, il devrait évoluer sur une belle expression, grâce à son acidité et à sa belle minéralité. Un vin tout en élégance, finesse et fraîcheur.

Montagne d'Alaric, Gris de Gris, Château La Baronne, Corbières 2008 🍇🍇 <u>15,5/20</u>
Cet assemblage de cinsault, grenache et carignan issus de saignée se pare d'une robe rose framboise légèrement tuilée. Au nez, il s'ouvre sur les petits fruits rouges acidulés, dont la canneberge, auxquels s'associent des notes florales et une pointe d'épices, dont l'anis. La bouche, après une attaque franche, s'organise autour d'une acidité vive. D'un beau volume, elle exprime en rétro-olfaction les arômes pressentis au nez. Un rosé de bouche qui possède fraîcheur et longueur.

Les Chemins, La Baronne, Vin de Pays de Hauterive 2007 🍇🍇 <u>15,5/20</u>
D'un rouge rubis qui s'empourpre, ce vin issu de mourvèdre, carignan et syrah, harmonise son nez sur des arômes de fruits noirs d'une grande pureté, dont le cassis et la mûre, en équilibre avec les épices chaudes de la garrigue, notamment le romarin. Sur ce millésime vinifié sans bois, la bouche, fraîche, se révèle onctueuse, soutenue par des tanins soyeux. La rétro sur les fruits associés aux épices lui confère une finale suave et élégante. Un vin de plaisir.

Les Chemins, Château La Baronne, Corbières 2005 🍇🍇 <u>16/20</u>
Sur ce millésime, la patine du bois, alliée à une matière plus concentrée, lui confère plus de caractère.

Alaric, La Baronne, Vin de Pays de Hauterive 2007 🐷 🐷 🐷 <u>16,5/20</u>
Ce vin représentatif de l'ensemble du domaine et issu d'un assemblage de syrah, carignan et mourvèdre se dévoile sous une teinte rubis intense aux reflets violacés. Son nez intense et aromatique offre un avant-goût de ce qui suit et s'exprime par des arômes de fruits noirs, dont la quetsche et la cerise, où se mêlent des notes d'épices chaudes de la région et une touche de boisé subtil. En bouche, il est gourmand, bien équilibré, construit sur des tanins soyeux et enrobés. Sa rétro sur les fruits associés au boisé subtil lui imprime une finale élancée de belle allonge sur la fraîcheur.

Alaric, La Baronne, Vin de Pays de Hauterive 2006 🐷 🐷 🐷 <u>15,5/20</u>
Sur ce millésime, cette cuvée est un peu plus svelte mais de belle facture.

Alaric, La Baronne, Vin de Pays de Hauterive 2005 🐷 🐷 🐷 <u>16/20</u>
Grande concentration et harmonie tout en préservant toute sa finesse.

Pièce de Roche, La Baronne, Vin de Pays de Hauterive 2007 🐷 🐷 🐷
<u>16,5/20</u>
Issu du seul cépage carignan, cher à son propriétaire, ce vin de teinte rouge rubis intense se dévoile au nez sur la pureté des fruits associés aux épices de la garrigue. La bouche est friande, gourmande sur une acidité fraîche et des tanins soyeux. La finale sur les fruits et les épices accentuée par une touche boisée lui confère une belle complexité et se révèle longue et soutenue.

Pièce de Roche, La Baronne, Vin de Pays de Hauterive 2006
🐷 🐷 🐷 <u>16/20</u>
Plus de fraîcheur sur ce millésime mais belle longueur invitante.

Pièce de Roche, La Baronne, Vin de Pays de Hauterive 2005 🐷 🐷 🐷
<u>17/20</u>
Plus de matière et de concentration pour ce vin d'une grande gourmandise que l'on saura attendre.

Pièce de Roche, La Baronne, Vin de Pays de Hauterive 2008
🐷 🐷 🐷 <u>16/20</u>
En cours d'élevage, dégusté à la barrique, il se révèle sur une matière prometteuse dans laquelle les tanins vont se fondre.

Las Vals, La Baronne, Vin de Pays de Hauterive 2007 🍷 🍷 🍷 **16,5/20**
Élaboré majoritairement à partir du seul cépage mourvèdre, ce vin d'apparence rubis profond aux chatoiements violets révèle un nez aromatique et complexe sur les fruits noirs, dont le cassis et la mûre, voire la prune, en équilibre avec des notes d'épices du Sud et une pointe de cèdre. La bouche, savoureuse, renferme une belle amplitude. Bien équilibré sur des tanins soyeux et un boisé bien intégré, il disparaît lentement sur les fruits en laissant une belle impression.

Las Vals, La Baronne, Vin de Pays de Hauterive 2006 🍷 🍷 🍷 **16/20**
Il possède plus de fraîcheur, une acidité plus vive et des tanins un peu moins soyeux mais conserve une belle ligne de conduite.

Las Vals, La Baronne, Vin de Pays de Hauterive 2005 🍷 🍷 🍷 **16,5/20**
Sur des fruits plus confits, il se révèle plus onctueux grâce à une amplitude plus importante.

Notre Dame, La Baronne, Vin de Pays de Hauterive 2007
🍷 🍷 🍷 **16,5/20**
Issu de syrah, ce vin de teinte rubis foncé aux irisations violacées harmonise son nez sur des effluves de fruits noirs, dont le bigarreau et la prune, où s'associent dans cette complexité aromatique des notes florales de violette et des épices fraîches tel le poivre rose. Bien équilibrée, la bouche friande, sur une matière épaulée par des tanins soyeux, se révèle assez puissante et sa finale sur la pointe d'épices et de fruits lui confère fraîcheur et longueur en harmonie.

Notre Dame, La Baronne, Vin de Pays de Hauterive 2006
🍷 🍷 🍷 **16/20**
Une pointe plus minérale et moins concentrée, il ne manque pas pour autant d'intérêt.

MAISON GÉRARD BERTRAND

Gérard Bertrand
MAISON GÉRARD BERTRAND
Château l'Hospitalet
Route de Narbonne Plage
11104 Narbonne cedex

Tél. : +33 (0) 4 68 45 36 00
Fax : +33 (0) 4 68 45 27 17
Courriel : vins@gerard-bertrand.com
Site Web : www.gerard-bertrand.com

Appellation de référence : Corbières
Superficie : 325 ha + négoce
Production : 10 millions bt/an
Cépages : Chardonnay, Sauvignon blanc, Viognier, Grenache, Syrah, Carignan, Mourvèdre, Cabernet sauvignon, Merlot

Types de viticulture : Agrobiologie et biodynamie (en partie)
Organisme et année de certification : Ecocert 2008

Domaine

C'est son père, vigneron et militant pour une viticulture de qualité, qui a transmis à cet enfant du pays, la passion du vin et l'amour de cette région, même si enfant Gérard Bertrand savait intuitivement qu'un jour il perpétuerait la tradition viticole,

C'est dans un tout autre domaine qu'il a excellé dans un premier temps en embrassant une carrière de rugbyman international. Cet ancien capitaine du Stade Français a commencé progressivement sa reconversion dans le vin dès 1987 avec son père au Domaine de Villemajou. Dans un premier temps, il crée en parallèle sa société de négoce « Gérard Bertrand » puis dans les années suivantes, il rachète le Domaine de Cigalus et le château Laville Bertou. En 2002, il acquiert le Domaine de l'Hospitalet dans le massif de La Clape, et en fait le siège du groupe. Il développe aussi en ces lieux surplombant la Méditerranée un lieu dédié à l'art de vivre. Aujourd'hui, ce propriétaire de cinq domaines sur de beaux terroirs du Languedoc, et négociant, continue sa progression et crée plusieurs cuvées monocépages issues d'achats de raisins provenant de vignobles certifiés en biologie, et convertit le vignoble du Domaine de Cigalus.

Les vins

Nature et Durable, Sauvignon blanc, Gérard Bertrand, Vin de Pays d'Oc 2008 <u>13/20</u>

Jaune pâle à reflets verts, il s'exprime au nez par des fragrances d'agrumes et de fruits exotiques associées à une pointe végétale. La bouche construite sur une acidité vive se révèle bien équilibrée mais peut-être un peu fuyante en finale sur une pointe de minéralité.

Nature et Durable, Chardonnay, Gérard Bertrand, Vin de Pays d'Oc 2008 <u>13/20</u>
De teinte jaune paille, au nez discret de fruits blancs, où se mêlent aussi des notes minérales. La bouche après une attaque franche et vive affiche une belle rondeur sur une acidité assez fraîche. La finale sur une pointe d'amertume est de longueur moyenne.

Nature et Durable, Cabernet Sauvignon, Gérard Bertrand, Vin de Pays d'Oc 2008 <u>13/20</u>
De couleur rubis aux reflets violacés, au nez moyennement expressif de petits fruits rouges, dont la fraise et la framboise, avec une pointe végétale sous-jacente. La bouche se révèle friande, sur le côté juteux des fruits. Les tanins

sont soyeux, voire discrets, et fondus dans la matière. Sa finale sur les fruits est de longueur moyenne. Un vin équilibré qui manque un peu de relief.

Nature et Durable, Merlot, Gérard Bertrand, Vin de Pays d'Oc 2008
🐷 **13/20**

Dans sa version merlot, il émane de ce vin rubis pourpre des odeurs de fruits noirs, dont la mûre, associées à une pointe végétale et une touche poivrée. La bouche, qui renferme une acidité fraîche, démontre un volume intéressant. Les tanins sont souples et la finale, de moyenne persistance.

Nature et Durable, Syrah, Gérard Bertrand, Vin de Pays d'Oc 2008
🐷 **13,5/20**

Rouge pourpre, il s'ouvre sur les épices, le thym de la garrigue avec un côté floral et une pointe mentholée, voire d'eucalyptus. La bouche construite sur une acidité fraîche et des tanins soyeux mais présents est bien équilibrée. Sa rétro sur les fruits et les épices en finale possède une belle fraîcheur moyennement appuyée.

Nature et Durable, Gérard Bertrand, Corbières 2008 🐷 🐷 **14/20**

Cet assemblage de syrah, carignan et grenache présente une teinte rubis intense et un nez frais de fruits noirs, dont la prune, associés à un côté floral et d'épices de la garrigue environnante. La bouche, bien équilibrée, possède fraîcheur sur une belle matière aux tanins soyeux. Il revient sur les épices qui lui impriment une finale agréable.

Nature et Durable, Gérard Bertrand, Coteaux du Languedoc 2008
🐷 🐷 **13,5/20**

Grenache, syrah et mourvèdre composent l'assemblage de ce vin rouge soutenu aux reflets violets. Son nez de fruits confits, de confiture de fraises et de mûre, d'où pointe une touche florale et épicée, reste assez discret. La bouche renferme un beau volume sur des tanins soyeux et une acidité fraîche. Tout est poli et il s'évanouit en laissant des notes d'épices. Un vin sans grande personnalité, mais bien équilibré.

Cigalus, Gérard Bertrand, Vin de Pays d'Oc 2008 🐷 🐷 🐷 **13,5/20**

Chardonnay, sauvignon blanc et viognier se partagent l'affiche de ce blanc limpide, jaune doré aux reflets verts. Le nez est un peu dominé par des arômes fumés, de vanille, à cause du bois, qui ne demandent qu'à s'estomper pour faire de la place aux fruits blancs, dont la pêche. En bouche, après une attaque franche sur une acidité fraîche, il monte en puissance grâce à un beau volume. La finale de longueur moyenne sur la noix de coco en raison de l'élevage est un peu lourde même si rafraîchie par une pointe d'amertume.

Cigalus, Gérard Bertrand, Vin de Pays d'Oc 2008 🍷🍷🍷 <u>14/20</u>
Moitié cabernet sauvignon, moitié merlot, d'un rouge pourpre profond, il s'ouvre au nez sur des arômes d'encaustique, de torréfaction, voire de coco, laissant derrière les fruits noirs confits. La bouche friande sur des tanins souples possède un volume intéressant et une acidité fraîche : malheureusement, le bois la défigure quelque peu. La finale sur une pointe d'amertume qui l'élève un peu possède une longueur moyenne.

CHÂTEAU CARAGUILHES/CHÂTEAU LIONEL FAIVRE

Pierre Gabison   Tél. : +33 (0) 4 68 27 88 99
CHÂTEAU CARAGUILHES   Fax : +33 (0) 4 68 27 88 90
11220 Saint Laurent de la Cabrerisse   Courriel : chateau@caraguilhes.fr
                                       Site Web : www.caraguilhes.fr

Appellation de référence : Corbières
Superficie : 135 ha
Production : 550 000 bt/an
Cépages : Grenache blanc, Bourboulenc, Marsanne, Syrah, Carignan, Grenache noir, Mourvèdre, Merlot, Alicante, Cabernet sauvignon
Type de viticulture : Agrobiologie
Organisme et année de certification : Ecocert 1990

Domaine

Sur ce château, qui servait au XIIe siècle de « grange » à l'abbaye cistercienne de Fontfroide, la vigne n'a jamais cessé d'être cultivée. Idéalement situés, sur le terroir de Boutenac, les quelque cent hectares de vignes sont entourés et protégés par 500 hectares de garrigue.

Le château est aux mains de Pierre Gabison, depuis sa reprise en 2005. Ce vigneron perpétue l'œuvre de Lionel Faivre, ancien propriétaire et pionnier dans l'implantation de la viticulture biologique grâce à des techniques organiques. Cet homme, incompris à cette époque, refusait d'utiliser des engrais chimiques, herbicides et autres insecticides. Il a relevé son défi et, trente années plus tard, le vignoble était entièrement en culture biologique et certifié par Ecocert

Sur ce vignoble, les raisins récoltés sont sains et vinifiés selon les méthodes ancestrales afin de produire un vin authentique qui offre une expression naturelle des différents terroirs de Caraguilhes. En tout cas, c'est le mandat que s'est fixé son propriétaire dans la continuité de ce qui s'est toujours fait.

Dans la gamme des vins de ce vaste domaine et afin de remémorer la passion qui règne ici, La Cuvée Château Lionel Faivre rend hommage à son ancien propriétaire.

Les vins

Château Lionel Faivre Cuvée Prestige, Château de Caraguilhes, Corbières 2004 🍷 🍷 <u>15/20</u>

De couleur grenat assez intense, ce vin, issu d'un assemblage de carignan, grenache, syrah et mourvèdre, se livre par des arômes de fruits noirs, dont la quetsche, mûris par le soleil où se mêlent des notes épicées aux senteurs du Sud et une touche de bois s'exprimant par une pointe de réglisse. Un vin onctueux, d'un beau volume pourvu de tanins caressants. Le boisé est subtilement intégré et la finale soutenue sur les épices possède longueur et fraîcheur. Un vin bien équilibré et agréable.

DOMAINE MAXIME MAGNON

Maxime Magnon
DOMAINE MAXIME MAGNON
Rue des Moulins
11360 Villeneuve-les-Corbières

Tél. : +33 (0) 4 68 45 84 71
Courriel : maxime.magnon@orange.fr

Appellation de référence : Corbières
Superficie : 11 ha
Production : 30 000 bt/an
Cépages : Vermentino, Grenache blanc et gris, Carignan, Cinsault, Grenache noir, Syrah
Types de viticulture : Agrobiologie et biodynamie
Organisme et année de certification : Ecocert 2008

Domaine

Originaire de Bresse, Maxime Magnon, qui ne tire pas ses origines du monde viticole, s'y est vite adapté. Peut-être avait-il cependant des prédispositions avec un père qui portait un intérêt au vin, une mère qui cuisinait et un grand-père paysan.

Arrivé dans le Languedoc pour travailler au Domaine Maria-Fita à Fitou où il a fait ses armes, il a par la suite adopté cette région et depuis 2002, il s'est installé en Corbière. En réunissant des parcelles, pas moins de neuf au total, réparties sur deux grands terroirs, schisteux sur la commune de Durban et argilo-calcaire sur la commune de Villeneuve et disséminées dans la garrigue environnante, il s'est composé son propre domaine qu'il dirige de main de maître.

Accompagné de la mélodie des cigales, ce gentleman viticulteur n'est pas le seul à travailler sur ce vignoble puisqu'il s'est composé un petit troupeau constitué de quatre vaches, deux chevaux, un âne et des moutons, qui l'aident. Ce berger des temps modernes trimballe donc sa ménagerie de parcelle en parcelle, qu'il a dû clôturer, et sur lesquelles elle assure la tonte entre les rangs et prétaille à l'hiver en plus de fertiliser les sols car comme il le dit : « Sous la bouse, il y a la boue. » Le plus difficile reste de maîtriser ce cheptel quand le temps est venu de le sortir des vignes. En plus du travail de ses animaux, les sols sont travaillés au chenillard pour ne pas les compacter mais surtout à cause du relief escarpé d'où certains points de vue sont magiques. Le travail qu'il effectue à la vigne se poursuit à la cave et les vins sont vinifiés et élevés en limitant les intrants et avec un minimum de soufre.

Même si depuis le début ce jeune vigneron sympathique travaille en biologie et en biodynamie dans un respect de la nature environnante, il n'a pas l'intention de le clamer haut et fort ni de le revendiquer.

Pour lui, ici le temps passe différemment et c'est au profit de ses vins qu'il fait tout ce qu'il fait. Et ils le récompensent fort bien en retour.

Les vins

La Bégou, Domaine Maxime Magnon, Vin de Pays de la Vallée du Paradis 2008 🍷 🍷 <u>16,5/20</u>
De teinte jaune pâle à reflets argent cristallin, ce blanc issu de grenache blanc et gris se définit par un nez frais de fleurs blanches, l'acacia, mais aussi de fruits blancs additionnés d'une belle minéralité, le tout dans une agréable complexité. En bouche, il se montre friand, savoureux, tendu par une acidité tonifiante. De belle facture, où tout est fondu, il revient en rétro sur les arômes perçus au nez et s'évanouit sur une finale longue soutenue par une belle fraîcheur. Un vin élégant et droit.

Rozeta, Domaine Maxime Magnon, Corbières 2008 🍷 🍷 <u>17/20</u>
Sous sa robe rouge rubis aux reflets violacés, d'intensité moyenne, ce rouge issu d'un assemblage de carignan, additionné de cinsault et de grenache, nous dévoile un nez charmeur, tout en fruits rouges et noirs, sur des arômes de bigarreau, rehaussé d'une pointe d'épices douces. La bouche d'une agréable précision se révèle suave, friande. Les tanins qui constituent sa structure sont soyeux et finement enrobés et se fondent dans un bel équilibre. La finale juteuse sur les fruits et les épices possède une belle allonge grâce à une minéralité rafraîchissante. Un vin tout en finesse et élégance d'une grande « buvabilité ».

Campagnès, Domaine Maxime Magnon, Corbières 2008

🍷🍷 17,5/20

Paré d'un rouge rubis assez soutenu où miroitent encore des reflets violacés, ce vin issu de carignans centenaires nous montre déjà au nez ce qu'il a dans le corps et s'ouvre sur les fruits noirs, dont le cassis et la mûre, avec une pointe d'épices, notamment de zan, le tout dans une belle expression aromatique. En bouche, il se révèle généreux, gourmand et bien équilibré grâce à des tanins soyeux de belle maturité. D'un beau volume, tout ici est en harmonie et l'élevage souligne délicatement ses atouts. Sa finale sur les arômes pressentis au nez se termine lentement sur une agréable fraîcheur appuyée. Un plaisir de tous les instants.

*Sans oublier sa cuvée rouge d'entrée de gamme, **La Démarrante**, qui se révèle juteuse, tout en fruits.*

CHÂTEAU PECH-LATT

Philippe Mathias (Régisseur)   Tél. : + 33 (0) 4 68 58 11 40
CHÂTEAU PECH-LATT   Fax : + 33 (0) 4 68 58 11 41
11220 Lagrasse   Courriel : château.pechlatt@louis-max.fr
                                  Site Web : www.louismax.com

Appellation de référence : Corbières
Superficie : 100 ha
Production : 300 000 bt/an
Cépages : Marsanne, Vermentino, Muscat, Carignan, Grenache, Syrah, Mourvèdre, Cinsault
Types de viticulture : Agrobiologie et biodynamie
Organisme et année de certification : Ecocert 1991

Domaine

Ce grand domaine des Corbières appartient au négociant bourguignon Louis Max. Sur ces terres, les moines de l'Abbaye de Lagrasse cultivaient déjà la vigne. Le vignoble, du nom de Pech qui signifie colline, se situe au pied de la montagne Alaric, et est constitué d'un ensemble de parcelles aux sols et aux expositions variés et bénéficie d'un climat exceptionnel propice à la vigne. Par philosophie et dans un respect du milieu naturel sain et équilibré, ce domaine s'est orienté vers une viticulture bio où on respecte l'équilibre naturel et où tout produit chimique de synthèse est proscrit.

Grâce à un travail sérieux à la vigne, les ceps sont sains et possèdent un bon système racinaire qui apporte plus de fraîcheur aux vins, certains carignans sont même presque centenaires.

Sur ce domaine, le mot d'ordre, c'est l'harmonie, et, dans un objectif de perfection, l'élevage est adapté en fonction d'un assemblage désiré tout en respectant l'effet millésime. Pour cela, les vins sont régulièrement dégustés. Toute la gamme est irréprochable, du simple mais complexe Corbières à la cuvée Vieilles Vignes, sans oublier le vin doux naturel. Un domaine qui ne manque pas d'assaisonnement puisque en plus, il fabrique aussi son propre vinaigre et, grâce aux oliviers de la propriété, son huile d'olive.

Les vins

Château Pech-Latt, Corbières 2008 🍷 🍷 <u>14,5/20</u>
Assemblage de marsanne et de vermentino. Lumineux, de teinte jaune doré aux reflets argentés, ce vin s'ouvre sur les fruits blancs, dont la poire, associés à des notes plus fraîches de menthol, et additionnés de nuances minérales. Après une attaque franche, la bouche se révèle tendue par une acidité vivifiante. D'un beau volume, il revient en finale sur les fruits, notamment l'ananas, tout en préservant sa fraîcheur qui lui confère une belle longueur assez appuyée.

Château Pech-Latt, Tradition, Corbières 2008 🍷 🍷 <u>15,5/20</u>
Issu majoritairement de carignan, syrah et grenache. D'un rouge rubis intense et profond, il s'exprime par les fruits noirs, dont la mûre sauvage et la cerise burlat, additionnés de fragrances florales de pivoine ainsi que de garrigue. Un vin de soleil à la bouche onctueuse grâce à une acidité fraîche et des tanins soyeux et enrobés. La rétro sur les fruits et les épices lui imprime une finale suave de longueur moyenne.

Château Pech-Latt, Vieilles Vignes, Corbières 2008 🍷 🍷 <u>16,5/20</u>
Issu d'un assemblage de syrah, mourvèdre et carignan, ce vin d'une couleur rubis foncé aux reflets violacés nous annonce d'emblée la couleur. Au nez, il s'avère expressif et on y décèle les fruits noirs, dont la cerise, les épices du Sud, dont le thym, mais aussi des arômes de boîte à cigares et d'humus, en raison d'un boisé intégré ainsi qu'une pointe sanguine. La bouche est ample, gourmande sur des tanins caressants, et ses arômes ressentis au nez reviennent en rétro sur une finale longue et persistante de belle fraîcheur.

Tamanova, Château Pech-Latt, Corbières 2007 🍷 🍷 <u>16,5/20</u>
Élaboré sur le même assemblage que le « Vieilles Vignes », de teinte rubis violacé foncé, il émane de ce vin aromatique une belle concentration sur les fruits noirs légèrement confiturés où se mêlent des arômes d'épices et un côté vanillé, voire chocolaté, subtil.

La bouche se révèle de belle concentration sur la gourmandise. Sa structure tannique soutient une matière ample grâce à la rondeur de ses tanins. La finale fraîche sur les fruits lui confère richesse, longueur et persistance tout en conservant sa finesse. Il est encore un peu jeune aujourd'hui, mais il peut s'accorder à une viande rouge.

*Sans oublier le **Rosé** et le liquoreux **Les Pièces Nobles**.*

COTEAUX DU LANGUEDOC

DOMAINE D'AUPILHAC

Sylvain Fadat	Tél. : +33 (0) 4 67 96 61 19
DOMAINE D'AUPILHAC	Fax : +33 (0) 4 67 96 67 24
28, rue du Plô	Courriel : aupilhac@wanadoo.fr
34150 Montpeyroux	Site Web : www.aupilhac.net

Appellation de référence : Coteaux du Languedoc Montpeyroux
Superficie : 25 ha
Production : 130 000 bt/an
Cépages : Grenache blanc, Marsanne, Roussanne, Rolle, Mourvèdre, Syrah, Carignan, Grenache noir, Cinsault, Merlot, Cabernet sauvignon, Cabernet franc, Alicante-bouschet
Type de viticulture : Agrobiologie
Organisme et année de certification : Ecocert 2008

Domaine

Même si ses ancêtres faisaient déjà du vin à Aupilhac depuis plus de cinq siècles, ce domaine n'a vu le jour qu'en 1989, sous l'impulsion de l'arrière-petit-fils de la famille, Sylvain Fadat. Depuis, il n'a cessé de s'agrandir tant par ses équipements que dans sa superficie et la diversité de ses terroirs. L'encépagement de ses différents vignobles est spécifique, Cocalières en altitude, plutôt planté en blanc pour la fraîcheur, Aupilhac en rouge typique de la région et Les Plôs de Baumes, hors appellation d'origine, en cabernet sauvignon, cabernet franc et merlot.

Pour Sylvain Fadat, tout commence à la vigne où il apporte un grand soin à sa conduite en pratiquant le travail des sols et en n'utilisant que des produits naturels. Les vinifications sont elles aussi exemptes de tout élément chimique et artificiel. Sur ce domaine, tout est produit selon les règles de la viticulture bio dans un respect total de l'environnement. Mais son argument commercial, c'est avant tout la qualité de ses vins.

La gamme de ses vins est homogène, qu'il s'agisse des grandes cuvées comme des vins de pays tout aussi maîtrisés.

Grâce à sa vision, Sylvain Fadat a su redorer le blason du terroir de Montpeyroux.

Les vins

Les Cocalières, Domaine d'Aupilhac, Coteaux du Languedoc 2007
🌳🌳🌳 **16,5/20**

Roussanne, marsanne, rolle et grenache blanc s'assemblent à parts égales dans cette cuvée de teinte jaune pâle à reflets verts, qui offre un nez aromatique et frais de fruits jaunes, dont la pêche, associés à des notes plus florales de tilleul, avec une pointe d'amande, le tout baigné par une belle minéralité. Attaque franche et vive en bouche, sur un beau volume, ce vin généreux et bien équilibré s'achève par une belle longueur rafraîchissante. Il peut encore se faire attendre un peu.

Domaine d'Aupilhac, Vin de Pays du Mont Baudile 2008
🌳🌳 **14,5/20**

Issu de grenache, ugni blanc et chardonnay, ce vin brillant se colore en jaune pâle avec des reflets argentés. Il s'ouvre sur un nez frais aux effluves anisés, voire mentholés, où se mêlent les fruits à chair jaune, dont la pêche et l'abricot. La bouche sur une acidité vive est élégante et rectiligne. En rétro sur l'anis, il se dissipe dans une grande fraîcheur.

Lou Maset, Domaine d'Aupilhac, Coteaux du Languedoc 2008
🌳🌳 **15,5/20**

Assemblage de grenache et cinsault additionnés d'une pointe de syrah et d'alicante-bouschet, il se teinte de rouge rubis violacé, et s'exprime par un fruité juteux de fraise et de groseille, où se mêlent des épices, notamment le poivre. En bouche, il s'avère charmeur, friand, d'une grande fraîcheur et pourvu de tanins soyeux avec une finale aux accents fruités et épicés d'une agréable longueur. Un vin de soif gouleyant.

Domaine d'Aupilhac, Coteaux du Languedoc Montpeyroux 2007
🌳🌳 **16,5/20**

Mourvèdre, syrah, carignan, grenache et cinsault s'harmonisent dans cette cuvée de teinte rubis grenaté foncé. Au nez, il développe des arômes dominants de fruits noirs, dont la mûre et le cassis, qui se prolongent sur les épices du Sud rehaussées par la patine du bois. En bouche, il prend toute sa dimension et se révèle onctueux, pourvu d'une belle acidité rafraîchissante et de tanins fondus. Un vin qui séduit par sa complexité et son volume et qui s'évanouit lentement, laissant une sensation de plénitude.

Les Cocalières, Domaine d'Aupilhac, Coteaux du Languedoc Montpeyroux 2007 🍷 🍷 🍷 __17/20__
La teinte rubis grenat foncé de ce vin issu d'un assemblage de grenache, syrah et mourvèdre, annonce la couleur. Il harmonise son nez autour des fruits rouges, notamment la fraise, les épices environnant avec une touche florale et des notes fumées. La bouche délicate et gourmande est pourvue d'une belle matière concentrée, supportée par des tanins soyeux. Bien équilibré, il se révèle conforme aux arômes perçus au nez, auxquels s'ajoute une pointe de torréfaction subtile. Sa longue finale appuyée ne manque pas de fraîcheur. Un vin déjà prêt à boire.

La Boda, Domaine d'Aupilhac, Coteaux du Languedoc Montpeyroux 2006 🍷 🍷 🍷 __16,5/20__
Issu du mariage des deux terroirs (Cocalières et Aupilhac) qui constituent ce domaine, où se mélangent mourvèdre, syrah, carignan et grenache, ce vin de teinte rubis foncé, marqué au nez par le bois, avec ses arômes d'encaustique et de torréfaction qui dissimulent les fruits rouges et les épices sous-jacentes. La bouche est puissante et riche, sur une belle acidité et des tanins importants et charnus. Le bois mêlé aux fruits domine aussi la rétro de ce vin distingué dans une finale longue et appuyée. Un vin qu'il faut attendre.

Le Carignan, Domaine d'Aupilhac, Vin de Pays du Mont Baudile 2007 🍷 🍷 🍷 __16/20__
Ce vin qui, comme sont nom l'indique, est issu du seul cépage carignan, se pare d'une couleur rubis intense. Il s'ouvre sur un nez aromatique aux effluves de fruits noirs, dont la mûre, additionnés d'épices chaudes avec des arômes de torréfaction en raison de son élevage. La bouche de grande amplitude conserve une bonne acidité et s'affirme avec des tanins fondus. La fraîcheur dont il fait part en finale, associée aux fruits et épices en rétro lui confère une agréable longueur persistante.

*Sans oublier en rouge **Les Plôs de Beaumes** élaboré à partir des cépages bordelais et **Les Servières** issu de cinsault centenaire en Vin de Pays du Mont Baudile, de même que le **Rosé** en Coteau du Languedoc Montpeyroux.*

DOMAINE ALAIN CHABANON

Alain Chabanon   Tél. : +33 (0) 4 67 57 84 64
DOMAINE ALAIN CHABANON   Fax : +33 (0) 4 67 57 84 65
Chemin de Saint-Étienne   Courriel : alainchabanon@free.fr
34150 Lagamas   Site Web : www.domainechabanon.com

Appellation de référence : Coteaux du Languedoc
Superficie : 17 ha
Production : 50 000 bt/an
Cépages : Chenin, Vermentino, Mourvèdre, Syrah, Merlot, Grenache, Carignan
Types de viticulture : Agrobiologie et biodynamie
Organismes et années de certification : Ecocert 2002, Demeter en 2010

Domaine

Ce fils d'enseignants élevé en Aubrac, qui à quinze ans appartenait au Club des jeunes amis des animaux et de la nature, ambitionnait plus à l'époque d'avoir son propre troupeau que des vignes. Une option œnologie en cours d'études a finalement changé la destinée de cet amoureux de la nature et des bonnes choses, qui s'est orienté vers la viticulture.

Après avoir fait ses classes chez Alain Brumont à Madiran, puis en Corse au Domaine Comte Péraldi, à Ajaccio et ailleurs, Alain Chabanon pour qui la qualité prime avant tout a décidé de se lancer en solo. L'attrait du soleil et des paysages sauvages et arides dans lesquels sont disséminées des vignes capables d'engendrer le meilleur, l'a poussé à regarder vers le Languedoc quand le temps fut venu d'investir. En 1990, à la suite d'une petite annonce, il a pu acquérir ses premières parcelles de vignes sur la commune de Jonquières puis de Montpeyroux en appellation Coteaux du Languedoc. Dans un premier temps, il a préféré ne vinifier que 2000 hl sur son premier millésime en 1992 et porter le reste de ses raisins à la cave coopérative. Puis sa renommée s'est faite et il a quitté progressivement la cave et même s'est agrandi, accroissant de ce fait ses différents type de sols et de microclimats adaptés à la culture et à l'épanouissement de la vigne.

C'est naturellement que ce vigneron exigeant a décidé de cultiver ses vignes en biologie en travaillant ses sols, et ce, sans jamais avoir recours aux produits chimiques de synthèse. De plus, il est fier de n'avoir jamais rien donné à manger à ses vignes afin qu'elles puisent leur nourriture en profondeur, dans la minéralité.

Il s'est doté d'une cave moderne où tout se fait par gravité dans la continuité de ce qui se fait à la vigne, en respectant le raisin dans son intégralité. Aucun intrant n'est utilisé, et les levures responsables des fermentations sont celles de la microfaune du vignoble.

Les vins sont élevés lentement en cuve de béton, il en possède autant que d'hectares, ou, pour les grandes cuvées, sous bois dans une maîtrise totale.

Il va toujours plus loin en innovant et vient de se doter de nouvelles cuves en béton en forme d'œuf pour élever certaines cuvées. À suivre.

Un homme scrupuleux qui fait du vin comme on le faisait autrefois et il y réussit fort bien. À son image, toutes ses cuvées qui portent des noms évocateurs ont une forte personnalité.

Les vins

Rosé Trémier, Alain Chabanon, Coteaux du Languedoc 2008
16/20

Mourvèdre, carignan, grenache composent ce rosé en partie de saignée qui se teinte alors d'une couleur lumineuse d'un rose légèrement saumon. Au nez, il se dote d'arômes de petits fruits acidulés, dont la groseille et la canneberge, avec des notes florales et une pointe d'épices et surtout une minéralité qui lui confèrent une agréable fraîcheur. La bouche est friande et acidulée, le tout équilibré par une belle matière.
La rétro sur la pureté des petits fruits rouges et secs lui confère finesse et élégance. Il s'évanouit en laissant une agréable impression.

Trélans, Alain Chabanon, Vin de pays d'Oc 2006 **17,5/20**
Assemblage de vermentino et de chenin, ce blanc jaune paille brillant sur des reflets verts, tire son nom de son long élevage. Il séduit par sa complexité aromatique de fruits blancs, dont la poire, associés à des notes florales d'aubépine, le tout dans une grande minéralité complétée par une touche de boisé subtile et bien intégrée. La bouche se révèle à la hauteur de nos attentes. Tendue par une acidité vive, elle renferme une matière magistrale où tout est en équilibre. Chaleureux,
ce vin revient émoustiller nos papilles en finale sur la minéralité soulignée par une touche boisée qui lui confère une fin de bouche soutenue des plus élégantes et délicates.

Campredon, Alain Chabanon, Coteaux du Languedoc 2007
17/20

Syrah, mourvèdre, grenache et carignan s'unissent pour engendrer un vin rouge pourpre violacé assez soutenu. Il s'ouvre sur un nez expressif où les fruits rouges et noirs frais,
notamment la mûre, s'associent à un côté floral de pivoine et d'épices du Sud. La bouche est croquante, gourmande, voire

juteuse, sur une acidité fraîche et des tanins soyeux et fins. La finale sur les arômes perçus au nez possède une belle facture et une agréable longueur soutenue. Un vin qui invite à se resservir.

Le petit Merle aux Alouettes, Alain Chabanon, Vin de pays d'Oc 2007
🐷 🐷 15,5/20

Issu massivement de merlot associé à une pointe de grenache, d'une teinte rouge profond tirant sur le pourpre, ce vin nous livre un nez de fruits noirs, notamment le cassis, d'où s'échappent des notes végétales et florales ainsi qu'une touche épicée de poivre. La bouche qui compose avec des tanins soyeux mais présents se révèle onctueuse et friande grâce à une belle minéralité et un bel équilibre. En rétro-olfaction, le côté végétal et le poivre reviennent pour se dissiper lentement dans une finale appuyée.

Les Boissières, Alain Chabanon, Coteaux du Languedoc 2004
🐷 🐷 🐷 16,5/20

Majoritairement grenache complété d'une pointe de mourvèdre et de carignan, d'une couleur grenatée intense, il nous exprime toute sa gratitude sur de puissants arômes de fruits rouges et noirs qui plairaient à Stendhal, dont la fraise des bois, la guigne et la mûre, où se mêlent les épices fondues de la garrigue. La bouche est gourmande, caressante sur des tanins soyeux et bien enrobés. Bien équilibré, il est ample tout en restant aérien, et sa finale sur les épices d'une grande fraîcheur nous ravit. Un vin qu'il faut savourer.

L'Esprit de Font Caude, Alain Chabanon, Coteaux du Languedoc Montpeyroux 2004 🐷 🐷 🐷 17,5/20

Syrah et mourvèdre s'associent pour notre plaisir et donne un vin qui se pare de ses plus beaux atours d'un pourpre chatoyant. Le nez nous invite déjà au voyage tant il est complexe et aromatique. Il s'ouvre sur des effluves de fruits noirs en toile de fond sur lesquels viennent se greffer les épices de la garrigue mais aussi la boîte à cigares, voire une pointe de menthol ou de réglisse, le tout en symbiose. La bouche n'est pas en reste tant elle est riche, gourmande, construite sur une belle acidité et une trame tannique aux tanins ronds et délectables. D'un équilibre solennel, il se dissipe sur les fruits et les épices et sa finale nous laisse pantois tant elle est magistrale tout en restant très naturelle. Un grand vin pour les grandes occasions.

Le Villard, Alain Chabanon, Vin de Table Moelleux 🐷 🐷 🐷 15,5/20

Issu du seul cépage chenin vendangé tardivement, d'un jaune doré tirant sur l'ambré, ce vin unique et complexe s'exprime par des arômes de figues, fraîches et séchées, d'abricot, de miel, tout en conservant une certaine fraîcheur en raison d'une pointe de menthol. La bouche est grasse, tout en

conservant une acidité vive, rehaussée par une pointe
d'amertume en finale qui lui confère une certaine vigueur.
Un vin à part, de belle allonge.

MAS FOULAQUIER

Blandine Chauchat et Pierre Jéquier   Tél.: +33 (0) 4 67 59 96 94
MAS FOULAQUIER   Fax: +33 (0) 4 67 59 70 65
Route des Embruscalles   Courriel: contact@masfoulaquier.com
34270 Claret   Site Web: www.masfoulaquier.com

Appellation de référence: Coteaux du Languedoc Pic Saint-Loup
Superficie: 11 ha
Production: 35 000 bt/an
Cépages: Grenache, Syrah, Carignan
Types de viticulture: Agrobiologie et biodynamie
Organismes et années de certification: Ecocert 2005, Demeter 2007

Domaine

Situé au nord de l'appellation Pic Saint-Loup, cru le plus septentrional de l'appellation Coteaux du Languedoc et dominé par ce piton rocheux qu'est le Pic Saint-Loup, le Mas Foulaquier, acquis grâce à un coup de foudre de Pierre Jéquier en 1999, s'est agrandi de trois hectares au lieu-dit Les Tonnilières à Claret à l'arrivée de Blandine Chauchat en 2003.

Dans ce décor enchanteur de garrigue, au pays des cigales, cet ancien architecte suisse et cette ex-fonctionnaire parisienne, tous deux reconvertis à la viticulture, expriment au mieux leur passion.

Parce qu'ils aiment tous les deux le rapport à la nature, depuis le début, aucun produit chimique de synthèse n'est utilisé aussi bien dans les vignes qu'à la cave établie dans l'ancien mas qu'ils ont réhabilité.

Au rythme des saisons, ils exercent leur métier de vignerons en respectant cet environnement sauvage qu'ils aiment tant. Ici, les sols sont travaillés pour leur redonner vie et les vignes sont soignées avec les divers préparas de la biodynamie à base de décoctions de plantes et de fleurs, qu'ils ont aussi adoptée, afin d'accroître leur résistance aux maladies.

S'ils ont décidé de se faire certifier c'est pour garantir l'authenticité de leur démarche.

De millésime en millésime, l'équilibre et la qualité de leurs vins les persuadent, et nous aussi, qu'ils sont sur la bonne voie.

Les vins

 Le Rosé, Mas Foulaquier, Coteaux du Languedoc Pic Saint-Loup 2008 <u>15/20</u>

Issu majoritairement de grenache avec un peu de syrah et de carignan, vinifié en partie en saignée, en partie en pressurage direct, il se pare d'une robe élégante de couleur framboise. Son nez d'agrumes et autres fruits acidulés avec une pointe mentholée se révèle frais. En bouche, sa rondeur et sa fraîcheur en font un vin croquant qui revient sur les fruits avec une pointe d'épices en finale pour s'estomper graduellement dans une belle persistance. Agréable seul ou au cours d'un repas.

Violetta, Mas Foulaquier, Vin de Table de France 08 <u>16,5/20</u>

Surtout de la syrah assemblée au carignan et au grenache, de teinte rubis violacé moyennement intense, il s'exprime par un nez frais, très floral, la violette, typique de la syrah, où se mêlent les fruits noirs, dont la mûre, et les épices. La bouche, gouleyante, possède du mordant grâce à une belle acidité et des tanins soyeux. La finale de belle allonge sur les fruits en fait un vin fin, prêt à étancher la soif des convives.

Les Tonillières, Mas Foulaquier, Coteaux du Languedoc Pic Saint-Loup 2008 <u>16/20</u>

Syrah et carignan à égalité, de teinte rubis violacé invitante, il harmonise son nez aromatique et complexe sur les fruits rouges frais et les épices avec une pointe plus florale. La bouche se révèle friande, gourmande, sur une acidité qui tend le vin et des tanins fondus. Il revient sur les fruits et les épices, notamment sur un côté poivré dans une finale appuyée.

Le Rollier, Mas Foulaquier, Coteaux du Languedoc Pic Saint-Loup 2007 <u>17/20</u>

Du nom des oiseaux migrateurs venus d'Afrique, cette cuvée de Grenache et de syrah, de couleur rubis aux reflets violets, dégage un nez expressif et aromatique de fruits noirs, dont le cassis, la mûre et la prune, avec une pointe de sureau et de figue fraîche. La bouche, grâce à une belle matière, se montre gourmande, sur une belle fraîcheur. Les tanins sont soyeux et fins et la finale sur les arômes perçus au nez, accentués par une pointe de minéralité, possède une agréable longueur.

**Le Petit Duc, Mas Foulaquier, Coteaux du Languedoc Pic Saint-Loup
2007** 🍇🍇🍇 <u>16/20</u>

Uniquement composée de grenache, cette cuvée rubis pourpre, au nez de
cerise noire, de framboise et d'épices où se mêlent de délicats effluves de
bois en raison d'un élevage en foudre. La bouche gourmande renferme
une belle concentration sur des tanins fondus mais présents
qui s'affineront avec le temps. La finale délicate grâce aux
effluves de fruits et d'épices possède une agréable fraîcheur
sur une longueur persistante. À attendre un peu.

**Les Calades, Mas Foulaquier, Coteaux du Languedoc Pic Saint-Loup
2005** 🍇🍇🍇 <u>17/20</u>

Syrah et grenache élevés moitié en cuve moitié dans différents contenants
en bois, cette cuvée pourpre aux effluves de fruits noirs, notamment le
sureau, la mûre et la cerise, a une pointe florale et épicée ainsi que de fines
notes boisées. Un vin qui en bouche se révèle gourmand, riche, bien équilibré grâce à une matière concentrée soutenue par des tanins
soyeux. Sa finale, imposante, sur une belle fraîcheur, s'évanouit en douceur pour ne laisser qu'une agréable sensation
fruitée. Un vin de belle facture.

**Gran' Tonillières, Mas Foulaquier, Coteaux du Languedoc Pic Saint-
Loup 2006** 🍇🍇🍇 <u>17,5/20</u>

En hommage aux vieilles vignes du domaine, moitié grenache et moitié
carignan, cette cuvée pourpre violacé s'ouvre sur un nez aromatique où les
fruits rouges et noirs, dont la cerise, voire le côté amande de son noyau, et
la mûre se mêlent aux épices de la garrigue et aux arômes de fleurs déjà
fanées. La bouche d'un bel équilibre s'avère gourmande, construite sur
une matière puissante structurée par des tanins soyeux et
charnus. Un vin droit qui revient sur les fruits et les épices
dans une finale fraîche très longue et appuyée. D'un beau
potentiel de garde.

CHÂTEAU PECH REDON

Christophe Bousquet   Tél.: +33 (0) 4 68 90 41 22
CHÂTEAU PECH REDON   Fax: +33 (0) 4 68 65 11 48
Route de Gruissan   Courriel: info@pech-redon.com
11100 Narbonne   Site Web: www.pech-redon.com

Appellation de référence: Coteaux du Languedoc La Clape
Superficie: 30 ha
Production: 80 000 bt/an

Cépages : Grenache blanc, Bourboulenc, Grenache, Syrah, Carignan, Cinsault, Mourvèdre
Types de viticulture : Agrobiologie et biodynamie
Organisme et année de certification : Ecocert 2008

Domaine

Situé au point culminant du massif de La Clape, le Château de Pech Redon surplombe la mer Méditerranée et le village de Gruissan. La famille Bousquet, famille de vignerons depuis quatre générations, a acquis en 1988 ce vignoble sur ce site exceptionnel et sauvage auquel on accède par une route sinueuse à travers la garrigue.

Par philosophie et aussi par cohérence, Christophe Bousquet, actuel propriétaire, a décidé de mener ce vignoble en biologie. Effectivement, il ne supportait plus de faire du vin avec des produits sur lesquels il y avait une tête de mort et, qui plus est, sur un site classé. Il estime aussi qu'aujourd'hui, grâce à la maîtrise de ce type de culture, la prise de risque est moins élevée. Il va même plus loin et s'intéresse de près à la biodynamie, en prenant ce qui lui convient sans que cela devienne contraignant. Il envisage même, dans un souci qualitatif, de réduire la superficie de son vignoble baigné par les embruns marins.

À la cave, il poursuit son œuvre entamée à la vigne, toujours dans un souci qualitatif.

Le millésime 2008 est son premier à être officiellement certifié bio, même si le processus était amorcé depuis plus longtemps.

Les vins

L'Épervier, Château Pech Redon, Coteaux du Languedoc La Clape 2008 🐷 🐷 15,5/20

Assemblage de grenache blanc et de bourboulenc, ce vin jaune doré aux reflets or s'ouvre sur un nez assez aromatique sur des effluves de fruits blancs, dont l'abricot, mais aussi d'amande amère, le tout baigné d'une belle fraîcheur, grâce peut-être à une pointe de menthol. La bouche, d'une belle vivacité, renferme un beau volume et sa finale fraîche sur les fruits lui confère finesse et élégance. Il se dissipe lentement en laissant une agréable sensation.

Les Cades, Château Pech Redon, Coteaux du Languedoc La Clape 2008 🐷 🐷 16/20

Issu de carignan, grenache, syrah, cinsault et de mourvèdre, paré d'une robe rouge rubis aux reflets violacés, il s'exprime à l'ouverture sur les fruits noirs, dont la mûre, associés au bouquet de senteurs épicées de la garrigue, le thym, le romarin. En bouche, il se révèle friand, construit sur une belle acidité fraîche et une structure tannique aux tanins soyeux. Sa finale de belle allonge sur les épices possède élégance et suavité. Ici, on boit la garrigue.

Lithos, Château Pech Redon, Coteaux du Languedoc La Clape 2007
🐑🐑 **16/20**

Grenache et syrah composent l'assemblage de ce vin rubis intense et profond aux reflets pourpres. Son nez de fruits noirs, dont la prune, soutenus par des notes minérales et les épices sous-jacentes avec une pointe d'iode, se révèle invitant. La bouche renferme une belle matière concentrée, et les tanins qui la soutiennent sont fondus et ronds. Finale sur les fruits, et la minéralité est de belle longueur. Encore jeune, mais prometteur.

L'Épervier, Château Pech Redon, Coteaux du Languedoc La Clape 2004 🐑 🐑 **16,5/20**

Élaboré à partir de syrah et de grenache, de teinte rubis pourpre soutenu, il émane de ce vin de soleil, des arômes de fruits noirs mûrs, dont la guigne et la mûre, où se mêlent un côté sanguin, de cuir, avec des effluves subtils de réglisse, de chocolat en raison de son long élevage sous bois, et toujours cette pointe de garrigue si caractéristique. La bouche, puissante, renferme une belle densité de matière sur des tanins présents mais bien enrobés, et sa finale épicée au boisé délicat s'évanouit en laissant un agréable souvenir. Il se bonifiera encore avec le temps.

La Centaurée, Château Pech Redon, Coteaux du Languedoc La Clape 2003 🐑 🐑 **16/20**

Savant mélange de grenache, syrah, mourvèdre, ce vin élevé trois ans sous bois se livre à nous sous une teinte pourpre de belle intensité. Le nez de fruits noirs confiturés, dont le cassis, la mûre et la prune, additionnés de notes torréfiées de cèdre, d'encaustique et de cacao sans malgré tout renier ses origines. La bouche est puissante, riche, sur des tanins fondus mais encore présents, le tout baigné de soleil et rehaussé par le bois. La finale conserve une fraîcheur agréable et elle se révèle longue et soutenue.

DOMAINE DE PETIT ROUBIÉ

Floriane et Olivier Azan
DOMAINE DE PETIT ROUBIÉ
34850 Pinet

Tél. : + 33 (0) 4 67 77 09 28
Fax : + 33 (0) 4 67 77 76 26
Courriel : roubie@azurys.net
Site Web : www.petit-roubié.com

Appellation de référence : Coteaux du Languedoc
Superficie : 62 ha
Production : 250 000 bt/an

Cépages : Carignan blanc, Clairette, Grenache blanc, Marsanne, Piquepoul, Sémillion, Sauvignon blanc, Terret bourret, Viognier, Alicante, Cabernet sauvignon, Carignan, Cinsault, Grenache, Merlot, Syrah, Tannat
Type de viticulture : Agrobiologie
Organisme et année de certification : Ecocert 1985

Domaine

Le domaine Petit Roubié est situé sur les terres de l'AOC Picpoul de Pinet. Les propriétaires, au domaine depuis 1981, élaborent grâce à une répartition harmonieuse de cépages variés et des choix judicieux, une large gamme de vins typiques, aussi bien en blanc d'AOC, qu'en Vin de Pays et en vin de cépages, et ce, dans les trois couleurs.

Dans un souci de maintenir et de préserver l'intégrité du milieu vivant, et d'engendrer des raisins sains, ce domaine s'est tourné très tôt vers une culture biologique, ce qui se traduit dans la vigne par un travail des sols, labours, enherbement, mais aussi par une fertilisation à base de compost. Tout est naturel, et l'utilisation de produits chimiques est complètement prohibée. Les raisins ainsi produits sont ensuite vinifiés dans le respect de leur typicité.

Les vins

Château Petit Roubié, Coteaux du Languedoc Picpoul de Pinet 2008
14,5/20
Brillant, de teinte or pâle aux reflets argentés, ce blanc sec se livre sur un nez expressif aux arômes de fruits blancs, voire exotiques, dont la pêche et l'ananas, associés à des notes florales d'acacia et complexifiés par une touche minérale. L'attaque est franche et vive grâce à une acidité qui tend ce vin bien équilibré. Sa finale, grâce à une pointe d'amertume en raison de la minéralité, possède une fraîcheur et une longueur agréables.

Syrah, Domaine de Petit Roubié, Vin de Pays de l'Hérault 2008
14,5/20
D'une teinte rubis profonde, ce vin de pays, issu du seul cépage syrah, produit dans la zone d'appellation Picpoul de Pinet, exprime un nez complexe sur des arômes de fruits rouges, voire sauvages, et les épices de la région avec une pointe d'olive noire. Après une attaque souple, son acidité rafraîchissante et ses tanins soyeux confèrent à ce vin une agréable finale épicée de moyenne longueur.

SAINT-CHINIAN

DOMAINE BORDES

Philippe et Emma Bordes   Tél. : +33 (0) 4 67 25 16 04
DOMAINE BORDES   Tél/Fax : +33 (0) 4 67 38 26 37
Hameau de Tudery   Courriel : p.bordes@wanadoo.fr
34360 Saint-Chinian   Site Web : www.domaine-bordes.com

Appellation de référence : Saint-Chinian
Superficie : 11 ha
Production : 40 000 bt/an
Cépages : Grenache gris, Ugni blanc, Syrah, Grenache, Carignan, Cinsault, Mourvèdre
Type de viticulture : Agrobiologie
Organisme et année de certification : Ecocert 2010

Domaine

Déjà neuf ans que cet ancien plombier et sa femme se sont reconvertis à la viticulture. Le temps a passé mais ils continuent d'aller de l'avant. Ces épicuriens qui adorent manger, se nourrissent de produits bio depuis vingt ans alors c'est naturellement qu'ils ont décidé de conduire leur vignoble de cette manière dans un respect de la nature environnante. De plus, Emma a toujours été bercée dans cet univers nature puisque son père, grand boulanger, travaillait lui aussi comme cela. Et avec l'arrivée de leurs enfants, déontologiquement, ils ne pouvaient faire autrement. Sur ce vignoble de 11 hectares au cœur de l'appellation Saint-Chinian, ce couple de vignerons sympathiques s'évertue à faire du vin qui exprime au mieux les terroirs qu'il possède et il y réussit.

Les vins

Les Narys, Domaine Bordes, Saint-Chinian 2007 🍷 🍷 **16/20**
Syrah, grenache, carignan composent l'assemblage de ce vin rubis aux reflets violacés qui s'ouvre sur un nez aromatique aux senteurs de fruits noirs, dont la mûre et la cerise, complexifié par une pointe florale et une touche boisée. La bouche est ample et riche sur une belle matière soutenue par des tanins soyeux et enrobés. La finale sur les fruits et les épices lui confère une belle allonge appuyée.

La Plage, Domaine Bordes, Vin de Pays des Monts de la Grage 2006
 🍷 🍷 🍷 17/20

Issue de syrah et de vieux carignans, cette cuvée à l'accent estival se pare
d'une teinte rubis pourpre et harmonise son nez de belle intensité sur les
fruits noirs, dont la mûre, et rouges, dont la framboise, le tout sublimé
par les épices chaudes et un boisé subtil qui s'exprime par des notes de
chocolat. La bouche, bien équilibrée, se structure par un
beau volume soutenu par des tanins fondus. Puissant tout
en conservant finesse et élégance, il se dissipe sur les fruits
et les épices, laissant une agréable sensation.

Elles, Domaine Bordes, Vin de Pays des Monts de la Grage 2006
🍷 🍷 🍷 🍷 16,5/20

Cette syrah méridionale de couleur rubis se dévoile sur un nez aromatique
aux effluves de fruits confiturés, dont la quetsche et la guigne, rehaussés par
des notes florales de violette, sans oublier les épices, notamment le poivre,
mais aussi la réglisse. Puissant, gourmand, dense, soutenu
par des tanins fondus, il s'avère bien équilibré. Sa finale,
appuyée sur les fruits et sublimée par les épices, lui confère
une belle longueur. Encore jeune, mais quelle promesse.

Sans oublier le rosé, le blanc **Les Lutines** *en Vin de Table et sa* **Fine de
Grenache***.*

DOMAINE BORIE LA VITARÈLE

Jean-François et Cathy Izarn-Planès   Tél. : +33 (0) 4 67 89 50 43
BORIE LA VITARÈLE   Fax : +33 (0) 4 67 89 70 79
34490 Causses et Veyran   Courriel : jf.izarn@borielavitarele.fr
   Site Web : www.borielavitarele.fr

Appellation de référence : Saint-Chinian
Superficie : 16 ha
Production : 60 000 bt/an
Cépages : Grenache, Syrah, Mourvèdre, Cabernet sauvignon, Merlot
Types de viticulture : Agrobiologie et biodynamie
Organismes et années de certification : Certifié AB, Ecocert 2000,
Demeter 2008

Domaine

Entre bois et garrigue, isolés des voisins, ce couple de vignerons sympathique s'est installé au cœur de l'appellation Saint-Chinian sur ces terroirs

de prédilection à la fin des années quatre-vingt-dix. Sur leurs terres, c'est naturellement qu'ils ont décidé de conduire leur vignoble en biologie et par la suite en biodynamie, n'utilisant que des produits naturels, les plantes, sous forme de tisanes et autres préparas.

Afin qu'ils expriment leurs caractères dans leurs vins, tous les terroirs, Les Terres Blanches, La Combe, Les Schistes et Les Crès, sont cultivés selon des méthodes naturelles et vinifiés séparément, donnant lieu à des cuvées particulières. Ils sont élevés en douceur pendant dix-huit mois pour conserver la véracité des arômes.

Ces artistes, passionnés et passionnants, façonnent non seulement leurs vins comme des œuvres d'art mais cultivent aussi l'art de vivre et la convivialité. En parallèle, dans ce lieu magique, ils ont donc développé une ferme-auberge où ils prennent plaisir à servir leurs vins en accompagnement de cuisine inspirée de recettes locales.

De plus, Jean-François, qui sait observer et écouter la nature, s'adonne à la peinture et ses toiles ornent la salle à manger. Il s'adonne aussi à l'art du bonzaï à partir de plantes qu'il trouve dans son environnement.

Les vins

Les Terres Blanches, Domaine Borie La Vitarèle, Saint-Chinian 2008
🐑 🐑 <u>16,5/20</u>

Syrah et grenache à part égale composent l'assemblage de ce vin rubis violacés qui s'exprime au nez par des fruits noirs, dont la cerise burlat, associés aux épices, la muscade mais aussi celles de la région, en plus d'une pointe florale. La bouche, d'une belle définition, sur une acidité vive et des tanins fondus, s'avère bien équilibrée. En rétro sur les fruits et les épices, il s'évanouit en douceur en laissant une agréable sensation de fraîcheur.

Les Shistes, Domaine Borie La Vitarèle, Saint-Chinian 2007
🐑 🐑 🐑 <u>17/20</u>

Syrah et grenache s'assemblent pour créer cette cuvée de teinte rouge intense aux reflets pourpres. Nez aromatique et floral de violette associé aux fruits noirs, dont la cerise et la mûre, où se mêlent les épices de la garrigue environnante. La bouche est gourmande, onctueuse, concentrée sur une charpente aux tanins soyeux. Élégance et grande pureté du fruit qui appuie la finale, additionné d'une pointe d'amertume, lui confèrent fraîcheur et digestibilité.

Les Crès, Domaine Borie La Vitarèle, Saint-Chinian 2006
🍇🍇🍇 <u>17,5/20</u>

Syrah majoritairement avec une pointe de mourvèdre de couleur rubis intense, il s'ouvre sur un nez aromatique et puissant qui annonce ce qui va suivre. Les petits fruits noirs légèrement confits, dont la mûre, avec une touche florale, mais aussi les épices sont exacerbés par un boisé subtil. En bouche, il s'avère volumineux, puissant, concentré sur une belle matière et soutenu par des tanins important mais d'une grande finesse. Un vin bien équilibré d'une grande plénitude qui s'évanouit lentement sur les fruits en laissant une sensation plaisante. Encore jeune, il s'affinera au cours du temps.

La cuvée des Cigales, Domaine Borie La Vitarèle, Vin de Pays des Coteaux de Murviel 2008 🍇🍇 <u>15/20</u>

Assemblage de merlot et grenache, de teinte rubis intense, il s'exprime par un côté floral et fruité, de prune, avec un peu d'épices, le clou de girofle, mais aussi une pointe d'orange confite. La bouche se révèle gourmande sur le croquant du fruit, bien équilibrée grâce à une acidité fraîche et des tanins soyeux et ronds. Sa finale tendre, d'une grande fraîcheur, fait qu'on en redemande.

La Combe, Domaine Borie La Vitarèle, Vin de Pays des Coteaux de Murviel 2007 🍇🍇 <u>16/20</u>

Issu de cabernet sauvignon et de syrah, rubis violacé, ce vin possède un nez de fruits noirs s'harmonisant avec les épices puissantes de la garrigue et additionné d'une pointe plus végétale, soit une touche d'olive et un léger boisé. En bouche, il révèle une matière concentrée, structurée par des tanins encore un peu fermes. La rétro sur les fruits et le boisé maîtrisé lui confèrent une finale longue et persistante. À attendre un peu.

DOMAINE CANET-VALETTE

Marc et Sophie Valette
DOMAINE CANET-VALETTE
Route de Causses-et-Veyran
34460 Cessenon sur Orb

Tél. : +33 (0) 4 67 89 51 83
Fax : +33 (0) 4 67 89 37 50
Courriel : contact@canetvalette.com
Site Web : www.canetvalette.com

Appellation de référence : Saint-Chinian
Superficie : 18 ha
Production : 60 000 bt/an
Cépages : Syrah, Mourvèdre, Carignan, Cinsault, Syrah

Types de viticulture : Agrobiologie et biodynamie
Organisme et année de certification : Ecocert 2004

Domaine

Pour Marc Valette, tout dans ce domaine qu'il a créé en 1992 n'est qu'histoire d'amour. Celle qu'il a partagée avec son grand-père vigneron au début, puis celle du vin qu'il nourrit toujours et qu'il partage maintenant avec sa femme Sophie.

En amoureux de la nature, ils ne font pas les choses à moitié. En 1999, ils ont converti tout le domaine situé à Saint-Chinian en le conduisant en biologie et en biodynamie, labourant les sols et n'utilisant que des tisanes de plantes et autres préparas.

S'ils ont recours depuis 2008 à l'irrigation goutte à goutte sur certaines parcelles en souffrance, c'est uniquement pour assurer une qualité optimale aux raisins.

Afin de respecter les raisins, ils se sont dotés d'un chai ultramoderne où tout se fait par gravitation d'un niveau à l'autre. Les raisins sont savamment triés et seuls les plus sains entrent au chai pour y être vinifiés.

Un vigneron atypique et exigeant, aussi bien avec lui-même qu'avec ses vins et qui va jusqu'à les travailler au corps en s'immergeant dans les cuves taillées sur mesure pour les piger, et ce, tout le temps nécessaire. Ils sont ensuite élevés en fonction de leur personnalité. La diversité des terroirs et de l'encépagement du vignoble donne à ses vins du caractère et de l'originalité.

Marc Valette est un homme qui, depuis ses débuts, fait couler beaucoup d'encre tant ses vins lui ressemblent. Des vins authentiques, des modèles du genre. Dans cette aventure, il est soutenu par sa femme, qui partage sa passion pour le vin et le travail bien fait.

Les vins

Antonyme, Domaine Canet-Valette, Saint-Chinian 2008 🍷 🍷 <u>15,5/20</u>
Issu d'un assemblage de cinsault et de mourvèdre, cette cuvée aux reflets rubis violacés assez brillants annonce la couleur de ce vin tout en fruits rouges, dont la fraise et la framboise, avec une touche d'épices. Léger et savoureux, il s'avère charmeur en bouche grâce à une belle fraîcheur. Tout dans ce vin est fondu, les tanins sont souples, cajoleurs et sa finale est très agréable. Un vin de soif qu'il est bon de partager entre amis sur des grillades un soir d'été.

Ivresse, Domaine Canet-Valette, Saint-Chinian 2006 🍷 🍷 🍷 <u>17/20</u>
Majoritairement grenache avec une pointe de syrah et de mourvèdre, il s'exprime par un nez charmeur tout en fruits rouges avec une touche

épicée. La bouche, dans la continuité, se révèle gourmande et onctueuse, sur une belle matière qui enrobe des tanins soyeux. Le vin est bien équilibré, les fruits qu'on y décèle s'avèrent juteux en rétro et sa finale, d'une agréable fraîcheur en raison des épices, possède une belle allonge. Ce vin procure un tel plaisir que l'on savoure le moment.

Une et Mille Nuits, Domaine Canet-Valette, Saint-Chinian 2006
🍷🍷 <u>16,5/20</u>
Issu des cinq cépages traditionnels du Languedoc, élevé trente mois dont vingt-quatre en foudre en demi-muids pour la moitié, ce vin se pare d'une teinte rouge rubis lumineux où miroitent des reflets violacés. Il s'ouvre sur un nez aromatique et complexe aux arômes de fruits noirs, dont la mûre et la cerise, avec une touche épicée de la région, mais aussi de tapenade d'olives et un boisé bien intégré. En bouche, il charme par son élégance et sa classe. Concentré, sur des tanins soyeux, il conserve une belle fraîcheur grâce à son équilibre et revient en finale sur les effluves perçus au nez pour s'évanouir tranquillement en laissant une sensation de bien-être.

Maghani, Domaine Canet-Valette, Saint-Chinian 2005 🍷🍷🍷 <u>17/20</u>
Cette cuvée, qui tire son nom du vin des Mages dans les *Quatrains* d'Omar Khâyam, est issue d'une sélection des meilleurs grenaches, syrah et mourvèdres. Ce vin est d'une teinte pourpre intense, au nez aromatique de fruits noirs, dont la mûre et le bigarreau, associés à des notes florale de pivoine et d'épices. Le léger côté boisé qui s'exprime par le chocolat et la boîte à cigares lui apporte une complexité supplémentaire. En bouche, il prend toute sa dimension, et se révèle puissant mais en conservant son élégance. Tout est en équilibre dans ce vin élaboré sur des tanins soyeux. La finale de belle concentration sur les fruits et épices patinés par le bois lui confère une longueur des plus persistantes. Encore jeune, il ne demande qu'à s'épanouir avec le temps afin de mieux sublimer vos viandes rouges.

Galéjades, Domaine Canet-Valette, Vin issu de raisins passerillés 2000
🍷🍷🍷🍷 <u>16/20</u>
Issu de raisins de grenache passerillés et vendangés tardivement, ce vin qui signifie blague en patois provençal n'en est pas une. Habillé de grenat, il séduit par ses arômes de confiture de fruits noirs, dont la mûre sauvage, de figue, de noix, avec une pointe de cacao, et d'épices. La bouche, d'un bel équilibre entre le sucre résiduel et l'acidité, se révèle gourmande. Toute une friandise que ce vin qui se dissipe progressivement pour le plaisir de nos papilles. À n'ouvrir qu'en charmante compagnie.

*Sans oublier le **Rosé du Domaine** en Vin de Table.*

MINERVOIS

CLOS DU GRAVILLAS

Nicole et John Bojanowski   Tél. : + 33 (0) 4 67 38 17 52
CLOS DU GRAVILLAS   Courriel : nicole@closdugravillas.com
34360 Saint-Jean de Minervois   Site Web : www.closdugravillas.com

Appellation de référence : Minervois
Superficie : 6,2 ha
Production : 20 000 bt/an
Cépages : Muscat, Grenache, Terret, Viognier, Roussanne, Maccabeu,
Carignan, Syrah, Cabernet sauvignon, Counoise, Grenache, Mourvèdre
Types de viticulture : Agrobiologie et biodynamie
Organisme et année de certification : Ecocert 2009

Domaine

Depuis 1999, Nicole Bojanowski s'applique à faire revivre le Clos du
Gravillas, vignoble situé en Minervois entre les gorges de Saint-Chinian et
de Minerve sur un plateau où se mêlent garrigues et chênes verts. Si elle a
commencé avec un hectare de carignan et de grenache gris, aujourd'hui,
le domaine compte un peu plus de 6 hectares plantés de pas moins de
13 cépages et engendre 7 vins différents en appellation Minervois mais
aussi en Vin de Pays des Côtes de Brian. Dans l'aventure, elle est secondée
par John, originaire du Kentucky. Depuis le début, ils s'appliquent à faire
propre et progressivement, ils ont aboli les traitements chimiques pour
conduire leur vigne en bio et élaborer, sur ces terroirs de muscat, des
rouges de forte personnalité sans oublier le blanc et le muscat bien évidemment, le tout dans un souci de préserver la biodiversité environnante.

Les vins

L'Inattendu, Clos du Gravillas, Minervois 2007 🍷 🍷 🍷 <u>15,5/20</u>
De teinte jaune paille aux reflets argentés, ce blanc issu d'un assemblage
de grenache gris, de grenache blanc et de maccabeu s'annonce par des
arômes frais de fruits blancs, dont la poire et l'ananas, mais aussi de fruits
secs, associés à un côté floral d'aubépine, le tout sur un air
épicé, voire légèrement rancio. La bouche après une
attaque franche et vive se révèle d'une belle complexité, sur
une acidité fraîche. Bien équilibré, ample, il revient sur la
fraîcheur dans une longueur racée.

Sous les cailloux des grillons, Clos du Gravillas, Vin de Pays des Côtes de Brian 2008 🐷 🐷 <u>16/20</u>
Issu de l'alliance de sept cépages, ce rouge de teinte rubis violacé exhale au nez des effluves de fruits rouges et noirs frais, notamment la mûre et la cerise, associés à une pointe épicée qui ne peut renier ses origines. La bouche, friande, juteuse, bien équilibrée, s'avère construite sur une belle acidité soutenue par des tanins soyeux et souples. La rétro tout en fruits et en épices lui confère une longueur rafraîchissante des plus agréables. On se resservirait volontiers.

Rendez-vous du Soleil, Clos du Gravillas, Vin de Pays des Côtes de Brian 2006 🐷 🐷 🐷 <u>16,5/20</u>
Issu d'un assemblage de carignan, cabernet sauvignon, syrah, mourvèdre et grenache, ce vin du Sud de couleur rubis violet s'exprime par des arômes intenses de fruits noirs, dont le cassis et la mûre, voire le sureau, où se mêlent des notes florales de violette et les épices de la garrigue avoisinante. D'un bel équilibre, tout en gour-mandise, sa bouche présente un beau volume et des tanins soyeux et enveloppés. La rémanence des fruits nimbés d'épices lui confère une finale longue, fraîche et digeste.

Lo Viehl, Clos du Gravillas, Vin de Pays des Côtes de Brian 2004 🐷 🐷 🐷 <u>17/20</u>
De vieux carignans composent cette cuvée qui s'empourpre et dont il émane des arômes intenses de fruits noirs, dont le cassis et la mûre, asso-ciés à des notes chocolatées, une pointe sanguine, dans une ambiance épicée. La bouche puissante et riche tout en res-tant sur les fruits repose sur des tanins soyeux. Dans ce vin, tout se fond en une longue finale persistante et rafraîchis-sante.

VIGNOBLE DU LOUP BLANC

Alain Rochard, Carine Farre   Tél. : +33 (0) 4 67 38 18 82
et Nicolas Gaignon   Fax : +33 (0) 4 67 38 18 82
VIGNOBLE DU LOUP BLANC   Courriel : vignoble.loupblanc@wanadoo.fr
Hameau de la Roueyre   Site Web : www.vignobleduloupblanc.com
11120 Bize Minervois

Appellation de référence : Minervois
Superficie : 16 ha
Production : 50 000 bt/an

Cépages: Terret, Muscat, Grenache gris, Grenache noir, Carignan, Grenache, Syrah, Cinsault, Tempranillo, Alicante, Chenanson
Type de viticulture: Agrobiologie
Organisme et année de certification: Ecocert 2009

Domaine

Ce domaine, qui tire son nom de l'expression « être connu comme le loup blanc », a été créé en 2003 par Alain Rochard, franco-québécois, propriétaire du restaurant Le Continental à Montréal. Si, à la base, il cherchait à s'installer sur l'appellation Saint-Chinian, c'est en Minervois, appellation limitrophe, qu'il a arrêté son choix après trois ans de pérégrinations et de pugnacité qui l'ont fait connaître dans la région. Nicolas Gaignon et Carine Farre, associés dans ce projet, s'occupent fort bien de la tenue de ce vignoble où Alain Rochard se rend régulièrement, notamment pour prendre part aux vendanges et aux vinifications.

Après avoir apprivoisé les vignes sises sur différentes parcelles dans cette magnifique vallée de la Cesse, c'est naturellement qu'ils ont décidé de se tourner vers une conduite des vignes en biologie, afin de respecter cet environnement et d'exprimer pleinement le potentiel des terroirs. Dans ce coin magique, au milieu de la garrigue et des pins, Nicolas bichonne ses vignes, et les vins, dont toutes les cuvées portent des noms de contes se référant au loup, sont de belles expressions de ce que peut engendrer la région.

Les vins

Le Blanc, Vignoble du Loup Blanc, Vin de Table 2007 🍇 🍇 🍇 <u>16,5/20</u>
Issu d'un assemblage de grenache, terret et muscat, ce vin d'une couleur cristalline jaune pâle à reflets argentés s'exprime par les fruits blancs, dont la poire et la pêche, associés aux fleurs blanches, l'acacia, le tout dans une ambiance minérale, ce qui lui confère une belle fraîcheur aromatique. Après une attaque franche, la bouche, dans le prolongement du nez, se révèle juteuse, et sa finale minérale lui confère une agréable longueur soutenue et rafraîchissante. Un vin élégant et racé.

Le Petit Chaperon Rose, Vignoble du Loup Blanc, Vin de Pays du Val de Cesse 2008 🍇 🍇 <u>16/20</u>
Cinsaut et chenanson s'allient dans ce rosé de teinte rose framboise qui annonce d'entrée la couleur. Le nez invitant s'harmonise sur les fruits rouges acidulés, notamment la groseille, associés à une touche de fruits blancs. La bouche s'avère friande, ronde, tout en fraîcheur grâce à un bel équi-

libre. Quant au croquant des fruits, il lui confère une finale élégante de belle allonge tout en fraîcheur. À servir de l'apéritif au dessert.

Soif de Loup, Vignoble du Loup Blanc, Vin de Pays du Val de Cesse 2008 🐷 🐷 <u>16,5/20</u>

Assemblage de carignan, chenanson et grenache, ce vin rubis violacé clair s'exprime par un nez frais et croquant de petits fruits rouges acidulés, dont la fraise, la framboise et la groseille, le tout assorti d'une belle fraîcheur. En bouche, tout n'est que plaisir tant il s'avère friand, juteux, sur une belle acidité et des tanins souples. La rétro sur les fruits lui confère une finale rafraîchissante. Un vin d'une grande « buvabilité » pour étancher sa soif.

Le Régal du Loup, Vignoble du Loup Blanc, Minervois 2008 🐷 🐷 <u>16,5/20</u>

Paré d'une teinte rubis violacé intense et profond, ce mariage de carignan et de grenache, avec une pointe de syrah, harmonise son nez par des arômes de fruits noirs et rouges mûrs, dont la mûre, la guigne et la framboise, additionnés d'une touche plus chaude d'épices de cacao, voire de zan, tout en conservant une belle fraîcheur. La bouche, élégante et gourmande, repose sur une belle acidité et des tanins soyeux et fins. La finale épicée sur des notes de poivre s'avère d'une longueur agréable et persistante.

La Mère Grand, Vignoble du Loup Blanc, Minervois 2007 🐷 🐷 <u>17/20</u>

De couleur rubis pourpre issu d'un assemblage de grenache, syrah et carignan, cette cuvée offre des parfums de fruits mûrs quasi confiturés, notamment la fraise, la mûre et le cassis, associés à des notes épicées de poivre rose et autres épices plus chaudes de la région. En bouche, tout n'est que gourmandise grâce à un bel équilibre, une acidité fraîche et un beau volume, le tout structuré par des tanins soyeux. La finale suave sur les fruits et le poivre lui confère une longueur appuyée d'une belle fraîcheur. Un vin qui prend un air de vacances.

Les Trois P'tits C, Vignoble du Loup Blanc, Vin de Pays du Val de Cesse 2007 🐷 🐷 <u>17,5/20</u>

Assemblage inhabituel pour la région puisqu'il comprend, en plus du grenache, du tempranillo et un peu d'alicante, cépages que l'on retrouve en Espagne. D'une teinte rubis violacé, intense et profonde, il émane de ce vin une puissance aromatique sur les fruits rouges et noirs, dont le cassis, le bigarreau et la mûre, associés à des notes d'épices de la garrigue environnante, le tout rehaussé par un côté sanguin et un boisé subtil. En continuité, la bouche se révèle ample, alliant finesse, fraîcheur et puissance tout en conservant son côté gourmand. Bien équilibré, soutenu par des tanins de qualité que le temps peaufinera, il se dissipe lentement sur une rémanence des fruits et des épices en une finale longue et persistante. Un vin élégant et riche que l'on peut attendre même s'il procure déjà du plaisir.

Méchant Loup, Vignoble du Loup Blanc, Minervois 2007
 **17,5/20**

Parce qu'il est grand, ce 100 % carignan issu de vieilles vignes se pare d'une robe profonde et intense de teinte rubis. Il laisse dans son sillage de puissants effluves de fruits noirs confits, dont la mûre, où se mêlent des arômes d'épices de la région, de cacao, de moka, voire de tabac. La bouche d'une grande plénitude se révèle riche, puissante tout en conservant sa finesse et son élégance grâce à un bel équilibre soutenu par des tanins soyeux et charnus. Un vin racé sur une finale rémanente où se mêlent les fruits et les épices pour lui conférer une belle persistance aromatique. Encore tout jeune, mais de bel augure.

Péché de Loup, Vin de Table 2003 (500 ml) **16/20**

À base de grenache noir, ce vin moelleux s'empourpre avant de s'ouvrir sur une belle complexité aromatique d'où émanent les fruits confits, plus précisément la confiture de cerise noire, associés à des notes de cacao, de moka et d'épices. La bouche, bien équilibrée, se révèle puissante tout en conservant une belle fraîcheur et des tanins enrobés. La finale appuyée lui apporte de la race.

ROUSSILLON

DOMAINE CAZES

André, Bernard et Emmanuel Cazes	Tél. : + 33 (0) 4 68 64 08 26
DOMAINE CAZES	Fax : + 33 (0) 4 68 64 69 79
4, rue Francisco Ferrer	Courriel : info@cazes-rivesaltes.com
66602 Rivesaltes Cedex	Site Web : www.cazes-rivesaltes.com

Appellation de référence : Côtes du Roussillon
Superficie : 200 ha
Production : 800 000 bt/an

Cépages : Chardonnay, Muscat d'Alexandrie et Muscat blanc à petits grains, Grenache Noir, Maccabeu, Vermentino, Syrah, Mourvèdre, Carignan, Merlot, Cabernet sauvignon

Types de viticulture : Agrobiologie et biodynamie

Organismes et années de certification : Ecocert 1997, Biodyvin 2005

Domaine

Entre les Pyrénées et la Méditerranée, ce domaine de 200 hectares, au cœur de la plus importante appellation de Vins Doux Naturels (Rivesaltes), propose une grande diversité de vins dans différentes appellations. Du Vin de Pays aux Côtes du Roussillon et Côtes du Roussillon Villages sans oublier les fleurons du domaine, le Rivesaltes et le Muscat de Rivesaltes. Au total, 15 vins différents, engendrés tant par la créativité des hommes que par la diversité liées à la mosaïque des terroirs qui composent cette propriété, constituent la gamme.

Depuis sa création par Michel Cazes au début du siècle dernier, le domaine a évolué et ce sont aujourd'hui ses petits-fils Bernard et André qui ont repris le flambeau. Mais la quatrième génération, dont certaines cuvées portent le nom, s'apprête à assurer la relève, notamment Emmanuel.

Le domaine Cazes qui s'est tourné vers l'agriculture biologique dès 1998 puis la biodynamie est aujourd'hui le plus grand domaine viticole français à pratiquer cette méthode, avec pour objectif, des vignes vivantes dans des terroirs vivants.

C'est dans ses premières amours, les vins doux naturels (VDN), qui sont de belles expressions de terroir, que la force et la richesse du domaine s'expriment. Cependant, le reste de la gamme n'est pas à laisser pour compte.

Les vins

Le Canon du Maréchal, Domaine Cazes, Vin de Pays des Côtes Catalanes 2008 ● ● **15,5/20**

Issu de muscat d'Alexandrie, muscat à petits grains, et de viognier, d'une couleur jaune pâle aux reflets argentés, il dégage un nez aromatique sur des effluves frais de fruits à chair blanche, dont l'abricot et la pêche, associés à des notes florales de glycine. Attaque franche sur une acidité tonifiante. La bouche se révèle relativement ample grâce à un beau volume. Il revient en rétro sur les fruits blancs, voire exotiques, dont l'ananas, avec une pointe d'amertume qui lui confère une agréable fraîcheur et de la tenue finale.

Le Canon du Maréchal, Domaine Cazes, Vin de Pays des Côtes Catalanes 2008 🍷🍷 15/20

Assemblage de syrah et de merlot de teinte rubis moyennement intense qui tire sur le violet. Il s'ouvre sur des arômes frais de fruits rouges, dont la fraise et la framboise, associés à des notes florales et épicées sur une touche de poivre. La bouche s'avère friande et acidulée par une agréable acidité. Un vin de plaisir, facile, bien équilibré grâce à de tanins caressants et une finale sur les fruits assez longue.

Marie Gabrielle, Domaine Cazes, Côtes du Roussillon 2007 🍷🍷 15,5/20

Rubis pourpre, il s'exprime par les fruits noirs, dont le cassis et la mûre, où se mêlent les épices du Sud, mais aussi un petit côté sanguin. La bouche se révèle onctueuse, moyennement corsée, soutenue par des tanins fondus et enrobés. La rétro sur les arômes perçus au nez associés à une pointe de tapenade d'olives lui donne une longueur intéressante. Un vin à marier aux plats épicés du Sud.

Ego, Domaine Cazes, Côtes du Roussillon Villages 2007 🍷🍷 16/20

Issu du mariage des cépages grenache, syrah, mourvèdre, ce vin, contrairement à son pendant, l'Alter, n'a pas vu de bois. D'un rouge rubis, son nez délicat évoque les fruits noirs et rouges, d'où jaillit une subtile pointe d'épices. En bouche, ce vin de soleil dépourvu d'artifices s'avère gourmand et ses tanins fins supportent une belle matière. Harmonieux, il s'évanouit sur une finale appuyée.

Alter, Domaine Cazes, Côtes du Roussillon Villages 2007 🍷🍷 15,5/20

De même composition que l'Ego, cette cuvée se pare d'un rubis plus grenaté et les arômes vanillés perceptibles au nez témoignent de son passage sous bois. Ils demeurent cependant bien intégrés et apportent une certaine complexité. En bouche, il est plus puissant et ses tanins s'avèrent légèrement plus présents. Avec le temps, le bois présent dans sa jeunesse se fondra. Un vin plus viril à attendre.

Le Credo, Domaine Cazes, Côtes du Roussillon Villages 2007 🍷🍷🍷🍷 16,5/20

Assemblage de grenache, syrah et mourvèdre issus d'une sévère sélection parcellaire. Ce vin rubis profond s'avère aromatique et complexe. On y décèle les fruits noirs mûrs et les épices de la région, dont le thym et le romarin, auxquels s'additionnent des notes de réglisse et de chocolat en raison de l'élevage. Un vin riche et puissant où la matière dense est soutenue par de beaux tanins bien enveloppés. Belle concentration en finale sur les fruits et les épices, il se dissipe en laissant une belle impression. Encore tout jeune, même si déjà plaisant, il mérite d'être attendu pour que tout fonde.

Muscat de Rivesaltes, Domaine Cazes, Muscat de Rivesaltes 2005 🐷 🐷 16,5/20

Muscat d'Alexandrie et à petits grains de couleur jaune pâle aux reflets dorés, il est expressif avec ses notes d'agrumes confits, de fruits exotiques, dont l'abricot et la pêche de vigne, avec en plus un petit côté floral, voire de miel. D'une grande profondeur en bouche, il s'avère tonique, caressant et bien équilibré. De plus, sa finale muscatée lui confère longueur et ténacité. À savourer pour lui-même ou en de multiples occasions, en accompagnement de fromages ou de desserts.

Rivesaltes Tuilé, Domaine Cazes, VDN Rivesaltes 1990 🐷 🐷 🐷 18/20

Issu de grenache noir, ce vin doux naturel élevé douze ans en vieux foudres de chêne se pare d'une robe grenat tuilé et s'ouvre sur un nez aux arômes intenses de fruits confits, dont la datte, d'épices et de cacao, voire de moka. La bouche d'un beau volume renferme une belle fraîcheur, ce qui équilibre le sucre résiduel. La finale où se concentrent les fruits et les épices est longue et persistante mais conserve toute sa fraîcheur. Un régal sur les desserts au chocolat ou tout simplement comme dessert.

Cuvée Aimé Cazes, Domaine Cazes, Rivesaltes 1978 🐷 🐷 🐷 18,5/20

Ce que le temps a bien fait les choses pour ce vin doux naturel d'exception issu de grenache blanc complété d'un peu de grenache noir. Après vingt-deux ans d'élevage en foudres, le temps a accompli son œuvre et nous offre un vin ambré, majestueux, aux arômes puissants de noix, de miel, de crème brûlée, d'oranges confites, de figue, d'épices, de muscade et de tant d'autres choses qui font cette richesse et cette complexité qui se poursuit en bouche sur une superbe concentration savamment patinée. D'une suavité sans ambages, il donne le meilleur de lui-même. Un vin somptueux, harmonieux qui conserve toute sa fraîcheur. Quant à la longueur, je vous laisse l'imaginer. Les possibilités d'accords sont multiples, mais surtout en charmante compagnie.

DOMAINE GAUBY

Gérard, Lionel et Ghislaine Gauby   Tél. : +33 (0) 4 68 64 35 19
DOMAINE GAUBY   Fax : +33 (0) 4 68 64 41 77
La Muntada   Courriel : domaine.gauby@wanadoo.fr
66600 Calce   Site Web : www.domainegauby.fr

Appellation de référence : Côtes du Roussillon Villages
Superficie : 45 ha
Production : 80 000 bt/an
Cépages : Maccabeu, Grenache blanc, Muscat, Viognier, Grenache noir, Carignan, Syrah, Mourvèdre
Types de viticulture : Agrobiologie et biodynamie
Organisme et année de certification : Ecocert 2010 (en cours de certification)

Domaine

Sur la route menant de Perpignan à Calce, après avoir emprunté un petit chemin sinueux serpentant au milieu de la garrigue d'une grande complexité aromatique et bercé par le chant strident des cigales, se trouve le Domaine Gauby où son propriétaire, Gérard Gauby, semble dans son élément naturel. C'est au milieu des années quatre-vingt qu'il s'est installé ici, dans cet environnement privilégié au panorama grandiose, entouré de vignes mais aussi de forêts de chênes, de prairies et toujours de cette garrigue omniprésente, dans un secteur où vit l'aigle de Bonneli. Tombé dedans tout petit, il a suivi les traces de son grand-père déjà vigneron. Dans cette aventure, il est aujourd'hui aidé par son épouse Ghislaine, son fils Lionel et sa fille. C'est naturellement que ce vigneron hors pair et exigeant, aussi bien avec lui-même qu'avec ses vins, s'est vite tourné vers une viticulture respectant l'environnement magique dans lequel il vit. En bio de notoriété publique, il a décidé seulement dernièrement de demander sa certification dans le but d'attester de l'authenticité de ses faits et gestes sans savoir s'il l'affichera.

Sur ce site enchanteur, ne supportant pas les déserts de vignes, il s'est tourné vers la polyculture comme cela se faisait avant. Il cultive donc aussi des champs et des prairies qui servent à nourrir ses vaches, ses chevaux, son ânesse et ses poules, qui font partie intégrante du domaine. De plus, cette ménagerie l'aide dans les vignes, et entretient la garrigue. Grâce à elle, les oiseaux sont même revenus sur les lieux.

Les vignes qui servaient à l'origine de coupe-feu dans cet environnement sauvage, aride, escarpé et vallonné se situent à environ 300 m d'altitude sur les contreforts des Corbières. Ce vigneron tire la quintessence de ses terroirs d'exception, de calcaire, de marne et de schiste, disposés en strates verticales, qui permettent aux racines des vignes de plonger en profondeur.

La conduite en bio de son vignoble planté des cépages adaptés à la région respecte la nature qu'il prend comme alliée. Il travaille ses sols et utilise des produits maison à base de plantes et autres produits naturels comme les huiles essentielles, le compost, en essayant de comprendre au maximum le terroir afin d'adapter la biodynamie à sa région.

Doté d'une cave où tout se fait par gravitation, il poursuit ici sa vision du vin dans un respect total du raisin qu'il vinifie en cuves bois, béton, résine et barriques en privilégiant toujours cette fraîcheur minérale qui lui confère toute cette digestibilité et en fait sa signature.

Ce vigneron exemplaire d'une grande humilité confectionne ses vins comme de véritables œuvres d'art, et s'amuse aussi en élaborant des vins originaux, notamment une vendange tardive légèrement oxydative de toute beauté grâce à son merveilleux équilibre entre le sucre résiduel et la minéralité.

Un visionnaire passionné qui a fait des émules en ouvrant la voie de la viticulture de haute volée dans le sud.

Les vins du Domaine du Soula qu'il a acquis avec quelques associés sur des terrasses granitiques au nord de l'appellation Maury, cultivés évidemment en agriculture biologique, ne sont pas à laisser pour compte.

Les vins

Les Calcinaires, Domaine Gauby, Vin de Pays des Côtes Catalanes 2008 🌳 🌳 🌳 <u>16,5/20</u>
Issu d'un assemblage de muscat, maccabeu, chardonnay et vermentino, d'une teinte brillante jaune doré aux reflets vieil or, ce vin aromatique et frais s'ouvre sur un nez complexe et bien défini aux effluves de fleurs blanches, dont l'acacia, associés aux fruits blancs, dont la pêche et le melon miel, mais aussi une pointe d'agrume, le tout baigné par une grande minéralité. En bouche après une attaque franche, il se révèle riche, gourmand, d'un beau volume tendu par une acidité vivifiante. La finale s'étire sur les fruits, mais surtout sur la minéralité avec une pointe d'amertume qui lui confère une longueur soutenue et rafraîchissante. Un vin d'une grande pureté, tout en finesse.

Les Calcinaires, Domaine Gauby, Vin de Pays des Côtes Catalanes 2008 🌳 🌳 🌳 <u>17,5/20</u>
Syrah, mourvèdre, grenache et carignan s'allient dans cette cuvée rouge rubis qui s'empourpre, non par timidité car il est très loquace au nez. Il

s'exprime par des arômes de fruits rouges et noirs, notamment de framboise, de cerise et de mûre, où se mêlent les notes épicées et fraîches de la garrigue au petit matin avant que le soleil n'exacerbe ses effluves. Des nuances mentholées, voire de zan, viennent apporter fraîcheur à cette complexité. La bouche friande, d'une grande gourmandise sur les fruits acidulés, construite sur des tanins soyeux et fins, dévoile toute son élégance. La pointe de minéralité en finale accentue sa fraîcheur et appuie sa longueur. Un vin d'une grande digestibilité et « buvabilité » qu'il serait bon d'attendre un peu si c'est possible !

Vieilles Vignes, Domaine Gauby, Côtes du Roussillon Villages 2006
🍷🍷🍷 **18/20**

Issu d'un assemblage de grenache, carignan, syrah et mourvèdre, cette cuvée Vieilles Vignes se pare d'une robe rouge rubis aux reflets pourpres. Le nez expressif et frais s'ouvre sur des arômes de fruits noirs et rouges, dont la mûre et la cerise, en équilibre avec des notes florales et épicées, notamment de poivre et de réglisse, additionnées d'un côté sanguin et iodé, le tout souligné par un boisé subtil. En bouche, il se révèle musclé, mais tout en finesse et d'une classe inouïe. Son acidité fraîche sur une belle montée de sève aux tanins veloutés et sa rétro sur la minéralité lui confèrent une finale soutenue, rafraîchissante et digeste, d'une longueur que l'on ne peut oublier. Un vin majestueux.

Vielles Vignes, Domaine Gauby, Côtes du Roussillon Village 2008
🍷🍷🍷 **18/20**

Dégusté à la barrique le 2008 dans la lignée des millésimes précédents, il s'avère d'une grande puissance associée à cette grande minéralité caractéristique, et toujours ce toucher de bouche soyeux pour ce millésime sec.

Muntada, Domaine Gauby, Côtes du Roussillon Village 2006
🍷🍷🍷🍷 **19,5/20**

Dans cette cuvée mythique qui signifie pente en catalan, grenache, carignan, mourvèdre et une pointe de syrah s'harmonisent. Elle se pare de ses plus beaux atours, une robe rubis pourpre chatoyante et un parfum délicat et complexe tout en nuances sur des fragrances de fruits noirs et rouges, dont la cerise et la grenadine, avec des notes épicées et fraîches de garrigue, mais aussi de réglisse, le tout baigné d'une grande fraîcheur minérale avec une pointe de salinité. Un vin d'une grande dualité entre puissance et finesse, sur une super concentration, une acidité fraîche et des tanins soyeux et veloutés. Un vin racé qui s'élève en finale sur les fruits et les épices avec toujours cette minéralité rafraîchissante si caractéristique. La longueur est incommensurable, voire indélébile. Une expérience inoubliable. Le 2000 en blanc est somptueux, épanoui, d'une grande plénitude. Et pour avoir dégusté les barriques en cours d'élevage, le Muntada

2008 s'annonce très très prometteur dans la lignée de ses prédécesseurs, peut-être un peu plus concentré.

DOMAINE OLIVIER PITHON

Olivier Pithon	Tél. : +33 (0) 4 68 38 50 21
DOMAINE OLIVIER PITHON	Fax : +33 (0) 4 68 38 50 21
19, rue d'Estagel	Courriel : pithon.olivier@wanadoo.fr
66600 Calce	Site Web : www.domaineolivierpithon.com

Appellation de référence : Côtes du Roussillon
Superficie : 15 ha
Production : 35 000 bt/an
Cépages : Grenache blanc et gris, Maccabeu, Carignan, Grenache, Syrah, Mourvèdre
Types de viticulture : Agrobiologie et biodynamie
Organisme et année de certification : Ecocert 2003

Domaine

Originaire d'Anjou, c'est naturellement, vu ses antécédents familiaux, qu'Olivier Pithon, frère de Jo, bien connu dans les Coteaux du Layon, est venu au vin ou que le vin est venu à lui, puisqu'il est tombé dedans tout petit, comme il le dit. Après avoir étudié à Bordeaux et fait ses armes à Saint-Émilion, il s'est lancé dans l'aventure en solo en 2001. Inspiré par les grands vins qu'élabore Gérard Gauby, copain de son frère et dont il est devenu par la suite le voisin, associés à la beauté et à la magie de cette région de Perpignan qui surplombe la mer, il a jeté son dévolu sur Calce dans les Pyrénées-Orientales. Sur de magnifiques terroirs de schiste, il a pu acquérir, dans un premier temps, huit hectares. Aujourd'hui, il a presque doublé sa superficie et diversifié ses terroirs en ajoutant des parcelles sur les marnes et d'autres sur argilo-calcaire. Par la même occasion, il a complexifié son encépagement.

Pour accéder à ses diverses parcelles disséminées dans la garrigue, les pins et les chênes verts, il faut emprunter la fameuse D18 (départementale 18), d'où sa grande cuvée en blanc tire son nom, route étroite, sinueuse et périlleuse qui relie Calce au Col de la Dona et d'où le panorama est magique et imprenable.

Tout comme il lui a semblé naturel d'avoir une vache dénommée Laïs, d'où le nom de ses cuvées, et une jument Falbala, c'était une évidence que ce vigneron entier et naturel conduise son vignoble en bio même si, économiquement, c'était peut-être irrationnel, quoique les produits chimiques coûtent cher aussi. De plus, il avait été sensibilisé à ce type de culture par son aîné, dès son plus jeune âge. Olivier travaille ses terres avec amour en les labourant et en s'inspirant de la biodynamie pour ses préparas. Dans son ouvrage, il est secondé par Falbala et Laïs, au regard hypnotiseur, qui l'accompagnent dans les vignes où elles paissent. Son but est de faire des vins les plus proches du terroir dans un respect de cet environnement naturel.

À la cave, il poursuit dans sa lancée et ne fait qu'accompagner, voire ajuster, la transformation des raisins qu'il juge dignes d'engendrer des vins élégants, fins et équilibrés.

Ce vigneron modeste et généreux, même s'il travaille très fort, savoure au quotidien sa qualité de vie dans ce coin de paradis au milieu de la garrigue et bercé par le champ des cigales. Le « jus » en vaut la chandelle et Olivier a trouvé son propre style. Les vins qu'il élabore sont authentiques, alliant franchise et finesse, des modèles de ce que peuvent engendrer ces terroirs magnifiques.

Les vins

Laïs, Domaine Olivier Pithon, Vin de Pays des Côtes Catalanes 2008
🐷 🐷 🐷 <u>17/20</u>

Cet assemblage de maccabeu et de grenache blanc et gris, issu des terroirs de schiste, se pare d'une teinte jaune pâle éclatant aux miroitements légèrement verts. Doté d'un nez frais, cette cuvée, du nom de la vache, harmonise ses arômes de fleurs blanches, d'agrumes, dont le pamplemousse rose, avec une pointe agréable d'épices, le tout baigné par une belle minéralité. Les discrètes notes de fumée ne font que souligner les atours de ce vin. La bouche, quant à elle, se montre tonique, sur une acidité vivifiante et un beau volume. Sa finale riche et élégante, d'une grande fraîcheur due à la minéralité qui s'exprime par une pointe d'amertume, lui confère une longueur soutenue. Un vin racé de forte personnalité qui, comme les grands yeux de Laïs, ne vous laissera pas indifférent.

La D18, Domaine Olivier Pithon, Vin de Pays des Côtes Catalanes 2007 🐷 🐷 🐷 🐷 <u>17,5/20</u>

Issu de grenache blanc et gris, ce nectar. de teinte cristalline, de jaune doré pâle aux reflets vieil or. Si sa couleur invite déjà au voyage, son nez aromatique et complexe vous transporte sur des effluves d'une grande fraîcheur où se mêlent le côté floral et les agrumes, le pamplemousse, avec une pointe de menthol et de fenouil. On y décèle en outre une nuance iodée, sur un boisé tout en finesse, le tout nimbé d'une grande minéralité. Un vin qui en bouche oppose le côté mordant de l'acidité à sa remarquable densité. D'un équilibre somptueux, il se révèle riche, d'une grande gourmandise. Sa finale sur une belle définition de ce qu'est la minéralité, s'avère confondante, d'une fraîcheur magistrale. Un vin à l'image des panoramas qu'offre cette route sinueuse.

La D18, Domaine Olivier Pithon, Vin de Pays des Côtes Catalanes 2008 🍷🍷🍷🍷 <u>18/20</u>

En cours d'élevage, il s'avère élégant, racé, de la trempe du 2007. Sa magnifique minéralité lui assure déjà un équilibre hors du commun.

Laïs, Domaine Olivier Pithon, Côtes du Roussillon 2007 🍷🍷🍷 <u>17,5/20</u>

Carignan et grenache s'assemblent ici pour donner un vin de teinte rouge rubis brillant dans laquelle se mêlent des reflets violets. Il s'ouvre sur un nez expressif et frais aux effluves de fruits noirs frais, dont la mûre, auxquels s'harmonisent des notes florales de violette, sans oublier les épices dont regorge la garrigue, mais aussi le poivre, la réglisse, exhaussés par un subtil boisé. La bouche, friande et gourmande est supportée par une acidité juteuse. Les tanins qui composent son ossature sont fins et étoffés et étayent une matière de belle concentration. D'un superbe équilibre, sa finale sur les fruits, associés à une grande minéralité, lui confère une allonge soutenue et solennelle. Un vin digeste, d'une grande fraîcheur issue d'une contrée chaude.

Laïs, Domaine Olivier Pithon, Côtes du Roussillon 2008 🍷🍷🍷 <u>17,5/20</u>

Dégusté encore en élevage, ce rouge s'annonce déjà croquant sur un beau volume où la fraîcheur est encore une fois conservée.

Pilou, Domaine Olivier Pithon, Côtes du Roussillon 2007 🍷🍷🍷 <u>18/20</u>

Issu exclusivement de carignan, cépage par excellence de la région, cette cuvée d'une couleur alléchante, rubis pourpre, se dévoile par un nez frais, aromatique et complexe sur des fragrances de petits fruits noirs et rouges frais, dont la framboise et la mûre, où s'adjoignent des notes florales de pivoine et d'épices environnantes. Une pointe de réglisse et d'iode sur un léger boisé est aussi perceptible. Le tout dans une fraîcheur minérale. La bouche, d'une grande sensualité, se révèle friande grâce à un beau volume équilibré par une acidité rafraîchissante. Sa chair est soutenue par des tanins veloutés de grande finesse. D'un équilibre imposant, il revient sur les fruits et les épices dans une grande minéralité et sa finale est majestueuse. Un vin de grande classe.

Pilou, Domaine Olivier Pithon, Côtes du Roussillon 2008

 **18/20**

En cours d'élevage, un vin de bon augure.

*Sans oublier, en rouge, sa cuvée **Mon P'tit Pithon**, un superbe vin de soif à partager avec les amis.*

DOMAINE SAN MARTI

Bernard et Nathalie Coronat
DOMAINE SAN MARTI
Clos Saint-Martin
20, avenue Lamartine
66430 Bompas

Tél. : +33 (0) 4 68 63 26 09
Fax : +33 (0) 4 68 63 1404
Courriel : donainesanmarti@free.fr
Site Web : www.domaine-san-marti.com

Appellation de référence : Côtes du Roussillon
Superficie : 25 ha
Production : 150 000 bt/an
Cépages : Maccabeau, Muscat, Carignan, Grenache, Syrah, Merlot, Cabernet sauvignon
Type de viticulture : Agrobiologie
Organisme et année de certification : Ecocert 1989

Domaine

Ce domaine anciennement nommé domaine du Clos Saint-Martin, situé entre le mont Canigou dans les Pyrénées et la mer Méditerranée sur des terres arides, argilo-siliceuses, s'est constitué à partir d'héritages familiaux et d'achat, et ce, depuis 1914.

Dans un respect de l'environnement, la famille Coronat perpétue sur son vignoble le savoir-faire traditionnel, et conduit sa viticulture en biologie selon les méthodes ancestrales.

C'est ce savoir-faire et l'amour de son vin qui donnent aux vins de Bernard Coronat une saveur authentique et naturelle.

Les différents terroirs qui composent ce domaine engendrent une gamme de vins très variée dans des diverses appellations, du Vin de Pays aux Côtes du Roussillon en passant par les vins doux naturels, mais toujours dans un souci de respect de la typicité.

Un domaine à multiples facettes pour satisfaire tous les goûts.

Les vins

Cuvée Auguste Coronat, Domaine San Marti, Côtes du Roussillon 2004 🍷🍷 <u>14/20</u>

Ce vin issu de carignan, grenache et syrah, de teinte rubis, s'empourpre légèrement pour mieux se dévoiler grâce à un nez aromatique et fruité sur des effluves de fruits confiturés, notamment de confiture de fraises, baignés des épices chaudes de la région associées à une pointe de vanille. Un vin frais, gouleyant, où tout est fondu, du boisé aux tanins assez souples, mais présents. La finale sur les épices s'évanouit cependant assez vite en laissant une agréable sensation.

DOMAINE JEAN-LOUIS TRIBOULEY

Jean-Louis Tribouley   Tél. : +33 (0) 4 68 29 03 86
DOMAINE JEAN-LOUIS TRIBOULEY Fax : +33 (0) 4 68 29 03 86
9, place Marcel Vié   Courriel : jean-louis.tribouley@orange.fr
66720 Latour de France

Appellation de référence : Côtes du Roussillon Villages Latour de France
Superficie : 13 ha
Production : 35 000 bt/an
Cépages : Maccabeu, Carignan, Grenache, Syrah
Type de viticulture : Agrobiologie
Organisme et année de certification : Ecocert 2004

Domaine

Quand Jean-Louis Tribouley, franc-comtois d'origine, a pris conscience que le milieu associatif dans lequel il travaillait lui faisait perdre son côté militant, il a décidé qu'il était temps de se reconvertir et de vivre de la passion qu'il nourrissait pour le vin. Après un stage de formation à Beaune et un autre pratique au Domaine Gauby, il a créé son propre domaine en 2002. S'il a choisi de s'installer en Côtes du Roussillon Villages Latour de France, c'est pour la richesse des terroirs de schiste et de gneiss mêlés d'arènes granitiques de cette appellation, qu'il avait repérée sur les cartes géologiques. Dès le départ, parce qu'il n'envisageait tout simplement pas de travailler autrement, il a décidé de conduire son vignoble en biologie et de demander la certification Ecocert. C'était pour lui une évidence. En fonction des pentes et de leur situation, les sols sont labourés au tracteur, au chenillard, au cheval, ou encore piochés. Grâce au rigoureux tri qu'il effectue à la vendange, ce ne sont que des raisins sains que l'on pourrait manger qui rentrent au chai attenant à la maison dans le village de Latour

de France. Par ses vinifications traditionnelles sans levurage et avec très peu de SO_2, voire pas du tout, il s'assure de préserver les caractéristiques propres à ses raisins.
    Quatre cuvées sont ainsi réalisées pour satisfaire tous les plaisirs de la vie.

Les vins

Marceau Le Blanc, Domaine Jean-Louis Tribouley, Vin de Pays des Côtes Catalanes, 2008 🍷 🍷 <u>15,5/20</u>
Le maccabeu donne ici un vin d'une robe jaune doré aux reflets vieil or. Son nez de fruits blancs et acidulés, notamment de pêche, associés à une minéralité présente est assez expressif. En bouche, l'attaque est franche et vive et révèle une belle matière. Tendu sur la corde raide de l'acidité, et grâce à sa minéralité en finale assez longue et soutenue, ce vin fait preuve de finesse et d'élégance.

L'Alba, Domaine Jean-Louis Tribouley, Côtes du Roussillon Villages Latour de France, 2007 🍷 🍷 🍷 <u>15/20</u>
Issu du mélange de carignan, additionné de syrah et de grenache, ce vin qui signifie aube en italien, de teinte rubis aux reflets violacés, s'ouvre sur un nez expressif et frais de fruits noirs et d'épices environnantes. La bouche gourmande, caractérisée par une belle fraîcheur et des tanins soyeux, prolonge le nez dans ses effluves. La finale sur une pointe de minéralité s'avère agréable.

Les 3 lunes, Domaine Jean-Louis Tribouley, Côtes du Roussillon Villages Latour de France, 2007 🍷 🍷 🍷 <u>16/20</u>
Syrah, carignan et grenache constituent l'assemblage de ce vin rubis qui présente un nez aromatique au parfum de fleur, la violette, additionné de fruits noirs, dont la cerise, avec des notes épicées et une délicate touche de bois. En bouche, il se révèle friand grâce à une acidité fraîche et des tanins veloutés. L'agréable rétro sur les fruits et les épices lui imprime une finale appuyée, de belle longueur sur la fraîcheur. Un vin de grande « buvabilité ».

Carignan ou Elepolypossum, Jean-Louis Tribouley, Vin de Pays des Côtes Catalanes, 2007 🍷 🍷 <u>16,5/20</u>
De teinte rouge rubis intense aux reflets violacés, ce vin de carignan s'exprime sur les fruits noirs, dont la guigne et la mûre, associés à des notes épicées de garrigue fraîche, d'olive et une pointe de boisé subtil, le tout sur une minéralité. La bouche, onctueuse, possède un beau volume construit sur une belle acidité et des tanins suaves. La finale sur la minéralité et les fruits lui confère une belle longueur rafraîchissante. On en redemande.

*La Cuvée **Les Copines** n'est pas à laisser pour compte.*

AUTRES DOMAINES INTÉRESSANTS
DOMAINE RAVAILLE FRÈRES (Coteaux du Languedoc Pic saint Loup)
DOMAINE ZIMBAUM-TOMASI (Coteaux du Languedoc Pic Saint-Loup)
DOMAINE DES HAUTES TERRES (Limoux)
CLOS DU ROUGE GORGE (Vin de Pays Catalan)
DOMAINE CORINNE ET ÉRIC LAGUERRE (Côtes du Roussillon)

LOIRE

S i, dans la vallée de la Loire, au pays des rois et des reines, les vastes châteaux riches en histoire y sont nombreux, la viticulture y abonde tout autant. Difficile de s'y retrouver dans la mosaïque d'appellations du vignoble ligérien, qui n'ont pour point commun que leur situation proche du cours de ce fleuve et de ses affluents.

Pour conserver la magnificence de ces lieux et toute la richesse de leur potentiel viticole, pas moins de 205 vignerons ont décidé de conduire leur vignoble en biologie et, par extension, en biodynamie. Aujourd'hui, selon les chiffres de 2008, 2 415 hectares, soit 3,5 % du vignoble, sont convertis, dont 968 sont en cours de certification, et cette surface enregistre une hausse de conversion de 15 % au cours de la dernière année.

Est-ce Nicolas Joly fervent défenseur de la biodynamie et propriétaire de La Coulée de Serrant à Savennières qui fait des émules au sein de la Loire, ou simplement une prise de conscience de la nouvelle génération de viticulteurs qui cherche à préserver la typicité de ses appellations?

Comme partout ailleurs, c'est l'Église qui a contribué au progrès de la viticulture en Loire, même s'il semble que ce soient les Romains qui l'ont introduite dans la région. On atteste même la découverte de la taille de la vigne à l'âne de saint Martin qui a inspiré aux moines une méthode de taille adéquate. En effet, attaché à l'extrémité d'un rang de vigne, l'âne a brouté les feuilles et dévoré certaines jeunes pousses de plans qui, l'année suivante, produisirent des raisins de meilleure qualité.

Néanmoins, dans ce pays giboyeux, la royauté, en résidant sur les rives de ce fleuve, a pérennisé la viticulture et a fait de la Loire un fleuve royal qui a contribué à l'essor des vins de cette région.

En remontant la course effrénée de ce fleuve vers l'océan, de son estuaire à Nantes à sa source au mont Gerbier-de-Jonc, au sud du Massif central, c'est le paradis de la viticulture qui s'étend sur presque 1 000 kilomètres. On y retrouve, regroupées sous l'appellation générale «Loire», plus de 73 appellations que l'on peut synthétiser en quatre grandes régions viticoles: le Pays Nantais, l'Anjou-Saumur, la Touraine et les vignobles du Centre. D'une superficie d'environ 75 000 ha, pour une production de

Vignoble de la Vallée de la Loire

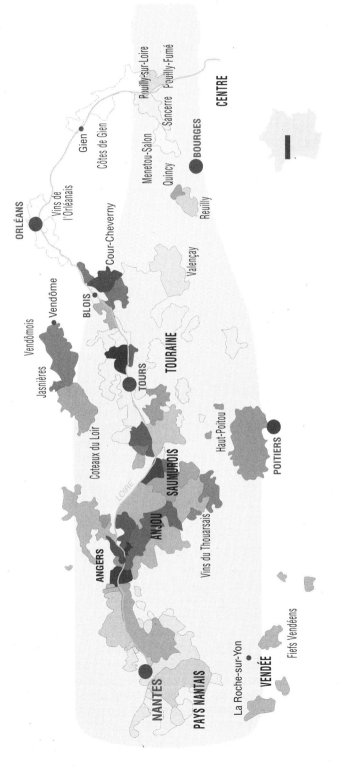

CENTRE

Pouilly-sur-Loire
Sancerre Pouilly-Fumé

Gien
Côtes de Gien

Menetou-Salon
Quincy
BOURGES

Reuilly

ORLÉANS

Vins de
l'Orléanais

Cour-Cheverny

Valençay

Vendômois
Vendôme

BLOIS

Jasnières

TOURS
TOURAINE

Coteaux du Loir

Haut-Poitou

SAUMUROIS

POITIERS

ANJOU

Vins du Thouarsais

ANGERS

NANTES

PAYS NANTAIS

La Roche-sur-Yon

VENDÉE

Fiefs Vendéens

LOIRE

quatre millions de bouteilles par an, elle représente la troisième région de production française après la région bordelaise et celle du Languedoc-Roussillon.

Le vignoble de la vallée de la Loire, de part la diversité de ses terroirs, de ses climats et de ses cépages, produit tous les types de vins : du rouge sec au blanc doux en passant par les blancs secs et les rosés, mais aussi des moelleux et des pétillants.

Le pays nantais, à l'extrême ouest de la vallée de la Loire, proche de l'estuaire, produit des vins blancs secs de muscadet issu du cépage melon de bourgogne qui sont généralement élevés sur lies et peuvent être, dans certains cas, d'une grande complexité. Dans une plus faible proportion, cette région produit aussi le gros-plant issu du cépage folle blanche. Sue cette appellation, le climat est océanique et les sols assez complexes sont influencés par le Massif armoricain et la Loire. Plus au sud, à l'écart de la Loire, le vignoble vendéen est un mixte entre Loire et Aquitaine, tant dans son encépagement que dans son climat.

En remontant vers l'est sur le vignoble d'Anjou qui bénéficie des influences climatiques et géologiques des appellations voisines, le cabernet franc domine en rouge mais on retrouve aussi un peu de cabernet sauvignon, de gamay ainsi que le grolleau vinifié en rosé. En blanc, le chenin blanc vinifié en sec tire sa quintessence du terroir privilégié de Savennières. En moelleux et en liquoreux, c'est sur les appellations Bonnezeau, Quarts de Chaume, Coteaux du Layon et Coteau de l'Aubance qu'il exprime au mieux ses innombrables nuances aromatiques. Sur le saumurois, aux mêmes sols de tuffeau que l'appellation Touraine, sa proche voisine, sont produits des vins blancs de chenin en secs, moelleux, mousseux et en Crémant de Loire, mais aussi un rouge réputé, le saumur-champigny, issu de cabernet franc.

En Touraine, terre de l'écrivain médiéval Rabelais, au cœur même de l'historique du Val de Loire, même si le cabernet franc règne en maître sur le tuffeau, on trouve aussi une multitude d'autres cépages tant en blanc qu'en rouge, qui font la complexité de cette appellation soumise aux influences climatiques venant d'est et d'ouest. En rouge, sous l'appellation Touraine, les vins peuvent être issus de gamay de cabernet, de malbec, de pinot noir et de pineau d'Aunis exclusivement en rosé. En blanc, on retrouve des blancs issus de chenin, de sauvignon, de chardonnay ou de romorantin, cépage local de Cheverny. Les appellations Montlouis et Vouvray se consacrent au blanc de chenin dans toutes ses déclinaisons. Chinon, Bourgueil et Saint-Nicolas-de-Bourgueil, où le cabernet franc exprime au mieux sa personnalité, engendrent des vins rouges qui peuvent, dans certains millésimes, se révéler d'une grande complexité.

Les vignobles du centre, plus à l'est, regroupés sous les appellations Sancerre, Pouilly, Menetou-Salon, Quincy et Reuilly, se vouent au sauvignon blanc. Sur des sols marno-calcaires, ce cépage révèle son plein potentiel comme nulle part ailleurs. Depuis quelques années, le pinot noir fait sa réapparition, vinifié en rouge ou en rosé.

Autour de ces appellations viennent se greffer d'autres appellations moins connues mais tout aussi respectables.

Au pays des châteaux, le vignoble ligérien fait figure de caverne d'Ali Baba creusée dans la craie tant il regorge de trésors viticoles, qui plus est à des prix encore attractifs.

PAYS NANTAIS

DOMAINE DE L'ÉCU

Annie et Guy Bossard	Tél. : + 33 (0) 2 40 06 40 91
DOMAINE DE L'ÉCU	Fax : + 33 (0) 2 40 06 46 79
La Bretonnière	Courriel : bossard.guy.muscadet@wanadoo.fr
44430 Le Landreau	

Appellation de référence : Muscadet Sèvre et Maine sur lie
Superficie : 21 ha
Production : 110 000 bt/an
Cépages : Melon de Bourgogne, Chardonnay, Folle blanche, Cabernet franc, Cabernet sauvignon
Types de viticulture : Agrobiologie et biodynamie
Organismes et années de certification : Ecocert 1975, Demeter 1997

Domaine

Même si la famille Bossard se succède sur ce domaine, non loin de Nantes, dans le vignoble du Muscadet, depuis cinq générations, il aura fallu l'arrivée de l'arrière-arrière-arrière-petit-fils pour donner une impulsion nouvelle à ce domaine. Sa conviction qu'il pouvait faire du muscadet un grand vin l'a conduit à revoir la culture de la vigne, en optant pour la biologie puis, toujours à la recherche de la qualité, il s'est tourné vers la biodynamie avec tout ce que cela comporte.

Sur ce vignoble majoritairement planté du cépage aujourd'hui autochtone de la région, le melon de bourgogne, ce viticulteur a alors repris le travail des sols avec labour à cheval, utilisations de préparas, selon la philosophie de la biodynamie pour revitaliser les sols et préserver l'expression de ses terroirs, mais il reste malgré tout très rationnel.

À la vigne comme à la cave, il apporte le plus grand soin à ses différentes cuvées, isolées par terroirs. Chacune des cuvées porte le nom du sol qui l'a nourrie. Les blancs sont élevés sur lies fines, méthode caractéristique de l'appellation, qui enrichissent et protègent le vin de l'oxydation jusqu'à la mise en bouteille. Dans les vinifications, rien n'entachera l'expression des terroirs, pas de collage, pas de soutirage ni filtration avant la mise en bouteille.

Un muscadet qui vous fait voir les muscadets autrement.

Les vins

Expression de Granite, Domaine de l'Écu, Muscadet Sèvre et Maine sur lie 2008 🍷 🍷 <u>17/20</u>

Ce muscadet cristallin arbore une teinte jaune pâle avec des nuances vertes. Il s'ouvre par un nez frais assez réservé sur des notes minérales auxquelles s'ajoutent de délicats arômes d'agrumes, mais aussi un côté floral d'acacia et de miel. En bouche, après une attaque franche et vive, il se révèle bien équilibré et d'une grande minéralité qui lui confère une super fraîcheur. Ce vin droit, tendu, offre une finale de belle longueur sur un côté iodé. Un classique dont on ne se lasse pas.

Expression de Gneiss, Domaine de l'Écu, Muscadet Sèvre et Maine sur lie 2008 🍷 🍷 <u>16/20</u>

Jaune cristallin, ce vin est puissant de vérité et de pureté. Cette minéralité dont il fait preuve aussi bien au nez qu'en bouche lui confère une fraîcheur inouïe. Peut-être un peu plus fougueux que le granite, il n'en demeure pas moins un exemple de pureté.

Expression d'Orthogneiss, Domaine de l'Écu, Muscadet Sèvre et Maine sur lie 2008 🍷 🍷 <u>16,5/20</u>

Autre expression de terroir que ce muscadet construit sur une acidité vive et toujours cette fraîcheur minérale. La bouche est tendue, droite, pour s'achever sur une finale longue d'une grande plénitude.

DOMAINE SAINT-NICOLAS

Thierry Michon   Tél. : + 33 (0) 2 51 33 13 04
DOMAINE SAINT-NICOLAS   Fax : + 33 (0) 2 51 33 18 42
11, rue des Vallées   Courriel : contact@domaine-saint-nicolas.com
83470 Brem-sur-Mer   Site Web : www.domainesaintnicolas.com

Appellation de référence : Fiefs Vendéens
Superficie : 36 ha
Production : 100 000 bt/an
Cépages : Chenin, Chardonnay, Pinot noir, Gamay, Grolleau, Cabernet franc, Négrette
Types de viticulture : Agrobiologie et biodynamie
Organisme et année de certification : Ecocert 1995

Domaine

Même si la Vendée, région du bord de mer, entre Loire et Aquitaine, est plus connue pour ses plages et ses brioches que pour ses vins, ceux-ci ne sont pas à laisser pour compte, notamment ceux du Domaine Saint-Nicolas. Effectivement, sur la Côte de Lumière, proche de l'océan, ce domaine implanté sur des légers coteaux bien exposés, bénéficie d'un microclimat favorisé par la mer, la forêt et les marais salants de l'Île d'Olonne où il est situé.

Les choses ont bien changé depuis que le père de Thierry Michon s'est installé en 1960 à Brem-sur-Mer sur les quelques ares que détenait son propre père et y fasse renaître cet ancien vignoble disparu. À cette époque, l'appellation d'origine vin délimité de qualité supérieur (AOVDQS) Fiefs Vendéens, n'existait pas et le vignoble était en appellation d'origine simple dénommée « Anciens fiefs du Cardinal ». Grâce aux efforts des viticulteurs pour améliorer la qualité de leurs vins, l'AOVDQS a été obtenue en 1984. Sur cette appellation d'environ 490 hectares, on distingue quatre aires de production distinctes : Mareuil, Brem (où se situe le Domaine Saint-Nicolas), Pissotte et Vix.

Sous l'égide de Thierry Michon depuis 1984, ce domaine a bien changé. Ce jeune viticulteur visionnaire a chamboulé les habitudes vendéennes pour faire de leurs vins des modèles du genre. Afin de composer avec la minéralité de ce terroir en respectant l'environnement, il conduit l'intégralité de son vignoble en biodynamie depuis 1995 après avoir fait des essais. Pour ce faire, il compose avec les différentes tisanes à base de plantes et autres préparas qu'il a su adapter ici.

Une chose est certaine, Thierry Michon, ce personnage sympathique, a fait de ce vignoble qui abreuvait autrefois les rois, son fief et, de ce fief, son royaume. Il prouve ici que même sur une « petite » appellation, il est possible d'élaborer de grands vins.

Les vins

Y Le Haut des Clous, Domaine Saint-Nicolas, Fiefs Vendéens Brem 2006
🍷 🍷 🍷 <u>16/20</u>

Issu de chenin, ce vin jaune paille aux reflets vieil or se dévoile par des fragrances invitantes de fleurs blanches, mais aussi de fruits blancs et secs, le tout agrémenté d'une touche iodée et fumée. La bouche, d'une belle densité et d'une agréable acidité, lui confère pureté et élégance. Droit, il revient en finale sur la fraîcheur associée à une certaine puissance, le tout dans une ambiance fumée, iodée avec persistance.

Reflets, Domaine Saint-Nicolas, Fiefs Vendéens Brem 2008
15,5/20

Assemblage de pinot noir, gamay, cabernet franc et négrette, d'un rouge passion, il s'ouvre sur un nez charmeur où se mêlent les petits fruits rouges en harmonie avec les épices, et une touche iodée. En bouche, il possède une belle amplitude sur une acidité fraîche, soutenue par des tanins fondus. Il revient sur les fruits et les épices dans une longue finale soutenue.

Jacques, Domaine Saint-Nicolas, Fiefs Vendéens Brem 2006
16,5/20

Issu majoritairement de pinot noir avec une pointe de cabernet franc, d'une teinte rouge carmin soutenu, ce vin s'exprime par un nez frais et aromatique de fruits rouges et noirs, dont la cerise, associés à une pointe épicée, saline, voire légèrement iodée, le tout rehaussé par le boisé. La bouche est fraîche grâce à une belle acidité, bien structurée sur des tanins fondus. La rétro sur le juteux des fruits associés au boisé lui confère une finale appuyée. Encore fougueux, il devrait s'assagir avec le temps même s'il procure déjà beaucoup de plaisir.

ANJOU-SAUMUR

DOMAINE DE LA COULÉE DE SERRANT

Nicolas Joly
DOMAINE DE LA COULÉE
DE SERRANT
Château de la Roche-aux-Moines
49140 Savennières

Tél.: + 33 (0) 2 41 72 22 32
Fax: + 33 (0) 2 41 72 28 68
Courriel: coulee-de-serrant@wanadoo.fr
Site Web: www.coulee-de-serrant.com

Appellation de référence: Savennières
Superficie: 16 ha
Production: 40 000 bt/an
Cépage: Chenin blanc
Types de viticulture: Agrobiologie et biodynamie
Organismes et année de certification: Ecocert et Demeter 1984

Domaine

Qui n'a jamais entendu parler de la Coulée de Serrant ni de son propriétaire Nicolas Joly ?

Dans le monde viticole, et encore plus dans celui de la biodynamie,
c'est une figure emblématique qui a réussi à imposer ses idées par la
remarquable qualité de ses vins. Perçu comme un personnage controversé
par certains, et comme un maître incontesté par d'autres, ce disciple de
l'inventeur de la biodynamie Steiner ne laisse personne indifférent. Grâce
à cet anthroposophe militant, la biodynamie se popularise, même si, pour
lui, c'est encore à doses homéopathiques. Auteur à ses heures, il a publié
un ouvrage traitant de la viticulture en biodynamie, *Le vin du ciel à la
terre*.

Le vignoble de la Coulée de Serrant, l'une des plus petites appellations françaises, sept hectares, s'étend sur une avancée tombant dans la
Loire. La nature du lieu, des sols schisteux, et la qualité de son exposition
sont propices à la culture de la vigne. Et depuis que les moines cisterciens
y ont planté de la vigne au XIIe siècle, ce lieu magique est resté intimement
lié à la viticulture.

Appellation appartenant intégralement depuis 1960 à la famille Joly,
depuis le début des années quatre-vingt, Nicolas Joly y exerce son art en y
appliquant sa philosophie et en prônant un retour au terroir. Il applique
les mêmes préceptes sur les belles parcelles en Savennières-Roche aux
Moines et Savennières qu'il détient. Ce vigneron respecte l'environnement
terrestre et cosmique de son vignoble afin de conférer à ses vins l'énergie
du lieu qui les a vus naître.

De par la forte pente de ce vignoble, les sols sont travaillés à la main
et au cheval. Ce puriste de la biodynamie, qui exclut toute utilisation d'engrais chimiques, acaricides, pesticides, désherbants ou produits chimiques
de synthèse d'aucune sorte, n'a recours qu'à des préparas dynamisés dans
l'eau pour entretenir ses vignes et fertiliser ses sols afin de retrouver l'authenticité du terroir dans la qualité de ses vins.

En cave, il laisse le vin être lui-même en intervenant au minimum. Il
n'utilise que très modérément des barriques neuves, et ses vins ne sont
pas filtrés. Millésime après millésime, ce ne sont pas des vins que façonne
Nicolas Joly, sur la Coulée de Serrant, ce sont tout simplement des chefs-
d'œuvre parmi les plus grands vins de ce monde.

Des vins mythiques, déjà célèbres sous Louis XIV, qui exigent un passage en carafe préalable afin de sublimer les arômes, et qui, sans s'oxyder,
seront encore plus expressifs plusieurs jours après ouverture.

Les vins

Clos de la Coulée de Serrant, Domaine de la Coulée de Serrant, Savennières-Coulée de Serrant 2007 🐑 🐑 🐑 🐑 <u>17,5/20</u>
Après aération, qui nous laisse admirer la robe intense de couleur vieil or dont se pare ce vin d'anthologie, c'est un bouquet de complexité qu'il nous offre au nez sur des fragrances de cire d'abeille, de miel, d'abricot et de coing associées à des notes de beurre et d'amandes grillées où se dissimule une nuance rancio mêlée aux doux effluves de tilleul. La bouche, après une attaque d'une grande suavité, se révèle riche, puissante et d'une remarquable amplitude. Bien que l'acidité de ce vin ne soit pas prédo-minante, la fraîcheur est tout de même au rendez-vous. La rétro ramène les fruits blancs ainsi que ce petit côté de noix, lui imprimant une finale d'une longueur abyssale. Un vin d'une grande pureté et d'un équilibre quasi parfait.

Clos de la Bergerie, Domaine de la Coulée de Serrant, Savennières-Roche aux Moines 2007 🐑 🐑 🐑 🐑 <u>17/20</u>
De teinte jaune doré aux reflets or 18 carats, ce vin s'exprime par le côté amande des fruits à noyau, où se mêle leur chair, le tout dans des effluves de miel, de beurre, avec une pointe florale, voire mentholée. Volumineuse et onctueuse, la bouche, sans atteindre l'ampleur du Clos de la Coulée de Serrant, se montre gourmande. L'amande fraîche et les fruits perçus au nez lui confèrent en finale une agréable fraîcheur et une longueur soutenue.

Les Vieux Clos, Domaine de la Coulée de Serrant, Savennières 2007 🐑 🐑 🐑 <u>16,5/20</u>
Jaune doré étincelant, où miroitent des éclats d'or, il s'ouvre sur un nez de fruits blancs frais associés aux fruits secs et à des notes fraîches de fleurs et de miel. L'attaque est franche et vive grâce à une belle acidité. Son volume garnit agréablement la bouche et revient en finale sur une belle fraîcheur avec une pointe de minéralité. Il s'évanouit en douceur pour laisser une savoureuse sensation.

DOMAINE DELESVAUX

Catherine et Philippe Delesvaux   Tél. : + 33 (0) 2 41 78 18 71
DOMAINE DELESVAUX   Fax : + 33 (0) 2 41 78 68 06
Les Essards, La Haie Longue   Courriel : dom.delesvaux.philippe@wanadoo.fr
49190 Saint-Aubin-de-Luigné

Appellation de référence : Coteaux du Layon
Superficie : 10,70 ha
Production : 30 000 bt/an
Cépages : Chenin, Cabernet franc, Cabernet sauvignon
Types de viticulture : Agrobiologie et biodynamie
Organisme et année de certification : Ecocert 2000

Domaine

Situé sur les coteaux de la corniche angevine au confluent de la Loire et du Layon, ce domaine est resté fidèle, et ce, depuis trente ans, à la ligne de conduite que s'impose son propriétaire, Philippe Delesvaux : respecter la terre, la vigne, les rythmes biologiques et le temps nécessaire à la maturation du vin. Il conduit donc son vignoble en biologie et biodynamie car pour lui, il n'y a pas de bons vins sans bons raisins.

Précurseur des sélections de grains nobles depuis 1985, il se consacre à ses cuvées d'exception sur des terroirs où les conditions optimales à l'obtention de la pourriture noble sont réunies.

Des vins au naturel qui s'expriment au mieux.

Les vins

Clos de la Guiberderie, Domaine Delesvaux, Coteaux du Layon-Saint-Aubin 2004 ◕ ◕ <u>16/20</u>

D'une teinte jaune d'or aux reflets éclatants, ce vin liquoreux s'ouvre sur un nez racé aux arômes de pâte d'amande, de fruits confits, combinés à des notes tourbées, iodées, voire réglissées, le tout sur fond d'épices qui apporte encore à la complexité. La bouche est ample, riche, sur une belle acidité avec toujours ce côté tourbé qui revient en association avec la pâte d'amande. Fin, élégant avec beaucoup de personnalité, il est bien équilibré et sa finale sur la minéralité s'avère longue et persistante.

DOMAINE GUIBERTEAU

Romain Guiberteau   Tél. : + 33 (0) 2 41 38 78 94
DOMAINE GUIBERTEAU   Fax : + 33 (0) 2 41 38 56 46
3, impasse du Cabernet   Courriel : domaine.guiberteau@wanadoo.fr
49260 Saint-Just-sur-Dive   Site Web : www.domaineguiberteau.fr

Appellation de référence : Saumur
Superficie : 9 ha
Production : 35 000 bt/an
Cépages : Chenin blanc, Cabernet franc
Types de viticulture : Agrobiologie et biodynamie
Organisme et année de certification : Ecocert 2005

Domaine

L'histoire de ce domaine prestigieux situé à quelques kilomètres de Saumur remonte au début du XXe siècle. Il est, depuis 1996, aux mains de Romain Guiberteau, arrière-petit-fils de son créateur. Non seulement a-t-il quitté la cave coopérative des vignerons de Saumur, où les raisins étaient vendus depuis vingt ans faute de successeur, mais il a aussi repris en main la culture du sol, qui était traité aux désherbants.

Sur ses terroirs, il préserve le savoir-faire transmis par ses aïeux et conduit son domaine en biologie où, comme il se doit, tous les produits chimiques de synthèse sont exclus. Seules les décoctions de plantes sont utilisées de même que le soufre et le cuivre, mais dans des quantités faibles, le tout dans un souci constant de préserver l'environnement. Il en va de même à la cave où les intrants dans le vin sont proscrits, à l'exception du soufre mais à des doses réduites.

Grâce à Romain Guiberteau, ce domaine s'étend aujourd'hui sur les communes de Saint-Just-sur-Dive, de Brézé et de Montreuil-Bellay, où il effectue une sélection parcellaire.

L'objectif de ce domaine étant de produire des vins de qualité, il semble aujourd'hui l'avoir atteint, aussi bien en rouge qu'en blanc.

Les vins

Domaine Guiberteau, Saumur 2007 🍷 🍷 **15,5/20**
Rouge rubis moyennement intense aux reflets violacés. Aux nez, il s'exprime par des notes de fruits rouges et de pivoine avec une pointe animale et végétale. La bouche se révèle friande, d'une belle vivacité, construite sur une trame aux tanins fins. La finale tout en finesse et de belle tenue est agréable et fraîche.

PITHON-PAILLÉ

Isabelle et Jo Pithon
Wendy et Joseph Paillé
PITHON-PAILLÉ
Château la Fresnaye
49190 Saint-Aubin-de-Luigné

Tél. : + 33 (0) 2 41 78 68 74
Courriel : contact@pithon-paille.com
Site Web : www.pithon-paille.com

Appellation de référence : Anjou
Superficie : 5 ha plus Achat de raisins
Production : 15 000 bt/an
Cépages : Chenin, Cabernet franc, Grolleau
Types de viticulture : Agrobiologie et biodynamie
Organisme et année de certification : Ecocert 2004

Domaine

Jo et Isabelle ont tourné la page sur ce que fut le domaine Jo Pithon et regardent dorénavant de l'avant. Grâce à leur optimisme, ils ont donc changé de cap et comme Jo, autodidacte qui a tout appris le verre à la main, avait envie de vinifier et d'élever des raisins de chenin et de cabernet franc issus de différents terroirs de la Loire, ils se sont lancés et ont créé ce négoce en 2008. Dans cette aventure, parents et enfants ont mis leur expertise en commun et, avec Joseph et sa femme Wendy, ils ont développé cette activité en travaillant avec des vignerons-partenaires en favorisant le plus possible la culture biologique car pour eux exprimer un terroir passe avant tout par des sols vivants.

Vignerons dans l'âme, ils le restent malgré tout puisqu'ils ont conservé de leur ancienne affaire un peu plus de cinq hectares, notamment le fameux Coteaux des Treilles, exposé plein sud, mais aussi la Fresnaye et le Clos Pirou qu'ils cultivent en biologie. Sur Les Treilles, magnifique coteau aux pentes abruptes surplombant le Layon, qu'ils ont replanté, ils exercent leur art. Dans ce paysage escarpé de type méditerranéen classé dans une zone protégée où l'on retrouve une faune et une flore très rare pour la région, il était primordial de travailler en biologie même si la déclivité rend le travail difficile.

Les caves et le chai du Château la Fresnaye, magnifique demeure du XVIᵉ siècle où Joseph et Wendy résident, leur servent à donner naissance à leurs cuvées même s'ils ont aussi quelques barriques en élevage dans les caves de leur ami du château de Coulaine.

Des vignerons négociants qui risquent de faire couler beaucoup d'encre mais surtout beaucoup de vin. Toutes leurs cuvées sont de belles expressions de ce que peuvent donner ces terroirs. Nous ne les imaginions pas autrement, connaissant le travail exemplaire dont est capable Jo, ce talentueux vigneron si sympathique.

Les vins

Pithon-Paillé, Savennières 2008 🍷 🍷 🍷 <u>**16,5/20**</u>

D'une teinte jaune paille aux reflets vieil or, ce chenin expressif et frais se dévoile sur les fruits blancs, dont la poire, associés à des notes d'agrumes d'où émerge un côté floral d'acacia, rafraîchi par sa touche mentholée et minérale. Les épices subtilement fondues viennent épauler cette palette aromatique. La bouche se révèle friande, gourmande sur un beau volume équilibré par une acidité fraîche. Droit, tendu, il exprime en finale toute son élégance et sa pureté par une minéralité rafraîchissante.

Coteau des Treilles, Pithon-Paillé, Anjou 2008 🍷 🍷 🍷 <u>**17/20**</u>

Sous sa robe jaune bouton d'or aux chatoyants éclats se dissimule un nez frais et aromatique sur le côté floral du chenin, le tilleul, en adéquation avec les fruits blancs, dont la poire et le coing, et une pointe d'agrumes. Il évolue sur des notes plus fraîches, mentholées grâce à une belle minéralité. La bouche se révèle après une attaque franche, vive et gourmande, voire croquante. Sa belle acidité, qui accentue le côté juteux des fruits, et sa finale longue et soutenue sur la minéralité en font un vin de grande classe, tout en finesse.

La Fresnaye, Pithon-Paillé, Anjou 2008 🍷 🍷 🍷 <u>**16,5/20**</u>

Rubis moyennement intense aux reflets violacés, il harmonise son nez invitant sur les fruits noirs et rouges, dont la mûre, le cassis et la fraise, avec une pointe florale et des notes épicées. La bouche d'un beau volume supporté par des tanins soyeux et fins se révèle friande et fraîche, grâce à une acidité marquée. En rétro sur les fruits et les épices, il possède finesse et puissance. La finale appuyée puise sa fraîcheur dans sa minéralité pour notre plaisir. Un vin de belle facture qui donne envie de se resservir.

*Sans oublier le Vin de Pays **Grololo**, magnifique vin de soif à base de Grolleau, et leurs diverses cuvées en blanc ou en rouge en Anjou, Chinon et Bourgueil qui, même si elles ne sont pas certifiées, sont des modèles d'expression.*

DOMAINE DES ROCHES NEUVES

Thierry Germain   Tél. : + 33 (0) 2 41 52 94 02
DOMAINE DES ROCHES NEUVES   Fax : + 33 (0) 2 41 52 49 30
56, boulevard Saint-Vincent   Courriel : Thierry-Germain@wanadoo.fr
49400 Varrains   Site Web : www.rochesneuves.com

Appellation de référence : Saumur-Champigny
Superficie : 22 ha
Production : 100 000 bt/an
Cépages : Chenin blanc, Cabernet franc
Types de viticulture : Agrobiologie et biodynamie
Organismes et année de certification : Ecocert et Biodyvin 2002

Domaine

Depuis 1993 qu'il a quitté les vignes familiales bordelaises pour s'installer au domaine des Roches Neuves, situé sur une petite commune de l'appellation Saumur-Champigny, Thierry Germain a vite montré de quoi il était capable. Si, aujourd'hui, ce domaine jouit d'une excellente réputation, il la doit en partie à la personnalité de ce vigneron exigeant envers lui-même et envers ses vins, qui cherche à produire un vin le plus proche possible du contexte dont il est issu, c'est-à-dire, une expression de terroir qui tient compte du millésime qui l'a engendré.

Dans un souci de redonner vie au sous-sol afin que la vigne puisse en exprimer au mieux toutes les richesses, il conduit en biodynamie les 22 hectares de son domaine répartis en 37 parcelles majoritairement plantées du seul cépage autorisé de l'appellation, le cabernet franc, où il a su trouver la parfaite adéquation avec ce terroir de Saumur-Champigny.

Ce vigneron sympathique, en osmose avec ce qui l'entoure, s'intéresse aux plantes bio-indicatrices afin de mieux comprendre ses sols tout comme il cherche à connaître les prédateurs de ses vignes. Il prépare lui-même ses tisanes et s'adapte au millésime.

Ce vigneron passionné et passionnant poursuit sa quête en replantant son vignoble en forte densité, jusqu'à 10 000 pieds par hectares. Il a aussi poussé l'audace jusqu'à planter des vignes franches de pied conduites en échalas. Toujours à l'écoute de ses vignes, cet homme sait les observer afin d'anticiper leurs problèmes. De plus, il fait des émules dans sa région et conseille deux autres domaines qu'il a convertis.

À la cave, il conjugue la parfaite maturité du raisin à la maîtrise du bois, tout en respectant leur caractère et en préservant le fruit. Des vins qui s'élèvent ensuite dans la cave creusée à même la craie dans une parfaite maîtrise du bois qu'il tend à réduire d'année en année.

Toutes les parcelles sont vinifiées séparément car il cherche à produire des vins justes, fins et gourmands qu'il façonne à l'image du terroir. Un incontournable de la région.

Les vins

Insolite, Domaine des Roches Neuves, Saumur 2008 🐑 🐑 🐑 <u>**16,5/20**</u>
D'une teinte jaune paille cristallin, à reflets argentés, ce chenin s'ouvre sur une palette aromatique complexe et puissante où les fruits blancs, dont la poire, la pêche, la mirabelle et le coing, se mêlent avec les agrumes, notamment le pamplemousse rose. Ça ne s'arrête pas là et viennent ensuite les fleurs blanches, notamment l'acacia, et une pointe plus végétale, le tout nimbé d'une grande minéralité. La bouche n'est pas en reste, elle s'avère juteuse, friande, d'une grande vivacité conférée par son acidité. Un vin tendu, croquant, élégant et racé qui revient en finale sur la minéralité et les fruits qui lui confèrent une longueur solennelle. Un exemple de pureté.

Domaine des Roches Neuves, Saumur-Champigny 2008 🐑 🐑 <u>**16/20**</u>
Sous sa robe rubis violine, moyennement intense, se dévoile un nez tout en fruits noirs et rouges, dont la mûre, accompagnés de notes épicées, de poivre et florales, dont la pivoine, baignés d'une belle fraîcheur. La bouche acidulée construite sur des tanins murs et soyeux se révèle friande, gourmande, d'une grande tension. La finale sur les fruits préserve toute sa fraîcheur et sa vigueur sur une longueur assez soutenue. Un vin séducteur par sa vitalité.

Franc de Pied, Domaine des Roches Neuves, Saumur-Champigny 2008 🐑 🐑 🐑 <u>**17/20**</u>
Cette nouvelle cuvée se pare d'une robe violine éclatante, le nez d'une grande suavité s'ouvre sur une belle complexité aromatique aux effluves de fruits rouges et noirs juteux et croquants, notamment de mûre et de cerise noire. On peut également y déceler des épices, dont le clou de girofle et le poivre, mais aussi une pointe florale de pivoine et une note végétale qui lui apporte une belle fraîcheur. En bouche, il s'avère séveux et bien équilibré. Il se trame sur une matière riche, soutenue par des tanins soyeux. Un vin énergique qui exprime une finale d'une grande fraîcheur, revenant sur les arômes délicats perçus à l'olfaction. Une belle définition de ce que peut engendrer le cabernet franc.

Terres Chaudes, Domaine des Roches Neuves, Saumur-Champigny 2008 🐑 🐑 🐑 <u>**16,5/20**</u>
D'une teinte rouge carmin, très légèrement violacé, intense et lumineux, cette cuvée possède un nez aromatique et complexe, qui regroupe des effluves de fruits noirs et rouges, notamment la mûre, la guigne et la

framboise, associés à des notes épicées, dont le poivre et le clou de girofle. Il se poursuit par un côté floral sur la pivoine, mais aussi végétal, d'où émane une touche boisée subtile sur la réglisse. Vif, gourmand, d'une belle puissance grâce à son corps structuré par des tanins fondus et ronds, il revient taquiner nos sens par ses arômes d'épices pour lui imprimer une finale de belle allonge rafraîchissante. Encore jeune, mais déjà une belle tenue.

La Marginale, Domaine des Roches Neuves, Saumur-Champigny 2006
🐗🐗🐗 <u>17,5/20</u>

Pourpre violacé, intense et profond, sa teinte d'encre annonce d'emblée sa couleur. Il explose sur un nez aromatique et complexe sur les fruits noirs et rouges, notamment la mûre, le bigarreau et la fraise, le tout en harmonie avec un côté floral, en particulier la pivoine, mais aussi des notes épicées, plus précisément le poivre, avec un côté plus toasté, mais aussi un côté sanguin et graphite enrobé de minéralité. L'attaque est franche, droite et monte en puissance grâce à sa noble matière. Fougueux, sur des tanins fondus mais bien présents, il s'avère tout de même d'une grande civilité. Sa rétro sur le boisé, s'exprimant par des notes fumées complétées des fruits croquants, s'avère imposante en finale mais d'une grande franchise. Un vin qui s'anoblira avec le temps. Pour avoir dégusté des millésimes plus anciens, Marginale 2002 et 1993, ces vins vieillissent admirablement bien et acquièrent toute leur plénitude.

CHÂTEAU YVONNE

Mathieu Vallée
CHÂTEAU YVONNE
16, rue Cristal
49730 Parnay

Tél. : + 33 (0) 2 41 67 41 29
Fax : + 33 (0) 2 41 67 41 29
Courriel : château.yvonne@wanadoo.fr

Appellation de référence : Saumur-Champigny
Superficie : 10 ha
Production : 30 000 bt/an
Cépages : Chenin, Cabernet franc
Types de viticulture : Agrobiologie et biodynamie
Organisme et année de certification : Ecocert 1997

Domaine

Ce domaine créé en 1996 se compose de plusieurs parcelles dans les meilleurs terroirs du saumurois réparties sur les communes de Parnay et Montsoraux. Depuis 2007, Mathieu Vallée en est le propriétaire : il attache une importance capitale au travail de la vigne. Ici, les sols sont labourés et les traitements, toujours biologiques, se résument au minimum. La même rigueur est de mise à la cave. Les vins, après un long élevage en barrique dans la cave troglodytique creusée à flanc de coteau où la température et l'humidité sont constantes, ne sont ni collés ni filtrés.

Le saumur blanc résulte d'un assemblage des chenins blancs issus de différentes parcelles, ce qui lui confère une expression unique.

Les vins

Château Yvonne, Saumur 2004 🍷 🍷 🍷 <u>15,5/20</u>
Doté d'une teinte jaune paille aux reflets vieil or très légèrement voilés, il s'ouvre sur un nez expressif aux arômes de rancio et de fruits blancs confits associés à des notes mellifères, dans une minéralité et des notes plus cendrées. La bouche après une attaque franche et vive se révèle tendue. La finale dans la continuité du nez possède une belle longueur rafraîchissante. Un vin racé d'une grande pureté.

TOURAINE

DOMAINE CATHERINE ET PIERRE BRETON

Catherine et Pierre Breton
DOMAINE CATHERINE
ET PIERRE BRETON
Les Galichets
8, rue du Peu Muleau
37140 Restigné

Tél.: + 33 (0) 2 47 97 30 41
Fax: + 33 (0) 2 47 97 46 49
Courriel: domainebreton@yahoo.fr
Site Web: www.domainebreton.net

Appellation de référence: Bourgueil
Superficie: 15 ha
Production: 65 000 bt/an
Cépages: Chenin blanc, Cabernet franc
Types de viticulture: Agrobiologie et biodynamie
Organisme et années de certification: Ecocert 1991 et 1997

Domaine

Situé dans un petit village proche de Bourgueil sur la rive droite de la Loire, entre Tours et Saumur, ce domaine de Bourgueil est un des précurseurs des vins sans soufre.

Sur leur vignoble, conduit en biodynamie dans le respect du terroir et de l'authenticité des vins, Catherine et Pierre Breton, disciples de Nicolas Joly de la Coulée de Serrant, respectent le calendrier lunaire aussi bien à la vigne qu'au chai. Les sols sont cultivés et enrichis par des fumures organiques, et les maladies traitées ou enrayées grâce aux préparations minérales et végétales de la biodynamie. Ici, aucun engrais chimique ni désherbant ou autres traitements systémiques ne sont utilisés.

Les rendements sont limités et les cuvées sont vinifiées séparément selon leur terroir. Ils poussent même la philosophie plus loin avec leurs vins non filtrés et leurs cuvées sans soufre ajouté.

Cette famille au nom prédestiné, puisqu'en patois local le cabernet franc s'appelle breton, sait faire ressortir les multiples expressions de ce cépage et réalise des vins qui sont le reflet vivant de leur terroir, du cépage et du millésime. De plus, Catherine, qui tire ses origines de Vouvray, réalise des vins blancs de chenin issus de parcelles en conversion bio.

Des vignerons actifs puisqu'ils viennent aussi d'ouvrir un caveau de vente sur l'île d'Yeu pour étancher la soif des vacanciers.

Les différentes cuvées du domaine sont classées en trois niveaux : l'appel à déboucher pour les vins de soif, l'appel à partager pour les classiques de Loire et l'appel de la dive bouteille pour les grandes bouteilles.

La devise de ce domaine est : « Prendre le temps de Loire, c'est prendre le temps de boire. »

Les vins

La Dilettante, Méthode traditionnelle, Domaine Catherine et Pierre Breton, Vouvray 🍷 🍷 <u>15,5/20</u>

Issu d'un assemblage des millésimes 2003 et 2004, cet effervescent jaune paille aux reflets argentés d'où s'échappent de fins cordons de bulles s'ouvre sur un nez d'une belle fraîcheur de fruits blancs, notamment la poire et la mirabelle, avec un côté crayeux et une touche florale de miel. Après une attaque franche et vive, la bouche s'organise sur une belle matière. Sa finale élégante sur la minéralité associée aux fines bulles qui s'en évadent lui confèrent une agréable pureté appuyée.

La Dilettante, Pétillant naturel, Domaine Catherine et Pierre Breton, Vouvray 2008 🍷 🍷 <u>16/20</u>

Mis en bouteille avant la fin de la fermentation pour que les levures achèvent leur œuvre. De teinte argentée, sur les fruits blanc associés à une belle minéralité. En bouche, l'effervescence est frémissante et, grâce à une acidité fraîche jumelée aux bulles espiègles, il acquiert un équilibre sur une pointe de sucre résiduel. D'un beau volume, il est d'une grande pureté rafraîchissante en finale.

La Dilettante Sec, Domaine Catherine et Pierre Breton, Vouvray 2008
🐑 🐑 <u>16/20</u>

Jaune paille aux lumineux reflets argent, il harmonise son nez aromatique sur les fruits blancs, dont la poire, avec une pointe florale d'acacia, voire une touche plus miellée, le tout sur la craie. En bouche, il est ample, tendu par une vive acidité accentuée en finale par une belle minéralité. Bien équilibré, il est droit et élégant de belle facture.

Nuits d'ivresse, Domaine Catherine et Pierre Breton, Bourgueil 2007
🐑 🐑 🐑 <u>17/20</u>

Rouge carmin lumineux, il s'exprime par un nez puissant mais frais aux effluves de cerise noire associés aux épices, la réglisse, et aux fleurs, notamment la pivoine. Vinifié sans SO_2, la bouche, équilibrée, se révèle gourmande, friande, d'une belle densité soutenue par des tanins soyeux. La rétro sur les fruits et les épices lui confère une agréable longueur et une belle digestibilité. À conserver de préférence au frais et à l'abri de la lumière.

Beaumont, Domaine Catherine et Pierre Breton, Chinon 2008
🐑 🐑 <u>15/20</u>

Rubis violacé, d'une invitante luminosité, il s'annonce sur les fruits rouges et noirs, dont la mûre et la fraise, additionnés d'une pointe végétale et minérale. La bouche se révèle fraîche et friande, d'une belle densité grâce à une matière soutenue par des tanins fondus. Bien équilibré sur la fraîcheur, il revient sur les fruits où se mêle un subtil boisé qui souligne ses atours. La finale sur une pointe minérale possède une belle longueur soutenue. Un vin charmeur et charmant.

Les Galichets, Domaine Catherine et Pierre Breton, Bourgueil 2007
🐑 🐑 🐑 <u>16/20</u>

Sous sa robe violine charmeuse se cache un nez aromatique mais délicat de fruits rouges et noirs, dont la mûre, mêlés d'effluves floraux et épicés. La bouche bien équilibrée sur la fraîcheur et le juteux des fruits possède des tanins soyeux qui lui confèrent une grande «buvabilité». Sa finale rafraîchissante invite au plaisir.

Saint-Louans, Domaine Catherine et Pierre Breton, Chinon 2006
🐑 🐑 🐑 <u>17/20</u>

Rubis intense et lumineux, il se dévoile au nez par des arômes expressifs de fruits noirs, dont le cassis, la mûre et la guigne, additionnés d'un côté floral de violette avec une pointe d'olive noire et de réglisse attribuable à un élevage bien maîtrisé. La bouche concentrée renferme un beau volume structuré sur une trame aux tanins fondus. Belle montée en puissance pour ce vin de garde à la longueur insistante.

Clos Sénéchal, Domaine Catherine et Pierre Breton, Bourgueil 2007

🍷 🍷 🍷 <u>16,5/20</u>

D'une éclatante teinte rubis violacé, il harmonise son nez sur les fruits noirs, les épices douces et les fleurs. La bouche est friande, construite sur une acidité fraîche. Bien équilibré grâce à des tanins fins et soyeux, il possède une belle expression de maturité. Sa finale sur les fruits renferme une agréable fraîcheur qui perdure. Un vin juteux de belle expression.

Les Perrières, Domaine Catherine et Pierre Breton, Bourgueil 2006

🍷 🍷 🍷 <u>17/20</u>

Drapé d'une robe pourpre lumineuse et intense, il s'ouvre sur les fruits noirs et rouges, dont la cerise, le cassis et le sureau avec une pointe végétale, associés à des notes épicées de réglisse, mais aussi de tapenade d'olives noires, voire de sous-bois, et d'humus. La bouche, gourmande et fruitée, possède un beau volume grâce à sa matière concentrée et ses tanins souples. Sa longue finale sur les fruits lui confère une grande profondeur. Un vin de caractère.

CLOS DE LA BRIDERIE

Vincent Girault
CLOS DE LA BRIDERIE
70, rue du Colonel Rol Tanguy
41150 Monteaux

Tél. : + 33 (0) 2 54 70 28 89
Fax : + 33 (0) 2 54 70 28 70
Courriel : contact@closdelabriderie.com
Site Web : www.gaillard-chateau-biodynamie-vin-bio-monteaux-val-loire.vincent-girault.com/

Appellation de référence : Saumur-Champigny
Superficie : 10,30 ha
Production : 55 000 bt/an
Cépages : Chenin, Chardonnay, Cabernet franc, Cot, Gamay
Types de viticulture : Agrobiologie et biodynamie
Organisme et année de certification : Ecocert 1994

Domaine

En 1988, Vincent Girault du Château Gaillard a pris la suite de ses parents sur ce domaine que son père possédait depuis 1971. Il conduit ce vignoble avec la même philosophie que Château Gaillard, en biodynamie.

Cependant, ici, les sols sont différents. On est sur des sables du quaternaire, là où le cépage gamay en rouge s'exprime comme nulle part ailleurs et acquiert des notes épicées, tandis que les blancs s'expriment par une belle minéralité.

Les vendanges ici sont manuelles et les vins, après fermentation, ne sont pas élevés en fût, mais en cuve, et mis en bouteille après une légère filtration.

Les vins

Clos de la Briderie, Touraine-Mesland 2008 🐷 🐷 <u>**15,5/20**</u>

Issu d'un assemblage de chardonnay et de chenin, ce vin jaune pâle aux reflets argentés s'ouvre sur un nez à dominante d'agrumes, le citron, avec une pointe minérale, voire anisée. Construit sur une acidité vive, il se révèle assez volumineux et tendu en bouche. Sa finale fraîche accentuée par une pointe d'amertume lui confère une longueur agréable.

Clos de la Briderie, Touraine-Mesland 2007 🐷 🐷 <u>**15,5/20**</u>

Rouge rubis moyennement intense aux reflets violacés, il organise son nez autour des fruits rouges, dont la fraise et la cerise, associés à des notes florales de pivoine, une pointe végétale et aussi une touche d'épices. La bouche est friande, construite sur une acidité vive et soutenue par des tanins fondus. Belle rétro sur les fruits et les épices dans une finale de longueur moyenne assez soutenue et plaisante.

CHÂTEAU DE COULAINE

Étienne et Pascale   Tél. : + 33 (0) 2 47 98 44 51
de Bonnaventure   Fax : + 33 (0) 2 47 93 49 15
CHÂTEAU DE COULAINE   Courriel : chateaudecoulaine@club-internet.fr
2, rue de Coulaine   Web : www.chinon.com/vignoble/chateau-coulaine/
37420 Beaumont-en-Véron

Appellation de référence : Chinon
Superficie : 18 ha
Production : 70 000 bt/an
Cépages : Chenin blanc, Cabernet franc

Type de viticulture : Agrobiologie
Organisme et année de certification : Ecocert 1997

Domaine

Depuis le xive siècle, le Château de Coulaine, situé sur les terres de Chinon chères à Rabelais, perpétue la tradition viticole. Effectivement, de tout temps, la vigne s'est plu à enfoncer ses racines profondément dans les terres entourant ce magnifique château reconstruit au xve siècle.

Depuis 1988, Étienne de Bonnaventure a entrepris l'agrandissement du vignoble tout en réintroduisant petit à petit la polyculture sur ses terres comme le pratiquait son père dans la pure tradition des fermes du Chinonais. Les parcelles qui composent ce vignoble de 18 hectares sont aux abords immédiats du château, sur Beaumont et quelques blancs sur la rive droite de la Vienne. Il est à noter que si Chinon est réputé pour ses rouges issus de cabernet franc, cinq pour cent de l'appellation se décline en blanc.

Étienne de Bonnaventure compte parmi ses aïeux Nicolas Denys de Bonnaventure, pionnier de l'industrie de la pêche sur le littoral atlantique de la Nouvelle-France, au xviie siècle. D'où l'île du nom éponyme au large de Percé. Dans son ouvrage publié en 1672, *Description géographique et historique des côtes de l'Amérique septentrionale*, il y est même question de planter de la vigne sur ces terres.

C'est naturellement qu'Étienne a décidé de conduire son vignoble en bio pour mieux comprendre la plante mais aussi dans un but qualitatif. Pour ce faire, ce vigneron fort sympathique travaille ses sols et utilise aussi les plantes sans pour autant se revendiquer de la biodynamie. Son choix s'inscrit dans la recherche permanente d'un équilibre entre tradition et modernité. Sur ses nouvelles plantations, il va même jusqu'à replanter des vignes franches de pied.

Un domaine dirigé de main de maître par cet homme modeste qui élabore des vins bio, droits et racés qui se bonifient au sein de la cave creusée dans le tuffeau où il faut être un habitué des lieux pour ne pas se perdre. Un vigneron généreux et passionné avec qui il est agréable de partager un verre et pas uniquement de ses vins s'ils sont bons !

Les vins

Les Pieds-Rôtis, Château de Coulaine, Touraine 2007 🍷 🍷 <u>16/20</u>
Ce chenin de teinte jaune doré, aux reflets vieil or brillants s'ouvre sur un nez aux effluves de miel, associés aux fruits blancs, notamment la poire, avec une pointe fraîche sur des notes florales de chèvrefeuille et d'acacia. La bouche possède une matière concentrée d'une grande finesse grâce à sa fraîcheur conférée

par l'acidité. La rétro sur les fruits avec une touche lactée lui imprime une belle longueur appuyée. Un vin élégant et racé.

Château de Coulaine, Chinon 2007 🐑 🐑 **16/20**

Jaune paille aux reflets vieil or, ce vin possède un nez aromatique de fruits à chair blanche, dont l'abricot, et d'agrumes où se mêlent des notes florales de tilleul, le tout baigné d'une minéralité rafraîchissante. Attaque franche et vive sur une belle acidité. D'un beau gras et de belle den- sité, il revient sur des notes fraîches d'amande amère et de menthe. La finale possède une longueur rafraîchissante. Un vin pur de belle facture.

Château de Coulaine, Chinon 2008 🐑 🐑 <u>15,5/20</u>

D'un rouge pourpre lumineux aux reflets chatoyants, il s'ouvre sur un nez aromatique aux senteurs de fruits rouges et noirs, dont la mûre, où perce une touche florale de pivoine avec des notes épicées. En bouche, grâce à une acidité fraîche et des tanins soyeux et ronds, il s'avère friand. Un vin d'un bel équilibre sur la finesse qui revient sur les fruits et les épices pour lui conférer une belle allonge. Un bel exemple de ce que peut engendrer le cabernet franc.

Les Picasses, Château de Coulaine, Chinon 2007 🐑 🐑 🐑 <u>17/20</u>

Rubis intense aux reflets violacés, ce chinon se dévoile par un nez aroma- tique où se mêlent les fruits noirs, dont la mûre, associés à des notes flo- rales, de lys et d'épices, de clou de girofle, sans oublier les arômes végétaux caractéristiques du cabernet franc, le tout rehaussé par une touche de tor- réfaction. La bouche est gourmande, de belle puissance, structurée par des tanins fondus. Sa finale sur les fruits et les épices se révèle riche, équilibrée, rafraîchissante et soutenue. Encore un peu jeune mais déjà élégant.

La Diablesse, Château de Coulaine, Chinon 2007 🐑 🐑 🐑 **16,5/20**

D'une couleur rubis invitante où miroitent de lumineux reflets, cette Diablesse présente un nez concentré de fruits noirs, dont la mûre et la cerise, avec une pointe d'olive noire, le tout accompagné d'une touche flo- rale et épicée de poivre, voire de réglisse, qui apporte la complexité. La bouche est concentrée, dense, construite sur une belle matière soutenue par des tanins fondus. Avant de disparaître, il revient sur les fruits et les épices associés à une touche subtile de bois dans un bel équilibre. Sa finale s'en trouve amplifiée, mais conserve une grande fraîcheur. Un vin de garde dont on se délectera dans quelques années.

Clos de Turpenay, Château de Coulaine, Chinon 🐑 🐑 🐑 <u>17,5/20</u>

Habillé de rubis pourpre d'une belle intensité brillante, son nez un peu timide s'exprime par des arômes de fruits noirs confits associés à une touche musquée ainsi qu'à un côté épicé et torréfié, de cacao et de réglisse, en raison du boisé subtil, le tout complexifié par une pointe florale. Après une attaque franche, la bouche s'avère volumineuse, dense, bien équilibrée sur une trame aux tanins fondus. La rétro sur les fruits et les épices, nimbés par le bois, lui confère puissance et élégance dans une finale soutenue. Un vin jeune et encore un peu fougueux dont Rabelais se serait délecté. Il gagnera à être attendu. Le 2008 dégusté en cours d'élevage s'annonce très prometteur.

Franc de Pied, Château de Coulaine, Chinon 2007 🍷 🍷 🍷 **16/20**
Grenat pourpre de moyenne intensité, au nez complexe sur les arômes d'élevage, de torréfaction, de réglisse, de zan, d'où percent les fruits noirs mais aussi une touche florale et animale. La bouche est friande, bien équilibrée, construite sur une belle matière soutenue par des tanins soyeux. La rétro sur les fruits acidulés, avec une pointe animale, en fait un vin assez puissant, mais qui conserve toute sa « buvabilité » grâce à une finale rafraîchissante. À boire avec plaisir.

CHÂTEAU GAILLARD

Vincent Girault	Tél. : + 33 (0) 2 54 70 28 89
CHÂTEAU GAILLARD	Fax : + 33 (0) 2 54 70 28 70
41150 Mesland	Courriel : contact@closdelabriderie.com
	Site Web : www.gaillard-chateau-biodynamie-vin-bio-monteaux-val-loire.vincent-girault.com/

Appellation de référence : Touraine-Mesland
Superficie : 30 ha
Production : 200 000 bt/an
Cépages : Sauvignon, Chenin, Chardonnay, Gamay, Cabernet franc, Cot
Types de viticulture : Agrobiologie et biodynamie
Organismes et année de certification : Ecocert et Demeter 1992

Domaine

En 1978, Vincent Girault, fils du Clos de la Briderie, alors jeune vigneron, reprend le vignoble en friche de Château Gaillard situé au cœur de l'appellation Touraine-Mesland, sur les coteaux qui dominent la rive nord de la Loire. Sur les sols argilo-calcaires de ce vignoble, il a redéfini la conduite de la vigne. À la suite d'un voyage en Égypte, où il a pris conscience de tout ce qu'on avait perdu en terme de rythme, il s'est tourné vers la biodynamie. De plus, une dégustation à l'aveugle de vins issus de raisins cultivés en biologie et en biodynamie l'a conforté dans cette voie car les mieux notés étaient ceux en biodynamie.

Depuis cette date, les préparas de la biodynamie ont remplacé les herbicides, pesticides et autres produits chimiques de synthèse. Il a repris le travail des sols, et les raisins vendangés manuellement et mécaniquement sont, après triage, vinifiés et élevés en cuve pour la cuvée tradition et en fût pour la cuvée vielles vignes. La mise en bouteille s'effectue après une légère filtration.

Les 15 hectares du Domaine des Cailloux en Touraine-Mesland et le Clos de Volagré en appellation Montlouis-sur-Loire, tous deux en conversion vers la viticulture biodynamique depuis 2008, viennent agrandir la gamme.

Les vins
Château Gaillard, Touraine-Mesland 2007 🍷 🍷 <u>14,5/20</u>
Assemblage de gamay, de cot et de cabernet franc, d'une teinte rouge rubis assez profonde aux reflets violacés, ce vin dégage des arômes moyennement puissants de fruits rouges, dont la fraise, avec une pointe d'épices et de réglisse. Attaque franche en bouche sur une belle définition grâce à une acidité fraîche et des tanins soyeux. Souple, bien équilibré, il revient en finale sur les fruits qui lui confèrent une persistance moyenne.

DOMAINE DE LA GARRELIÈRE

François Plouzeau   Tél.: + 33 (0) 2 47 95 62 84
DOMAINE DE LA GARRELIÈRE   Fax: + 33 (0) 2 47 95 67 17
37120 Razines   Courriel: francois.plouzeau@wanadoo.fr
                                    Site Web: www.garrelière.com

Appellation de référence: Touraine
Superficie: 20 ha
Production: 80 000 bt/an
Cépages: Sauvignon blanc, Chenin, Chardonnay, Cabernet franc, Gamay
Types de viticulture: Agrobiologie et biodynamie
Organismes et année de certification: Ecocert et Biodyvin 1993

Domaine
Situé au sud de la Touraine, limitrophe avec le Poitou, le vignoble de la Garrelière domine la vallée de la Veude dans un paysage remarquable.

Autrefois propriété du duc de Richelieu, neveu du cardinal, ce vignoble d'un seul tenant, autour de la propriété, s'étend sur un coteau exposé plein sud et fait partie de l'aire d'appellation Touraine. Sur son domaine, François Plouzeau, artisan vigneron, pour qui le respect du terroir est prioritaire, conduit sa vigne en biologie et va même plus loin en stimulant l'activité des sols par biodynamie afin de rétablir l'harmonie naturelle entre le ciel et la terre.

Les sols qui composent ce vignoble sont divers, passant des sables éoliens au silex, sur une assise argilo-calcaire, et sont travaillés de façon à fournir à la vigne tout ce dont elle a besoin pour s'épanouir et engendrer des raisins sains. En recherche constante d'expression, ce vigneron poursuit ses expérimentations en travaillant les sols à partir de cendres de sarments de vigne. Sa cuvée Cendrillon, issue d'une parcelle ainsi travaillée, en est un exemple.

Toutes les conditions pour faire des vins d'expression du terroir sont réunies, et les vertus de ces vins s'en trouvent amplifiées.

Toute la magie de ses vins se retrouve aussi dans les noms de ses cuvées, empruntés à l'univers des contes, qui cadrent bien dans cet univers des châteaux de la Loire.

Les vins

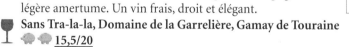

Cendrillon, Domaine de la Garrelière, Touraine 2008 🐑 🐑 15/20
Assemblage de sauvignon dominant additionné de chardonnay, ce vin sous sa robe jaune pâle à reflets or dissimule un nez élégant d'agrumes et de fruits à chair blanche complétés par des effluves floraux d'acacia. Après une attaque franche et vive, la puissance s'intensifie sur un beau volume. Le retour aromatique sur les agrumes lui confère un côté acidulé, qui s'accompagne d'une légère amertume. Un vin frais, droit et élégant.

Sans Tra-la-la, Domaine de la Garrelière, Gamay de Touraine 🐑 🐑 15,5/20
Un vin qui, comme son nom l'indique, se révèle honnête. Il se teinte d'un rouge léger et séduit au nez par la gourmandise des fruits rouges associés à des notes épicées de poivre rose. Fidèle, la bouche se révèle harmonieuse, souple et délicate sur une longueur fraîche et juteuse. Un vin léger qui se boit avec délectation.

DOMAINE DES HUARDS

Jocelyne et Michel Gendrier   Tél. : + 33 (0) 2 54 79 97 90
DOMAINE DES HUARDS   Fax : + 33 (0) 2 54 79 26 82
Les Huards   Courriel : infos@gendrier.com
41700 Cour-Cheverny   Site Web : www.gendrier.com

Appellation de référence : Cheverny et Cour-Cheverny
Superficie : 35 ha
Production : 170 000 bt/an
Cépages : Romorantin, Sauvignon blanc, Chardonnay, Pinot noir, Gamay, Cabernet franc
Types de viticulture : Agrobiologie et biodynamie
Organismes et année de certification : Ecocert et Qualité France 1999

Domaine

Situé sur la commune de Cour-Cherverny au cœur des appellations Cheverny et Cour-Cheverny, sur la route des châteaux de la Loire, dont celui de Cheverny qui a servi de modèle à Hergé pour créer Moulinsart, le domaine des Huards était déjà connu en 1950 pour ses quatre hectares de blancs issus de romorantin.

De génération en génération, depuis le milieu du XIXᵉ siècle, la famille Gendrier occupe le domaine. Sur ses sols à dominantes argilo-calcaires, Michel Gendrier, qui a repris le domaine familial en 1978, a effectué un retour en arrière de cinquante ans et pratique une viticulture ancestrale, ce qui permet de conserver le plein potentiel naturel des différents terroirs qui composent ce domaine. Dans un souci constant de préserver l'environnement, un travail des sols régulier et adapté est effectué et l'utilisation de produits chimiques de synthèse a été abolie. Michel Gendrier a fait de la viticulture à l'ancienne de qualité son cheval de bataille, et ses vins tant en blanc qu'en rouge sont droits et expriment le plein potentiel de ce terroir de Sologne.

Les vins

Domaine des Huards, Cheverny 2008 🍷 🍷 14,5/20

D'une teinte vert d'eau, pâle et cristallin, ce vin issu de sauvignon et de chardonnay s'ouvre sur un nez franc et frais sur le côté fleurs blanches, la gentiane, voire le miel, associé aux agrumes avec une pointe végétale. Dense et bien équilibré en bouche, il se dote de finesse et d'une vivacité due à une belle acidité. La rétro sur le côté végétal où perce une pointe de bourgeon de cassis lui confère une finale rafraîchissante assez longue et appuyée par une légère amertume.

Y Domaine des Huards, Cheverny 2008 🍷 🍷 15/20
⊥ Assemblage de pinot noir, gamay et cabernet franc, ce rouge violine lumineux s'avère à l'olfaction frais et invitant sur les fruits acidulés, dont la canneberge et la griotte, avec une pointe d'épices,
dont le poivre. Juteux en bouche grâce à une belle acidité et
des tanins fondus, il se concentre sur les fruits en finale de belle
allonge. Un vin élégant et radieux.

*Sans oublier de ce domaine, le **Cour-Cheverny** en blanc issu de romorantin, le **Crémant de Loire** et la **Cuvée Jean-François Deniau** en rouge.*

DOMAINE HUET

Noël Pinguet   Tél. : + 33 (0) 2 47 52 78 87
DOMAINE HUET   Fax : + 33 (0) 2 52 66 74
11-13, rue de la Croix Buisée   Courriel : contact@huet.echansonne.com
37210 Vouvray   Site Web : www.huet-echansonne.com

Appellation de référence : Vouvray
Superficie : 35 ha
Production : 150 000 bt/an
Cépage : Chenin
Types de viticulture : Agrobiologie et biodynamie
Organismes et année de certification : Ecocert, Biodyvin 1990

Domaine

Au cœur du vignoble vouvrillon, à l'est de Tours sur la rive droite de la
Loire, le domaine Huet a été créé en 1938 même si la présence de la vigne
dans cette région remonte à l'époque de l'abbaye de Marmoutier fondée
par saint Martin de Tours en l'an 372.

Dirigé depuis 1972 par le gendre de M. Huet, Noël Pinguet, ce
domaine se répartit essentiellement sur trois secteurs : Le Haut-Lieu, Le
Mont et Le Clos du Bourg dont les sols sont de nature différente, caillou-
teux, argilo-calcaires et en contact avec le rocher calcaire. Sur ce vignoble,
50 % des vignes ont entre trente ans et cinquante ans.

Face à la technologie croissante qui pousse l'utilisation de produits
chimiques de synthèse pour lutter contre tout, détruisant l'équilibre du
sol et de l'environnement, ce domaine a réagi à contre-courant et s'est
tourné vers la viticulture en biologie et en biodynamie. Cette méthode de
culture qui respecte le sol, la plante et l'environnement, en utilisant des
traitements naturels, permet de développer le caractère des vins et de

respecter l'authenticité des terroirs. Ce sont les résultats probants de ce type de viticulture qui ont convaincu ce vigneron d'avoir recours à cette pratique et non une croyance mystique. Il se considère effectivement comme un biodynamiste cartésien. Aujourd'hui, il est satisfait du résultat et ses vignes sont en parfait état sanitaire.

Sur l'ensemble de ce domaine, planté uniquement en chenin blanc, les travaux du sol et de la vigne s'effectuent mécaniquement en accord avec les méthodes traditionnelles et sont exécutés en fonction des différents rythmes des planètes, ainsi que le pratiquaient plus ou moins consciemment les vignerons des siècles passés. Même si ce type de viticulture nécessite une écoute attentive des vignes et demande une plus grande disponibilité de la part du vigneron, pour qui les jours fériés et les vacances ne sont pas inscrits dans le calendrier lunaire, cette méthode fait ses preuves.

Qu'ils soient vinifiés en Vouvray sec, demi-sec ou moelleux, en fonction des conditions climatiques et de la « pourriture noble », la meilleure qualité des raisins est toujours recherchée.

Les vinifications sont rigoureuses et seul le soufre est utilisé, mais en très faible quantité et selon la nature des vins. Le vouvray est un vin qui s'apprécie jeune, mais il possède un potentiel de vieillissement non négligeable.

Ici, si vous savez les écouter, les vins parlent d'eux-mêmes.

Les vins

Cuvée Huet Brut, Domaine Huet, Vouvray Pétillant 🐑 🐑 🐑 <u>16/20</u>
Jaune paille à reflets or d'où s'échappent de fins chapelets de bulles, témoignant d'une fine effervescence, il présente un nez de fruits secs, dont l'amande, associés au miel avec une touche lactée et une belle minéralité. La bouche, après une attaque franche et vive, renferme un beau volume. La finesse des bulles pétulantes vient accentuer la fraîcheur en bouche pour notre plaisir sur une finale appuyée de belle facture.

Le Haut-Lieu Sec, Domaine Huet, Vouvray 2008 🐑 🐑 🐑 <u>16,5/20</u>
De couleur ivoire, il s'ouvre sur un nez aromatique et complexe sur les fruits blancs, dont la poire et l'ananas, mais aussi les agrumes avec une pointe florale, voire de miel, le tout sur une belle minéralité. La bouche est friande, gourmande et juteuse grâce à un beau volume et une acidité vivifiante. Un vin d'une grande pureté, bien équilibré, d'une rémanence sur les fruits et la minéralité qui lui confère une finale aussi rafraîchissante que longue.

Le Haut-Lieu Sec, Domaine Huet, Vouvray 2007 🍷 🍷 🍷 **15,5/20**

D'une robe cristalline vert d'eau, il s'exprime par un nez frais, voire aérien, sur les fruits blancs, notamment la pêche, mais aussi les agrumes associés à une pointe d'amande amère. La bouche est soutenue par une belle vivacité. Peut-être un petit peu moins dense que 2008.

Le Clos du Bourg Sec, Domaine Huet, Vouvray 2008 🍷 🍷 🍷 **16,5/20**

De teinte jaune vieil or, ce vin au nez invitant et complexe allie la pureté des fruits blancs à un bouquet de fleurs, voire à une touche mellifère. La bouche, grasse, se révèle complexe, d'une grande suavité grâce à un bel équilibre. Un vin pur et élégant qui regorge de fraîcheur en finale.

Le Mont Sec, Domaine Huet, Vouvray 2007 🍷 🍷 🍷 **16/20**

Derrière sa brillance et sa couleur pâle se cache un nez de fleurs blanches, d'acacia, de miel et de fruits blancs, d'une grande fraîcheur minérale. La bouche est volumineuse sur une acidité vive qui l'équilibre. Une délicate amertume sur les agrumes en rétro-olfaction lui confère une grande complexité et une finale de belle longueur, appuyée mais fraîche. Un vin élégant d'une grande pureté.

Le Mont Demi-Sec, Domaine Huet, Vouvray 2008 🍷 🍷 🍷 **17/20**

Toujours cette cristallinité à l'œil sur une teinte pâle, il s'avère plus timide que ses pairs. Au nez, il s'exprime par la minéralité et les fruits blancs, dont la poire et l'ananas, avec une touche florale. La bouche équilibrée, grâce à une acidité tranchante qui contrebalance le sucre résiduel, se révèle friande, ample et grasse. La finale soutenue par une pointe d'amertume conserve toute sa fraîcheur et sa suavité.

Le Clos du Bourg 1ère Trie Moelleux, Domaine Huet, Vouvray 2008 🍷 🍷 🍷 🍷 **17,5/20**

Jaune bouton d'or lumineux et intense, il s'exprime par des effluves de fruits blancs, dont la poire et la coing, avec un côté lacté, voire de crème brûlée, le tout nimbé d'une grande fraîcheur minérale. La bouche est friande et gourmande sur une acidité fraîche qui s'équilibre à merveille avec sa sucrosité. La bouche est droite, à la fois élégante et opulente. La rétro sur les fruits se pare de notes plus épicées qui lui confèrent une finale majestueuse tout en finesse.

Le Clos du Bourg Moelleux, Domaine Huet, Vouvray 2007 (Blanc) 🍷 🍷 🍷 **17,5/20**

Riche de fruits exotiques, dont le litchi et la mangue, la bouche raffinée possède un bel équilibre entre le sucre et l'acidité. La fraîcheur en finale sur les épices associées à la minéralité lui confère une longueur suave.

Le Haut-Lieu Moelleux, Domaine Huet, Vouvray 2008
🐷🐷🐷 **17,5/20**

D'une belle intensité lumineuse sur une couleur jaune paille à reflets verts, il harmonise son nez d'une belle complexité sur les fruits blancs et les agrumes confits. Sa bouche ample sur une acidité vive renferme un équilibre solennel. La finale bien tendue est longue et appuyée. Encore tout jeune mais très prometteur dans la longévité.

Le Haut-Lieu 1ère Trie Moelleux, Domaine Huet, Vouvray 2003
🐷🐷🐷🐷 **16,5/20**

Déjà doré par le temps, ce vin au nez intense et complexe allie les fruits confits, dont le coing, la pêche, l'abricot et l'écorce d'orange, à des notes d'amande et de miel. La bouche est ample sur une acidité fraîche. Puissant, il a encore besoin de temps pour trouver son équilibre parfait. Sa longueur est imposante.

Le Mont 1ère Trie Moelleux, Domaine Huet, Vouvray 1996
🐷🐷🐷🐷 **18,5/20**

Jaune doré et d'une belle luminosité, il s'ouvre sur une grande complexité aromatique où se mêlent des notes d'évolution, de fruits confits, d'écorces d'agrumes et de crème brûlée, avec une pointe d'épices et même un côté truffé. La bouche est majestueuse grâce à une belle harmonie entre tous ses éléments et sa fraîcheur. Ample et riche, sa finale qui conserve toute sa pureté s'étire en douceur. Une magnifique expression du chenin moelleux.

Cuvée Constance Moelleux, Domaine Huet, Vouvray 2003 (50 cl)
🐷🐷🐷🐷 **18/20**

En hommage à Constance Huet cette sélection au grain par grain qui n'est élaborée que dans les plus grands millésimes se pare d'une robe de lumière légèrement ambrée et combien invitante. Le nez d'une magnifique expression s'harmonise sur les fruits blancs et confits, dont les abricots secs et le coing, où se mêlent des notes d'écorces d'orange amère et d'épices douces. La bouche d'une grande pureté et d'une belle complexité s'avère ample et puissante. Superbement équilibré, il conserve une grande fraîcheur dans sa finale d'une pureté exemplaire. Un vin de méditation.

BÉATRICE ET PASCAL LAMBERT

Béatrice et Pascal Lambert   Tél. : + 33 (0) 2 47 93 13 79
BÉATRICE ET PASCAL LAMBERT   Fax : + 33 (0) 2 47 93 40 97
Domaine Les Chesnaies   Courriel : lambert-chesnay@wanadoo.fr
37500 Cravant les Coteaux   Site Web : www.chinonlambert.com

Appellation de référence : Chinon
Superficie : 14 ha
Production : 55 000 bt/an
Cépages : Chenin, Cabernet franc
Types de viticulture : Agrobiologie et biodynamie
Organisme et année de certification : Ecocert 2004

Domaine

Découverts grâce à Étienne de Bonnaventure et dégustés à la Cave Voltaire, petit bistrot à vin du vieux Chinon, les vins de ce domaine situé à Cravant sont de belles expressions de terroirs.

Installés sur ce domaine depuis 1987, ce couple s'est tourné depuis 2004 vers la viticulture en biodynamie par conviction et dans un souci de faire des vins authentiques.

De belles expressions du terroir.

Les vins

Cuvée Mathilde, Béatrice et Pascal Lambert, Chinon 2007 🍷 🍷 <u>15/20</u>
Rosé de saignée de teinte rose saumon, il s'ouvre au nez par les petits fruits acidulés, notamment la groseille et la canneberge, associés à des notes mentholées. Fine et élégante, la bouche possède une belle acidité vivifiante sur un volume assez intéressant. Sa rétro sur les fruits, avec une pointe d'anis, accentue sa fraîcheur en finale. Son volume en fait un beau rosé de gastronomie.

Les Terrasses, Béatrice et Pascal Lambert, Chinon 2005 🍷 🍷 <u>16/20</u>
Rouge rubis intense à reflets violacés, il émane de ce cabernet franc le croquant des arômes de petits fruits associés à des fragrances de fleurs, dont la pivoine, et à des notes d'épices, dont le poivre rose. La bouche, grasse et puissante sur une acidité fraîche, est construite sur des tanins soyeux et fins. Belle force et finesse en finale qui lui confère une agréable longueur. Un vin de belle facture.

Les Perruches, Béatrice et Pascal Lambert, Chinon 2005 🍷 🍷 <u>16/20</u>
Rubis violet profond, cette cuvée s'exprime par un nez puissant de fruits noirs additionnés de notes de réglisse, voire d'un côté sanguin. On y décèle

en outre des nuances de sous-bois et de champignons. La bouche démontre une grande amplitude, grâce à une belle concentration. Les tanins puissants mais soyeux structurent une matière étonnante. La finale sur les fruits noirs et les épices est longue et appuyée. Un grand vin.

Cuvée Danaé, Béatrice et Pascal Lambert, Chinon 2005 🍷 🍷 <u>17/20</u>

Paré d'une robe rubis intense, ce vin s'ouvre sur un nez aromatique et complexe de fruits noirs, dont la mûre et la quetsche, mais aussi d'épices, dont la réglisse et le poivre, complétés par une touche florale, le tout agrémenté d'une pointe de truffe et de sous-bois. La bouche, d'une grande puissance aromatique, mais aussi d'une riche texture mise en valeur par sa fraîcheur et la finesse de ses tanins, déploie sa longue finale en revenant sur le fruité ainsi que sur les épices acquis par un judicieux élevage. Un vin dont la concentration lui permettra de traverser le temps.

AMPÉLIDÆ

Frédéric et Hélèna Brochet	Tél. : + 33 (0) 5 49 88 18 18
AMPÉLIDÆ	Fax : + 33 (0) 5 49 88 18 85
Manoir de Lavauguyot	Courriel : ampelidae@ampelidae.com
86380 Marigny-Brizay	Site Web : www.ampelidae.com

Appellation de référence : Vin de Pays du Val de Loire
Superficie : 27 ha
Production : 120 000 bt/an
Cépages : Sauvignon blanc, Chardonnay, Pinot noir, Cabernet franc, Cabernet sauvignon
Type de viticulture : Agrobiologie
Organisme et année de certification : Ecocert 2004

Domaine

Ce domaine situé à Marigny-Brizay, près de Poitiers dans le Haut-Poitou, a été créé en 1995 et est dirigé par son fondateur, Frédéric Brochet. Même si cette appellation demeure peu connue, les premières traces des vins du Poitou remontent à Tristan et Iseult au Moyen Âge. Il faut cependant attendre l'après-guerre pour voir arriver une politique de qualité dans ce vignoble qui fut le seul à « résister » au phylloxéra, car il était massivement planté d'hybrides.

À l'aube du XXIe siècle, Frédéric Brochet a donc décidé de relever le défi et de produire de beaux vins sur ces terroirs du Poitou en créant

Ampelidæ. Titulaire d'un doctorat de l'université de Bordeaux dont la thèse portait sur la dégustation du vin, ce passionné n'a pas hésité à consacrer son existence au vin.

Conduit en agriculture biologique depuis 2004, les vins issus de ce domaine sont essentiellement élaborés en monocépage sous l'appellation Vin de Pays du Haut-Poitou. La gamme est longue et on peut la retrouver sous les étiquettes Ampelidæ, mais aussi, sous celles de Marigny-Neuf, sans oublier son effervescent sous le nom d'Armance B. Des vins droits, de belle expression.

Les vins

Sauvignon Blanc, Marigny-Neuf, Vin de Pays du Val de Loire 2007
🍇🍇 16/20

De couleur jaune pâle aux reflets cristallins, ce vin s'exprime par un nez d'une grande fraîcheur aux fragrances fruitées d'agrumes mêlées de notes végétales et florales avec une pointe de fenouil. La bouche d'une belle vivacité possède un certain mordant. Sa rétro sur le côté végétal le nimbe d'une finale longue tout en pureté. Un vin qui ne peut renier son nom.

Chardonnay, Marigny-Neuf, Vin de Pays du Val de Loire 2007
🍇🍇 15/20

Jaune doré aux reflets vieil or, il allie les fruits, notamment l'ananas, aux fleurs dans une composition harmonieuse avec une pointe biscuitée. Dense, tout en restant svelte, il possède un bel équilibre grâce à une acidité rafraîchissante qui perdure en finale sur les fruits blancs perçus au nez.

Le K, Ampelidæ, Vin de Pays du Val de Loire 2007 🍇🍇🍇 16/20
De couleur prune, il se caractérise par son nez dominé par les fruits noirs sauvages, dont la mûre et le cassis, caractéristiques du cabernet sauvignon dont il est issu, en harmonie avec les notes d'élevage encore un peu marquées, dont des arômes de torréfaction, de café et de boîte à cigares, lesquels ne demandent qu'à se fondre. En bouche, il en impose par sa puissance, mais conserve un côté cajoleur grâce à une belle structure tannique. Sa finale appuyée sur les fruits et le boisé lui confère une longueur virile. Encore tout jeune mais courtois.

« P.N., 1328 », Ampelidæ, Vin de Pays du Val de Loire 2007
🍇🍇🍇 16/20

Issu, comme son nom l'indique, de la parcelle 1328, ce pinot noir de teinte pourpre moyennement soutenue s'ouvre sur un nez expressif aux effluves de fruits rouges, dont la griotte, associés à un côté plus épicé et floral avec une touche musquée. La bouche, qui se montre à la hauteur, est construite sur un beau volume supporté par des tanins caressants. La finale appuyée sur les épices possède une belle longueur. Un vin délicat d'une grande souplesse.

Pinot noir, Marigny-Neuf, Vin de Pays du Val de Loire 2007
🍷🍷 <u>16/20</u>

D'entrée de jeu, il annonce la couleur et se pare d'une robe d'un rouge carminé qui fleure bon les arômes de cerise, de noyau, voire de kirsch, additionnés d'une touche florale, la pivoine, le tout sublimé par quelques notes fumées. Invitant au nez, il l'est tout autant en bouche, grâce à son beau volume et ses tanins fondus. Sa finale sur une note épicée lui procure une belle élégance. Un vin d'une grande pureté qui joue dans la cour des grands.

VIGNOBLES DU CENTRE

DOMAINE VINCENT GAUDRY

Vincent Gaudry	Tél. : + 33 (0) 2 48 79 49 25
DOMAINE VINCENT GAUDRY	Fax : + 33 (0) 2 48 79 49 25
Petit Chambre	Courriel : vincent.gaudry@wanadoo.fr
18300 Sury-en-Vaux	Site Web : www.vincent-gaudry.com

Appellation de référence : Sancerre
Superficie : 9 ha
Production : 40 000 bt/an
Cépages : Sauvignon blanc, Pinot noir
Types de viticulture : Agrobiologie et biodynamie
Organismes et année de certification : Ecocert et Demeter 2002

Domaine

Situé au pied de la colline de Sancerre, le Domaine Vincent Gaudry se répartit sur les trois types de sols caractéristiques de l'appellation : silex, caillottes et argile. Ne voulant pas être malade après chaque traitement apporté à la vigne, Vincent Gaudry, soigné par homéopathie depuis tout petit, a décidé en 1993 d'avoir recours aux méthodes biologiques et bio-dynamiques pour la culture de ses vignes. Cependant, il fait un parallèle entre les différentes façons d'interpréter la biodynamie et les différentes tartes aux pommes que l'on peut faire avec les mêmes ingrédients de base. Il va même plus loin en ressentant les choses et travaille avec les énergies telluriques. Il n'hésite pas à sortir ses baguettes de sourcier pour repérer les nœuds magnétiques dans son chai. Un vigneron sympathique qui croit à ce qu'il fait et qui sait être non seulement à l'écoute de ses vins afin qu'ils donnent le meilleur d'eux-mêmes, mais aussi des anciens de qui il estime avoir beaucoup à apprendre. Il part du principe que si la vigne met un an à donner un bon raisin, le vin peut bien prendre son temps à la cave.

Les vins

Le Tournebride, Domaine Vincent Gaudry, Sancerre 2007
🍷 🍏 🍏 <u>14,5/20</u>

Jaune paille lumineux à reflets vieil or, il s'ouvre sur un nez fruité aux accents d'agrumes, dont le pamplemousse rose, mais aussi de fruits blancs, dont la poire et l'ananas, avec une pointe florale de jasmin, le tout dans une ambiance crayeuse due à une belle minéralité. L'attaque en bouche s'avère franche sur une agréable vivacité. Bien équilibré, il est droit et élancé, et sa rétro sur les agrumes additionnée de minéralité lui confère une longueur rafraîchissante.

Mélodie de Vieilles Vignes, Domaine Vincent Gaudry, Sancerre 2007
🍷 🍏 🍏 🍏 <u>15/20</u>

De teinte jaune paille cristallin, à reflets argentés. Son nez plus discret que celui du Tournebride s'exprime par des arômes d'agrumes et de pamplemousse associés à des notes végétales subtiles d'herbe fraîche et de bourgeon de cassis. Il se poursuit avec un soupçon de menthol et de fenouil, sur un arrière-plan de minéralité crayeuse. La bouche bien équilibrée, qui revient sur le pamplemousse, est tranchante, droite, tendue par une belle acidité. Sa pointe d'amertume, combinée à sa minéralité, lui attribue une agréable fraîcheur en finale.

L'Esprit de Rudolf, Domaine Vincent Gaudry, Sancerre 2007
🍷 🍏 🍏 🍏 <u>15,5/20</u>

D'une couleur vert d'eau pâle, ce vin brillant exprime au nez toute sa minéralité et sa puissance. Dans la série fruitée, nous retrouvons les agrumes, le pamplemousse, l'ananas et la poire suivis d'une touche florale de jasmin, de fenouil, le tout baigné par une salinité minérale avec une pointe de rancio. En bouche, il s'avère incisif et monte en puissance. Son acidité vive lui imprègne une belle ligne de conduite. Un vin ample et généreux, élégant avec une finale soulignée par une pointe mentholée. Un vin racé de belle posture.

L'Esprit de Rudolf, Domaine Vincent Gaudry, Sancerre 2008
🍷 🍏 🍏 🍏 <u>15/20</u>

Un peu moins tendu que 2007, il se montre sous de bons auspices grâce toujours à cette minéralité.

Vincengetorix, Domaine Vincent Gaudry, Sancerre 2008
🍷 🍏 🍏 🍏 <u>15/20</u>

Cette cuvée rouge carminé assez intense, qui tire son nom de «Vincent prend un risque» (Vincengétorix), s'ouvre sur un nez élégant et racé de fruits rouges et noirs, notamment de cassis et de mûre, qui se prolonge sur les épices, le poivre, mais aussi sur la réglisse. La bouche s'avère friande, gourmande, même si encore impétueuse grâce à son beau volume soutenu par des tanins soyeux et fins. La finale épicée, avec une pointe de minéralité, s'avère longue et persistante sur le croquant des fruits. Un vin plein de vie qui s'assagira avec le temps.

 Le Sang des serfs, Domaine Vincent Gaudry, Sancerre 2007
🍷🍷🍷🍷 **16/20**

Dans une version plus virile que le précédent, ce vin pourpre aux reflets violets s'exprime par des arômes de fruits, dont la framboise et la guigne, avec le côté amande amère du noyau. Il se poursuit après des effluves floraux de pivoine, sur les épices, le poivre mais aussi ce côté réglisse dans une belle complexité. La bouche renferme puissance, force, grâce à une belle amplitude sur des tanins fondus. Concentré, bien équilibré, il revient en finale soutenue sur les épices, tout en conservant sa fraîcheur. Masculin, il possède une grande force naturelle.

DOMAINE ALPHONSE MELLOT

Alphonse Mellot	Tél. : + 33 (0) 2 48 54 07 41
DOMAINE ALPHONSE MELLOT	Fax : + 33 (0) 2 548 54 07 62
Rue Porte César	Courriel : alphonse@mellot.com
18300 Sancerre	Site Web : www.mellot.com

Appellation de référence : Sancerre et Vin de Pays des Coteaux Charitois
Superficie : 63 ha
Production : 300 000 bt/an
Cépages : Sauvignon blanc, Chardonnay, Pinot noir
Types de viticulture : Agrobiologie et biodynamie
Organismes et années de certification : Ecocert 1999, Biodyvin 2007

Domaine

Il faut ouvrir les archives du début de la Renaissance, vers 1513, pour retrouver les traces des ancêtres d'Alphonse Mellot dans le Sancerrois. Elles attestent que déjà à l'époque de Louis XIV, cette famille était associée à la vigne et au vin de qualité.

Le vignoble Alphonse Mellot, dont le Domaine de La Moussière, est situé au cœur même de l'appellation Sancerre sur une colline baignée par la lumière de la Loire. Les terroirs qui le composent sont de véritables dons

du ciel, tant ils sont riches et comptent parmi les plus beaux de l'appellation. Reposant sur des kimméridgiens, on retrouve ici des sols calcaires,
argilo-siliceux et argilo-calcaires. C'est cette différence de sols que depuis
des générations les Mellot, de père en fils, essaient d'exprimer et ils y réussissent fort bien en tirant de ce vignoble la quintessence du seul cépage
blanc, le sauvignon blanc, en produisant des vins tendus, équilibrés et
riches, des modèles du genre.

Depuis l'arrivée d'Alphonse Junior, 19ᵉ du nom, les rouges ne sont
pas laissés pour compte et on retrouve ici de grands pinots noirs qui rivalisent aisément avec ceux de la Bourgogne.

Son père Alphonse, ancien homme d'affaires et négociant, a compris
dans les années quatre-vingt qu'il faisait fausse route et ne cesse depuis de
chercher à mieux comprendre son métier et de transformer son travail en
réel plaisir. Cet homme jovial et chaleureux, à la verve facile, a cessé d'être
marchand de vin pour devenir artisan, et renouer avec l'authenticité et
façonner ses vins comme des œuvres d'art.

Dans sa démarche de compréhension des sols, depuis 1999, il a donc
opéré un virage à 180 degrés et conduit dorénavant son vignoble en biologie et en biodynamie, maîtrisant les rendements et élevant les vins en
barriques. Jugez par vous-même de la pureté d'expression de ses vins.

Des vins comme on aimerait en voir et surtout en boire plus souvent
et, de plaisanter Alphonse Mellot, en citant le bon Dieu dans la Genèse :
« Tu es Moussière, tu retourneras à la Moussière. »

Si, aujourd'hui, certains de ses amis achètent des petits vignobles dans
le sud pour y couler de vieux jours tranquilles dans un climat estival, laissant ainsi la place à leurs descendants, Alphonse a décidé en 2005 d'investir lui aussi ailleurs pour se lancer un nouveau défi. Son choix ne s'est
toutefois pas porté sur un vignoble méridional. Il a préféré un vignoble
méconnu, situé pas très loin du sien. C'est en Vin de Pays des Coteaux
Charitois, au Domaine Les Pénitents, d'une superficie de 18 hectares sur
une appellation qui n'en compte que 60, que ce mélomane a décidé de
composer ses nouvelles œuvres. Ici, comme à Sancerre, ce vigneron passionné et passionnant qui ne fait rien à la légère conduit son vignoble en
bio et élabore des vins d'une belle expression sur des sols semblables à
ceux du Clos de Tart à Morey-Saint-Denis, à base de chardonnay et de
pinot noir.

Des efforts bien récompensés puisque, aujourd'hui, ce vignoble
compte parmi l'élite de la viticulture mondiale. Et comme le dit si bien ce
personnage haut en couleur, « le sancerre fait du bien aux hommes, surtout quand ce sont les femmes qui le boivent ».

Les vins

Domaine de La Moussière, Alphonse Mellot, Sancerre 2008
🍷🍷🍷 <u>16,5/20</u>

De teinte jaune pâle aux reflets vieil or, il s'exprime par un nez d'une grande fraîcheur aromatique d'agrumes, le pamplemousse, de fruits blancs, dont l'ananas, avec une touche florale et une subtile pointe végétale, de bourgeon de cassis, le tout dans une belle minéralité. Équilibrée et franche, la bouche d'une belle densité, sur une acidité vive, s'intensifie pour s'évanouir sur le côté crayeux de la minéralité, lui conférant une longueur rafraîchissante. Un vin élégant d'une belle dignité.

Cuvée Edmond, Alphonse Mellot, Sancerre 2007 🍷🍷🍷🍷 <u>18/20</u>

D'une robe brillante, jaune paille aux reflets verts, il s'ouvre sur un nez aromatique et intense aux effluves d'agrume, de pamplemousse rose, de poire, voire même de fruits secs, le tout complexifié par des arômes de vanille, de miel et de beurre en raison d'un boisé délectable. Il offre en outre des nuances fraîches et épicées de menthol et d'anis. L'attaque se révèle ample, d'une grande gourmandise tendue par une acidité vive. Équilibré, par sa fraîcheur minérale, il possède un beau volume. Sa finale, qui revient sur les épices, en impose par sa longueur. Vigoureux et riche, il devrait s'affiner avec le temps tout en gardant cette force. Échantillonné en cours d'élevage, le 2008 s'annonce de la même trempe grâce à sa puissance minérale. La dégustation de cette cuvée dans le millésime 1999 fut un grand moment d'anthologie.

La Demoiselle, Alphonse Mellot, Sancerre 2008 🍷🍷🍷🍷 <u>16,5/20</u>

Issue de sauvignon sur silex, cette nouvelle cuvée cristalline jaune très pâle aux reflets verts s'impose au nez par sa puissance minérale de craie, où s'associent les agrumes intensifiés par un côté floral et végétal d'anis, de fenouil et de menthol. La bouche, après une attaque franche et vive grâce à une belle acidité, se révèle friande, gourmande et dotée d'un beau volume. Droit, tout en étant rond, il possède une belle tension et sa finale sur la minéralité lui confère race et pureté.

Les Romains, Alphonse Mellot, Sancerre 2008 🍷🍷🍷🍷 <u>17/20</u>

Pendant de La Demoiselle sur un terroir calcaire, jaune pâle aux reflets argentés, d'une grande fraîcheur aromatique, il exhale de cette cuvée des arômes de fruits, d'agrumes, notamment le pamplemousse, associés à une pointe florale et une belle fraîcheur de menthol et de craie, le tout sublimé par les épices. La bouche vivifiante possède plus de volume que La Demoiselle, tout en étant bien tendue. D'une belle densité, sa finale minérale et rafraîchissante possède une belle allonge. Un vin de belle facture.

🍷 **Satellite, Alphonse Mellot, Sancerre 2008** 🍇 🍇 🍇 🍇 <u>17/20</u>

Sur un sol argilo-calcaire de la commune de Chavignol, d'où son nom, cette cuvée se pare d'une robe pâle aux chatoiements verts. Son nez frais d'agrumes associés à un côté végétal et floral se révèle d'une belle intensité aromatique rafraîchie par la minéralité. Après une attaque vive due à sa belle acidité, il se révèle charmeur, droit, construit sur une belle densité. Ample, il conserve en finale toute son élégance et sa pureté.

🍷 **Génération XIX, Alphonse Mellot, Sancerre 2008** 🍇 🍇 🍇 🍇 <u>18,5/20</u>

Sous sa lumineuse robe or pâle aux reflets vieil or, il affiche d'entrée de jeu plus de maturité aromatique. Il se dévoile sur des effluves floraux d'acacia, voire de miel, de fruits frais et secs et de citron confit. Il s'intensifie sur le côté végétal, le fenouil, avec une fraîcheur mentholée et épicée, couronné d'une pointe de salinité minérale et un boisé maîtrisé. La bouche, après une attaque franche, s'avère superbement équilibrée, entre son acidité vive et son imposant volume. Imposante, riche, sa finale d'une grande fraîcheur minérale accentuée par une légère amertume est longue et soutenue. Un vin de grande classe qui tient déjà son rang même si encore tout jeune. Pour l'avoir dégusté, le millésime 2002 laisse un grand souvenir.

🍷 **Domaine de La Moussière, Alphonse Mellot, Sancerre 2008** 🍇 🍇 🍇 🍇 <u>16,5/20</u>

D'une teinte rouge rubis aux reflets violacés, il s'ouvre sur un nez fruité de fruits frais acidulés, notamment de cerise noire et de bigarreau, associés à une pointe de poivre rose et de pivoine, qui est d'une belle fraîcheur dans un boisé légèrement vanillé. En bouche, son beau volume le rend friand, structuré par des tanins soyeux et ronds où tout doit se fondre. Sa rétro sur les épices lui confère une finale riche de longueur soutenue. Encore un peu fougueux, il a tout pour s'épanouir.

🍷 **La Demoiselle, Alphonse Mellot, Sancerre 2008** 🍇 🍇 🍇 🍇 <u>17/20</u>

Rubis profond aux intenses reflets violines, il compose son nez comme un bouquet sur des fragrances de fleurs rouges, la pivoine, la violette, où se mêlent les fruits noirs, dont la cerise et son noyau, voire une pointe de kirsch, le tout auréolé d'épices, de poivre et de quelques notes fumées conférées par son élevage. La bouche, friande, renferme un beau volume structuré par des tanins fondus de belle consistance. Bien équilibrée, sa finale sur les fruits, les fleurs et les épices rehaussés par le boisé s'intensifie pour laisser une longue impression de fraîcheur.

En Grands Champs, Alphonse Mellot, Sancerre 2007
🍷 🍷 🍷 🍷 **18,5/20**

D'une couleur invitante rubis intense qui s'empourpre, il se dévoile sur un nez complexe et aromatique qui laisse présager de bons augures. Il exhale des arômes de fleurs, dont la pivoine et le lys, associés aux fruits noirs et rouges, dont la cerise, le tout nimbé d'épices, le poivre rose, avec ce qu'il faut de bois, le tout rafraîchi par une belle minéralité. La bouche généreuse sur des tanins d'une grande finesse s'avère opulente. Le bois sublime le tout, même s'il est encore à ce stade un peu présent. Équilibrée, la finale sur les épices et la pointe de minéralité rafraîchissante possède une longueur persistante. Un grand vin, taillé pour la garde et notre plaisir.

Génération XIX, Alphonse Mellot, Sancerre 2007 🍷 🍷 🍷 🍷 **18/20**

Rubis intense aux reflets violacés, il émane de ce vin des arômes complexes et puissants de fruits noirs, dont la cerise, voire son noyau, et la mûre, ainsi que de pivoine et de rose fanée. Suivent des notes épicées de poivre et de réglisse, associées à des notes de vanille et de fumée apportées par le bois, le tout dans une fraîcheur minérale. Puissant, il conserve sa gourmandise grâce à une trame aux tanins d'un beau grain qui tapissent agréablement la bouche. Généreux, équilibré, il évolue sur une vigoureuse rémanence des arômes perçus au nez qui lui confère une finale de grande allonge. Un vin de grande élégance.

Les Pénitents, Alphonse Mellot, Vin de Pays des Coteaux Charitois
2008 🍷 🍷 🍷 **15,5/20**

De teinte jaune paille aux reflets vieil or, ce chardonnay s'exprime par un nez frais de fruits secs, dont l'amande, accompagnés de légères notes de levures évoquant la brioche et le beurre, le tout dans un subtil boisé. La bouche, après une attaque franche et grâce à une acidité fraîche, se révèle opulente et grasse. La rétro, sur les arômes perçus au nez, lui confère une finale ample et généreuse qui s'évanouit lentement sur une belle impression. Très typé meursault, il possède race et élégance.

Les Pénitents, Alphonse Mellot, Vin de Pays des Coteaux Charitois
2008 🍷 🍷 🍷 **15,5/20**

Rubis moyennement intense aux reflets violets, il s'ouvre sur une belle complexité où se mêlent les petits fruits rouges et noirs, dont la canneberge et la guigne, associés à des notes florales de pivoine et un boisé maîtrisé sur une touche vanillée. La bouche renferme un beau volume structuré par des tanins soyeux et ronds. Fin, élégant et bien équilibré, il revient en rétro sur les épices, le poivre rose auquel s'ajoute une touche de boisé. Il se dissipe dans une finale appuyée de belle longueur. Un vin encore tout jeune mais d'un beau potentiel.

Sans oublier la barrique de **Sélection de Grains Nobles** *au léger caractère oxydatif, qui s'élève depuis 21 ans dans un coin de la cave pour le plaisir des initiés.*

DOMAINE VACHERON

Famille Vacheron
DOMAINE VACHERON
1, rue du puits Poulton
18300 Sancerre

Tél. : + 33 (0) 2 48 54 09 93
Fax : + 33 (0) 2 48 54 01 74
Courriel : vacheron.sa@wanadoo.fr

Appellation de référence : Sancerre
Superficie : 45 ha
Production : 200 000 bt/an
Cépages : Sauvignon blanc, Pinot noir
Types de viticulture : Agrobiologie et biodynamie
Organismes et année de certification : Ecocert, Biodyvin 2006

Domaine

Situé au cœur de Sancerre, ce domaine existe depuis plusieurs générations. Aujourd'hui, il est géré par Jean-Dominique Vacheron, qui travaille de concert avec son cousin Jean-Laurent, l'un à la vigne, l'autre à la cave.

Forts de leurs expériences, à Châteauneuf-du-Pape et en Bourgogne, ils se sont tournés en 2006 vers la biodynamie, afin d'engendrer des vins authentiques.

Les vins

Domaine Vacheron, Sancerre 2007 **16/20**
D'une teinte jaune pâle aux reflets verts étincelants, il s'ouvre sur un nez frais aux arômes d'agrumes, de pamplemousse, de fleurs blanches, avec un côté végétal d'herbe fraîche, nimbés d'une légère pointe épicée, dans une belle minéralité. L'attaque est franche et la bouche tendue par une belle acidité se révèle sur un beau volume. Droit, bien équilibré, il possède une finale persistante sur une belle minéralité. Un vin élégant, pur et de belle facture.

Domaine Vacheron, Sancerre 2006 **16,5/20**
D'une teinte rouge rubis lumineux aux reflets pourpres, il émane de ce vin un nez expressif aux arômes de fruits noirs, dont la mûre et la cerise

noire, voire le kirsch, associés à des notes florales de pivoine, dans une ambiance épicée sur le poivre. La bouche, après une attaque franche, se révèle friande, tonique grâce à une acidité assez vive, sur une matière soutenue par des tanins fins et fondus. Il se dissipe sur le côté épicé dans une finale longue et persistante tout en fraîcheur. Encore jeune et timide, il faudra l'attendre un peu.

AUTRES DOMAINES INTÉRESSANTS

DOMAINE DE CHÂTEAU GAILLARD (Saumur)
DOMAINE JUCHEPIE (Coteaux du Layon)
DOMAINE FRANÇOIS PINON (Vouvray)
DOMAINE DE LA CHEVALERIE (Bourgueil)
CHÂTEAU DE LA BONNELIÈRE (Saumur)
LES CAILLOUX DU PARADIS (Vin de Table de Sologne)

PROVENCE/CORSE

Grâce à son climat, son littoral et la joie de vivre de ses habitants, la Provence rime avec vacances mais, à l'image des cigales, ses vins, pour la plupart vinifiés en rosé, n'enchantent bien souvent que l'été. Heureusement, en Provence, encore plus qu'ailleurs, le salut est venu de l'initiative de certains vignerons de la nouvelle génération ou encore de nouveaux venus, amoureux de la région, qui ont eu l'ambition de faire des grands vins en respectant le terroir. Ils sont aujourd'hui 397 à conduire leur vignoble en biologie ou biodynamie sur une superficie d'environ 6 674 hectares, soit environ 27 % de la surface totale dont 3 000 en cours de certification. Cette surface enregistre une hausse de 26 % au cours de la dernière année, ce qui place cette appellation deuxième derrière le Languedoc-Roussillon dans le peloton de tête de la viticulture biologique française. Certaines appellations sont plus sensibles ou plus aptes que d'autres, notamment l'appellation Baux-de-Provence, qui est bio à 80 %.

Pour attester de la viticulture sur la côte provençale, il faut remonter aux Grecs, qui fondèrent la cité phocéenne Massilia, aujourd'hui Marseille, 600 ans avant notre ère. Par la suite, ce vignoble a connu ses heures de gloire, grâce à l'influence des papes en Avignon, mais a aussi subi de nombreux dommages. Aujourd'hui, cette région viticole se réapproprie son terroir avec pour seule limite la qualité.

Le vignoble de Provence s'étend d'Aix-en-Provence à la frontière italienne sur 25 000 hectares, soit 3 % de la surface viticole française. Le relief diversifié de cette appellation influe sur ses sols de sable, de calcaires sédimentaires et de schistes, et crée des microclimats dont le seul point commun demeure l'ensoleillement. De plus, il est très morcelé et regroupe neuf appellations : Côte de Provence, la plus grande, Coteaux d'Aix, Coteaux Varois, Coteaux de Pierrevert, Cassis, Bellet, Palette, Baux-de-Provence et Bandol. Dans toutes ces appellations, les vins se déclinent en rouge, rosé et blanc et l'on trouve côte à côte aussi bien des rouges friands et fruités que des vins de garde comme ceux de Bandol.

Ici, comme dans tous les vignobles méridionaux, les cépages traditionnels de la région ou d'importation sont très diversifiés et distinguent

Vignoble de Provence et Corse

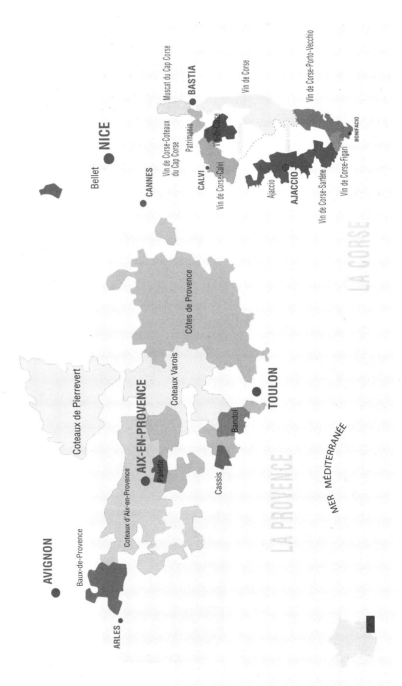

les différentes appellations et les domaines. On en retrouve plus d'une douzaine. En blanc : clairette, bourboulenc, ugni blanc et rolle, et en rouge et rosé : mourvèdre, grenache noir, cinsault, syrah, carignan, cabernet sauvignon, et d'autres moins connus.

À l'instar des vins d'autres régions, le succès commercial du rosé de Provence, environ 70 % de la production, a quelque peu freiné la qualité et la notoriété des vins de cette magnifique région.

De par son insularité et son éloignement, la Corse, cette montagne au beau milieu de la Méditerranée, demeure le vignoble français le plus méconnu. Pourtant, l'originalité de l'encépagement local, associée au terroir et au climat, imprime une forte personnalité à ses vins. La majeure partie des vins vinifiés en Vin de Pays est issue en rouge de sciacarello et nielluccio et en blanc, essentiellement de vermentino ou rolle, associés aux cépages méditerranéens plus classiques. Le vignoble de l'île de Beauté couvre environ 7 000 hectares, dont autour de 2 500 en appellation d'origine contrôlée.

Sur ce territoire, la volonté de préserver et de pérenniser la culture corse est chère au cœur de certains vignerons, et 25 d'entre eux conduisent leur domaine en bio. Au total, cela représente environ 445 hectares convertis ou en cours de conversion. Une surface en hausse de 37 %. Pour ces insulaires, la typicité de leurs vins rime avec identité.

Deux régions à découvrir tant il fait bon s'y promener. Qui plus est elles regorgent de petits établissements authentiques, où il fait bon se restaurer. Je pense notamment à ce sympathique hôtel-restaurant Le Clos des acacias à Signes dans l'arrière-pays provençal qui offre une table de grande qualité.

PROVENCE

DOMAINE LES BÉATES

Pierre-François Terrat	Tél. : + 33 (0) 4 42 57 07 58
DOMAINE LES BÉATES	Fax : + 33 (0) 4 42 57 19 70
Route de Caireval,	Courriel : contact@domaine-des-beates.com
13410 Lambesc	Site Web : www.domaine-des-beates.com

Appellation de référence : Coteaux d'Aix-en-Provence
Superficie : 40 ha
Production : 130 000 bt/an
Cépages : Rolle, Sauvignon blanc, Grenache, Ugni blanc, Grenache noir, Cabernet sauvignon, Syrah, Carignan, Cinsault, Mourvèdre
Types de viticulture : Agrobiologie et biodynamie
Organisme et année de certification : Ecocert 2004

Domaine

Sur ce domaine de Provence qui tire son nom des « Béates », jeunes religieuses qui s'installaient dans les villages les plus reculés pour apprendre à lire et à écrire aux enfants, Bernard Terrat s'est associé dans un premier temps à la Maison Chapoutier de Tain l'Hermitage quand il a acheté ce vignoble en 1996. Depuis, la superficie de ce vignoble a doublé avec le rachat des parcelles du château Janet en 2000. En 2002, Bernard Terrat et son fils Pierre-François ont décidé de faire cavaliers seuls et ont repris la totalité de la propriété avec l'ambition d'en faire l'une des plus reconnues de l'appellation.

Sur ce domaine, Pierre-François Terrat, qui ne se destinait pas obligatoirement au vin, prouve par son dynamisme son attachement à une véritable philosophie du vin et une perpétuelle recherche de la qualité. De ce fait, il était naturel de conduire ce domaine en agriculture biologique et en biodynamie comme il l'était du temps de Chapoutier. Ce type de viticulture exclut tous produits chimiques de synthèse et préserve les équilibres naturels. Le travail de la vigne est rythmé par les cycles du soleil, de la lune et des différentes planètes et constellations.

Sur les différentes parcelles qui composent ce vignoble morcelé, les sols sont variés : calcaires tendres, sables gréseux, cailouteux sur argile calcaire ou sur marnes. Les rendements sont faibles et les cépages sont vinifiés séparément par parcelle afin de respecter l'identité des terroirs.

Dans un souci d'amélioration constante, de nouveaux cépages sont plantés pour atteindre l'objectif d'un vignoble complanté à 100 % en appellation Coteaux d'Aix-en-Provence.

De plus, ce vignoble s'est doté d'une cave ultramoderne où tout est fait par gravitation. Les vins issus des Béates sont d'authentiques expressions du style de ces terroirs d'exception.

Les vins

Les Béatines, Domaine des Béates, Coteaux d'Aix-en-Provence 2008
🍷 🍷 **15,5/20**

Issu d'un assemblage de grenache blanc, rolle, sauvignon et ugni blanc, il se teinte d'un jaune pâle cristallin aux reflets argentés et s'ouvre sur un nez frais sur la minéralité en toile, fond laissant le premier plan aux fruits, dont l'abricot et la poire, associés à des notes florales de tilleul. Après une attaque franche et vive, la bouche équilibrée s'avère suave grâce à une belle fraîcheur. Droit, il revient en finale appuyée sur les fruits blancs. Un vin de belle facture à savourer dès l'apéritif.

Les Béates, Domaine des Béates, Coteaux d'Aix-en-Provence 2008
🍷 🍷 **16,5/20**

Sauvignon et rolle s'assemble dans cette cuvée qui se pare d'une robe jaune paille lumineux aux légers reflets verts et s'exprime par un nez aromatique où s'harmonisent les fruits blancs, dont la pêche, et les fleurs, dont l'acacia, le tout dans l'ambiance feutrée des notes boisées. Équilibré, il renferme un beau volume combiné à une acidité vivifiante. D'une belle élégance et de grande pureté, sa finale sur les fruits avec une pointe d'amertume due à la minéralité possède une belle longueur.

Les Béatines, Domaine des Béates, Coteaux d'Aix-en-Provence 2008
🍷 🍷 **15/20**

Élaboré essentiellement à partir de grenache, ce rosé de teinte saumon pâle, lumineux et invitant, s'ouvre sur un nez frais d'où émanent des arômes de fruits rouges acidulés, dont la canneberge et la groseille, associés à une fraîcheur mentholée. La bouche, d'une belle rondeur, renferme une acidité vive qui lui procure un bel équilibre. La finale nimbée de fraîcheur s'avère conséquente.

Les Béates, Domaine des Béates, Coteaux d'Aix-en-Provence 2008
🍷 🍷 **15,5/20**

Issu d'une saignée de syrah, ce rosé se colore de rose saumoné assez soutenu, et s'exprime par un nez complexe de fruits rouges, dont la fraise des bois, associés à un côté épicé de poivre et d'anis avec une touche mentholée. La bouche gourmande, construite sur une belle acidité, renferme un beau volume. Harmonieux, sa finale rafraîchissante sur les fruits lui apporte une belle plénitude. Un rosé à prendre au cours du repas.

Les Béatines, Domaine des Béates, Coteaux d'Aix-en-Provence 2006
🍷 🍷 16/20

Grenache, syrah, mourvèdre, cabernet sauvignon et carignan s'associent dans cette cuvée de couleur rouge rubis aux reflets violacés, qui se dévoile par un nez aromatique aux effluves de fruits rouges et noirs, dont le bigarreau, mêlés de figue fraîche et d'épices, de poivre, dans une belle complexité. La bouche se révèle friande, gourmande sur le croquant des fruits, soutenue par des tanins soyeux. Équilibrée, la finale épicée possède une belle allonge fraîche.

Les Béates, Domaine des Béates, Coteaux d'Aix-en-Provence 2006
🍷 🍷 16,5/20

Assemblage de grenache, syrah et cabernet sauvignon issu de vignes plus âgées que dans les Béatines, il se teinte de rubis violacé assez intense et s'ouvre sur un nez aromatique de fruits noirs mûrs, notamment le cassis et la mûre, additionnés de notes chocolatées et d'épices chaudes. Bien structuré, il se révèle puissant et rond tout en étant élégant, sur une trame tannique soyeuse. La finale veloutée en rémanence sur les épices lui confère une belle longueur.

Terra d'Or, Domaine des Béates, Coteaux d'Aix-en-Provence 2006
🍷 🍷 🍷 🍷 16,5/20

Issu de vieilles vignes de grenache, syrah et cabernet sauvignon, il se pare d'une robe profonde d'un rouge pourpre d'où émanent de puissants arômes de fruits noirs cuits, dont la quetsche et la mûre, où se joignent des notes de tapenade d'olives noires, de réglisse et d'épices avec une pointe musquée. La bouche se révèle ample, riche, d'une belle concentration structurée par des tanins soyeux et enrobés. Un vin de caractère qui revient sur les fruits et les épices dans une belle finale appuyée.

DOMAINE DE LA COURTADE

Laurent Vidal   Tél. : + 33 (0) 4 94 58 31 44
DOMAINE DE LA COURTADE   Fax : + 33 (0) 4 94 58 34 12
Île de Porquerolles   Courriel : domaine@lacourtade.com
83400 Hyères   Site Web : www.lacourtade.com

Appellation de référence : Côtes de Provence
Superficie : 30 ha
Production : 150 000 bt/an
Cépages : Rolle, Mourvèdre, Syrah, Grenache, Tibouren
Type de viticulture : Agrobiologie
Organisme et année de certification : Ecocert 1999

Domaine

Il aura suffit d'un homme, amoureux d'une île et passionné par l'art du vin, pour que le tour soit joué et qu'un vignoble de 30 hectares soit constitué en 1983 sur l'une des plus belles plaines de l'Île de Porquerolles. Cette île au large de Toulon, en Méditerranée, où des milliers d'arbres et de plantes répertoriés sont cultivés et protégés, est placée sous la protection du Parc National. Sur cette île, où 80 hectares de vignes répartis en trois domaines sont plantés, le soleil, la terre et la mer sont en parfaite symbiose.

Le sol des parcelles de schiste friable qui composent ce domaine possède la particularité très rare d'emmagasiner l'eau et de laisser passer les racines qui s'enfoncent à sa recherche.

Afin d'honorer ce terroir unique, les cépages implantés sont typiquement provençaux et le tibouren, cépage de la région de Toulon, a même été réintroduit ici.

Les vignes de ce domaine étant plantées sur une île au milieu du Parc National, c'est par respect et par philosophie que Richard Auther, le directeur du domaine depuis sa création, s'est orienté vers la biologie afin d'en préserver l'environnement.

Sur ce vignoble qui regarde la Grande Bleue, tous les facteurs sont réunis pour réaliser des vins de qualité. Les vignes sont travaillées manuellement, et les vendanges qui entrent au chai sont à pleine maturité et les plus saines possibles de façon à limiter au maximum l'utilisation de SO_2 lors des vinifications et d'engendrer des vins expressifs.

Les vins

Alycastre, Domaine de La Courtade, Côtes de Provence 2008 🍷🍷 15/20

Élaboré à partir de rolle uniquement, de couleur jaune pâle à reflets verts, il s'exprime par un nez aromatique et frais alliant les agrumes, le pamplemousse, aux fruits exotiques, notamment l'ananas. Après une attaque franche, la bouche se révèle vive, juteuse et sa finale sur les arômes perçus au nez s'avère rafraîchissante. Parfait pour se mettre en appétit.

Domaine de La Courtade, Côtes de Provence 2006 🍷🍷🍷 16/20

De teinte jaune paille aux reflets vieil or, ce rolle présente un nez complexe sur des notes de pamplemousse associées à des notes florales, voire minérales, avec une pointe iodée, le tout dans une atmosphère légèrement épicée. La bouche ample renferme une belle vivacité construite sur un beau volume. Sa finale fraîche est pure et élégante, de belle facture.

Alycastre, Domaine de La Courtade, Côtes de Provence 2007

🍷🍷 <u>15/20</u>

Grenache et mourvèdre composent cette cuvée de couleur rouge rubis.
Au nez, elle exhale des arômes de fruits rouges et noirs, dont la
cerise, associés à des notes épicées de moka. La bouche d'une
belle fraîcheur sur une acidité fraîche et des tanins soyeux
s'avère juteuse, sur les fruits, et sa finale possède une belle
allonge rafraîchissante. À boire dans sa jeunesse.

Domaine de La Courtade, Côtes de Provence 2004 🍷🍷🍷 <u>16,5/20</u>

De couleur grenat sombre et profond, il s'ouvre sur un nez aromatique,
racé, aux effluves de fruits noirs, dont la mûre et la guigne, où s'adjoignent
des notes de sous-bois, de torréfaction, d'épices, notamment le safran, et
d'iode. L'attaque est franche et la bouche, d'une grande générosité, s'avère
complexe. De belle amplitude, ce vin monte *crescendo* en puissance. Bien structuré, sur des tanins enrobés de grande qualité,
il s'avère délicat. La finale, qui revient sur les épices, dont la
réglisse, possède une longueur soutenue. Un vin d'une belle
finesse qui exprime son plein potentiel.

DOMAINE D'ÉOLE

Christian Raimont (Propriétaire)   Tél. : +33 (0) 4 90 95 93 70
Matthias Wimmer (Directeur)   Fax : +33 (0) 4 90 95 99 85
DOMAINE D'ÉOLE   Courriel : domaine@domainedeole.com
Route de Mouriès   Site Web : www.domainedeole.com
13810 Eygalières

Appellation de référence : Coteaux d'Aix-en-Provence
Superficie : 28 ha
Production : 100 000 bt/an
Cépages : Roussanne, Rolle, Grenache blanc, Grenache noir, Syrah,
Carignan, Cinsault, Counoise
Types de viticulture : Agrobiologie et biodynamie
Organisme et année de certification : Ecocert 1998

Domaine

Situé entre Saint-Rémy-de-Provence et Cavaillon, au pied des Alpilles, le
Domaine d'Éole, « né de la rencontre du soleil, de la terre et du vent », a été
créé en 1992.

Depuis 1993, Matthias Wimmer jeune œnologue allemand diplômé
de Montpellier, est en charge de la viticulture et de la vinification. Inspiré

par le mouvement écolo des années soixante-dix, il a décidé de conduire le domaine en biologie. Les sols sont travaillés, les rendements maîtrisés et les produits chimiques exclus, et ce, dans un seul but : favoriser la qualité.

Depuis 1996, avec le nouveau propriétaire, Christian Raimont, financier français et passionné de vin, ils s'évertuent à poursuivre leurs efforts et à pousser encore plus loin la démarche qualitative afin de respecter ce terroir d'exception.

Il en va de même à la cave où les méthodes de vinification restent traditionnelles afin de restituer aux vins la magie des lieux.

Des vins d'une grande sincérité qui rendent hommage à Dame Nature. Et pour favoriser les tête-à-tête, ils sont aussi proposés dans un format de 500 ml.

De plus, ce domaine élabore grâce à son oliveraie une savoureuse huile d'olive.

Les vins

Domaine d'Éole, Vin de Pays des Alpilles 2008 🐘 🐘 <u>**14,5/20**</u>
Jaune pâle cristallin aux reflets argentés, il émane de ce vin des arômes frais de fruits blancs, dont la pêche et l'ananas, le tout sublimé par une belle minéralité. Après une attaque franche et vive, la bouche se révèle tendue par une belle acidité. Bien équilibrée, sa finale fraîche possède une longueur moyenne sur les fruits.

Confidence, Domaine d'Éole, Vin de Pays des Alpilles 2008
🐘 🐘 🐘 <u>**16/20**</u>
Issue de roussanne uniquement, cette cuvée de teinte jaune pâle à reflets vieil or exhale au nez des effluves de fruits à chair blanche, dont la poire et la pêche, associés à des notes florales et mellifères, avec une touche fraîche mentholée, le tout rehaussé par un boisé subtil. La bouche, friande, renferme un beau volume sur une acidité fraîche. Riche, bien équilibrée sur un boisé fondu, elle revient sur les fruits dans une longue finale persistante. Un vin élégant d'une grande plénitude.

Cuvée Caprice, Domaine d'Éole, Coteaux d'Aix-en-Provence 2008
🐘 🐘 🐘 <u>**14,5/20**</u>
Grenache, syrah, carignan et counoise s'assemblent dans cette cuvée de teinte vive, rose framboise. Le nez expressif de fruits acidulés, dont la groseille et la canneberge, associés à des notes épicées allie le tout dans une ambiance vanillée apportée par un boisé maîtrisé. La bouche s'avère vivifiante grâce à son acidité marquée. Belle vinosité pour ce rosé qui ne manque pas de fraîcheur. Un rosé à prendre au cours du repas.

Réserve des Gardians, Domaine d'Éole, Coteaux d'Aix-en-Provence 2007 🍷 🍷 **16,5/20**

De couleur rouge rubis violacé, au nez de fruits noirs, dont le cassis et la mûre, mêlés d'une pointe de réglisse, d'épices, le tout nimbé par des arômes de torréfaction sans oublier le côté épicé. Friand, gourmand, onctueux grâce à une belle matière supportée par des tanins soyeux et ronds. La finale sur les fruits et les épices possède une belle longueur persistante tout en fraîcheur. Un vin de belle facture

Domaine d'Éole, Coteaux d'Aix-en-Provence 2006 🍷 🍷 **16/20**

Rouge rubis pourpre, il s'exprime par un nez de fruits noirs, dont le cassis, additionnés d'épices sur une toile de fond boisée et vanillée. Élégant, bien structuré, sur une belle concentration et des tanins soyeux, il revient sur les épices dans une belle finale appuyée.

K d'Éole, Domaine d'Éole, Coteaux d'Aix-en-Provence 2007 🍷 🍷 🍷 **16,5/20**

Constitué uniquement de carignan, cette cuvée aux arômes de fruits noirs, dont le cassis et la mûre, associés aux épices chaudes avec un côté chocolaté, est d'une grande pureté. La bouche, friande, gourmande et tout en finesse se révèle d'une belle fraîcheur et se structure grâce à des tanins soyeux et enrobés. Les épices chaudes en finale lui confèrent longueur et persistance. Encore jeune mais déjà agréable.

Cuvée Léa, Domaine d'Éole, Coteaux d'Aix-en-Provence 2004 🍷 🍷 🍷 **17/20**

Il émane de ce vin pourpre intense et profond des senteurs sur les fruits rouges et noirs, dont la mûre et la cerise, associés à des arômes de figue fraîche, de tapenade d'olives, de réglisse, voire une pointe florale et animale, derrière lesquels percent les notes d'élevage sur la vanille, et un côté fumé. De grande envergure, sa bouche concentrée est soutenue par des tanins soyeux et enrobés. Alliant puissance et finesse, il se dissipe petit à petit sur les épices, laissant une sensation de fraîcheur. Un grand vin.

CHÂTEAU LA LIEUE

Julien Vial   Tél. : + 33 (0) 4 94 69 00 12
CHÂTEAU LA LIEUE   Fax : + 33 (0) 4 94 69 47 68
Route de Cabasse   Courriel : château.la.lieue@wanadoo.fr
83170 Brignoles   Site Web : www.chateaulalieue.com

Appellation de référence : Coteaux Varois en Provence
Superficie : 79 ha
Production : 250 000 bt/an
Cépages : Vermentino, Ugni blanc, Chardonnay, Grenache, Syrah,
Mourvèdre, Carignan, Cinsault, Cabernet sauvignon, Merlot
Type de viticulture : Agrobiologie
Organisme et année de certification : Ecocert 1997

Domaine

Sur la route des vacances, à mi-chemin entre Aix-en-Provence et Saint-Tropez, ce domaine est aux mains de la famille Vial depuis cinq génération.

Avant-gardiste pour son époque, l'arrière-arrière-grand-mère Batilde Philomène, à la suite du décès de son mari en 1876, a quitté Lyon pour descendre dans le Sud et a acquis ce château. Si, aujourd'hui, on retrouve de plus en plus de femmes dans les vignobles, à l'époque, c'était rare de trouver une femme dans le milieu viticole, univers typiquement masculin.

Cumulant 79 hectares, ce domaine regroupe trois sites de production distincts, aux terroirs variés : Château La Présidente, La Reinette et Château La Lieue, mais tout est vinifié au Château la Lieue et vendu sous ce nom.

Ici, la nature a ses droits, ils sont respectés et la culture biologique de la vigne est de rigueur. Les divers produits naturels utilisés sur ce domaine, associés à un travail des sols, contribuent à maintenir les sols vivants et équilibrés afin de préserver l'écosystème environnant.

Sous les appellations Coteaux Varois en Provence, ou Vin de Pays du Var avec mention de cépage, la gamme en blanc, rouge et rosé est complète. Le haut de gamme est constitué par la cuvée Batilde Philomène.

Tous les vins de ce domaine, vinifiés avec le plus grand soin, dans le respect des traditions, rendent hommage aux soins apportés à la qualité des raisins.

Les vins

Château La Lieue, Coteaux Varois en Provence 2008 🍷 **15/20**
Assemblage de grenache, cabernet sauvignon, carignan et de mourvèdre, cette cuvée de teinte rubis aux reflets violacés prend un air de vacances, tant elle exprime avec franchise ses arômes de petits fruits rouges et noirs,

notamment de fraise et de cerise, assaisonnés des épices de la garrigue provençale. Un vin souple, charmeur, soutenu par des tannins soyeux. Il revient en rétro sur les épices de sa région qui lui confèrent une belle longueur agréable.

DOMAINE DU CLOS DE LA PROCURE

DUPÉRÉ-BARRERA   Tél. : + 33 (0) 4 94 23 36 08
Emmanuelle Dupéré   Fax : + 33 (0) 4 92 94 77 63
et Laurent Barrera   Courriel : vinsduperebarrera@hotmail.com
DOMAINE DU CLOS   Site Web : www.duperebarrera.com
DE LA PROCURE
254, rue Robert Schumann
83130 La Garde

Appellation de référence : Côtes de Provence
Superficie : 6 ha
Production : 15 000 bt/an
Cépages : Ugni blanc, Grenache, Mourvèdre, Carignan, Cinsault, Syrah
Types de viticulture : Agrobiologie et biodynamie
Organisme et année de certification : Ecocert 2005

Domaine

Que de chemin ce jeune couple dynamique franco-québécois a parcouru depuis ses débuts en 2001 dans le salon de la grand-mère de Laurent Barrera, à Toulon.

Si rien ne les prédestinait au vin, leur passion commune pour ce nectar et plus particulièrement pour ceux du sud de la France, les a poussés dans un premier temps à développer une activité de négoce de haute volée, en appellation Côtes de Provence, Costières de Nîmes ou encore en Coteaux du Languedoc et désormais en Côtes du Rhône Villages.

En achetant le Domaine du Clos de la Procure en Côtes de Provence en 2003, Emmanuelle Dupéré et Laurent Barrera réalisaient un rêve et c'est naturellement qu'ils ont adopté l'agrobiologie et la biodynamie, ayant recours aux préparas, tisanes et huiles essentielles. Pour la petite anecdote, ils ont racheté ce domaine à un Québécois. Il faut peut-être y voir un signe, puisque Emmanuelle est originaire de cette belle province canadienne.

Afin de sublimer leurs raisins, ils se sont dotés d'une cave alliant modernisme et tradition, qui s'intègre dans son environnement et où tout se fait par gravitation. Comment faire autrement, quand on connaît leur cuvée de négoce Nowat pour laquelle aucune électricité n'est utilisée ?

Leurs exigences les poussent à élaborer ici leur propre vin, mais aussi ceux de leur activité de négoce haute couture, qui sont de magnifiques expressions de terroir. Même si les vins du négoce ne sont pas certifiés bio, ils s'efforcent de sélectionner au mieux leurs raisins et certains de leurs fournisseurs sont même en conversion.

De plus, ce couple fort sympathique et accueillant, qui possède aussi une centaine d'oliviers, fait une savoureuse huile d'olive.

L'orignal qui orne l'étiquette de ce domaine symbolise leur attachement au Québec.

Les vins

Domaine du Clos de la Procure, Côtes de Provence 2007 🍇🍇🍇 <u>17/20</u>

Issu d'ugni blanc, en complantation avec un peu de rolle et de clairette, ce blanc se pare d'une robe jaune paille aux reflets vieil or. Il s'exprime par un nez aromatique et frais aux effluves de fruits blancs associés à un côté floral nimbé d'une belle minéralité dans une atmosphère boisée sur des arômes de vanille. Attaque franche et vive en bouche, sur un beau volume. Il se révèle friand, gras, sur une belle fraîcheur minérale. Bien équilibré, long et persistant, il est élégant et riche. Une belle réussite.

Domaine du Clos de la Procure, Côtes de Provence 2007 🍇🍇 <u>17/20</u>

Un savant assemblage de grenache, de mourvèdre, de carignan et de cinsault compose cette cuvée qui se teinte de couleur rouge rubis aux reflets violacés d'intensité moyenne. Il émane d'elle un nez aromatique et complexe sur des arômes de fruits noirs, dont le cassis, la mûre et la guigne, mais aussi un côté figue, le tout rehaussé par des notes épicées dans une subtile atmosphère de bois. La bouche friande, gourmande, où tout prend sa place, se construit sur une acidité fraîche et est supportée par des tanins soyeux et enrobés. Un vin riche, puissant, bien équilibré qui s'estompe sur les fruits, les épices, un boisé noble dans une finale longue et soutenue. Un vin de belle facture et d'un grand potentiel.

Domaine du Clos de la Procure, Côtes de Provence 2008 🍇🍇 <u>17/20</u>

Dégusté à la barrique, il s'annonce aussi élégant que puissant. À suivre.

Le domaine produit également un rosé digne de mention.

DOMAINE DE LA RÉALTIÈRE

Pierre Michelland
DOMAINE DE LA RÉALTIÈRE
Route de Jonques
83560 Rians

Tél. : + 33 (0) 4 94 80 32 56
Fax : + 33 (0) 4 94 80 55 70
Courriel : realtiere@terre-net.fr
Site Web : www.larealtiere.com

Appellation de référence : Coteaux d'Aix-en-Provence
Superficie : 13 ha
Production : 50 000 bt/an
Cépages : Ugni blanc, Sémillon, Clairette, Syrah, Grenache, Cabernet sauvignon, Cinsault, Carignan
Types de viticulture : Agrobiologie et biodynamie
Organisme et année de certification : Ecocert 2002

Domaine

Situé dans une Provence encore sauvage, entouré d'une oliveraie, d'une forêt de chênes verts et de pins, le Domaine de la Réaltière fait face à la montagne Sainte-Victoire.

Depuis 2002, Pierre Michelland, qui se destinait plutôt à l'aquaculture, poursuit l'œuvre de son père (décédé accidentellement en travaillant ses vignes) entreprise en 1994. Dans la continuité, ce sympathique et dynamique vigneron s'attache à respecter la tradition culturale du sol et n'utilise aucun produit chimique afin de permettre aux cépages de s'exprimer pleinement comme le faisait déjà son père.

S'il est consciencieux à la vigne, Pierre l'est tout autant à la cave et les différentes cuvées qu'il élabore sont des modèles du genre.

Depuis 1996, tous les ans, le rouge de garde porte un prénom de femme qui a marqué sa vie. Jamais le même puisque le millésime change. La cuvée 2008 portera le prénom de sa fille Juliette.

Ce bon vivant forme avec ses deux compères, Pierre-François Terrat du Domaine Les Béates et Peter Fischer du Château Revelette, « Les 3P ». Chaque année, ils élaborent un rosé en commun qu'ils prennent plaisir à vendre en faisant la tournée des bars de Marseille armés de leurs bouteilles.

Les vins

Cante Gau, Domaine de la Réaltière, Vin de Table 2008
 **16,5/20**

Issu de carignan blanc, cette cuvée, dont le nom signifie le chant du coq, de couleur jaune paille à reflets argent s'exprime par un nez aromatique où les fruits blancs, dont la pêche et la poire, s'associent aux épices, notamment une touche de vanille, dans une belle minéralité. Après une attaque franche et vive, la bouche renferme un beau volume et du gras, qui lui confèrent une belle rondeur. Bien équilibré, il s'évanouit dans une belle fraîcheur. Élégant et racé il saura se faire désirer.

Blanc Public, Domaine de la Réaltière, Vin de Pays du Var 2007
16/20

Composé d'ugni blanc, de teinte jaune paille aux reflets lumineux, il s'harmonise au nez sur des effluves d'agrumes, dont le pamplemousse et le citron, additionnés de tilleul, de menthe et d'épices rehaussées par de subtiles notes de bois. En bouche, il est bien équilibré, tendu par une belle acidité. Élégance et pureté caractérisent ce vin de belle facture qui laisse une agréable sensation rafraîchissante.

Pastel, Domaine de la Réaltière, Coteaux d'Aix-en-Provence 2008
16,5/20

Issu de saignée, ce rosé est composé de cinsault et de grenache ainsi que d'une pointe de syrah. Il se pare d'un rose saumon tirant sur la pelure d'oignon et exhale des arômes d'agrumes, notamment de pamplemousse rose, associés aux fruits rouges acidulés et à une touche de fraîcheur mentholée. La bouche est juteuse, friande grâce à une acidité vive. Bien équilibré, sa finale possède une belle allonge.

Cul Sec, Domaine de la Réaltière, Coteaux d'Aix-en-Provence 2008
15,5/20

Majoritairement élaboré à partir de carignan associé à un peu de syrah, ce rouge aux allures rubis s'avère juteux, tout en fruits rouges et noirs, dont la fraise, la framboise et la mûre, associés à des notes épicées. La bouche est friande, chaleureuse, d'une belle gourmandise grâce à des tanins bien enrobés. La finale poivrée lui confère une agréable longueur. Un rouge de soif comme on les aime.

Martine, Domaine de la Réaltière, Coteaux d'Aix-en-Provence 2007
16,5/20

Cabernet, syrah et grenache composent cette cuvée des prénoms. Il se pare d'une robe rubis intense et profond aux reflets violacés et exhale un nez aromatique et complexe sur les fruits noirs, dont la guigne et la quetsche, associés à des notes d'olives noires et de réglisse, le tout dans une ambiance de torréfaction légère. Riche, puissant, il est construit sur une belle concentration soutenue par une acidité fraîche et des tanins soyeux et enrobés. D'un bel équilibre, il revient sur les arômes perçus au nez pour lui imprimer une belle finale longue et persistante. Un vin encore tout jeune mais prometteur.

*Flore en 2006 et **Clothilde** en 2005 peuvent en témoigner.*

CHÂTEAU REVELETTE

Peter Fischer
CHÂTEAU REVELETTE
13490 Jouques

Tél. : + 33 (0) 4 42 63 75 43
Fax : + 33 (0) 4 42 67 62 04
Courriel : contact@revelette.fr
Site Web : www.revelette.fr

Appellation de référence : Coteaux d'Aix-en-Provence
Superficie : 24 ha
Production : 120 000 bt/an
Cépages : Rolle, Ugni blanc, Sauvignon blanc, Chardonnay, Grenache, Syrah, Cabernet sauvignon, Cinsault
Types de viticulture : Agrobiologie et biodynamie
Organisme et année de certification : Ecocert 2001

Domaine

Niché dans l'arrière-pays aixois, au milieu des vignes et de la garrigue, on est accueilli au Château Revelette par un ballet orchestré par les paons qui font la roue au son d'une symphonie provençale et estivale interprétée par les cigales. Déjà tôt le matin elles poussent leur mélodie puisque dès que la température dépasse les 26 degrés l'été, elles s'activent. .

Pour cet Allemand d'origine, l'aventure a commencé par la découverte du monde du vin. Elle s'est poursuivie par l'université du vin de Davis en Californie, puis par son coup de cœur en 1985 pour ce domaine, à l'époque de 12 hectares, au cœur de la garrigue provençale sur le versant nord de la montagne Sainte-Victoire à une altitude de 330 m. Jusqu'ou ira l'aventure ? Dans ses vins c'est certain, mais aussi hors des frontières de la France, en Espagne, plus précisément dans le Priorat où, depuis 2002, il possède aussi un vignoble en copropriété avec le Trio Infernal qu'il constitue avec Jean-Michel Gérin de Côte-Rôtie et Laurent Combier de Crozes-Hermitage.

Au château Revelette, la vigne est cultivée sans engrais chimique, sans désherbant et sans pesticide, de façon traditionnelle, selon les méthodes de la biologie basée sur l'observation. Pour Peter Fischer, il faut sentir les choses et se mettre en phase avec le contexte dans lequel il produit, l'important étant de comprendre, ce qui prend du temps. Lors des vinifications, tout élément extérieur est proscrit pour laisser libre cours à l'expression du terroir. L'utilisation de très faibles doses de SO_2 pendant la vinification et l'élevage ainsi qu'une protection raisonnable à la mise en bouteille font que les vins ici contiennent environ 40 mg/l de SO_2 total. De plus, dans un souci de ne rien perdre, les vins ne sont pas filtrés.

Cet homme novateur va plus loin et élève certains de ses vins dans des œufs en béton construits selon le nombre d'or, reprenant les mêmes caractéristiques que la barrique sans aromatiser les vins.

Le domaine produit deux gammes de vin : « Château Revelette » dans les trois couleurs et les « Le Grand Vin » en blanc et rouge.

Les vins de Revelette sont uniques, de pures expressions d'une quête personnelle, et portent la marque de la passion de cet homme pour son terroir.

Si des rumeurs de vente ont circulé, Peter Fischer a réalisé que finalement il n'était pas prêt à se départir de son domaine. Il reste attaché à sa vigne qu'il chérit depuis vingt-trois ans.

Les vins

Le Grand Blanc, Château Revelette, Vin de Pays des Bouches-du-Rhône 2007 🍷 🍷 🍷 18/20

Issu de chardonnay, c'est pourquoi il n'est pas en appellation Coteaux d'Aix, ce grand blanc se pare d'une robe jaune pâle aux reflets argentés. Au nez, il se révèle d'une grande complexité aromatique sur des effluves d'infusion, de tilleul, de camomille, voire de fenouil, associés aux fruits secs, dont l'amande, le tout dans une ambiance beurrée sur un boisé fondu. La bouche, d'une grande intensité et sur une belle acidité, se révèle ample, bien équilibrée et d'une grande pureté. Riche, il se dissipe progressivement sur les fruits secs dans une finale majestueuse de belle fraîcheur. Un grand vin de gastronomie, racé et élégant.

Le Grand Blanc, Château Revelette, Vin de Pays des Bouches-du-Rhône 2008 🍷 🍷 🍷 18/20

Dégusté en cours d'élevage, il s'annonce d'une belle intensité. Très prometteur.

Château Revelette, Coteaux d'Aix-en-Provence 2006 🍷 🍷 16,5/20

Issu de l'assemblage de grenache, syrah, cabernet sauvignon, il se teinte d'un rouge rubis aux reflets violacés et s'ouvre sur un côté estival aux effluves du Sud, sur les fruits noirs mûrs, dont la prune, la cerise et la framboise, le tout nimbé des épices chaudes de la région. La bouche est ample, friande sur une belle matière structurée par des tanins soyeux et enrobés. La finale fruitée possède une belle fraîcheur et une agréable longueur.

Château Revelette, Coteaux d'Aix-en-Provence 2007 🍷 🍷 16/20

Sur le même registre que 2006, il ne possède pas encore sa plénitude.

Le Grand Rouge, Château Revelette, Coteaux d'Aix-en-Provence 2006
🐑🐑🐑 18/20

Syrah, cabernet sauvignon et grenache composent l'assemblage de ce grand vin de teinte rubis violacé, qui présente au nez une grande pureté aromatique sur les fruits rouges et noirs, dont le cassis, la prune et la cerise, associés à des notes épicées de poivre, le tout dans une ambiance marquée par le chocolat et la vanille qui ajoute à la complexité. La bouche d'une belle intensité se révèle riche, puissante sur une matière concentrée soutenue par des tanins fondus et enrobés. Équilibré, d'un beau volume, il monte *crescendo* pour s'évanouir sur les épices dans une finale longue et persistante tout en fraîcheur. Un grand vin qui porte bien son nom.

Le Grand Rouge, Château Revelette, Coteaux d'Aix-en-Provence 2007
🐑🐑🐑 17,5/20
Peut-être un peu moins fondu que 2006, laissons faire le temps.

Le Grand Rouge, Château Revelette, Coteaux d'Aix-en-Provence 2008
🐑🐑🐑 17,5/20
En devenir, mais déjà tout prend sa place. Très prometteur.

Branchadou, Château Revelette, Vin de Pays des Bouches-du-Rhône
🐑🐑 16/20
Un vin de bistrot comme on les aime, qui se teinte d'un rouge rubis violacé moyennement intense qui s'exprime par un nez charmeur tout en fruits rouges et noirs, dont la fraise et la framboise, avec une touche d'épices. La bouche est friande, juteuse tout en fruits sur une belle acidité et des tanins souples. Un vin frais, sans fond, et d'une grande fraîcheur, si digeste qu'il invite à se resservir.

Le domaine produit également un rosé digne de mention.

DOMAINE DE RICHEAUME

Sylvain Hoesch   Tél. : + 33 (0) 4 42 66 31 27
DOMAINE DE RICHEAUME   Fax : + 33 (0) 4 42 66 30 59
13114 Puyloubier   Courriel : shoesch@hotmail.com
                                  Site Web : www.wine-in-france.com/vins/
                                           richeaume.html

Appellation de référence : Côtes de Provence
Superficie : 30 ha
Production : 80 000 bt/an

Cépages : Rolle, Clairette, Sauvignon blanc, Viognier, Syrah, Cabernet
sauvignon, Grenache, Carignan, Cinsault, Merlot
Type de viticulture : Agrobiologie
Organisme et année de certification : Qualité France 1975

Domaine

Après avoir fait ses preuves aux États-Unis et en Australie, Sylvain Hoesch
reprend le domaine que son père Henning Hoesch, Allemand d'origine, a
initié. Au début, un mas entouré de deux hectares de vignes, au pied de la
montagne Sainte-Victoire. C'était en 1972. À ce moment-là, la démarche
était purement agricole, mais comme il y avait de la vigne…

Cet universitaire, qui a délaissé l'université pour se consacrer à son
domaine, s'est aussi passionné pour les études médiévales et s'est appliqué
à restaurer les vestiges d'une villa romaine sur lesquels sont édifiés les bâti-
ments en y ajoutant une cave moderne où tout se fait par gravitation pour
lier l'histoire d'hier à celle de demain. Un chai reposant où les barriques
côtoient les tableaux de maîtres.

Ce domaine, qui n'a cessé de s'accroître, compte aujourd'hui environ
30 hectares et s'étend sur les coulées de terre rouge qui prolongent la roche.
Dans un souci de respect de la nature et de l'environnement, il est naturellement, et ce depuis son début, conduit en biologie.

Sur ce domaine, la maturité optimale des raisins reste une quête perpétuelle et les vins, élevés en fût de chêne, sont assez puissants tout en préservant équilibre et fraîcheur. Un des chefs de file de la culture biologique
en Provence.

Les vins

**Blanc de Blancs, Domaine Richeaume, Vin de Pays des Bouches-
du-Rhône 2008** 🍷 🍷 **15,5/20**
Issu d'un assemblage de rolle et de clairette, de couleur jaune pâle à reflets
argentés, au nez expressif et frais d'agrumes, dont le pamplemousse, additionnés de fruits blancs, notamment la pêche et l'ananas,
associés à des notes florales et une fraîcheur toute minérale.
Attaque franche, sur une acidité vive, la bouche d'une grande
pureté se révèle élégante, bien équilibrée. Les agrumes en
rétro associés à la minéralité lui confèrent une longueur
agréable.

Sauvignon blanc, Domaine Richeaume, Vin de Pays des Bouches-du-Rhône 2008 🐷 🐷 🐷 <u>15/20</u>

Jaune pâle lumineux au nez de fruits blancs, dont l'ananas et la poire, associés à un côté minéral et une pointe végétale de fenouil avec en arrière-plan un boisé qui s'exprime par des notes vanillées. En bouche, il s'avère ample, riche, tendu par une belle acidité. Il s'estompe sur les fruits blancs et laisse une perception de fraîcheur en finale. Un sauvignon de belle facture.

Cuvée Tradition, Domaine Richeaume, Côtes de Provence 2007 🐷 🐷 🐷 <u>16/20</u>

Grenache et cabernet et un peu des presses de syrah se mêlent au sein de cette cuvée de couleur rubis aux reflets violets, intense et profond. Au nez, il exhale des arômes de fruits rouges et noirs, dont le cassis et la mûre, associés aux épices de la région. Bien équilibré, d'une belle gourmandise, sur une matière soutenue par des tanins soyeux et enrobés, il s'achève sur les arômes perçus au nez dans une belle finale.

Syrah, Domaine Richeaume, Côtes de Provence 2007 🐷 🐷 🐷 <u>15/20</u>

D'une robe pourpre aux reflets violacés, il s'ouvre sur un nez expressif de fruits rouges et noirs, dont la mûre, auxquels s'ajoutent des effluves de tapenade d'olives noires, de cacao, le tout sur un fond de bois. En bouche, il s'avère friand, charmeur, grâce à une acidité fraîche et des tanins enrobés soutenant une matière généreuse. Bien équilibré, il est velouté et sa finale de belle allonge est soutenue. Une remarquable expression de la syrah.

Columelle, Domaine Richeaume, Côtes de Provence 2007 🐷 🐷 🐷 🐷 <u>17/20</u>

En hommage à l'auteur romain Columelle, cette cuvée qui assemble cabernet sauvignon, syrah et une pointe de merlot se pare d'une robe rubis intense aux reflets violets. Elle s'exprime par un nez riche et complexe aux arômes de fruits noirs, dont la cerise, associés à des notes fumées et épicées, de vanille mais aussi de cacao. Grâce à une belle concentration, la bouche s'avère ample, généreuse, soutenue par des tanins enveloppés. La finale, puissante, en rémanence sur les fruits et les épices, lui confère longueur et persistance. Un grand vin.

CHÂTEAU ROMANIN

Anne-Marie et Jean-Louis Charmolüe	Tél. : +33 (0) 4 90 92 45 87
CHÂTEAU ROMANIN	Fax : +33 (0) 4 90 92 24 36
13210 Saint-Rémy-de-Provence	Courriel : contact@romanin.com
	Site Web : www.romanin.com

Appellation de référence : Baux-de-Provence
Superficie : 58 ha
Production : 200 000 bt/an
Cépages : Rolle, Ugni blanc, Bourboulenc, Clairette, Grenache blanc Syrah, Grenache, Cabernet sauvignon, Mourvèdre, Carignan, Cinsault
Types de viticulture : Agrobiologie et biodynamie
Organismes et années de certification : Ecocert 1990, Demeter et Biodyvin 1992

Domaine

Autrefois un lieu druidique situé au cœur des Alpilles, le site du château Romanin a toujours été reconnu comme un « Haut-Lieu », c'est-à-dire un endroit où des phénomènes de transformation et de transcendance peuvent s'opérer, liés à des particularités géologiques, terrestres, et à la nature de l'air. C'est certainement pour ces raisons que depuis la nuit des temps la vigne y a pris racine. Déjà à l'époque des Grecs, Romanin était un important vignoble dont le vin était exporté sous le nom de « Vin de Théopolis ».

Une des raisons aussi qui a sûrement poussé les anciens propriétaires de château Montrose, Second Grand Cru Classé de Saint-Estèphe, à s'établir sur ce site où le vent est particulièrement actif, et à y cultiver la vigne selon la philosophie de la biodynamie qui tient compte de la nature du sol, mais aussi des influences du cosmos.

Pour préserver l'authenticité, toutes les parcelles du vignoble de ce domaine sont vinifiées séparément puis ensuite assemblées. L'élevage sous bois n'est pas systématique, il se fait, ou non, en fonction des caractéristiques du vin. De ce fait, la durée varie, comme le volume du contenant ainsi que son âge.

Ce château héritier d'un riche passé s'est adjoint il y a quelques années une cave, véritable cathédrale souterraine, et le mot est faible, adossée à la colline, qui allie l'histoire à la modernité et où les vins s'élèvent tranquillement.

Les vins de Romanin sont à l'image de ce terroir exceptionnel : des fleurons de l'appellation Baux-de-Provence.

Les vins

Château Romanin, Coteaux d'Aix-en-Provence 2008 🍷🍷 <u>14,5/20</u>

Élaboré à partir de rolle et d'ugni blanc, il se colore en jaune pâle à reflets argent, limite cristallin, et s'ouvre sur un nez frais aux effluves d'agrumes, associés aux fruits blancs, dont l'ananas, avec une pointe florale sur une toile de fond de minéralité. Après une attaque franche, la bouche d'un agréable volume s'avère bien équilibrée, tendue par une acidité fraîche. La finale sur les fruits renferme une longueur moyenne assez soutenue.

Château Romanin, Les Baux-de-Provence 2008 🍷🍷 <u>15/20</u>

Issu d'un assemblage de counoise, grenache, mourvèdre et syrah, il émane de ce rosé pâle aux reflets framboise des arômes de petits fruits rouges acidulés, notamment la canneberge, associés à des notes d'agrumes, plus précisément de pamplemousse, et une touche fraîche de menthol. La bouche est vive grâce à une belle acidité, et le côté mentholé lui confère une finale rafraîchissante d'agréable longueur.

La Chapelle de Romanin, Château Romanin, Les Baux-de-Provence 2006 🍷🍷 <u>16,5/20</u>

Élaboré à partir des jeunes vignes de syrah, grenache, cabernet sauvignon, mourvèdre et des vieilles vignes de carignan, cinsault et counoise, il se pare d'une robe rubis intense et s'ouvre sur des arômes de fruits rouges et noirs mûrs, dont la fraise et la cerise, suivis à l'aération de notes épicées aux senteurs de garrigue. La bouche est friande, gourmande, soutenue par des tanins présents mais fondus. Les épices en rétro-olfaction prennent le dessus sur les fruits pour lui conférer une finale longue, fraîche et agréable.

Château Romanin, Les Baux-de-Provence 2005 🍷🍷🍷 <u>16/20</u>

Syrah, grenache, cabernet sauvignon et mourvèdre s'associent dans cette cuvée de couleur rubis intense et profond qui s'exprime sur des arômes de fruits noirs et rouges, dont la cerise, associés à une pointe épicée de réglisse, le tout nimbé d'effluves de torréfaction. Après une attaque puissante, la bouche se révèle riche et ample grâce à une belle concentration sur des tanins fondus. La finale sur les épices de la garrigue et la touche de bois possède une longueur soutenue. Encore fougueux, il s'arrondira avec l'âge.

Le cœur de Romanin, Château Romanin, Les Baux-de-Provence 2003 🍷🍷🍷🍷 <u>15,5/20</u>

Issu d'une parcelle emblématique du domaine et de l'assemblage de vieilles vignes de syrah, mourvèdre, cabernet sauvignon et grenache, il émane de ce vin à la robe pourpre profond, après aération, des effluves de fruits rouges et noirs, dont la cerise, qui supplantent les notes animales

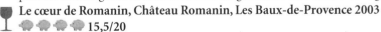

sur un côté sanguin senties en premier nez. Les épices prennent ensuite le relais, de même que les arômes de torréfaction. La bouche est riche, puissante sur une matière concentrée, structurée par une trame aux tanins fondus mais encore présents. La finale sur les épices, soulignées par le boisé, se révèle longue et persistante. Un vin de belle facture qui saura bien évoluer.

CHÂTEAU DE ROQUEFORT

Raimond de Villeneuve	Tél. : + 33 (0) 4 42 73 20 84
CHÂTEAU DE ROQUEFORT	Fax : + 33 (0) 4 42 73 11 19
Quartier des Bastides	Courriel : château@deroquefort.com
13830 Roquefort-la-Bédoule	Site Web : www.deroquefort.com

Appellation de référence : Côtes de Provence
Superficie : 25 ha
Production : 160 000 bt/an
Cépages : Clairette, Rolle, Ugni blanc, Grenache noir, Syrah, Carignan, Cinsault, Cabernet franc, Cabernet sauvignon, Mourvèdre, Merlot
Types de viticulture : Agrobiologie et biodynamie
Organisme et année de certification : Ecocert 1996

Domaine
Même s'il porte le même nom que celui du célèbre fromage, il ne faut pas confondre ce château avec celui de Roquefort dans le Lot-et-Garonne, région d'origine du fromage.

Le vignoble du Château de Roquefort, d'une superficie de 25 hectares, se situe dans l'aire d'appellation Côtes de Provence, aux portes de celles de Bandol et de Cassis.

Sur ce domaine appartenant à la même famille depuis le début du XIXᵉ siècle, Raimond de Villeneuve, vigneron ici depuis quinze ans, est un fervent défenseur de la typicité de son terroir, de l'authenticité et de la qualité de ses vins. Même si en 1954 sa grand-mère a acheté un tracteur, c'était juste pour se promener puisque les vignes étaient travaillées au cheval. Quand il a repris, il a rediversifié la culture comme autrefois.

Sur des sols argilo-calcaires en terrasse, ce vignoble d'altitude, à quelques kilomètres de la mer Méditerranée sur le massif de la Sainte-Baume, est baigné par un microclimat plus frais, ce qui fait que la maturité des raisins est plus longue à atteindre. Sur ce domaine, on se rapproche au maximum d'une viticulture la plus naturelle possible. Les sols sont travaillés et des prédateurs sont introduits pour éviter les insecticides. Pour sauvegarder la typicité, les différents cépages traditionnels de la région sont vinifiés séparément et ensuite assemblés. Ce vigneron fort sympathique essaie, comme il le dit, « de faire des vins buvables dont on ne se lasse pas », et il y réussit fort bien. Pour ce faire, il revient à plus de simplicité. Il en profite aussi pour revamper ses étiquettes. En plus de ses vins, il élabore aussi une eau-de-vie.

Les vins

Clairette Monblanc, Château de Roquefort, Vin de Pays 🍷 🍷 <u>14/20</u>
De teinte jaune paille à reflets verts. Au nez, il exhale des senteurs de fleurs blanches, dont l'acacia, et de fruits, notamment la poire, le tout dans une agréable fraîcheur. La bouche d'une belle acidité s'avère friande, et les fruits en rétro lui confèrent une finale assez longue et rafraîchissante. À boire en toute simplicité.

Les Genêts, Château de Roquefort, Côtes de Provence 2008
🍷 🍷 <u>14/20</u>
Issu de rolle, de couleur jaune pâle aux reflets argent lumineux, il s'ouvre sur un nez frais aux arômes de fleur de tilleul et de fruits à chair jaune, le tout supporté par une belle minéralité. Après une attaque franche, la bouche se révèle tendue par une belle acidité et se dissipe sur le côté floral dans une finale fraîche de longueur moyenne.

Corail, Château de Roquefort, Côtes de Provence 2008 🍷 🍷 <u>15/20</u>
Couleur pétale de rose invitante et lumineuse, il s'exprime par des fragrances de petits fruits rouges acidulés, notamment la canneberge, ainsi que par des notes d'agrumes. En bouche, il est croquant grâce à une belle acidité. Juteux, il se dissipe sur les fruits dans une agréable fraîcheur. Un rosé à savourer à tout moment.

Gueule de Loup, Château de Roquefort, Vin de Table 🍷 🍷 <u>15/20</u>
Issu de l'assemblage des millésimes 2007 et 2008, ce vin d'une couleur rubis violacé moyennement intense s'ouvre sur un nez charmeur et frais aux effluves de fruits rouges et noirs, dont la cerise, voire de kirsch, associés à des notes épicées. La bouche est charmeuse, gouleyante, grâce à une acidité vive et des tanins souples. La rétro sur le juteux des fruits lui confère une belle « buvabilité ». Un « rouge saucisson » comme le caractérise son propriétaire.

Les Mûres, Château de Roquefort, Côtes de Provence 2006
16/20

Rubis avec des reflets violacés, il émane de ce vin qui porte bien son nom, des arômes de fruits noirs, notamment la mûre, associés à des notes épicées et florales. La bouche est gourmande, friande, bien équilibrée sur des tanins fondus. Les fruits et les épices en finale lui impriment une longueur appuyée. Un vin droit et élégant.

Momentum, Château de Roquefort, Vin de Table 2007 17/20

Assemblage de grenache, syrah et cinsault, il se pare d'une robe rubis pourpre où miroitent des reflets violacés. Le nez expressif aux arômes de fruits noirs et rouges, assaisonnés d'épices, possède une belle concentration. La bouche, bien équilibrée sur des tanins délicats et une acidité vive, possède une belle amplitude. Généreux, il possède une belle longueur soutenue en finale sur le croquant des fruits. Un vin de belle facture.

Rubrum, Château de Roquefort, Côtes de Provence 2006
16/20

D'une teinte rouge rubis intense et profond aux reflets légèrement grenatés, au nez puissant de fruits noirs, dont la cerise, associés à des notes animales, une pointe épicée et un léger côté végétal, le tout sur des notes délicatement boisées. La bouche possède une belle concentration sur des tanins fondus mais encore présents. La finale aromatique sur les effluves perçus au nez s'associe à une belle fraîcheur pour lui conférer un bel équilibre. Tout ne demande cependant qu'à se fondre avec le temps

La Pourpre, Château de Roquefort, Côtes de Provence 2006
16,5/20

Pourpre comme son nom l'indique, d'une belle intensité, il s'offre sur un nez assez puissant aux effluves de fruits noirs, notamment le bigarreau, mêlés d'épices de la région, avec une pointe florale, voire même mentholée, qui lui confère une certaine fraîcheur. Ce ne serait pas complet sans cette touche boisée subtile qui l'accompagne. La bouche est riche, puissante, d'une grande concentration soutenue par des tanins fondus. Bien équilibré, il possède une finale sur les épices et le boisé d'une grande allonge. Un vin qui allie puissance et élégance même s'il est encore un peu fougueux.

DOMAINE SAINT-ANDRÉ DE FIGUIÈRE

Alain Combard
DOMAINE SAINT-ANDRÉ
DE FIGUIÈRE
BP 47
Quartier Saint-Honoré
83250 La Londe-les-Maures

Tél. : + 33 (0) 4 94 00 44 70
Fax : + 33 (0) 4 94 35 04 46
Courriel : figuiere@figuiere-provence.com
Site Web : www.figuiere-provence.com

Appellation de référence : Côtes de Provence.
Superficie : 45 ha
Production : 120 000 bt/an
Cépages : Rolle, Sémillon, Ugni blanc, Mourvèdre, Syrah, Grenache, Cinsault
Type de viticulture : Agrobiologie
Organisme et année de certification : Ecocert 1979

Domaine

Le domaine Saint-André de Figuière, situé sur les contreforts du massif des Maures, a fait figure de précurseur dans la viticulture biologique.

Dans ce vignoble conduit comme un jardin où chaque pied est unique, la viticulture biologique est orientée vers le respect de la plante et de son environnement. Sur ce terroir schisteux, les vignes, certaines remontant au début du XXᵉ siècle, s'expriment librement et donnent le meilleur d'elles-mêmes. Ce terroir si particulier a obtenu de l'Institut National des Appellations d'Origine Contrôlées une distinction particulière, sorte d'appellation « village La Londe ». Le Domaine Saint-André de Figuière profite donc de cette appellation qui souligne la typicité du lieu.

Alain Combard, passionné de vins, a repris ce vignoble en 1992 après une expérience chablisienne. L'appel de la Provence fut plus fort ! Ses efforts sont récompensés par la qualité et la fraîcheur du fruit de ses vins. Aujourd'hui, il est secondé dans cette aventure par ses enfants à qui il a su transmettre sa passion pour le vin.

Ce domaine, qui s'affiche dans les trois couleurs, a pour ambition de faire partie des grands domaines de Côtes de Provence et il y réussit.

Les vins

Vieilles Vignes, Domaine Saint-André de Figuière, Côtes de Provence
2008 🍇 🍇 15,5/20
Majoritairement issu de rolle additionné de sémillon, ce vin se teinte d'une couleur jaune pâle aux reflets verts et s'exprime par un nez aromatique sur des arômes de fruits blancs, notamment de poire mûre, d'ananas et

d'agrumes, associés à des notes florales et une pointe épicée. L'attaque est franche et la bouche se révèle ample sur une acidité fraîche. Bien équilibré, sa finale sur les agrumes et la minéralité avec une pointe iodée possède une belle allonge rafraîchissante. Un vin fin et élégant.

Confidentielle, Domaine Saint-André de Figuière, Côtes de Provence
2008 🐑 🐑 🐑 **16/20**
Composé uniquement de rolle, il se pare d'une robe brillante dorée à reflets argentés. Il exhale au nez des arômes complexes de poire et de fruits exotiques, mais aussi un côté floral où se mêlent en toile de fond des notes grillées, voire vanillées. La bouche se révèle riche, grâce à un beau volume et une acidité vive. Le bois bien intégré, associé aux fruits, revient en rétro, ce qui lui confère une finale suave longue et persistante. Un vin droit et élégant, mais encore jeune.

Vieilles Vignes, Domaine Saint-André de Figuière, Côtes de Provence
2008 🐑 🐑 **14,5/20**
Mourvèdre, cinsault et grenache s'allient dans ce rosé de couleur saumon pâle qui développe au nez des arômes frais d'agrumes, de pamplemousse, de pêche de vigne, et d'abricot. La bouche se révèle friande, légère sur une acidité vive. Bien équilibré, tout en fruit, il s'éteint sur une belle plénitude.

Confidentielle, Domaine Saint-André de Figuière, Côtes de Provence
La Londe 2008 🐑 🐑 🐑 **15,5/20**
Cinsault, grenache et mourvèdre s'assemblent dans ce rosé issu d'une sélection parcellaire. De teinte pâle tirant sur la pelure d'oignon, il s'avère complexe et aromatique au nez avec des notes de fruits rouges acidulés, dont la fraise des bois et la rhubarbe, ainsi que d'agrumes, associées à une pointe anisée et minérale, dans une ambiance épicée. Gourmand, tendu par une acidité vive, il renferme un beau volume et sa finale sur les épices lui confère finesse et longueur.

Réserve, Domaine Saint-André de Figuière, Côtes de Provence 2006
🐑 🐑 🐑 **15,5/20**
Majoritairement mourvèdre avec une pointe de syrah, de couleur pourpre intense, aux arômes de fruits noirs, dont la cerise et la mûre, additionnés de notes épicées, de cacao, de tabac, de boîte à cigares, de garrigue et d'une touche un peu animale. Puissant, sur une belle concentration soutenue par des tanins relativement fermes en raison de son élevage. Les épices en finale lui confèrent une longueur soutenue. Un vin d'un beau potentiel encore trop jeune.

Vieilles Vignes, Domaine Saint-André de Figuière, Côtes de Provence
2007 🍷 🍷 🍷 **16,5/20**

Issu de mourvèdre et de syrah, de teinte rubis violacé, il émane de ce vin des effluves complexes de fruits noirs, notamment de mûre et de cassis, mêlés d'une touche florale et d'épices de la garrigue, le romarin, avec une pointe de bois sur la réglisse. Riche et onctueux en bouche, sur des tanins fins et une acidité fraîche, il revient sur les fruits et les épices dans un bel équilibre. Élégant, il s'évanouit dans une finale longue et persistante. Un vin agréable qui possède de belles années devant lui.

CHÂTEAU LA TOUR DE L'ÉVÊQUE

Régine Sumeire   Tél. : + 33 (0) 4 94 28 20 17
CHÂTEAU LA TOUR DE L'ÉVÊQUE   Fax : + 33 (0) 4 94 48 14 69
83390 Pierrefeu   Courriel : regine.sumeire@toureveque.com
                                        Site Web : www.toureveque.com

Appellation de référence : Côtes de Provence
Superficie : 80 ha
Production : 300 000 bt/an
Cépages : Ugni blanc, Rolle, Sémillon, Cinsault, Syrah, Grenache, Mourvèdre, Cabernet
Types de viticulture : Agrobiologie et biodynamie
Organisme et année de certification : Ecocert 2008 (même si bio depuis toujours)

Domaine

Après avoir fait ses armes avec le rosé Pétale de Rose, figure emblématique du domaine avec sa couleur œil-de-perdrix, Régine Sumeire a repris la propriété familiale, sise à Pierrefeu, en 1995.

Cette universitaire passionnante et dynamique, passionnée par la vigne et férue d'histoire, surtout celle de la Provence, respecte son environnement et l'équilibre écologique naturel. C'est pourquoi elle conduit tous ses domaines (Château La Tour de l'Évêque, Château La Tour Sainte-Anne et Château Barbeyrolle) en biologie. Et même si elle est maintenant officiellement certifiée, elle ne sait pas si elle en fera mention ou pas.

Les trois dernières générations qui se sont succédé au domaine ont contribué à l'agrandissement du vignoble en défonçant les collines pour créer des restanques ou petites enclaves complantées de vignes d'une moyenne d'âge aujourd'hui de vingt ans.

Sur ce domaine au riche passé, la conduite de la vigne est respectueuse de l'environnement, les sols sont labourés, surtout pas de désherbant chimique, uniquement des traitements à base de cuivre. Le Château Tour de l'Évêque a de plus agrandi et réaménagé sa cave, et de nouveaux travaux sont prévus. Ici, tout se passe par gravité dans un souci de respecter le raisin.

Les cépages sont vinifiés séparément en fonction de leur maturité, et ce sont des raisins sains qui sont apportés au chai et vinifiés de façon moderne, mais en respectant la tradition. Il en résulte des vins amples et expressifs très agréables.

Les vins

Château La Tour de l'Évêque, Côtes de Provence 2008 🍷 🍷 <u>16/20</u>
Issu d'un assemblage de rolle et de sémillon, il se pare d'une robe cristalline jaune pâle à reflets légèrement verts. Au nez, il exhale des effluves de tilleul et de poire, associés à une pointe grillée. La bouche possède une acidité fraîche sur un beau volume. Tendu et bien équilibré, il revient sur les arômes perçus au nez dans une finale élégante d'une grande pureté et de longueur moyenne.

Pétale de Rose, La Tour de l'Évêque, Côtes de Provence 2008 🍷 🍷 <u>16,5/20</u>
Cinsault, grenache et syrah complétés par les autres cépages constituent l'assemblage de ce rosé. Arborant une teinte rose très pâle tirant sur l'œil-de-perdrix, il s'exprime par un nez délicat et frais de petits fruits rouges acidulés, notamment de groseille et de canneberge, associés à une fraîcheur minérale. Après une attaque franche et vive, la bouche se révèle friande et ample, et sa finale sur les fruits acidulés lui confère une belle longueur assez appuyée.

Château La Tour de l'Évêque, Côtes de Provence 2005 🍷 🍷 <u>15,5/20</u>
D'une teinte rouge rubis profond aux reflets violacés, il émane de ce vin des arômes intenses de fruits noirs, dont la mûre et la cerise, associés à des notes épicées et boisées. Pourvu de tanins soyeux, la bouche, bien équilibrée, se révèle ample, sur une belle concentration. La finale boisée possède une belle longueur persistante.

CORSE

DOMAINE COMTE ABBATUCCI

Jean-Charles Abbatucci   Tél. : + 33 (0) 4 95 74 04 55
DOMAINE COMTE ABBATUCCI   Fax : + 33 (0) 4 95 74 26 39
Lieu-dit Chiesale   Courriel : dom-abbatucci@wanadoo.fr
20140 Casalabriva   Site Web : www.domaine-comte-
                                  abbatucci.com

Appellation de référence : Ajaccio
Superficie : 18 ha
Production : 60 000 bt/an
Cépages : Vermentino, Biancone, Carcajolo Bianco, Paga Debitti, Riminese, Rossala Bianca, Nielluccio, Sciacarello, Barbarossa, Rossula Brandica, Brustiano, Genovese
Types de viticulture : Agrobiologie et biodynamie
Organisme et année de certification : Ecocert 2003

Domaine
Au cœur de la vallée de Taravo, dans le sud-ouest de la Corse, le Domaine Comte Abbatucci s'étend sur 18 hectares de coteaux d'arènes granitiques. Parmi les plus anciens vignobles corses, ce domaine en plus de ses vignes possède une véritable pépinière représentant toute la diversité des cépages corses grâce à la passion pour l'ampélographie du père de Jean-Charles Abbatucci. De plus, ce domaine a réussi à concilier la tradition et la modernité puisque, depuis 2000, il est cultivé en agriculture biodynamique afin de préserver les saveurs originales et spécifiques du terroir corse.

Grâce à ces pratiques, les vins acquièrent une véritable identité et les cuvées Collection obtenues à partir des cépages corses ancestraux sont des produits d'une grande rareté.

Une famille qui perpétue la tradition corse puisqu'un cousin a relancé l'élevage de la vache tigrée, race originaire de Corse qui avait pratiquement disparu.

Les vins
Faustine, Domaine Comte Abbatucci, Ajaccio 2008 🐷 🐷 🐷 <u>17,5/20</u>
Il émane de ce vin issu de vermentino, de teinte jaune paille à reflets argentés, des effluves de fleurs blanches et de fruits blancs, notamment de poire, associés à des notes mentholées, anisées, le tout dans une belle minéralité.

En bouche, il présente un beau volume, et sa puissance monte en *crescendo*. Bien équilibré, sur une belle acidité tendue, il possède une finale de belle allonge. Tout en finesse et élégance.

Faustine, Domaine Comte Abbatucci, Ajaccio 2008 🍷🍷🍷 <u>16,5/20</u>

À base de sciacarello, d'un rose pelure d'oignon, il s'ouvre sur un nez frais aux arômes de fruits rouges acidulés, mais aussi de pamplemousse, associés à des notes épicées, le tout dans une fraîcheur minérale. La bouche est friande, sur une acidité vive, et sa finale fruitée est rafraîchissante.

Faustine, Domaine Comte Abbatucci, Ajaccio 2007 🍷🍷🍷 <u>17/20</u>

Assemblage de sciacarello et de nielluccio, d'une teinte pourpre violacé, il exhale au nez des effluves aromatiques de mûre et de framboise associés aux épices de la garrigue, mais aussi une touche de poivre et un côté mentholé rafraîchissant. La bouche s'avère friande, juteuse et bien équilibrée, soutenue par une structure aux tanins soyeux. La finale sur les épices lui confère une belle longueur persistante. Un vin profond et élégant.

Cuvée Collection Le Ministre, Domaine Comte Abbatucci, Vin de Table 2007 🍷🍷🍷🍷 <u>18/20</u>

Issu d'un assemblage de sept cépages ancestraux, ce vin se teinte d'une couleur rouge violacé et s'ouvre sur un nez de fruits noirs cuits, dont le cassis, la mûre et la cerise, associés à des notes épicées. La bouche se révèle riche, racée, puissante sur des tanins soyeux qui supportent un beau volume. Bien équilibré, il revient en finale sur une fraîcheur épicée longue et appuyée. Un vin charmant de belle facture.

DOMAINE PERO LONGO

Pierre Richarme
DOMAINE PERO LONGO
20100 Sartène

Tél. : + 33 (0) 4 95 77 07 11
Fax : + 33 (0) 4 95 77 07 11
Courriel : contact@perolongo.com
Site Web : www.perolongo.com

Appellation de référence : Vin de Corse Sartène
Superficie : 22 ha
Production : 50 000 bt/an
Cépages : Vermentino, Nielluccio, Sciaccarello, Grenache
Types de viticulture : Agrobiologie et biodynamie
Organismes et année de certification : Ecocert, Demeter 2004

Domaine

Créé au début du siècle dernier ce domaine est situé entre Ajaccio et Bonifacio, non loin du célèbre lion de Rocapine, rocher sculpté par le temps. Entièrement replanté par Pierre Richarme des cépages coutumiers de la Corse en 1994, ce vignoble qui surplombe la mer sur des sols d'arènes granitiques est exposé sud-ouest et subi les influences maritimes.

Ici, pour respecter ce terroir magnifique, il est conduit en biodynamie depuis 2000. Aucun intrant n'est utilisé sur ces terres, seulement les préparas de la biodynamie et de faibles doses de bouillie bordelaise et de soufre. Il en va de même pour les vinifications.

De plus, l'auberge attenante propose une cuisine traditionnelle corse pour s'harmoniser avec les vins du domaine.

Les vins

Sérénité, Domaine Pero Longo, Vin de Corse Sartène 2008 ND 16/20
Issu du seul cépage vermentino, ce blanc se teinte de jaune pâle aux reflets vieil or et s'ouvre sur un nez aromatique et fruité, de pêche de vigne ainsi que d'ananas, associés à un côté floral et épicé sur une pointe de citronnelle accompagnée d'une belle minéralité. La bouche est ample, gourmande, sur une acidité vive. Bien équilibré, il s'avère assez puissant et sa finale sur les fruits lui confère une belle longueur persistante. Un vin élégant.

Équilibre, Domaine Pero Longo, Vin de Corse Sartène 2007 ND 16,5/20
Nielluccio, sciaccarello et grenache composent l'assemblage de ce vin rubis intense et profond qui s'exprime par un nez qui conjugue les fruits rouges et noirs, dont le cassis, la mûre et la framboise, avec les épices de la garrigue et une touche florale. La bouche est friande, bien équilibrée sur un beau volume soutenu par des tanins soyeux et fins. D'une belle longueur sur les fruits, il s'avère droit et courtois.

Lion de Rocapina, Domaine Pero Longo, Vin de Corse Sartène 2006 ND 16,5/20
À base de nielluccio uniquement, ce vin se pare d'une robe profonde de couleur pourpre. Il présente un nez complexe et aromatique de fruits noirs, notamment la mûre et la cerise, associés à des notes de garrigue, avec des notes chocolatées en toile de fond. La bouche est ample, soutenue par une trame aux tanins fondus et ronds. La finale sur le boisé et les épices lui confère une belle longueur. Encore jeune et fougueux, mais avec de belles années devant lui.

*Le domaine produit également **Harmonie**, en rosé.*

DOMAINE DE TORRACCIA

Christophe Imbert · · · · · · · · · · · Tél. : + 33 (0) 4 95 71 43 50
DOMAINE DE TORRACCIA · · · · · Fax : + 33 (0) 4 95 71 50 03
Lecci · Courriel : christorraccia@gmail.com
20137 Porto-Vecchio · · · · · · · · · Site Web : www.domaine-de-torraccia.com

Appellation de référence : Vin de Corse Porto-Vecchio
Superficie : 43 hectares
Production : 200 000 bt/an
Cépages : Malvasia, Sciaccarello, Nielluccio, Grenache, Syrah, Cinsault
Type de viticulture : Agrobiologie
Organismes et année de certification : Nature et Progrès, Qualité
France 1998

Domaine

Sans l'arrivée en Corse de Christian Imbert au début des années soixante, ce domaine paradisiaque qui surplombe la mer serait certainement resté à l'état de maquis et de garrigue. Pour faire naître ce vignoble en 1964, sur ce terroir qu'il estimait de prédilection pour la vigne, cet homme s'est acharné et a gagné son combat contre la nature sauvage et le granit. Dans le respect de la typicité de l'île de Beauté, il a planté les cépages locaux, le sciaccarello, le nielluccio, le grenache, un peu de syrah et de cinsault pour les rouges et les rosés, et de la malvasia pour les blancs.

Le naturel, la générosité et la complexité de ses vins sont dus au respect qu'il apporte à l'environnement en conduisant son vignoble en biologie, mais aussi à l'homme qui est en arrière et qui en prend grand soin.

Cet homme, qui représente presque à lui seul l'appellation Vin de Corse Porto-Vecchio, s'implique aussi dans la promotion du Vin de Corse à travers « UVA Corse » aux côtés d'un grand nombre de vignerons de qualité. Des vins de pure expression corse.

Les vins

Domaine de Torraccia, Vin de Corse Porto-Vecchio 2006 🍇 🍇 **16/20**
Issu d'un assemblage des cépages nielluccio, grenache, syrah et sciaccarello, il se teinte d'une couleur moyennement intense, rubis aux reflets pourpres. Au nez, on perçoit des senteurs estivales comme les fruits noirs mûrs et les épices, avec une pointe de tapenade et une touche plus animale. Après une attaque suave, il se révèle gourmand, bien structuré par des tanins soyeux. La finale sur les fruits possède une belle longueur appuyée et rafraîchissante.

AUTRES DOMAINES INTÉRESSANTS
DOMAINE HAUVETTE (Les Baux-de-Provence)
MAS DE LA DAME (Les Baux-de-Provence)
CHÂTEAU SAINTE-ANNE (Bandol)
DOMAINE LES FOUQUES (Côtes de Provence)

RHÔNE

L ongtemps mésestimé, car rendu populaire par les « petits » Côtes du Rhône, le vignoble rhodanien a aujourd'hui redoré son image, et ses crus viennent à table rivaliser sans honte avec ceux de Bordeaux ou de Bourgogne pour le plus grand plaisir des amateurs.

Sur cette aire d'appellation, dans un souci constant d'améliorer la qualité et de respecter les magnifiques terroirs qui la composent, environ 250 producteurs se sont orientés vers la production de vin en biologie et biodynamie au cours de la dernière décennie. C'est aujourd'hui 2 100 hectares qui sont convertis ou en cours à ce mode de culture, soit une augmentation au cours de la dernière année de 30 %. Certains vignerons, plus engagés et plus ouverts, ont servi de chefs de file de ce mouvement et les vins issus de raisins cultivés selon ces préceptes, souvent exceptionnels et très bavards, comptent parmi les meilleurs de la région.

Même si la vigne dans cette région est attestée depuis les Phocéens qui sont remontés de Marseille par le Rhône, son véritable essor date du XVIe siècle quand les papes se sont installés à Avignon. Alternant entre périodes fastes et plus pauvres, le vignoble de la vallée du Rhône, anéanti par le phylloxéra, retrouve ses marques et sort de l'ombre grâce au choix d'une démarche qualitative.

Cet important vignoble du Sud, d'une superficie de 77 000 hectares, suit sur ses deux rives le cours du Rhône, de Vienne à Avignon. Il se divise en deux parties bien distinctes tant par leurs terroirs, leur encépagement que par les vins produits. Ces deux régions sont reliées entre elles par un trait d'union dépourvu de viticulture de Valence à Montélimar.

Le vignoble septentrional, sous un climat continental modéré, est implanté sur des pentes abruptes et spectaculaires qui ont obligé les êtres humains à ériger des murets pour éviter l'érosion de ses sols granitiques ou schisteux. Ces fortes déclivités rendent le travail de la vigne difficile et depuis peu, comme dans le canton du Valais en Suisse, l'ouvrage est facilité par l'installation de funiculaires.

Même si la vallée du Rhône reconnaît l'utilisation de 21 cépages, dont treize rouges et huit blancs, la partie septentrionale de ce vignoble est

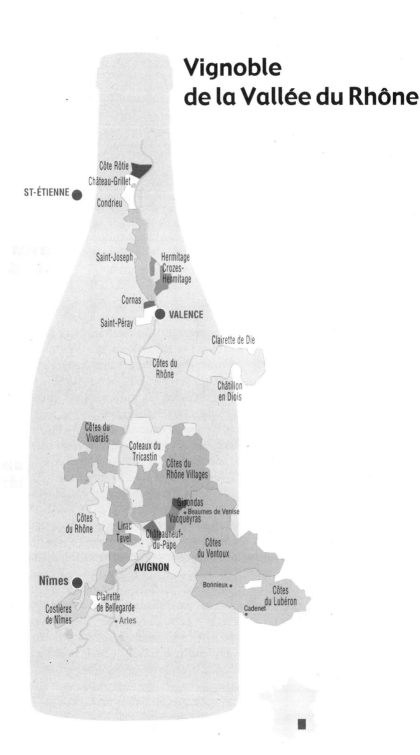

Vignoble de la Vallée du Rhône

Côte Rôtie
Château-Grillet
ST-ÉTIENNE
Condrieu

Saint-Joseph
Hermitage
Crozes-Hermitage

Cornas
Saint-Péray
VALENCE

Clairette de Die

Côtes du Rhône

Châtillon en Diois

Côtes du Vivarais
Coteaux du Tricastin
Côtes du Rhône Villages

Gigondas
Beaumes de Venise
Vacqueyras

Côtes du Rhône
Lirac Tavel
Châteauneuf-du-Pape
Côtes du Ventoux

AVIGNON

Nîmes
Bonnieux
Côtes du Lubéron
Cadenet

Clairette de Bellegarde
Costières de Nîmes
Arles

essentiellement monocépage, syrah en rouge, marsanne et roussanne en blanc. Exception faite sur Condrieu et Château Grillet où le cépage est le viognier. Le vignoble représente celui des crus du Rhône et même s'ils se ressemblent, ils sont assez facilement différenciables. On distingue, du nord au sud, sur la rive droite du fleuve, les puissants rouges de Côte-Rôtie, Saint-Joseph et Cornas, et sur la rive gauche, l'exceptionnel Hermitage, en rouge comme en blanc, et le plus hétérogène Crozes-Hermitage s'étendant sur les plaines d'alluvion du confluent de l'Isère et du Rhône. Les blancs se situent sur la rive droite, Condrieu et Château Grillet, entre Côte Rotieet Saint-Joseph, et Saint-Péray à l'extrême sud de ce vignoble.

Le vignoble du sud, plus regroupé, sous un climat méridional et sur des terroirs complexes et variés, prend un malin plaisir à assembler une multitude de cépages même si le grenache noir domine chez les rouges. On retrouve ici d'autres cépages du sud : la syrah, le mourvèdre, le cinsault, mais aussi les cépages entrant dans la constitution du Châteauneuf-du-Pape, légendaire pour ses sols de galets roulés. Treize cépages au total sont autorisés pour l'élaboration de ce vin. En plus des classiques, on retrouve en rouge, counoise, vaccarèse, picardan, terret noir et en blanc, clairette et picpoul.

C'est dans cette zone que l'on retrouve les côtes du Rhône avec la distinction de villages ainsi que les crus : Châteauneuf-du-Pape, Vacqueyras, Gigondas, Lirac, Vinsobres, Beaumes de Venise et enfin Tavel, ce dernier en rosé uniquement.

Cependant, le vignoble des côtes du Rhône ne serait pas complet si l'on oubliait de mentionner son vin doux naturel de Rasteau et son Muscat de Beaumes de Venise.

Autour de cette grande appellation rhodanienne gravitent des appellations satellites, les Côtes du Tricastin, du Vivarais, du Lubéron, le Ventoux, la Clairette de Die et les Costières de Nîmes qui servent de jonction entre le Rhône et le Languedoc.

RHÔNE NORD

MAISON CHAPOUTIER

Michel Chapoutier	Tél. : + 33 (0) 4 75 08 28 65
MAISON CHAPOUTIER	Fax : + 33 (0) 4 75 08 81 70
18, avenue du Docteur-Paul-Durand	Courriel : chapoutier@chapoutier.com
26601 Tain-l'Hermitage	Site Web : www.chapoutier.com

Appellation de référence : Vin du Rhône
Superficie : 300 ha
Production : 300 000 bt/an
Cépages : Marsanne, Viognier, Syrah, Grenache
Types de viticulture : Agrobiologie et biodynamie
Organisme et année de certification : Ecocert 1991

Domaine

Qui ne connaît pas la célèbre Maison Chapoutier ? Implantée dans la vallée du Rhône depuis le XIVᵉ siècle, elle se ramifie aujourd'hui dans diverses autres appellations, notamment en Roussillon, en Australie et au Portugal grâce à l'esprit visionnaire de Michel Chapoutier, quadragénaire de la septième génération. Même les malvoyants la connaissent grâce à la vision débonnaire et à la générosité de cet homme, puisque les étiquettes de la maison sont en braille, en hommage à Maurice Monnier de la Sizeranne, propriétaire de la parcelle de l'Hermitage la Sizeranne, et également l'inventeur de la première version du braille abrégé.

Ce passionné de vin, avant même d'être viticulteur, a sillonné le monde et c'est sur le terrain qu'il a pleinement pris conscience de l'importance du terroir dans la diversité, la richesse et la complexité du vin. Sa passion pour la vigne et le vin et son respect de la terre et de son terroir ont poussé la maison Chapoutier à conduire son vignoble en biodynamie. Plus qu'un mode de culture, pour cette maison, c'est devenu une véritable philosophie et M. Chapoutier a vu le style de ses vins changer qualitativement. Le fait d'avoir des sols vivants, plus expressifs, transmet plus d'expression dans les raisins et donc par transposition dans les vins.

Cet homme, qui sait être à l'écoute de chaque parcelle, privilégie avant tout l'effet terroir et millésime, le but n'étant pas de faire un goût maison, mais de laisser parler ses vins qui possèdent une âme grâce à l'empreinte laissée par le sol.

Les vins

Domaine des Granges de Mirabelle, Chapoutier, Vin de Pays des
Coteaux de l'Ardèche 2008 🍷 🍷 15/20
Ce viognier se teinte de jaune pâle aux reflets argentés et s'ouvre sur un nez
aux arômes de fruits à chair blanche, notamment de pêche et d'abricot,
dans une belle fraîcheur. La bouche est gourmande, friande,
tendue par une acidité vive et sa finale d'une belle pureté se
révèle d'une belle longueur persistante. Un vin élégant et
bien équilibré.

Les Meysonniers, M. Chapoutier, Crozes-Hermitage 2008
🍷 🍷 🍷 15,5/20
D'une teinte jaune paille assez intense aux reflets dorés, il s'exprime par un
nez frais aux arômes de fruits blancs, dont la pêche, associés à des notes
florales d'acacia, de fleur d'oranger, avec un côté miel et beurré, le tout
agrémenté d'une belle fraîcheur minérale. Dans la continuité du nez, il
offre en bouche un beau volume et une texture grasse. Sa
finale subtilement boisée possède une longueur soutenue.
Un vin pur et élégant qui a de belles années devant lui.

Chante-Alouette, M. Chapoutier, Hermitage 2007
🍷 🍷 🍷 🍷 16,5/20
D'un jaune doré aux reflets vieil or, il émane de ce vin un nez aromatique
et complexe sur des effluves de fleurs, de rose fanée, d'acacia, mais aussi
une pointe de litchi, d'agrumes, le tout sur des notes mellifères et beurrées,
voire truffées. L'attaque est nette sur une acidité vive qui supporte un beau
volume. Bien équilibré, d'un beau gras, il revient en bouche sur les fruits
blancs et le miel qui, associés à une pointe d'amertume
minérale, lui confèrent une longueur persistante. Un vin
droit, élégant d'une belle finesse.

De l'Orée, M. Chapoutier, Ermitage 2006 🍷 🍷 🍷 🍷 18,5/20
Sous sa robe éclatante jaune pâle se dissimule un nez aromatique et complexe qui exhale des fragrances de fruits blancs, de pêche et d'agrumes,
associés à des notes de truffe blanche, le tout dans une ambiance épicée et
beurrée. La bouche, d'une grande concentration, se montre généreuse,
ample et admirablement équilibrée. Il s'évanouit, en douceur, sur les
arômes perçus au nez dans une finale d'une longueur
magistrale. Un vin de gastronomie qui tient son rang déjà
aujourd'hui et le tiendra encore dans vingt ans.

L'Ermite, M. Chapoutier, Ermitage 2006 🍷 🍷 🍷 🍷 19/20
Jaune pâle aux reflets or étincelants, il se dévoile sur un nez puissant et
riche aux arômes de fruits blancs, de fleurs blanches, avec un côté anisé,
voire mentholé, le tout nimbé d'une grande minéralité. L'attaque est

franche et la bouche d'une belle rectitude se révèle ample, en dualité sur la puissance et la finesse. D'une belle texture, il est bien équilibré et sa finale d'une grande pureté est magistrale. Un vin de grande classe, sur une minéralité marquée. Il vieillira admirablement bien.

Le Méal, M. Chapoutier, Ermitage 2006 🍷🍷🍷🍷 <u>18/20</u>

Coloré de jaune doré aux reflets or, il exhale au nez des arômes puissants et complexes de fruits blancs, de pêche de vigne, d'agrumes confits et de coing, associés à des notes mellifères et épicées de pain d'épices. La bouche se révèle volumineuse, riche et bien équilibrée, et revient sur les fruits confits avec une pointe de salinité pour s'évanouir en douceur en laissant une remarquable impression. On le retrouvera dans vingt ans.

Château des Estubiers, M. Chapoutier, Coteaux du Tricastin 2008 🍷🍷 <u>14,5/20</u>

Grenache et syrah s'assemblent dans ce rosé de teinte rose framboise lumineuse qui s'exprime par un nez frais d'où émanent les petits fruits rouges acidulés, notamment la grenadine. La bouche, friande, juteuse possède une agréable acidité qui lui confère une belle longueur rafraîchissante.

Château des Estubiers, M. Chapoutier, Coteaux du Tricastin 2007 🍷🍷 <u>15,5/20</u>

Syrah et grenache se partagent la vedette dans ce vin de teinte rubis intense et profond qui s'ouvre sur un nez aromatique aux effluves de fruits noirs, notamment de prune, associés aux épices. La bouche se révèle friande, sur un volume soutenu par des tanins fondus bien que légèrement anguleux. Bien équilibré, il possède une certaine fougue que le temps atténuera.

Les Meysonniers, M. Chapoutier, Crozes-Hermitage 2007 🍷🍷🍷 <u>15,5/20</u>

Rouge rubis foncé aux reflets pourpres, il s'ouvre sur un nez puissant aux arômes de fruits noirs mûrs accompagnés de notes florales, notamment la lavande, le tout dans une ambiance épicée sur le poivre avec une pointe boisée. D'une belle acidité, la bouche, ample et riche sur les fruits et les épices, possède une matière structurée par des tanins enveloppés. La finale s'avère longue et persistante.

Monier de la Sizeranne, M. Chapoutier, Hermitage 2007 🍷🍷🍷🍷 <u>16,5/20</u>

Derrière sa robe rouge rubis, se cache un nez timide aux arômes de fleurs fanées associées aux fruits noirs avec une pointe épicée et boisée. La bouche, fraîche, offre une belle mâche grâce à une matière supportée par des tanins fondus. En finale, il revient sur un côté sanguin et sa pointe de salinité lui confère une belle fraîcheur. Encore jeune, mais prometteur.

Les Greffieux, M. Chapoutier, Ermitage 2006 🍷🍷🍷🍷 <u>18/20</u>

Il se pare d'une robe de couleur rouge rubis intense aux reflets pourpres et s'ouvre sur un nez puissant, richement aromatique, aux effluves de fruits noirs, dont la mûre et le cassis, associés à des notes de cuir, de réglisse, voire de goudron, sur une toile de fond épicée. La bouche, aussi volumineuse que majestueuse, est soutenue par une structure puissante aux tanins élégants. D'un grand équilibre, il allie puissance et finesse. Sa finale accentuée d'un parfum de lavande se déploie dans une longueur magistrale. Un grand vin mais quel infanticide que de l'ouvrir si jeune.

L'Ermite, M. Chapoutier, Ermitage 2006 🍷🍷🍷🍷 <u>18,5/20</u>

D'entrée sa une teinte rubis pourpre, intense, annonce la couleur. Effectivement, il exhale un puissant nez aiguisé par une belle minéralité associée aux fruits stendhaliens rouges et noirs, dont la framboise et le cassis, avec un côté cacao, dans une ambiance épicée, voire réglissée, et légèrement grillée. La bouche harmonieuse et délicate, d'une belle amplitude, présente une matière dense structurée par des tanins gracieux. D'un superbe équilibre, légèrement en retenue, il monte en puissance *crescendo* pour s'évanouir dans une finale qui laisse un souvenir impérissable. Magique, donnons-lui du temps.

CAVE DES CLAIRMONTS

Jean-Michel Borja
CAVE DES CLAIRMONTS
Vignes Vieilles
26600 Beaumont-Monteux

Tél. : + 33 (0) 4 75 84 61 91
Fax : + 33 (0) 4 75 84 56 98
Courriel : sylviane.borja@cavesdesclairmonts.com
Site Web : www.cavedesclairmonts.com

Appellation de référence : Crozes-Hermitage
Superficie : 37 ha
Production : 6 600 bt/an
Cépages : Viognier, Chardonnay, Marsanne, Syrah
Types de viticulture : Agrobiologie et biodynamie
Organisme et année de certification : Ecocert 1997

Domaine

Créée en 1963, la Cave des Clairmonts, sise en appellation Crozes-Hermitage, est née de l'union de trois familles de vignerons désireux de mettre en commun leur amour de la vigne et du vin. Le vignoble présente, comme le voulait la tradition de cette époque, la particularité d'avoir été greffé sur place. Conduit pendant de nombreuses années en culture traditionnelle, il n'a vraiment trouvé son véritable essor que depuis qu'il a été converti à l'agriculture biologique en 1997. Ce choix résulte de la volonté de la famille Borja de préserver une qualité de vie et une agriculture durable.

Les vins

Domaine des Clairmonts, Crozes-Hermitage 2006 🍷🍷🍷 **15,5/20**
Issu de syrah uniquement comme le prévaut le décret d'appellation, ce rouge se pare d'une robe sombre aux reflets légèrement grenatés. Il s'ouvre sur un nez assez puissant aux arômes de fruits rouges confiturés associés à des notes florales et épicées, de réglisse, de poivre, voire un côté mentholé, le tout sur une toile de fond boisée aux subtils effluves de vanille. La bouche friande, onctueuse, équilibre sa matière par une acidité fraîche et des tanins soyeux et ronds. Sa finale boisée possède une longueur assez persistante.

DOMAINE CLUSEL-ROCH

Gilbert Clusel et Brigitte Roch   Tél.: + 33 (0) 4 74 56 15 95
DOMAINE CLUSEL-ROCH   Fax: + 33 (0) 4 74 56 19 74
15, route du Lacat   Courriel: contact@domaine-clusel-roch.fr
69420 Ampuis   Site Web: www.domaine-clusel-roch.fr

Appellation de référence: Côte-Rôtie
Superficie: 5 ha
Production: 18 000 bt/an
Cépages: Viognier, Syrah
Type de viticulture: Agrobiologie
Organismes et année de certification: Ulase 2005, Qualité France 2005, AB 2005

Domaine

Ce domaine actuellement dirigé par Gilbert Clusel et Brigitte Roch, compte cinq hectares et se situe en Rhône septentrional, principalement sur l'appellation Côte-Rôtie même s'il s'étale sur un demi-hectare en Condrieu.

Parce que les grands vins demandent de beaux raisins, ce domaine cultive ses vignes le plus naturellement possible. Depuis 2000, ce vignoble s'est reconverti à l'agriculture biologique et a acquis sa certification en 2005. Vu le relief, le travail est surtout manuel et les parcelles les plus en pente sont labourées avec un treuil et à la pioche, ce qui nécessite une main-d'œuvre assez importante. Le travail à la cave se fait lui aussi le plus naturellement possible par gravité et selon les méthodes traditionnelles, sans ajout dans le respect du raisin afin qu'il s'exprime au mieux dans le vin.

Les vins

🍷 **Classique, Domaine Clusel-Roch, Côte-Rôtie 2006** 🐷 🐷 🐷 🐷 <u>16/20</u>
Issu de syrah additionnée de quatre pour cent de viognier autorisé par l'appellation, ce vin se teinte d'une robe rubis aux reflets grenatés et s'exprime par un nez puissant aux arômes de fleurs, dont de lys, associés aux fruits noirs, dont la cerise et la mûre, accompagnés de notes épicées, voire de cacao, le tout dans une ambiance boisée sur l'encaustique, le fumé. La bouche se révèle généreuse, riche, avec un beau volume soutenu par des tanins fondus et ronds et une acidité fraîche. D'une grande complexité, il s'avère élégant, bien équilibré, et sa finale sur les notes épicées et fruitées lui confère une belle longueur persistante sur une pointe de fraîcheur. S'il est déjà plaisant aujourd'hui, il possède un beau potentiel de vieillissement.

🍷 **Les Grandes Places, Domaine Clusel-Roch, Côte-Rôtie 2006**
🐷 🐷 🐷 🐷 <u>16,5/20</u>
La syrah uniquement compose ce côte-rôtie qui se pare d'une robe pourpre intense et profond. Très expressif au nez, il développe des arômes de fruits noirs, notamment de guigne et de mûre, mêlés de notes florales de violette, et de lys, accommodés d'épices douces, le tout sur une toile de fond boisée, avec des notes capiteuses de chocolat et un côté animal. En bouche, il est puissant tout en restant fin et se dévoile sur une belle matière tendue par l'acidité et soutenue par des tanins soyeux et charnus. Bien équilibré, sa finale en rétro sur les épices et le boisé lui imprime une belle longueur appuyée sur une fraîcheur minérale agréable. Encore tout jeune, il possède de belles années devant lui.

DOMAINE COMBIER

Laurent Combier   Tél. : + 33 (0) 4 75 84 61 56
DOMAINE COMBIER   Fax : + 33 (0) 4 75 84 53 43
RN 7   Courriel : domaine-combier@wamadoo.fr
26600 Pont de l'Isère   Site Web : www.domaine-combier.com

Appellation de référence : Crozes-Hermitage
Superficie : 25 ha

Production : 100 000 bt/an
Cépages : Roussanne, Marsanne, Syrah
Types de viticulture : Agrobiologie et biodynamie
Organisme et année de certification : Ecocert 1970

Domaine

Sur ce domaine de l'appellation Crozes-Hermitage, déjà conduit en biologie par son père depuis 1970, Laurent Combier ne pouvait pas, quand il lui a succédé, anéantir tout le travail déjà accompli. De ce fait, il a poursuivi cette philosophie dans laquelle il avait été bercé.

Sur les sols argilo-calcaires de ce vignoble, la culture de la vigne est donc conduite en biologie avec un travail manuel des sols, sur les parcelles en coteau, et mécaniquement où le passage de petits engins le permet. Le vignoble est majoritairement planté en syrah mais cependant, le blanc qu'il produit n'est pas à mettre de côté.

Par respect pour l'environnement, pour le terroir et dans le but d'engendrer quelque chose de bien et de grand, tout produit chimique de synthèse est exclu de cette culture. De plus, l'influence climatique, notamment le mistral, est propice à un bon état sanitaire.

On recherche ici l'équilibre entre le terroir, la vigne et l'environnement.

La vendange manuelle est triée directement dans la vigne pour ne rentrer à la cave que des raisins sains qui fermenteront grâce à leurs levures indigènes. Les vins sont ensuite élevés sous bois mais des essais d'œufs en béton sont aussi faits.

Ce sont des vins respectueux du caractère de leur terroir qui sont produits ici.

La Cuvée L, issue de jeunes vignes, est élaborée en partenariat avec des vignerons en bio du voisinage. En 2008, ce vigneron n'a pas élaboré de Clos des Grives en blanc, ce qui fait que le crozes-hermitage du domaine est enrichi en roussanne.

De plus, sur ce domaine, le vignoble est complété par un verger bio qui produit des pêches et des abricots.

Les vins

Cuvée L, Laurent Combier, Crozes-Hermitage 2008 🍷 🍷 <u>**15,5/20**</u>
Issue uniquement de marsanne, cette cuvée L se colore de jaune pâle à reflets argentés et s'ouvre sur un nez d'arômes floraux qui évoquent l'acacia, associés aux fruits blancs, dont la pêche, le tout nimbé d'une belle fraîcheur. L'attaque est franche et la bouche, renfermant une belle matière où les fleurs et les

fruits reviennent, se révèle tendue par une belle acidité. Bien équilibré, il se dissipe sur une finale de longueur moyenne, fraîche et agréable. Un vin droit d'une belle pureté pour débuter les hostilités.

Domaine Combier, Crozes-Hermitage 2008 🍷 🍷 🍷 <u>16,5/20</u>

Un assemblage de marsanne et de roussanne compose cette cuvée de teinte jaune paille à reflets vieil or. Elle développe au nez des arômes floraux, notamment d'acacia, accompagnés de notes plus mellifères d'où pointent les fruits blancs, le tout dans une ambiance beurrée, voire légèrement vanillée, d'une belle fraîcheur. En bouche, ce vin se révèle friand, ample, doté d'un beau volume et soutenu par une acidité fraîche.
Bien équilibré, il possède une belle tenue et sa rétro sur les fruits et le côté beurré lui confère une finale longue et appuyée. Un vin droit et élégant, de belle facture.

Cuvée L, Laurent Combier, Crozes-Hermitage 2007 🍷 🍷 <u>15,5/20</u>

D'un rouge rubis aux reflets violacés, il s'exprime par un nez expressif aux effluves de fruits noirs, comme la mûre et la cerise, accompagnés de notes florales de violette et de pivoine, le tout dans une belle ambiance épicée de poivre rose. La bouche est friande, gourmande, et sa matière est soutenue par des tanins soyeux et une fraîche acidité. Bien équilibré, le côté juteux des fruits associés aux épices lui confère une belle finale
longue, persistante et d'une belle fraîcheur. Un vin digeste et fin sur la pureté du fruit.

Domaine Combier, Crozes-Hermitage 2007 🍷 🍷 🍷 <u>16,5/20</u>

Rouge rubis intense aux reflets pourpres, il s'ouvre sur un nez expressif et complexe de fruits noirs, dont la prune, le bigarreau et la mûre, associés à des notes florales de violette, accommodé de poivre et de clou de girofle, le tout dans un subtil boisé. La bouche est onctueuse et dotée d'un beau volume soutenu par une acidité fraîche et des tanins enveloppés et fins. Sa finale élégante en rémanence sur les fruits, se dissipe lentement dans une belle fraîcheur digeste. Encore jeune, mais déjà séduisant, il peut attendre quelques années.

Clos des Grives, Domaine Combier, Crozes-Hermitage 2007 🍷 🍷 🍷 🍷 <u>17,5/20</u>

Sous sa robe rubis intense se cache un nez puissant et riche duquel émanent des arômes de fruits noirs, notamment de cerise, accompagnés de fleurs et d'épices, le tout dans une ambiance feutrée de moka, de cacao. La bouche est gourmande, sur une belle puissance qui s'oppose à sa finesse. Bien équilibrée sur un beau volume structuré par des tanins soyeux, sa finale sur les fruits, les épices et un
boisé bien maîtrisé lui confère une grande longueur soute- nue toujours nimbée d'une belle fraîcheur. Un vin élégant

qui a de la tenue et de la classe. Il se peaufinera encore au fil des années.
Le 2006 s'est déjà assagi.

Domaine Combier, Saint-Joseph 2007 🍷 🍷 🍷 **16/20**
D'un rouge pourpre, il s'exprime par des notes chocolatées associées à des
arômes de fruits rouges, dont la fraise et la cerise, assaisonnés d'épices douces. La bouche, friande, est construite
sur une belle matière soutenue par des tanins encore un
peu fougueux. La finale sur les fruits possède une belle
puissance et une belle allonge.

DOMAINE DU COULET

Matthieu Barret	Tél. : + 33 (0) 4 75 80 08 25
DOMAINE DU COULET	Fax : + 33 (0) 4 75 80 08 25
41,45, rue du Ruisseau	Courriel : domaineducoulet@tele2.fr
07130 Cornas	Site Web : domaineducoulet.site.voila.fr

Appellation de référence : Cornas
Superficie : 13 ha
Production : 20 000 bt/an
Cépages : Roussanne, Viognier, Syrah
Types de viticulture : Agrobiologie et biodynamie
Organismes et années de certification : Ecocert 2003, Biodyvin 2002

Domaine
Le Domaine du Coulet se situe sur la commune de Cornas, en Ardèche,
dans les côtes du Rhône septentrionales. Il représente 10 % de l'appellation Cornas, terroir reconnu depuis l'ère romaine, et possède un grand
nombre de vignes terrassées sur des coteaux abrupts de diverses expositions. Sur ces sols granitiques, la syrah règne en maître absolu.

Depuis 1999, sous la houlette de Matthieu Barret, vigneron sympathique et passionné, ce domaine, qui fut jadis propriété en partie de son
grand-père, est sorti de la cave coopérative de Tain l'Hermitage. Depuis
2006, il s'est adjoint le reste du domaine qu'il vinifie en intégralité dans le
millésime 2009.

Du même coup, il a décidé de convertir ce vignoble en biologie et en
biodynamie, parce qu'il estime qu'il faut toujours aller de l'avant et expé-
rimenter.

L'amour qu'il porte à ses vignes se retrouve à la cave, où tout se fait par
gravité, et surtout dans ces vins dont une partie est même vinifiée en cuve
de béton de forme ovoïde afin d'exprimer au mieux le fruité. Le seul

intrant qu'il s'autorise, et encore en quantité infime, c'est le soufre. Ce jeune vigneron a pour ambition de produire des vins naturels de forte typicité et il y réussit fort bien.

Les vins

No Wine's Land, Domaine du Coulet, Côtes du Rhône 2007
🐷 🐷 🐷 <u>16,5/20</u>

Cette cuvée de syrah tire son nom de « no man's land », car la vigne se situe entre deux crus et pourtant en Côtes du Rhône. Elle se pare d'une teinte rubis intense aux reflets violacés et s'ouvre sur un nez expressif tout en fruits, notamment la cerise noire et la mûre, associés à des notes florales de violette et de pivoine, le tout dans une ambiance épicée de poivre, avec une pointe musquée. La bouche se révèle friande, gourmande, d'une belle rectitude, grâce à une acidité vive et sa matière structurée par des tanins soyeux. Juteux, bien équilibré, il revient sur les fruits et les épices sur une finale longue et persistante de belle fraîcheur. Un vin de superbe facture à savourer dès aujourd'hui.

Brise Cailloux, Domaine du Coulet, Cornas 2007 🐷 🐷 🐷 🐷 <u>17,5/20</u>

D'un rouge rubis profond, il émane de ce cornas un nez puissant de fruits noirs, dont la guigne, associés à des notes épicées de poivre rose, de muscade et de clou de girofle, mais aussi une touche florale, sur un fond légèrement grillé. Après une attaque franche, la bouche s'avère puissante, droite, d'une grande concentration, sur une acidité vive et soutenue par des tanins fins. D'un bel équilibre, il revient sur les fruits et les épices pour se dissiper lentement dans une finale fraîche, longue et persistante. Un vin puissant et élégant qui s'affinera encore avec le temps.

Les Terrasses du Serre, Domaine du Coulet, Cornas 2006
🐷 🐷 🐷 🐷 <u>18/20</u>

Sous sa robe rubis pourpre foncé, il développe un nez puissant d'une grande complexité sur des effluves de fruits noirs, notamment de mûre et de cerise, accompagnés de notes musquées. Cette palette aromatique se complète par des arômes de violette et d'épices, du poivre, de la cannelle, rehaussés par une touche de torréfaction. La bouche, d'une remarquable concentration et d'un beau volume, se révèle puissante et riche, dotée d'une belle acidité renforcée par une pointe minérale. D'un superbe équilibre et structuré par des tanins de belle facture, il s'avère racé, viril, tout en restant élégant. La finale sur les épices lui procure une allonge remarquable. Un vin de grande envergure, qui possède de la classe bien qu'il soit encore tout jeune.

Le domaine produit aussi un cornas, **Billes Noires** *que l'on doit mentionner.*

LA FERME DES SEPT LUNES

Jean Delobre   Tél. : + 33 (0) 4 75 34 86 37
LA FERME DES SEPT LUNES   Fax : + 33 (0) 4 75 34 86 37
Charbieux   Courriel : jean.delobre@wanadoo.fr
07340 Bogy

Appellation de référence : Saint-Joseph
Superficie : 7 ha
Production : 20 000 bt/an
Cépages : Marsanne, Roussanne, Syrah
Types de viticulture : Agrobiologie et biodynamie
Organisme et année de certification : Qualité France 2001

Domaine

Situé entre Vienne et Valence, surplombant la vallée du Rhône, la Ferme des Sept Lunes, ferme traditionnelle de polyculture, s'oriente de plus en plus vers la viticulture.

Ayant grandi sur cette ferme, Jean Delobre a naturellement continué cette aventure paysanne et vigneronne quand il a repris en 1984. Dans la continuité de son père, il a continué de porter ses raisins à la cave coopérative. En 1997, avec 12 autres vignerons bio, il crée un regroupement au sein de cette cave. Progressivement, l'ensemble de la ferme est converti vers l'agriculture biologique et biodynamique pour la vigne. Conscient qu'il pouvait faire autrement, il a eu le désir de d'aller plus loin, et ce, jusqu'à la vinification, décision qu'il a prise en 2001. Après quelques aménagements nécessaires, il se lance, mais en homme prévoyant, il commence par une partie du vignoble seulement pour voir, comprendre et s'affirmer. Après, tout ira très vite et en 2002 il commercialise son premier millésime, il vend alors son troupeau pour transformer l'étable en cuverie. Si ce vigneron sympathique prend soin de ses raisins, il va jusqu'au bout des choses et apporte la même attention à leur transformation en vin. Des vins qui expriment au mieux les terroirs dont ils sont issus.

Toute la ferme, qui regroupe aussi prairies, céréales et arbres fruitiers, est conduite en bio avec la même philosophie.

Les vins

La Ferme des Sept Lunes, Saint-Joseph 2007 🍷 🍷 🍷 **17/20**
Issu d'un assemblage de roussanne et marsanne, ce Saint-Joseph blanc se colore de jaune doré avec de légers reflets verts et s'ouvre sur un nez aromatique et puissant aux effluves de fruits blancs, notamment de pêche et d'abricot, nimbés d'une belle minéralité.

La bouche, après une attaque franche se révèle suave, marquée par une belle acidité sur un beau volume. Bien équilibré, il revient sur les fruits dans une finale persistante et rafraîchissante. Un vin élégant de grande pureté.

Syrah, La Ferme des Sept Lunes, Vin de Pays de l'Ardèche 2008
🍷 🍇 🍇 <u>16/20</u>

Cette syrah de couleur rubis aux reflets violacés s'exprime par un nez complexe et charmeur de fruits noirs, dont la mûre et la cerise, associés à des notes florales de violette et de pivoine, le tout aux accents épicés de poivre et de clou de girofle. La bouche se révèle onctueuse, gourmande, sur une acidité fraîche et des tanins soyeux. Bien équilibré, il revient sur les fleurs et le croquant des fruits dans une belle fraîcheur en finale qui s'avère de belle allonge. Un vin juteux d'une grande digestibilité.

La Ferme des Sept Lunes, Saint-Joseph 2006 🍇 🍇 🍇 <u>17,5/20</u>
D'une teinte rubis profond aux reflets violacés, il émane de ce vin un nez puissant d'une grande complexité, aux effluves de fruits noirs associés à une touche florale, des notes de cacao, de réglisse et une légère pointe animale sur fond d'épices. La bouche se révèle aussi ample qu'intense où s'opposent puissance et finesse. Bien équilibré, son beau volume est soutenu par des tanins ronds. Il se dissipe lentement sur des effluves de poivre associés aux fruits. Sa finale en impose par sa longueur. Un vin de grande classe qui a de la tenue et de belles années devant lui.

FERRATON PÈRE ET FILS

Gregory Viennois (Directeur)	Tél. : + 33 (0) 4 75 08 59 51
FERRATON PÈRE ET FILS	Fax : + 33 (0) 4 75 08 81 59
13, rue de la Sizeranne	Courriel : ferraton@ferraton.fr
26600 Tain l'Hermitage	Site Web : www.ferraton.fr

Appellation de référence : Hermitage
Vignoble : 7,66 ha
Production : 250 000 bt/an
Cépages : Roussanne, Marsanne, Syrah
Types de viticulture : Agrobiologie et biodynamie
Organisme et année de certification : Ecocert 2001

Domaine
Le vignoble de ce domaine créé en 1946 par Jean Orëns Ferraton, fils de vigneron, se situe dans la vallée du Rhône septentrionale, à cheval sur les appellations Hermitage, Crozes-Hermitage et Saint-Joseph. Son fils,

Michel Ferraton, a hérité de la même passion et a décidé de donner une nouvelle dimension à ce domaine. Voient alors le jour les premiers hermitage, crozes-hermitage et saint-joseph. Proche de cette famille, Michel Chapoutier apporte son savoir-faire et dès 1998. Le vignoble est ainsi converti à la viticulture biologique, avant de s'ouvrir à la biodynamie, afin de respecter les sols comme le travail des hommes et d'élaborer des vins qui témoignent de leur terroir.

Les vins

Le Grand Courtil, Ferraton Père et Fils, Crozes-Hermitage 2007 🍷🍷🍷 **16/20**
Rubis intense aux reflets pourpres, il s'ouvre sur un nez intense et aromatique de fruits noirs, notamment de cassis et de mûre, associés à un côté légèrement floral, accompagné de réglisse, de tapenade d'olives noires, de cacao, le tout sur un fond de torréfaction d'où émane aussi une pointe animale. La bouche est onctueuse, concentrée et structurée par des tanins charnus. Sa longue finale appuyée est marquée par la vanille en raison de son boisé, sans pour autant le dénaturer. Un vin puissant, encore dans la fougue de sa jeunesse.

Les Miaux, Ferraton Père et Fils, Hermitage 2006 🍷🍷🍷🍷 **16,5/20**
Rubis foncé, il émane de ce vin aromatique des effluves complexes de fruits noirs, spécifiquement de mûre et de guigne, accompagnés d'épices, de tapenade et de réglisse, le tout dans une ambiance capiteuse de cacao et de boîte à cigares. En bouche, il se révèle puissant et volumineux, structuré par des tanins enrobés. Un vin corpulent et bien équilibré qui se dissipe sur les fruits et les épices dans une longue finale. Encore jeune, il possède un avenir prometteur.

RHÔNE SUD

DOMAINE PIERRE ANDRÉ

Jacqueline André
DOM PIERRE ANDRÉ
30, faubourg Saint-Georges
84350 Courthézon

Tél. : + 33 (0) 4 90 70 81 14
Fax : + 33 (0) 4 90 70 75 73
Courriel : domaine.pierre.andre@wanadoo.fr

Appellation de référence : Châteauneuf-du-Pape
Superficie : 18 ha

Production : 60 000 bt/an
Cépages : Clairette, Bourboulenc, Roussanne, Grenache blanc, Grenache noir, Syrah, Mourvèdre, Cinsault, Muscardin, Counoise, Vaccarèse, Piquepoul
Types de viticulture : Agrobiologie et biodynamie
Organismes et années de certification : Ecocert 1980, Biodynamie 1992

Domaine

Ce domaine de Châteauneuf-du-Pape, constitué de très vieilles vignes, d'une moyenne d'âge de soixante-dix ans, bénéficie d'un terroir d'une grande diversité. Ici, on apporte un grand soin aux vignes qui sont cultivées depuis 1980 en biologie et depuis 1992 en biodynamie.

La cave, rénovée avec des matériaux naturels, accueille les raisins afin de les vinifier le plus naturellement possible pour engendrer des vins qui expriment au mieux le terroir et le millésime.

Les vins

Domaine Pierre André, Châteauneuf-du-Pape 2006
🍇 🍇 🍇 🍇 <u>15/20</u>

Grenache, syrah, mourvèdre et une pointe des autres cépages du domaine constituent l'assemblage de ce vin qui se teinte d'un rubis grenaté. Il développe aux nez des arômes intenses de fruits noirs bien mûrs, notamment de confiture de cerise noire, associés à une pointe animale, dans une atmosphère épicée. La bouche, après une attaque franche, se révèle gourmande, bien équilibrée. Elle renferme une belle matière sur des tanins appuyés mais enrobés. La finale sur les fruits lui confère une belle longueur persistante. Un vin de belle facture.

Domaine Pierre André, Châteauneuf-du-Pape 2005
🍇 🍇 🍇 🍇 <u>15,5/20</u>

Sur ce millésime il se révèle onctueux, avec plus de mâche, toujours sur les fruits noirs mûrs. La finale soutenue est d'une belle longueur. Encore jeune, il possède un beau potentiel de garde.

CHÂTEAU DE BEAUCASTEL

Famille Perrin   Tél. : + 33 (0) 4 90 70 41 00
CHÂTEAU DE BEAUCASTEL   Fax : + 33 (0) 4 90 70 41 19
84350 Courthezon   Courriel : contct@beaucastel.com
                                    Site Web : www.beaucastel.com

Appellation de référence : Châteauneuf-du-Pape
Superficie : 100 ha
Production : 330 000 bt/an
Cépages : Roussanne, Grenache blanc, Grenache noir, Mourvèdre, Syrah, Counoise, Cinsault, Autres
Types de viticulture : Agrobiologie et biodynamie
Organisme et année de certification : Ecocert 1992

Domaine

Ce vaste vignoble de la vallée du Rhône, pour les trois quarts situés appellation Châteauneuf-du-Pape, et pour un quart en côtes du Rhône, voit le jour au milieu du XVIᵉ siècle. À la suite de la crise du phylloxéra, c'est Pierre Tramier qui, au début du XXᵉ siècle, replante le vignoble avant de le transmettre à son gendre Pierre Perrin qui, lui, a su permettre l'essor de ce domaine. Aujourd'hui, il est entre les mains de ses petits-enfants, qui poursuivent son œuvre et conduisent la viticulture en biologie selon la même philosophie, qui donne une importance considérable à la qualité, et ce depuis quarante ans.

Les sols de ce domaine, typiques de la région, se composent majoritairement de galets roulés, soit en surface, soit recouverts de sable, témoins de l'époque où le Rhône descendait des Alpes sous forme de torrent et, plus on se rapproche du Rhône, plus les sols deviennent crayeux. Ces galets ont un effet bénéfique sur la qualité des vins en restituant aux vignes, la nuit, la chaleur emmagasinée le jour. Dans un souci d'authenticité, les 13 cépages autorisés par l'appellation sont cultivés sur les terres de Beaucastel et vinifiés séparément avant d'être assemblés, ce qui laisse une certaine latitude. Soumis aux effets du climat, notamment le mistral, vent du sud, le terroir de Beaucastel est typique et c'est cette typicité et cette authenticité que la famille Perrin s'emploie à préserver.

En plus de se fier aux éléments naturels, comme le vent qui sert d'insecticide, pour pallier tous traitements chimiques, on a aussi recours à la confusion sexuelle par libération de phéromones. L'équilibre naturel ainsi retrouvé, les papillons, les abeilles, les coccinelles, les cigales et les oiseaux sont de retour à Beaucastel.

Tout, sur ce domaine, contribue à produire des raisins sains et équilibrés qui par la suite engendreront des vins équilibrés, charnus et ronds de grande qualité, dans les deux couleurs, en châteauneuf-du-pape mais aussi en côtes du Rhône sous le nom de Coudoulet de Beaucastel puisque toutes les terres n'ont pas été classées en AOC Châteauneuf-du-Pape en 1937, la voie romaine faisant frontière. On est cependant sur les mêmes sols de galets roulés qu'à Châteauneuf.

De par leur philosophie, « quand on dit Perrin, on dit bio », ils poursuivent leurs investigations et s'intéressent aussi à la biodynamie, mais trouvent le concept un peu trop poussé. Des vins de grande expression qui méritent le détour.

Depuis 1992, l'aventure de la famille Perrin se poursuit aussi outre-Atlantique puisqu'elle possède aussi un domaine de 30 hectares aux États-Unis, Tablas Creek conduit en bio dans le même esprit que Beaucastel.

Les vins

Coudoulet de Beaucastel, Côtes du Rhône 2007 🐑 🐑 🐑 <u>16,5/20</u>

Cet assemblage de viognier, marsanne, roussanne, bourboulenc et clairette, d'une teinte jaune pâle à reflets argentés, s'ouvre sur un nez frais duquel émanent des arômes de fruits blancs, dont la pêche, associés aux fleurs blanches, dont l'acacia, le tout nimbé d'une agréable fraîcheur minérale. Après une attaque franche, la bouche équilibrée, tendue par une agréable acidité, possède une belle amplitude. La finale sur les fruits blancs avec une note de miel lui confère une allonge tout en fraîcheur. Un vin de belle facture.

Château de Beaucastel, Châteauneuf-du-Pape 2007 🐑 🐑 🐑 🐑 <u>17,5/20</u>

Majoritairement issu de roussanne, avec une pointe de marsanne, mais aussi de clairette, de picardan, de piquepoul et de bourboulenc, ce Châteauneuf blanc de couleur or pâle s'ouvre sur un nez puissant aux arômes d'amande, de miel, de fruits blancs et d'abricot, associés à de jolies notes florales et épicées sur une toile de fond minérale. La bouche se révèle généreuse, sur une acidité fraîche et du gras. Bien équilibré, il revient en finale sur les fruits secs et le miel et se dissipe sur une longueur persistante, très agréable et nimbée de fraîcheur. Un vin élégant, riche, de belle tenue.

Roussanne Vieilles Vignes, Château de Beaucastel, Châteauneuf-du-Pape 2007 🐑 🐑 🐑 🐑 <u>18,5/20</u>

Cette cuvée de roussanne, qui se pare de ses plus beaux atours et s'habille d'une robe jaune pâle à reflets or, laisse dans son sillage des parfums complexes de fruits blancs, notamment d'amande, associés à des notes de fleurs blanches et de miel, le tout dans une ambiance beurrée, vanillée, très agréable. La bouche n'est pas en reste et se révèle ample grâce à sa matière généreuse où se mêle le miel à un boisé subtil. D'un superbe équilibre, elle renferme richesse et élégance et sa finale laisse une grande impression. Un vin d'une classe et d'une tenue sans pareilles même si jeune. Quel bel avenir s'offre à lui !

Coudoulet de Beaucastel, Côtes du Rhône 2007 🍇 🍇 🍇 **16,5/20**
D'une teinte rubis intense aux reflets violacés, il se livre à nous par un nez expressif d'une belle complexité alliant la cerise noire, à la mûre olive noire, le tout accompagné de menthol et de réglisse. La bouche généreuse est structurée par des tanins soyeux et ronds. La finale sur les fruits et les épices lui imprime une longueur soutenue d'une grande fraîcheur. Un vin élégant, racé et bien équilibré qui sait se tenir.

Château de Beaucastel, Châteauneuf-du-Pape 2007 🍇 🍇 🍇 🍇 **19/20**
Issu d'un assemblage des treize cépages autorisés, ce châteauneuf se pare d'une robe rubis intense et se dévoile sur un nez puissant et complexe aux arômes de fruits noirs et de fleurs, dans une ambiance réglissée avec, en toile de fond, des notes de cacao et de cuir. La bouche se révèle tout aussi puissante et gourmande ; son volume étant soutenu par une trame aux tanins charnus. D'un superbe équilibre, il est droit, d'une grande élégance et sa finale sur les fruits et les épices d'une belle fraîcheur possède une longueur dont on se souvient longtemps. Un vin de forte personnalité que les années sublimeront.

DOMAINE DE BEAURENARD

Daniel Coulon	Tél. : + 33 (0) 4 90 83 71 79
DOMAINE DE BEAURENARD	Fax : + 33 (0) 4 90 83 78 06
Avenue Pierre-de-Luxembourg	Courriel : paul.coulon@beaurenard.fr
84230 Châteauneuf-du-Pape	Site Web : www.beaurenard.fr

Appellation de référence : Châteauneuf-du-Pape
Superficie : 57 ha
Production : 250 000 bt/an
Cépages : Clairette, Bourboulenc, Roussanne, Grenache blanc, Piquepoul, Picardan, Grenache noir, Mourvèdre, Syrah, Cinsault, Counoise, Muscardin, Terret noir, Vaccarèse
Types de viticulture : Agrobiologie et biodynamie
Organisme et année de certification : Ecocert 2007

Domaine
Domaine familial de Châteauneuf-du-Pape depuis sept générations, le Domaine de « Bois Renard » est devenu, au fil des ans, le Domaine de

Beaurenard. Sur ce domaine, les frères Coulon s'attachent à perpétuer la tradition sur les 32 hectares de vignes à Châteauneuf-du-Pape et les 25 hectares en Côtes du Rhône-Villages Rasteau.
Au savoir-faire transmis par les générations précédentes s'est ajoutée la technique avec une nouvelle cuverie de vinification. En culture bio par philosophie, ce domaine n'a demandé la certification que dernièrement afin d'officialiser une pratique de longue date.

Les vins

Domaine de Beaurenard, Côtes du Rhône 2008 🍷 🍷 <u>15,5/20</u>
Grenache, syrah, mourvèdre et cinsault s'associent dans ce côtes du Rhône qui s'exprime par des arômes invitants de cerise et de mûre, associés à une pointe de poivre et de réglisse, le tout sur une belle fraîcheur mentholée. La bouche est friande, onctueuse, sur le juteux des fruits. Sa trame tannique soutient une belle matière grâce à des tanins ronds. Bien équilibré et élégant, sa finale fraîche est de belle allonge.

Domaine de Beaurenard, Côtes du Rhône-Villages Rasteau 2008
🍷 🍷 <u>16/20</u>
Issu d'un assemblage de grenache et de syrah, ce vin se teinte d'une couleur rubis assez intense aux reflets violacés. Son nez aromatique développe des effluves de fleurs, où se mêlent des notes de fruits sauvages et de poivre. En bouche, il possède une belle puissance, sa matière étant structurée par des tanins charnus. Sa finale fruitée possède une belle allonge nimbée de fraîcheur.

Domaine de Beaurenard, Châteauneuf-du-Pape 2008 🍷 🍷 🍷 <u>16/20</u>
D'une teinte jaune paille aux reflets or, ce châteauneuf blanc s'ouvre sur un nez où se mêlent les fruits blancs frais, dont l'abricot, l'amande et le miel, avec une légère pointe rancio et une touche mentholée. La bouche, après une attaque franche, se montre friande, onctueuse, son volume équilibré par une belle fraîcheur. Tendu et droit, sa rétro de fruits secs s'avère de belle allonge. Un vin élégant et de belle facture.

DOMAINE DES CARABINIERS

Christian Leperchois   Tél. : + 33 (0) 4 66 82 62 94
DOMAINE DES CARABINIERS   Fax : + 33 (0) 4 66 82 82 15
30150 Roquemaure   Courriel : carabinier@wanadoo.fr

Appellation de référence : Côtes du Rhône
Superficie : 45 ha

Production: 150 000 bt/an
Cépages: Grenache, Syrah, Mourvèdre, Cinsault
Types de viticulture: Agrobiologie et biodynamie
Organisme et année de certification: Ecocert 1997

Domaine

Au cœur des crus de la rive droite du Rhône, le Domaine des Carabiniers s'étend sur les appellations Tavel, Lirac et Côtes du Rhône. Depuis 1920, ce lieu historiquement chevaleresque puisque occupé par les carabiniers à cheval de la garde papale, ce domaine du village de Roquemaure, ancienne résidence estivale du pape, est exploité en culture bio depuis longtemps afin de préserver les atouts indispensables à la production de grands crus. Pour ce domaine, impossible de faire des grands vins en allant contre la nature. Après vingt-cinq ans d'observation, un constat amer: les valeurs de productivité n'ont plus leur place dans l'équilibre naturel du Domaine des Carabiniers. Ici, il est impensable de faire des vins qui ne conserveraient que les caractéristiques du cépage. À la vigne comme à la cave, aménagée dans les anciennes écuries, les méthodes traditionnelles sont préservées afin d'obtenir l'expression la plus naturelle des fruits de la vigne, du terroir d'exception et de l'amour des hommes qui les travaillent.

Les vins

Domaine des Carabiniers, Côtes du Rhône 2007 🍷 🍷 16/20
Grenache, syrah, mourvèdre et cinsault composent ce vin qui se teinte d'une couleur rubis à reflets pourpres assez intense. Il s'ouvre sur un nez expressif qui exhale des arômes puissants de violette et d'eucalyptus sur une base de guigne et de cassis, le tout accommodé par les épices. La bouche, friande, d'une belle acidité et aux tanins soyeux, s'avère bien équilibrée, de belle rondeur et sa finale, puissante sur les épices, lui confère une belle longueur. Un vin racé.

Domaine des Carabiniers, Lirac 2007 🍷 🍷 17/20
Issu de grenache, syrah et mourvèdre, d'une teinte rubis foncé, ce lirac développe des effluves capiteux de framboise et de mûre, mêlés de notes fleuries (lys et violette), le tout dans une ambiance poivrée et réglissée avec une pointe de fumé. En bouche, il s'avère riche et d'un beau volume à la fraîche acidité, le tout porté par des tanins soyeux et enrobés. D'un bel équilibre, il revient sur les arômes perçus au nez dans une finale magistrale. Encore jeune et fougueux, il possède de belles années devant lui.

DOMAINE LE CLOS DE CAVEAU

Henri Bungener
DOMAINE LE CLOS DE CAVEAU
Chemin de Caveau
84190 Vacqueyras

Tél. : + 33 (0) 4 90 65 85 33
Fax : + 33 (0) 4 90 658 317
Courriel : domaine@closdecaveau.com
Site Web : www.closdecaveau.com

Appellation de référence : Vacqueyras
Superficie : 13 ha
Production : 45 000 bt/an
Cépages : Grenache, Syrah
Type de viticulture : Agrobiologie
Organisme et année de certification : Ecocert 1995

Domaine

Propriété de la famille Bungener depuis 1976, ce domaine de 20 hectares dont 13 en vigne d'un seul tenant, s'étend à flanc de coteaux des Dentelles de Montmirail sur l'appellation Vacqueyras, appellation qui est passée en Cru des Côtes du Rhône méridional en 1990 au même titre que Châteauneuf-du-Pape ou encore Gigondas, reconnaissant ainsi la particularité de ses terroirs et la qualité des vins produits.

Depuis 1986, ce domaine s'est tourné vers une culture sans produit chimique de synthèse, dans un respect de l'environnement et du produit qui en est engendré. Cette démarche a été officialisée en 1989.

Depuis 1993, le domaine est sous la houlette du fils, Henri Bungener, qui poursuit l'œuvre de son père en produisant des vacqueyras qui sont des expressions des terroirs dont ils sont issus.

De plus, le Clos de Caveau vous propose au cœur de la faune et de flore méditerranéennes un gîte dans l'univers de l'amour du vin et de la nature.

Les vins

Carmin Brillant, Domaine Le Clos de Caveau, Vacqueyras 2004
🍷 🍷 🍷 17/20

Assemblage de grenache et de syrah, d'une teinte rubis aux reflets grenatés, il s'ouvre sur un nez expressif aux arômes de fruits noirs mûrs associés à des notes d'épices douces, de safran et d'iode. Le tout est accompagné de parfums floraux sur une légère note animale. La bouche s'avère friande, onctueuse, sur une belle matière concentrée soutenue par une acidité fraîche et des tanins ronds. Bien équilibré, sa finale épicée lui confère une longueur persistante. Encore jeune, il est promis à un bel avenir.

DOMAINE DU CORIANÇON

François Vallot
DOMAINE DU CORIANÇON
Hauterives
26110 Vinsobres

Tél. : + 33 (0) 4 75 26 03 24
Fax : + 33 (0) 4 75 26 44 67
Courriel : fvallot@domainevallot.com
Site Web : www.domainevallot.com

Appellation de référence : Vinsobres
Superficie : 31 ha
Production : 60 000 bt/an
Cépages : Clairette, Bourboulenc, Grenache, Syrah, Mourvèdre, Cinsault, Carignan
Types de viticulture : Agrobiologie et biodynamie
Organismes et année de certification : Ecocert et Demeter 2007

Domaine

Le Domaine de Coriançon s'étend sur les coteaux ensoleillés de la commune de Vinsobres, au cœur de l'appellation éponyme, dernière à avoir accédé au rang de cru du vignoble méridional. François Vallot, issu de la quatrième génération de cette famille de vignerons à la tête de ce domaine, s'évertue à poursuivre la quête de la qualité engagée par son père. Ce vignoble ayant toujours été cultivé de façon la plus naturelle possible, c'est pourquoi la conversion en bio et en biodynamie a été naturelle et a rapidement débouché sur les certifications Ecocert et Demeter. Si le plus grand soin est apporté à la vigne, il en va de même à la cave où les vins sont vinifiés et élevés sans produits chimiques, à l'exception du soufre, indispensable, mais utilisé en faible quantité. Pour ce vigneron, la biodynamie est la voie la mieux adaptée à l'accomplissement de son métier.

Les vins

Domaine du Coriançon, Côtes du Rhône 2008 🍷 <u>15,5/20</u>

Assemblage de grenache, syrah, mourvèdre, cinsault, bourboulenc et carignan, qui se teinte d'un rouge pourpre soutenu aux reflets violacés. Il s'exprime par un nez riche aux arômes de cerise au marasquin, associés à la pivoine dans une ambiance épicée. La bouche se révèle friande, d'une belle concentration sur une acidité vive et soutenue par des tanins soyeux et enrobés. Sa finale poivrée et fruitée possède une belle allonge sur la fraîcheur, grâce à une légère pointe d'amertume.

Domaine du Coriançon, Vinsobres 2007 🍷🍷 <u>15/20</u>

Issu de grenache, syrah et mourvèdre, ce vinsobres de couleur rubis soutenu aux reflets violacés s'exprime par un nez assez puissant sur des arômes de bigarreau associés à des effluves de violette, le tout accommodé d'épices. La bouche est bien équilibrée grâce à une belle matière structurée par des tanins fondus. Un vin généreux qui possède du caractère et revient, dans une finale assez longue, sur les arômes déjà perçus au nez. Encore jeune et fougueux, il se peaufinera avec le temps.

DOMAINE DE CRISTIA

Famille Grangeon
DOMAINE DE CRISTIA
33, Faubourg Saint Georges
54350 Courthézon

Tél. : + 33 (0) 4 90 70 24 09
Fax : + 33 (0) 4 90 70 25 38
Courriel : contact@cristia.com
Site Web : www.cristia.com

Appellation de référence : Châteauneuf-du-Pape
Superficie : 21 ha
Production : 80 000 bt/an
Cépages : Grenache blanc, Roussanne, Clairette, Grenache noir, Syrah, Mourvèdre
Type de viticulture : Agrobiologie
Organisme et année de certification : Ecocert 2005

Domaine

Cette propriété de la famille Grangeon située à Courthézon, à l'est de Châteauneuf-du-Pape, répartit son vignoble entre les appellations Châteauneuf-du-Pape, Côtes du Rhône-Villages, Côtes du Rhône et Vin de Pays. Sous l'impulsion d'Alain Grangeon qui a rejoint le domaine en 1963 et y a planté des cépages améliorateurs comme la syrah et le mourvèdre en plus du grenache existant, ce domaine créé il y a soixante-dix ans a pris son véritable essor et a trouvé sa véritable identité basée sur le respect de ses sols. En 1999, lorsque les enfants ont rejoint leur père, ils ont décidé de se tourner vers l'agriculture biologique afin de produire des vins qu'ils aiment, de garde de grande qualité.

Les vins

Vieilles Vignes, Domaine de Cristia, Châteauneuf-du-Pape 2007
🍷🍷🍷 **16/20**

Issu uniquement de grenache blanc, ce Châteauneuf-du-Pape blanc se pare d'une robe jaune paille aux reflets dorés. Il s'ouvre sur un nez puissant aux arômes de fleurs blanches, voire de miel, mais aussi de fruits confits, associés à des notes d'encaustique et de vanille, avec une pointe de fruits secs. La bouche, après une attaque franche, se révèle suave, son beau volume étant tendu par une belle acidité. Bien équilibré, sa rétro de vanille, de miel et de noisette lui confère une finale persistante. Élégant, droit et d'une belle fraîcheur, il doit encore digérer son bois.

Domaine de Cristia, Châteauneuf-du-Pape 2007 🐑 🐑 🐑 __16/20__
Grenache et syrah s'assemblent dans ce vin d'une teinte pourpre profond aux reflets violacés. Il s'ouvre sur un nez épicé où se mêlent des arômes de fruits noirs associés à des notes florales, le tout dans une ambiance boisée avec une pointe de réglisse. La bouche est friande, riche, sur un beau volume reprenant les fruits noirs perçus au nez. Bien équilibré, structuré par des tanins soyeux et ronds, il possède une finale de belle allonge. Quelques années lui feront du bien.

Cuvée Renaissance, Domaine de Cristia, Châteauneuf-du-Pape __2007__
🐑 🐑 🐑 🐑 15,5/20
Grenache et mourvèdre composent l'assemblage de cette cuvée de couleur rubis intense aux reflets violets. Au nez, il développe des arômes puissants de glycine et de pivoine, associés aux fruits noirs avec une pointe d'épices, le tout sur un fond de torréfaction. La bouche, d'une fraîche acidité, se révèle soutenue par des tanins ronds et revient sur les fruits confits. La finale assez longue manque un peu de tonus.

Vieilles Vignes, Domaine de Cristia, Châteauneuf-du-Pape 2007
🐑 🐑 🐑 🐑 __15,5/20__
Ce vin de grenache noir, de teinte rubis intense aux reflets pourpres, s'ouvre sur un nez puissant de torréfaction associé aux fruits noirs confiturés, aux épices avec un côté floral en arrière-plan. En bouche, l'attaque est nette et fraîche sur un beau volume soutenu par des tanins fondus et présents. Bien équilibré, les fruits et le boisé sur des notes de réglisse sont présents et sa finale légèrement sur l'alcool possède une longueur appuyée. Laissons faire l'œuvre du temps.

DOMAINE LA FOURMENTE

Jean-Louis et Rémi Pouizin
DOMAINE LA FOURMENTE
Route de Bouchet
84820 Visan

Tél. et fax : + 33 (0) 4 90 41 91 87
Courriel : info@domainelafourmente.com
Site Web : www.domainelafourmente.com

Appellation de référence : Côtes du Rhône-Villages Visan
Superficie : 50 ha
Production : 150 000 bt/an
Cépages : Grenache, Syrah, Carignan, Cinsault
Type de viticulture : Agrobiologie
Organisme et année de certification : Ecocert 2007

Domaine

Ce domaine appartenant à la famille Pouizin depuis 1922, situé au cœur de l'appellation Côtes du Rhône-Villages Visan, s'est étendu au cours du XXe siècle. Le patrimoine de ce domaine a été préservé des pesticides, car, dès 1964, la culture de ce domaine est devenue biologique. Respecter les sols afin de récolter des fruits sains est la philosophie qui a dès lors été adoptée. Aujourd'hui encore, Jean-Louis et son fils Rémi ont choisi une agriculture favorisant la vie, sans produits chimiques, à la vigne comme au chai de vinification et d'élevage, un chai dont ils se sont dotés en 2000 et qui donne une nouvelle orientation à ce domaine. Ce n'est que dernièrement et pour leurs clients qu'ils ont officialisé leur démarche en demandant la certification.

Les vins

Nature, Domaine La Fourmente, Côtes du Rhône-Villages Visan 2007 15/20

Issu d'un assemblage de grenache et de syrah, il se teinte d'un rouge rubis à reflets pourpres et développe au nez des arômes de fruits rouges et noirs, dont la cerise, la mûre et la grenade, associés à des notes de poivre et de cannelle, avec une pointe légèrement réglissée. La bouche se révèle gourmande, bien équilibrée, tendue par une acidité vive et structurée par des tanins soyeux et ronds. La finale épicée lui confère une belle longueur appuyée sur la fraîcheur.

Grains Sauvages, Domaine La Fourmente, Côtes du Rhône-Villages Visan 2007 **15,5/20**

Ce grenache pur, sans sulfites ajoutés, se pare d'une robe rubis aux reflets violacés. Il s'exprime au nez par la mûre et la framboise, accompagnées de

notes de cannelle et d'autres épices chaudes, avec un côté sanguin, voire
ferreux. La bouche de belle concentration possède une belle
matière soutenue par des tanins soyeux. Bien équilibré par
une acidité fraîche, il revient sur les arômes perçus au nez.
Très épicée, la finale renferme une belle allonge. Encore jeune
et timide.

DOMAINE GALLETY

Alain Gallety   Tél. : + 33 (0) 4 75 52 63 18
DOMAINE GALLETY   Fax : + 33 (0) 4 75 52 56 18
Quartier La Montagne   Courriel : alain.gallety@wanadoo.fr
07220 Saint-Montant   Site Web : www.gallety.fr

Appellation de référence : Côtes du Vivarais
Superficie : 15 ha
Production : 60 000 bt/an
Cépages : Grenache, Syrah
Type de viticulture : Agrobiologie
Organisme et année de certification : Qualité France 1998

Domaine

C'est par philosophie personnelle, d'ailleurs cet argument ne figure pas
sur la bouteille, qu'Alain Gallety, quand il a repris le vignoble familial en
1982, a décidé de conduire son vignoble en biologie, plus précisément en
« biogallety » puisque certaines de ses pratiques s'inspirent aussi de la biodynamie. Ce vigneron n'est pas un puriste, il n'utilise que ce qui lui
convient et convient à son terroir, le plus important étant la qualité du
raisin avant tout. Avant lui, son père apportait son raisin à la cave coopérative.

Sur cette colline argilo-calcaire qui surplombe le Rhône, les parcelles,
exposées sud-est, sont labourées mécaniquement et manuellement, et un
cheval est même en cours de dressage. Sur ce domaine, tout produit chimique est prohibé, les vendanges sont manuelles et ce sont des raisins sains
et triés qui sont apportés à la cave pour être vinifiés, cépage par cépage,
parcelle par parcelle. Les vins sont ensuite élevés en barrique de chêne
français, neuve pour la cuvée Syrare, qui serviront l'année suivante pour
la cuvée Domaine.

Les vins

Domaine Gallety, Côtes du Vivarais 2007 🍷 🍷 🍷 **15,5/20**
Moitié grenache, moitié syrah, ce vin se teinte d'un rouge rubis violacé intense et s'ouvre sur un nez complexe aux arômes de cerise, de mûre et de quetsche, associés à un léger côté floral et des notes de figue et de tapenade agrémentées d'une pointe réglissée, le tout dans un boisé fondu. En bouche, il se révèle gourmand grâce à une belle matière supportée par des tanins soyeux et enrobés. D'un bel équilibre, il se dissipe lentement sur les fruits rouges et les épices de la garrigue, dans un boisé bien intégré, ce qui lui confère une longue finale soutenue.

Domaine Gallety, Côtes du Vivarais 2008 🍷 🍷 🍷 **16/20**
Dégusté en cours d'élevage, le 2008 s'annonce plus sur la finesse et l'élégance que le 2007.

La Syrare d'Alain Gallety, Côtes du Vivarais 2006 🍷 🍷 🍷 🍷 **17/20**
D'une couleur rouge rubis, profonde et aux reflets pourpres, cette syrah développe un nez de guigne et de mûre, associé à de délicates notes florales de violette et de pivoine, le tout dans une atmosphère de chocolat épicé complété par un petit côté animal. La bouche se révèle puissante par sa matière imposante structurée par des tanins charnus. Bien équilibré même si l'alcool domine un peu, il revient sur les épices et le bois qui doit se fondre. La finale en impose par sa longueur persistante. Encore jeune et vigoureux, le temps l'arrondira.

DOMAINE LES GIRARD DU BOUCOU

Jacques Girard	Tél. : + 33 (0) 6 12 24 42 01
DOMAINE LES GIRARD DU BOUCOU	Fax : + 33 (0) 4 90 83 78 14
Mas le Boucou	Courriel : jack@mas-du-boucou.com
Route de Bédarrides	Site Web : www.mas-du-boucou.com
84230 Châteauneuf-du-Pape	

Appellation de référence : Châteauneuf-du-Pape
Superficie : 4,5 ha
Production : 20 000 bt/an
Cépages : Grenache blanc, Clairette, Roussanne, Bourboulenc, Piquepoul, Picardan, Grenache noir, Mourvèdre, Counoise, Syrah, Cinsault, Muscardin, Terret noir, Vaccarèse
Type de viticulture : Agrobiologie
Organisme et année de certification : Ecocert 2005

Domaine

Sur ces sols de galets roulés chers à l'appellation Châteauneuf-du-Pape, le Domaine les Girard du Boucou se situe sur le lieu-dit Le Boucou, au nord de cette appellation. Jusqu'en 2002, date à laquelle Jacques Girard a rejoint son père et son oncle, les deux frères vinifiaient sous le nom de Lou Patacaiau et Cuvée du Belvédère. Il a décidé de nommer son vin Domaine les Girard du Boucou. Cette date marque aussi le début de la conversion à l'agriculture biologique dans le but d'engendrer des vins qui soient le plus représentatifs de leur terroir. La même rigueur est de mise à la cave où tout se fait naturellement.

Les vins

Clos de Fergy, Domaine les Girard du Boucou, Châteauneuf-du-Pape 2007 ND 15,5/20

Clairette, roussanne, bourboulenc et piquepoul se marient dans ce vin qui se colore d'une teinte jaune pâle aux reflets or. Il s'ouvre sur des arômes d'abricot, de pêche de vigne et d'ananas associés à des notes de fruits secs sur un côté grillé et une pointe de minéralité. La bouche, friande, d'une belle rectitude grâce à une acidité vive, possède une agréable matière. Bien équilibrée, sa finale sur les fruits, nimbée de fraîcheur, s'avère d'une belle pureté, longue et persistante. Un vin élégant et droit.

Domaine les Girard du Boucou, Châteauneuf-du-Pape 2007 ND 15/20

Assemblage de grenache, mourvèdre, counoise, syrah et cinsault, il se colore de rouge rubis moyennement intense aux reflets pourpres et s'ouvre sur un nez expressif de fruits noirs et de fleurs accommodés de réglisse, avec une pointe animale sur un fond de bois. La bouche, gourmande, d'une belle matière et d'une acidité fraîche, se structure par des tanins soyeux. Bien équilibré, le côté ferreux en fin de bouche accompagné des épices lui confère une finale de belle allonge sur une pointe d'alcool. Encore tout jeune.

Bois de Fergy, Domaine les Girard du Boucou, Châteauneuf-du-Pape 2006 ND 15,5/20

D'une teinte grenat, cette cuvée s'exprime par un côté frais où se mêlent la prune, la cerise et les épices accompagnés de notes boisées. La bouche, droite, sur un côté eucalyptus, renferme une belle matière fraîche et structurée par des tanins fins mais encore présents. La finale d'une belle longueur est marquée par un boisé assez insistant.

DOMAINE LES GRIMAUDES

Emmanuelle et Marc Kreydenweiss
DOMAINE LES GRIMAUDES
701, chemin des Perrières
30129 Manduel

Tél.: + 33 (0) 4 66 20 60 90
Fax: + 33 (0) 3 88 08 41 16
Courriel: marc@kreydenweiss.com/
emmanuelle@kreydenweiss.com
Site Web: www.kreydenweiss.com

Appellation de référence: Costières de Nîmes
Superficie: 6 ha
Production: 20 000 bt/an
Cépages: Carignan, Cinsault, Grenache
Types de viticulture: Agrobiologie et biodynamie
Organismes et année de certification: Ecocert et Biodyvin 2004

Domaine

Ce couple bien connu à Andlau, en Alsace, pour le Domaine Kreydenweiss, a laissé les rênes à son fils et a décidé en 1999 de s'installer en Costière de Nîmes afin de vivre de nouvelles aventures, notamment assouvir cette passion des vins rouges. Ils ont donc choisi cet endroit pour perpétuer leur savoir-faire alsacien au service d'autres cépages, tels que le carignan, la syrah, le grenache et le mourvèdre. C'est donc naturellement que ces vignerons ont conduit leur domaine avec la même philosophie, en biodynamie, dans un respect de l'environnement et afin d'engendrer des vins qui reflètent leur appartenance.

Les vins

KA, Marc Kreydenweiss, Costières de Nîmes 2007 🍷🍷🍷 **15/20**
Issue uniquement de vieux carignan, cette cuvée d'une teinte rouge rubis tirant sur le pourpre s'exprime par des parfums intenses de fraise et de cerise fraîches associés à une pointe d'épices sur un subtil boisé. En bouche, il se révèle friand, sur une acidité vive, et sa matière est structurée par des tanins fondus mais présents. Sa finale sur le croquant des fruits lui confère une belle longueur rafraîchissante.

Perrières, Marc Kreydenweiss, Costières de Nîmes 2007 🍷🍷 **15,5/20**
Assemblage de carignan, syrah, grenache, mourvèdre, ce vin de couleur rubis aux reflets violacés exhale un nez de violette et de fraise dans une ambiance épicée de poivre et de clou de girofle sur un boisé maîtrisé. La bouche, suave sur une acidité vive, s'avère charmeuse, bien équilibrée sur des tanins soyeux qui soutiennent une belle matière. La finale élégante, sur les épices, lui imprime une longueur assez persistante.

🍷 **Les Grimaudes, Costières de Nîmes 2006** 🍷 🍷 <u>15/20</u>
Vinifié par Emmanuelle, ce vin issu de grenache, carignan et cinsault se
pare d'une robe rubis aux reflets violacés moyennement intense, développe au nez des arômes de fruits rouges et noirs associés à un côté floral
et épicé. La bouche, gourmande et vigoureuse, est bien
structurée par une acidité vive et des tanins souples. Bien
équilibré, sa finale fraîche en rémanence sur les notes olfac-
tives du nez offre une persistance appréciable.

DOMAINE DU JONCIER

Marine Roussel	Tél. : + 33 (0) 4 66 50 27 70
DOMAINE DU JONCIER	Fax : + 33 (0) 4 66 50 34 07
5, rue de la Combe	Courriel : domainedujoncier@free.fr
30126 Tavel	

Appellation de référence : Lirac
Superficie : 32 ha
Production : 100 000 bt/an
Cépages : Roussanne, Marsanne, Bourboulenc, Grenache noir, Syrah,
Mourvèdre, Cinsault, Carignan
Types de viticulture : Agrobiologie et biodynamie
Organisme et année de certification : Ecocert 2008

Domaine

Créé par Pierre Roussel en 1964, le Domaine du Joncier s'étend sur 32 hectares entre Tavel et Lirac. Ici, le grenache règne en maître. Depuis 1989, sa
fille Marine le gère avec passion et bonheur et elle lui a donné un nouvel
essor.

Ce domaine, cultivé en biologie bien avant sa certification, produit des
vins qui expriment le terroir de Lirac et de Tavel pour les rosés. Depuis 2008,
le vignoble s'est aussi converti à la biodynamie afin d'avoir des sols les plus
vivants possible, des vignes indépendantes et, donc, des vins expressifs.

Avec la même philosophie, les vins sont vinifiés de façon traditionnelle, sans levurage afin d'exprimer la quintessence du terroir.

Les vins

🍷 **Le Classique, Domaine du Joncier, Lirac 2007** 🍷 🍷 <u>14,5/20</u>
Grenache, syrah, mourvèdre, cinsault et carignan s'assemblent dans ce lirac qui se colore de pourpre intense et
profond aux reflets violacés et s'ouvre sur un nez discret

aux arômes de prune et de tapenade, dans une ambiance fumée. La bouche, après une attaque franche, se révèle friande, sur une belle acidité et une matière soutenue par des tanins encore un peu fermes. Il revient sur le côté torréfaction dans une finale assez longue. Un vin qui demande encore d'être attendu.

Les Muses, Domaine du Joncier, Lirac 2007 🍷 🍷 🍷 **16/20**

Issu d'un assemblage de mourvèdre, grenache, syrah, cinsault avec une pointe de carignan, il se pare d'une robe pourpre intense, et s'exprime par un nez peu expressif sur les fruits noirs mêlés à des arômes de fleurs, le tout accommodé d'épices. En bouche, il se révèle suave, sur une belle matière structurée par des tanins fins mais présents. Bien équilibré, les fruits et les épices reviennent en finale pour lui conférer une belle allonge.

MAS DE LIBIAN

Hélène Thibon	Tél. : + 33 (0) 4 75 04 66 22
MAS DE LIBIAN	Fax : + 33 (0) 4 75 98 66 38
Quart Libian	Courriel : h.thibon@wanadoo.fr
07700 Saint-Marcel-d'Ardèche	Site Web : www.masdelibian.com

Appellation de référence : Côtes du Rhône
Superficie : 20 ha
Production : 100 000 bt/an
Cépages : Viognier, Clairette, Roussanne, Grenache, Syrah, Mourvèdre
Types de viticulture : Agrobiologie et biodynamie
Organisme et année de certification : ULASE 2005

Domaine

D'un pavillon de chasse, une gentilhommière, en 1670, la famille Thibon a fait de Libian ce domaine de 20 hectares situé à Saint-Marcel-d'Ardèche sur la rive droite du Rhône où les sols sont les mêmes qu'à Châteauneuf-du-Pape, argile rouge et galets roulés. Sur les anciennes terrasses du Rhône d'où la vue est imprenable, les parcelles sont exposées majoritairement sud-sud-est. Le vignoble de ce domaine, où les femmes sont majoritaires, a toujours été conduit en biologie puisque les parents d'Hélène et de Catherine, deux des trois sœurs qui s'occupent de Libian, n'a jamais utilisé de pesticides. Certifié depuis 2005, pour le prouver aux gens, le domaine s'est tourné vers la biodynamie en l'adaptant à ses conditions. Pour cela, les Thibon utilisent beaucoup d'infusions et de préparas.

Comme le plus important avant même de faire du vin, c'est le végé-tal, les vignes sont plantées à partir de sélections massales grâce à leur ami pépiniériste bio Lilian Bérillon à qui Hélène donne parfois un coup de main. Depuis 2006, la moitié du vignoble est travaillé par Nestor, magni-fique cheval de trait comtois, conduit par Catherine.

Si l'importance est donnée à la vigne, il en va de même à la cave où Hélène, vigneronne sympathique et charmante, à l'image des vins, laisse faire la nature au maximum afin d'engendrer des vins les plus authen-tiques possibles.

Les vins

Cave Vinum, Mas de Libian, Côtes du Rhône 2008 🍷 🍷 <u>**16,5/20**</u>

Cette cuvée, dont le nom signifie « attention au vin », est issue de clairette, de roussanne et de viognier. Elle se teinte d'une couleur jaune doré aux reflets verdoyants et s'ouvre sur un nez floral aux senteurs d'acacia associées aux agrumes et à la pêche de vigne, le tout sur fond épicé, nimbé d'une belle minéralité. L'attaque est franche et la bouche, d'une belle tension, grâce à une acidité vive. Bien équilibré sur une agréable matière, la finale sur les agrumes lui confère une pointe d'amertume qui accompagne la minéralité d'une grande fraîcheur. Élégant, droit et profond, il possède une belle persistance.

Vin de Pétanque, Mas de Libian, Vin de Table 2008 🍷 🍷 <u>**15,5/20**</u>

Grenache majoritairement et syrah s'unissent dans cette cuvée rouge rubis aux reflets violacés qui exhale le cassis, la mûre, accompagnés de violette, le tout sur un fond de poivre. La bouche, sur le juteux des fruits et d'une belle acidité, repose sur des tanins souples. La finale ren- ferme une grande fraîcheur sur les épices. Un vin facile, très agréable et d'une grande « buvabilité » comme on les aime parfois.

Bout d'Zan, Mas de Libian, Côtes du Rhône 2008 🍷 🍷 <u>**16,5/20**</u>

Issue majoritairement de grenache et de syrah cette cuvée évoque aussi bien le surnom du père d'Hélène Thibon dans sa petite enfance que le caractère réglissé de ce vin. Elle se colore d'un rubis violacé profond et s'ouvre sur un nez expressif et complexe de fruits noirs mûrs et des arômes de réglisse comme son nom le laissait présager, associés à d'autres épices et une pointe chocolatée. La bouche s'avère friande, d'une belle matière soutenue par des tanins soyeux. Un vin droit, bien équilibré et frais qui revient sur les épices dans une finale longue et agréable. Un vin élégant, de belle facture.

Khayyâm, Mas de Libian, Côtes du Rhône-Villages 2008 🍷 🍷 <u>17/20</u>
En hommage au poète Persan, cette cuvée composée de grenache majoritairement, de syrah et de mourvèdre se pare d'une robe d'un rouge
pourpre foncé, aux reflets violacés. Au nez, il développe des arômes puissants de fruits noirs associés aux épices avec un côté chaleureux de chocolat. La bouche est ample grâce à une belle matière structurée par des
tanins fondus. Puissant, bien équilibré, de belle tenue, ce vin
offre une finale sur les épices et les fruits qui possède une
belle longueur persistante. Un vin élégant encore un peu
fougueux qui a de belles années devant lui.

La Calade, Mas de Libian, Côtes du Rhône-Villages 2007
🍷 🍷 🍷 <u>17,5/20</u>
D'un rouge pourpre intense, cette cuvée de mourvèdre, avec une pointe de
grenache, exhale les fruits noirs et les épices chaudes, notamment la
réglisse. La bouche est riche, d'une belle concentration soutenue par une
trame aux tanins élégants. Il est bien équilibré, sur le juteux
des fruits et se dissipe en douceur par une finale de belle
longueur. Un vin racé d'une belle plénitude qui saura bien
évoluer.

MONTIRIUS

Christine et Éric Saurel   Tél. : + 33 (0) 4 90 65 38 28
MONTIRIUS   Fax : + 33 (0) 4 90 65 48 72
Le Devès   Courriel : montirius@wanadoo.fr
84260 Sarrians   Site Web : www.montirius.com

Appellation de référence : Vacqueyras
Superficie : 60 ha
Production : 200 000 bt/an
Cépages : Grenache blanc, Roussanne, Bourboulenc, Grenache, Mourvèdre,
Syrah
Types de viticulture : Agrobiologie et biodynamie
Organismes et année de certification : Ecocert et Biodyvin 1996

Domaine

Anciennement connu sous le nom de domaine Saint Henri, aujourd'hui
baptisé Montirius, nom provenant de la contraction des prénoms des
enfants d'Éric et de Christine Saurel, actuels propriétaires (Manon, Justine
et Marius), cette exploitation, qui est dans la famille depuis cinq générations, est partagée en deux appellations : Vacqueyras et Gigondas.

Même si le père d'Éric Saurel avait déjà constaté les méfaits des engrais chimiques sur les sols, au début des années quatre-vingt, la conversion en biologie s'est faite petit à petit. Il aura fallu que leur fille aînée éprouve des problèmes de santé pour qu'ils découvrent l'homéopathie et posent un regard différent sur leur travail dans le vignoble et modifient leur façon de travailler. Ils se sont alors intéressés de près à la biodynamie et, au fur et à mesure, ils ont éliminé les produits chimiques pour arriver à une conversion totale en 1996.

Sur les différentes parcelles qui composent ce vignoble, les sols de garrigues sont travaillés mécaniquement et un rang sur quatre est enherbé afin de recréer l'équilibre naturel entre la vigne et le sol.

Comme le vin est un prolongement du fruit, c'est à maturité optimale que les raisins sont rentrés au nouveau chai où, lors de la construction, tous les paramètres ont été étudiés pour que l'adéquation soit la meilleure. Ils sont ensuite vinifiés en cuve en acier pour les blancs et rosés, ou en béton pour les rouges.

Cependant, afin de prolonger le travail amorcé dans le vignoble, et toujours dans un souci de permettre aux raisins et au vin d'entretenir une relation avec les forces cosmiques et terrestres, on a incorporé au béton une petite quantité d'eau ayant reçu l'information pierre du sous-sol pour qu'il résonne à la même fréquence. De plus, toutes les cuves sont reliées entre elles et à la terre pour éviter tout choc électromagnétique. Dans la « pouponnière » un endroit de grande quiétude qui inspire le plus grand respect, les vins s'élèvent, et ce, même spirituellement.

Toujours dans une recherche de qualité et d'expression du terroir, les vins ne sont ni collés ni filtrés avant la mise mais restent deux hivers en cuve pour être stabilisés naturellement. Des vignerons passionnés et passionnants d'une grande sensibilité, qui sont continuellement à l'écoute de leur vin, parce que c'est lui qui a le dernier mot et bien souvent le mot juste.

Si, ici, l'expression du terroir n'est pas respectée à la lettre, elle ne l'est nulle part !

Les vins

Montirius, Vacqueyras 2007 🐑 🐑 🐑 __16,5/20__
Le blanc de cette appellation ne représente que 3 %. Issu d'un assemblage de grenache blanc, de roussanne et de bourboulenc, il se pare d'une robe jaune pâle aux reflets or et s'exprime par un nez riche aux arômes de fruits presque confits associés à des notes d'amande fraîche et de miel, le tout sur une belle minéralité rafraîchissante accompagnée de notes légèrement beurrées.

La bouche, après une attaque franche, se révèle d'un beau volume, tendue par une acidité agréable. Bien équilibré, il revient sur la minéralité dans une longue finale. Un vin droit, d'une grande pureté.

Jardin Secret, Montirius, Côtes du Rhône 2006 🍷 🍷 🍷 <u>16,5/20</u>

Issu uniquement de vieilles vignes de grenache, il se teinte d'un rouge rubis profond et intense et se dévoile par des arômes de fraise et de framboise associés à des notes de poivre et de réglisse, le tout sur un fond légèrement vanillé. La bouche friande et onctueuse sur les fruits est tendue par une belle acidité sur une matière soutenue par des tanins soyeux et ronds. D'un bel équilibre, sa finale possède une longueur d'une grande fraîcheur. Un vin de belle facture.

Sérine, Montirius, Côtes du Rhône 2006 🍷 🍷 🍷 <u>15,5/20</u>

Cette syrah de couleur rubis intense aux reflets violacés s'ouvre sur un nez complexe de violette et de pivoine associées aux fruits noirs, le tout complété par des notes de chocolat et de garrigue. La bouche, gourmande, présente une acidité fraîche sur une belle matière aux tanins soyeux. Bien équilibré, d'une grande fraîcheur, sa finale sur les arômes perçus au nez lui confère une belle longueur. Un vin élégant et typé.

Montirius, Vacqueyras 2008 🍷 🍷 <u>15,5/20</u>

Rubis lumineux aux reflets violets, cet assemblage de grenache et syrah exhale un nez frais de fruits rouges et noirs associés à un petit côté floral, le tout nimbé d'épices chaudes avec une pointe de réglisse. La bouche, d'une belle onctuosité conférée par ses tanins mûrs, possède une fraîcheur agréable. Équilibré, il revient sur les fruits dans une finale longue et persistante.

Montirius, Vacqueyras 2007 🍷 🍷 <u>16/20</u>

Un vin d'une belle structure et une belle facture sur les fruits noirs.

Le Clos, Montirius, Vacqueyras 2004 🍷 🍷 <u>16,5/20</u>

Moitié syrah, moitié grenache, il se teinte d'un rouge sombre légèrement grenat et organise son nez autour d'arômes d'une belle complexité. On y décèle les fruits noirs, une pointe épicée et florale avec un côté animal, sanguin, avec, derrière, une touche chocolatée. La bouche se révèle concentrée, structurée par des tanins fondus. Bien équilibré, tout semble avoir trouvé sa place, il revient en finale sur les arômes perçus au nez qui lui confère une belle allonge.

Montirius, Gigondas 2005 🍷 🍷 <u>16/20</u>

Grenache et mourvèdre se marient dans ce gigondas. Sous sa robe rubis se dissimule un nez de guigne et de mûre sauvage associées à des notes florales, avec un côté animal et iodé, le tout dans une atmosphère chaleureuse aux effluves d'épices et de chocolat. La bouche se révèle riche et la matière concentrée de ce vin est soutenue par des tanins soyeux. Il allie puissance et élégance dans une finale de belle plénitude.

Confidentiel, Montirius, Gigondas 2005 🍷 🍷 🍷 <u>16,5/20</u>

D'un rouge rubis intense et profond, aux reflets violacés, il s'exprime par un nez complexe d'une belle puissance. Les fruits noirs, dont la guigne, s'associent à des notes florales pour laisser l'arrière-scène aux notes épicées et chocolatées. La bouche est puissante est épaulée par des tanins savoureux. D'une belle richesse, il est harmonieux et revient sur les fruits pour lui imprimer une finale longue. Un vin d'une belle dualité qui possède de belles années devant lui.

CHÂTEAU LA NERTHE

Famille Richard	Tél. : + 33 (0) 4 90 83 70 11
CHÂTEAU LA NERTHE	Fax : + 33 (0) 4 90 83 79 69
Route de Sorgues	Courriel : contact@chateaulanerthe.fr
84230 Châteauneuf-du-Pape	Site Web : www.chateaulanerthe.fr

Appellation de référence : Châteauneuf-du-Pape
Superficie : 84 ha
Production : 300 000 bt/an
Cépages : Roussanne, Clairette, Bourboulenc, Grenache blanc, Piquepoul, Grenache noir, Syrah, Mourvèdre, Cinsault, Muscardin, Picardan, Terret, Counoise, Vaccarèse
Type de viticulture : Agrobiologie
Organisme et année de certification : Ecocert 1998

Domaine

Les origines du vignoble de ce château sis à Châteauneuf-du-Pape, remontent au XIIᵉ siècle, à l'époque où les papes étaient français. Elles coïncident avec l'apparition de la vigne à Châteauneuf-du-Pape. Depuis lors, il n'a cessé d'être entouré des soins les plus attentionnés par ses propriétaires successifs. Tous ont œuvré pour que le Château La Nerthe entretienne une réputation d'excellence. De plus, sa majestueuse bâtisse, la plus belle de Châteauneuf-du-Pape, n'a rien à envier aux châteaux bordelais.

Depuis 1985, le château La Nerthe est la propriété de la famille Richard, qui en a confié la direction à Alain Dugas. Ce dernier, de par sa notoriété dans la région, a su s'entourer d'une équipe d'hommes et de femmes acquise à la notion de terroir en se réappropriant les leçons du passé pour faire avec des moyens plus modernes ce que faisaient déjà les anciens.

Le climat méditerranéen associé au mistral qui assainit les vignes est propice à cette culture et sur des sols argileux ou argilo-sableux recouverts des galets roulés typiques de la région. Comme à ses origines, le vignoble est planté des treize cépages autorisés par l'appellation, décret qui s'inspirait déjà de l'encépagement de ce château.

Au Château La Nerthe, la culture de la vigne se pratique depuis longtemps dans le plus strict respect de la nature et de l'environnement. Par philosophie et non par attitude commerciale, la certification en biologie ne date que de 1998.

La véritable expression de l'exceptionnel terroir du Château La Nerthe exige une grande maîtrise de la vigueur des vignes et de leur production. Sur ce vignoble, c'est une bouteille par cep qui est engendrée par des vignes qui ont quarante ans.

Les raisins, à maturité optimale, sont vendangés simultanément afin d'être vinifiés ensemble pour marier les fruits des différents cépages.

Les vins ne sont pas tous élevés de la même façon, en cuve de pierre, en fût ou en foudre, afin de permettre d'exprimer leur meilleur en fonction de leur potentiel. Quand ils semblent aboutis, les différentes cuvées de ce château sont assemblées. C'est ce savant assemblage des différents cépages qui donne naissance à des vins complexes.

Les vins

Château La Nerthe, Châteauneuf-du-Pape 2008 🍇 🍇 🍇 🍇 <u>15/20</u>
Roussanne, grenache, clairette et bourboulenc compose l'assemblage de ce châteauneuf blanc qui se teinte d'une couleur jaune pâle aux reflets or et s'exprime par un nez expressif aux arômes de pêche de vigne, d'abricot et d'agrumes associés à des notes d'amande, le tout dans une ambiance vanillée, grillée nimbée d'une belle minéralité. La bouche, après une attaque franche se révèle friande, tendue par une acidité vive supportant une belle matière. Droit, bien équilibré, il revient sur les agrumes pour lui conférer une finale de longueur moyenne.

Clos du Beauvenir, Château La Nerthe, Châteauneuf-du-Pape 2004 🍇 🍇 🍇 🍇 <u>15,5/20</u>
Issu du même assemblage que le Château la Nerthe dans des proportions différentes, il se pare d'une robe jaune dorée assez intense et s'ouvre sur un nez dominé par des notes mellifères associées aux fruits secs, le tout sur une toile de fond vanillée, lactée avec une légère pointe de rancio. La bouche onctueuse, possède du gras, sur une acidité fraîche et revient sur les notes de miel pour lui conférer une finale appuyée de belle longueur peut-être un peu lourde. Laissons encore faire l'œuvre du temps.

Château La Nerthe, Châteauneuf-du-Pape 2006 🍷 🍷 🍷 🍷 <u>15,5/20</u>
Issu d'un assemblage de grenache, syrah et mourvèdre, il se colore d'un grenat intense et s'exprime au nez par des arômes de cacao, de café, où pointent la mûre et la cerise noire, avec une pointe florale subtile et épicée. La bouche friande, sur une acidité fraîche et une matière de moyenne concentration, possède un bel équilibre supporté par des tanins fins. La finale sur les fruits accompagnée du boisé possède une belle allonge sur la fraîcheur. Un classique.

Château La Nerthe, Châteauneuf-du-Pape 2005 🍷 🍷 🍷 🍷 <u>15/20</u>
Sensiblement le même assemblage que le 2006, d'une couleur de pourpre, ce vin se dévoile sur les fruits confiturés associés aux épices avec une pointe animale sur des notes de chocolat et de café, avec une touche réglissée. La bouche se révèle ample, sur une acidité fraîche soutenue par des tanins fondus. Le bois encore très présent domine la rétro dans une finale de belle allonge. Encore jeune.

Cuvée des Cadettes, Château La Nerthe, Châteauneuf-du-Pape 2005 🍷 🍷 🍷 🍷 <u>15/20</u>
Grenache, syrah, mourvèdre s'assemblent dans cette cuvée d'une teinte grenat. Le nez s'avère dominé par le bois sur des arômes de torréfaction, d'encaustique, de cacao, de réglisse, laissant peu de place aux fruits noirs sous-jacents. En bouche, il se révèle d'une belle concentration sur des tanins soyeux et enveloppés mais toujours dominés par le bois. La finale sur les mêmes tonalités possède une belle longueur.

*Le domaine produit aussi une **Fine de Châteauneuf-du-Pape**, une eau-de-vie digne de mention.*

DOMAINE DE L'OISELET

Claude Combe
DOMAINE DE L'OISELET
Chemin des Garrigues de l'Étang
84260 Sarrians

Tél. : + 33 (0) 4 90 65 57 57
Fax : + 33 (0) 4 90 65 57 57
Courriel : bouginette@hotmail.fr/
l-oiselet@cegetel.net
Site Web : www.oiselet.com

Appellation de référence : Vacqueyras
Superficie : 20 ha
Production : 80 000 bt/an
Cépages : Grenache, Syrah, Cinsault
Type de viticulture : Agrobiologie
Organisme et année de certification : Ecocert 2000

Domaine

Plus qu'un simple vignoble, le Domaine de l'Oiselet situé au pied du mont
Ventoux est une véritable ferme pédagogique qui ouvre les portes du
monde de l'agriculture biologique, des vins, des fruits et légumes oubliés,
des plantes aromatiques et des animaux.

Depuis 1901, cinq générations de la famille Combe se sont succédé
sur ces lieux.

Le Domaine de l'Oiselet applique les méthodes de l'agriculture biologique pour ses vignes sises en appellation Vacqueyras comme pour son
potager, son verger et ses plantes aromatiques. C'est par vocation, parce
qu'ils aiment les produits bien faits, dans les règles de l'art et qu'ils respectent la nature qu'ils ont naturellement opté pour ce mode de conduite
de la vigne. S'ils sont attentifs à la vigne, ils le sont tout autant à la cave afin
d'engendrer des vins en adéquation avec leur milieu.

De plus, ces passionnés ouvrent leurs portes au public pour leur faire
partager leur expérience.

Les vins

Domaine de l'Oiselet, Vacqueyras 2005 🐑 🐑 <u>15,5/20</u>
Grenache, syrah et cinsault composent l'assemblage de ce vin qui se teinte
d'une couleur rubis légèrement pourpre et s'exprime par des arômes de
cerise, de mûre et de cassis, associés à des notes de réglisse, de cacao, avec
une pointe florale. La bouche se révèle friande, ample, structurée par une
acidité fraîche et des tanins ronds. Les fruits et les épices en retour lui
confèrent une belle longueur persistante. Un vin généreux bien équilibré.

Domaine de l'Oiselet, Vacqueyras 2007 🐑 🐑 15/20
Le même assemblage que le 2005 compose ce millésime, qui s'exprime
davantage sur des notes de café laissant les fruits en arrière-plan. La
bouche possède un beau volume sur des tanins un peu plus serrés et
revient sur ce côté torréfié dans une longue finale soutenue. Un vin qui
demande à être attendu.

PERRIN ET FILS

Famille Perrin   Tél. : + 33 (0) 4 90 11 12 00
PERRIN ET FILS   Fax : + 33 (0) 4 90 11 12 19
Quartier La Férrière   Courriel : perrin@vinsperrin.com
Route de Jonquières   Site Web : www.perrin-et-fils.com
84100 Orange

Appellation de référence : Côtes du Rhône
Superficie : 85 ha + achat de raisins
Production : 3 000 000 bt/an dont 800 000 sous Perrin
Cépages : Bourboulenc, Grenache blanc, Ugni blanc, Roussanne, Grenache noir, Syrah, Mourvèdre, Cinsault, Carignan
Type de viticulture : Agrobiologie sur Perrin Nature
Organisme et année de certification : Ecocert 1997

Domaine

Les propriétaires du château de Beaucastel en Châteauneuf-du-Pape ont créé il y a quelques années cette maison qui n'a cessé de prendre de l'importance. Cette ascension est due en partie à son côte-du-ventoux, la Vieille Ferme, issu d'achats de raisins, mais depuis elle a développé aussi la marque Perrin.

Même si les Perrin, comme à Beaucastel, respectent l'environnement par leur philosophie et incitent les viticulteurs à qui ils achètent leurs raisins à faire pareil, ils n'ont pas le plein contrôle. En revanche, sous la marque Perrin qui provient de différents sites de production, donc de divers terroirs, la conduite de la vigne est irréprochable, en biologie, dans un respect total de l'environnement, même si aujourd'hui un seul de leurs vins, le Perrin Nature, est martelé « bio », les autres étant malgré tout certifiés ou en cours.

Sous la marque Perrin, cette maison est présente sur plusieurs appellations du Rhône méridional, Beaumes de Venise, Châteauneuf-du-Pape, Côtes du Rhône et Cotes du Rhône-Villages Vinsobres, Rasteau, Gigondas, Vacqueyras et Tavel, ce qui fait que la gamme de vins qu'elle offre est très large. Tous les vins sont vinifiés dans le style classique de la maison en préservant leur identité propre.

Les vins

🍷 **Nature, Domaine Perrin, Côtes du Rhône 2007** 🍷 🍷 <u>**16/20**</u>

Le seul véritablement estampillé « bio ». Issu de grenache, il se teinte d'un rouge rubis aux reflets violacés. Au nez, il développe des arômes de cerise et de mûre associés à des notes épicées et une pointe légèrement animale, le tout dans une belle fraîcheur. L'attaque est fraîche et la bouche se révèle friande et fruitée. Sa belle matière est soutenue par des tanins fondus. Bien équilibré, sa finale épicée possède une belle allonge rafraîchissante. Un côtes du rhône de belle facture.

L'Andéol, Domaine Perrin, Côtes du Rhône-Villages Rasteau 2007 🍷 🍷 <u>15,5/20</u>

Rubis aux reflets violacés, il émane de ce vin, issu majoritairement de grenache, un nez où se mêlent les fruits noirs, les fleurs et les épices, avec une légère pointe animale, le tout dans une belle complexité. La bouche est gourmande, onctueuse, sur une acidité fraîche et des tanins enrobés. Les fruits reviennent pour conférer à la finale une belle profondeur. Long et persistant, il conserve une belle fraîcheur.

Peyre Blanche, Domaine Perrin, Côtes du Rhône-Villages Cairanne 2007 🍷 🍷 <u>16,5/20</u>

Un assemblage de grenache et de syrah compose ce vin de couleur rubis aux reflets pourpres. Il s'ouvre sur un nez frais aux arômes de fleurs, accompagnés de fruits noirs, dont la mûre, le tout dans une ambiance chaude et épicée. La bouche se révèle friande, gourmande, bien équilibrée, sur un beau volume structuré par des tanins soyeux et ronds. Onctueux, sa rétro sur les fruits et les épices lui confère une finale fraîche de belle longueur.

PONT NEUF

GFA du Domaine de Tavernel   Tél. : +33 (0) 4 67 65 66 66
Pierre Amphoux   Fax : +33 (0) 4 67 65 00 24
Route de Fourques   Courriel : clr@clrvins.fr
Beaucaire

Appellation de référence : Vin de Pays du Gard
Superficie : 80 ha
Production : 240 000 bt/an
Cépages : Merlot, Cabernet sauvignon, Carignan, Grenache, Syrah, Caladoc
Type de viticulture : Agrobiologie
Organismes et année de certification : Ecocert, Nature et Progrès 1975

Domaine

Après avoir appartenu au frère du célèbre Frédéric Mistral, cette propriété au nord d'Arles est, depuis 1920, propriété de la famille Amphoux. Sises au pied du versant sud de la Costière, les terres qui composent ce vignoble sont de nature argilo-limoneuses avec une forte proportion de sable.

Depuis 1975, par souci de retrouver un équilibre naturel, aucune parcelle n'a reçu ni désherbant ou engrais chimiques et, en 1988, à la suite de cette méthode de travail, la famille Amphoux a opté pour une conduite de la vigne en biologie sur l'ensemble du vignoble, afin de réinstaller de façon naturelle l'équilibre entre les parasites, les insectes et leurs prédateurs.

Les raisins issus de cette culture sont sains, vinifiés en cuve, selon la tradition, pour produire un agréable vin de soif.

Les cépages merlot et cabernet sauvignon qui entrent dans l'assemblage de ce vin n'étant pas reconnus en appellation Costières-de-Nîmes, il est classé en Vin de Pays du Gard.

Les vins
Pont Neuf, Vin de Pays du Gard 2008 🍷 🍷 <u>14/20</u>
Ce vin, issu d'un assemblage des cépages du domaine, se colore de rubis à reflets violets et s'exprime par un nez assez aromatique aux effluves de petits fruits rouges associés à des notes chaleureuses de garrigue. La bouche se révèle tendue par une acidité assez vive et des tanins fondus. Les arômes en finale restent fidèles au nez et lui confèrent une longueur assez appuyée.

DOMAINE SAINT JEAN DU BARROUX

Philippe Gimel
DOMAINE SAINT JEAN
DU BARROUX
Chemin de Saint Jean
84330 Le Barroux

Tél. : + 33 (0) 4 90 70 84 74
Courriel : contact@saintjeandubarroux.com
Site Web : www.saintjeandubarroux.com

Appellation de référence : Côtes du Ventoux
Superficie : 12 ha
Production : 37 000 bt/an
Cépages : Bourboulenc, Grenache blanc, Clairette, Grenache noir, Syrah, Cinsault, Carignan
Type de viticulture : Agrobiologie
Organisme et année de certification : Ecocert 2005

Domaine
Ce domaine situé en AOC Côtes du Ventoux, sur les contreforts du mont Ventoux, proche des Dentelles de Montmirail, de Beaumes de Venise et

de Gigondas, a été créé en 2003 à partir de vignes de moyenne d'âge de trente ans. Il s'étend sur 15 hectares dont 12 de vignes en coteau, le reste composant une biodiversité de par la présence de forêts, de haies, de talus où sont répertoriées pas moins de 200 plantes, 10 sortes de fruits et d'insectes à profusion.

Œnologue de formation, et fort de son expérience acquise dans divers domaines prestigieux dans le Rhône, mais aussi dans le Roussillon, à Fronton et en Loire, Philippe Gimel n'imaginait pas travailler autrement qu'en bio sur son domaine. C'était pour lui une volonté absolue, qui plus est sur ce domaine qui réunit des conditions exceptionnelles tant géologiques, liées à la présence de la faille de Nîmes, que climatiques de par la présence du mont Ventoux.

Comme pour la vigne, les vinifications sont réalisées de façon parfaitement naturelle afin de laisser s'exprimer le raisin.

Ce vigneron, grâce à son expérience et ce grand terroir, a eu la volonté de faire un vin du plus haut niveau possible et il y réussit fort bien.

Les vins
Oligocène, Domaine Saint Jean du Barroux, Côtes du Ventoux 2005
🍷 🐑 🐑 🐑 **17/20**
Cette cuvée issue de l'assemblage de grenache, de syrah, de carignan et de cinsault tire son nom de la présence de roches de l'ère tertiaire dans le sous-sol. Elle se pare d'une robe rubis intense aux reflets violacés. Dans son sillage, elle laisse de puissants effluves d'une grande complexité, notamment de fraise, de framboise, de cerise et de mûre, associés à des notes de garrigue, de figue, de réglisse, de cacao et de boîte à cigares, sur un fond minéral. La bouche, de belle concentration, se révèle sur une acidité fraîche structurée par des tanins ronds. Volumineuse et équilibrée, sa finale, en rémanence sur les fruits nimbés de minéralité, est aussi longue qu'élégante. Un vin d'une grande générosité qui possède de belles années devant lui.

DOMAINE SALADIN

Élisabeth et Marie-Laurence Saladin	Tél. : + 33 (0) 4 75 04 63 20
DOMAINE SALADIN	Fax : + 33 (0) 4 75 04 63 20
Les Pentes de Salomon	Courriel : domaine.saladin@wanadoo.fr
07700 Saint-Marcel-d'Ardèche	Site Web : www.domaine-saladin.com

Appellation de référence : Côtes du Rhône
Superficie : 18 ha

Production : 65 000 bt/an
Cépages : Viognier, Marsanne, Clairette, Grenache blanc, Bourboulenc, Grenache noir, Syrah, Cinsault, Mourvèdre, Carignan
Types de viticulture : Agrobiologie et biodynamie
Organisme et année de certification : Ecocert 2007

Domaine

Depuis 1422, 21 générations se sont succédé au Domaine Saladin, situé sur la rive droite du Rhône, sur les Côtes du Rhône ardéchoises.

Cultivé et vinifié depuis toujours en bio, ce domaine perpétue la tradition, et pour cause, le grand-père d'Élisabeth et de Marie-Laurence Saladin, aujourd'hui à la tête de la propriété, a été intoxiqué après un essai de pesticides en 1959. Les méthodes traditionnelles ont donc été maintenues. Pour elles, la bio fait partie intégrante de leur vie et de leur culture paysanne, c'est un moyen et non une fin en soi. C'est pourquoi elles n'ont fait que tardivement les démarches de certifications et ne l'indiquent pas sur les bouteilles.

Ces gens qui respectent le terroir poursuivent à la cave ce qui a été entrepris à la vigne en vinifiant sans ajout de chimie et en utilisant des doses minimales de soufre.

En plus du domaine, leur frère s'occupe du « Mazet », petit restaurant familial dédié à la cuisine du terroir, à Saint-Marcel-d'Ardèche, au milieu des vignes et des chênes truffiers.

Les vins

Loï, Domaine Saladin, Côtes du Rhône 2007 🐑 🐑 **17/20**
Le grenache, majoritairement, et un peu de syrah et de carignan composent l'assemblage de ce vin de teinte rubis assez intense aux reflets violacés. Il s'ouvre sur un nez aromatique et complexe aux effluves de cerise et de mûre associées à des parfums de lys, de violette et de pivoine, le tout accommodé de poivre et de réglisse. La bouche onctueuse et suave, tendue par une belle acidité, possède une belle matière. Bien équilibré, soutenue par des tanins soyeux et ronds, sa finale sur les épices possède une belle allonge et la pointe d'amertume ressentie lui imprime une agréable fraîcheur. Un vin de belle facture.

Fan Dé Lune, Domaine Saladin, Côtes du Rhône-Villages 2006 🐑 🐑 🐑 **16/20**
Mourvèdre, grenache, syrah s'assemblent dans cette cuvée de couleur rubis aux reflets violacés. Au nez, il développe des arômes de fraise et de mûre rehaussés d'épices avec une pointe animale et un subtil boisé qui complexifie

l'ensemble. En bouche, la belle matière de ce vin est soutenue par une bonne acidité et des tanins soyeux. La finale sur la perception de nez s'avère longue et persistante sur une belle fraîcheur.

DOMAINE TERRE DES CHARDONS

Jêrome Chardon
DOMAINE TERRE DES CHARDONS
Domaine Sainte-Marie des Costières
30127 Bellegarde

Tél. : + 33 (0) 4 66 70 02 51
Fax : + 33 (0) 4 66 70 17 28
Courriel : tdchardons@yahoo.fr
Site Web : www.terre-des-chardons.fr

Appellation de référence : Costières de Nîmes
Superficie : 9 ha
Production : 30 000 bt/an
Cépages : Clairette, Grenache, Syrah
Types de viticulture : Agrobiologie et biodynamie
Organismes et années de certification : Ecocert 1999, Demeter 2004

Domaine

Ce vignoble d'un seul tenant sur la commune de Bellegarde, entre Nîmes et Arles, fait partie du domaine familial Sainte-Marie des Costières.

Soucieux de redonner un sens à son métier d'agriculteur et de vigneron, et de préserver l'équilibre agronomique et environnemental, depuis 1989 toutes les productions du domaine, légumières, arboricoles, oléicoles et viticoles, sont cultivées en agriculture biologique. Afin d'accroître les capacités de la vigne à se nourrir du sol et du climat dans le respect des rythmes naturels, ce domaine a approfondi sa démarche en s'orientant aussi vers la biodynamie en 2002, une façon de montrer son attachement à cette terre des Costières. Afin de sublimer ses raisins, sans artifice, ce domaine s'est doté aussi d'une cave entièrement bâtie avec des matériaux naturels pour assurer aux vins un environnement sain.

Les vins

Marginal, Terre des Chardons, Costières de Nîmes 2008 🍷 🍷 <u>15/20</u>
Issu d'un assemblage de syrah majoritairement et de grenache noir, ce vin rubis aux reflets violacés s'ouvre sur un nez aux parfums prononcés de violette, de pivoine et de lys associés aux fruits noirs allant vers l'olive noire, avec une pointe épicée. La bouche, après une attaque franche sur une acidité fraîche, s'équilibre sur une matière structurée par des tanins soyeux et souples. La finale de moyenne persistance présente une belle fraîcheur.

Bien Luné, Terre des Chardons, Costières de Nîmes 2008
🍷🍷 <u>14,5/20</u>
Syrah et grenache se mêlent dans cette cuvée rubis aux reflets violacés qui
s'exprime par un nez aux arômes de violette, de cerise et de poivre. La
bouche friande possède une acidité fraîche et une matière soutenue par
des tanins fondus. La finale de longueur moyenne referme un bel équilibre.

DOMAINE DE LA VIEILLE JULIENNE

Jean-Paul Daumen	Tél. : + 33 (0) 4 90 34 20 10
DOMAINE DE LA VIEILLE JULIENNE	Fax : + 33 (0) 4 90 34 20 10
Le Grès	Courriel : contact@vielleJulienne.com
84100 Orange	Site Web : www.vieillejulienne.com

Appellation de référence : Châteauneuf-du-Pape
Superficie : 25 ha
Production : 50 000 bt/an
Cépages : Clairette, Grenache blanc, Bourboulenc, Grenache noir, Syrah,
Mourvèdre, Cinsault
Type de viticulture : Agrobiologie et biodynamie
Organismes et année de certification : Ecocert 2002, Demeter en cours

Domaine

Dans la famille Daumen depuis 1905, le Domaine de la Vieille Julienne, qui
s'étend sur la partie septentrionale de l'appellation Châteauneuf-du-Pape,
s'est développé au fil des ans et de père en fils. Depuis 1990, Jean-Paul
Daumen a rejoint le domaine. Convaincu que l'important, c'est la vigne
et le sol, il a opté pour une culture biologique se traduisant par l'abandon
de produits chimiques et la limitation de traitements. Il ne se limite pas là
puisqu'il prend aussi en compte d'autres paramètres qui lui semblent intéressants, comme les effets de la lune et des planètes, autant d'éléments qui
l'ont amené à la biodynamie.

Il ne se limite pas à la vigne et les raisins qu'il rentre en cave sont
accueillis avec autant de soin et vinifiés le plus naturellement possible. Il
élabore ainsi des vins de grande qualité qui magnifient le terroir.

Les vins

Lieu-dit Clavin, Domaine de la Vieille Julienne, Côtes du Rhône 2007

🍷 ⚜ ⚜ ⚜ <u>16,5/20</u>

D'une teinte rouge rubis intense aux reflets grenat, il émane de ce vin un nez puissant aux notes de mûre, de bigarreau et de violette accompagnées d'épices, le tout sur un fond subtilement boisé qui s'exprime par des arômes de moka. La bouche, après une attaque nette, se révèle ample, d'une belle concentration, sur une acidité fraîche et structurée par des tanins soyeux. D'un bel équilibre, la rémanence des fruits et des épices lui confère une finale longue et appuyée avec une pointe d'amertume qui accentue sa fraîcheur. Un vin élégant et racé.

Domaine de la Vieille Julienne, Châteauneuf-du-Pape 2007

🍷 ⚜ ⚜ ⚜ ⚜ <u>18,5/20</u>

Sous sa robe rouge rubis intense et profond, où miroitent des reflets pourpres, se dégage un nez riche, puissant et complexe qui s'exprime par la cerise et la mûre associées à une pointe de violette et de réglisse, avec en arrière-plan de subtils arômes de cacao qui agrémentent l'ensemble. La bouche n'est pas en reste, elle présente une belle dualité entre la puissance et la finesse. D'une grande concentration, il possède de la mâche aux tanins fins. Équilibré, il s'évanouit sur les fruits et les épices dans une finale d'une magistrale longueur. Un vin viril, encore jeune mais d'une classe inouïe.

DOMAINE DU VIEUX CHÊNE

Jean-Claude et Béatrice Bouche
DOMAINE DU VIEUX CHÊNE
Rue de Buisseron
84850 Camaret

Tél. : + 33 (0) 4 90 37 25 07
Fax : + 33 (0) 4 90 37 76 84
Courriel : contact@bouche-duvieuxchene.com/
bjc.bouche@wanadoo.fr
Site Web : www.bouche-duvieuxchene.com

Appellation de référence : Côtes du Rhône
Superficie : 48 ha
Production : 220 000 bt/an
Cépages : Grenache, Syrah
Types de viticulture : Agrobiologie et biodynamie
Organisme et année de certification : Ecocert 1995

Domaine

Au cœur de la Provence papale, entre le mont Ventoux et le Rhône, s'étend le vignoble du Domaine du Vieux Chêne, plus précisément sur les communes de Travaillan, Sérignan et Camaret. Béatrice et Jean-Claude Bouche conduisent leur vignoble en culture biologique afin d'élaborer des cuvées représentatives de leurs terroirs.

Si ces vignerons passionnés travaillent proprement à la vigne, il en va de même à la cave, où ils respectent à la lettre les méthodes de vinification traditionnelle.

Les vins

Cuvée de la Haie aux Grives, Domaine du Vieux Chêne, Côtes du Rhône 2007 **16/20**
Issue de l'assemblage de grenache et de syrah, d'un rouge profond aux reflets violacés, cette cuvée s'exprime par des arômes de violette et de lys accompagnés d'un bouquet d'herbes de Provence, le tout sur des parfums fruités de guigne et de mûre. Après une attaque nette, la bouche se montre généreuse, gourmande, grâce à un beau volume sur une acidité fraîche et soutenu par des tanins soyeux et ronds. Le retour sur les fleurs et les épices lui imprime en finale une belle allonge. Un vin charmeur et élégant.

Le Bosquet de la Dame, Côtes du Rhône-Villages 2007 **15,5/20**
Majoritairement grenache, avec une pointe de syrah, ce vin se teinte d'un rouge rubis aux reflets violacés. Il s'ouvre sur des senteurs de fruits rouges et noirs associées à des notes florales de violette, sur un fond de garrigue et de musc, avec un côté frais de menthol. La bouche se révèle friande grâce à sa belle matière structurée par des tanins soyeux. Bien équilibré, sa rétro sur les fruits et les épices lui confère une finale généreuse, longue et soutenue.

DOMAINE DE VILLENEUVE

Stanislas Wallut	Tél. : + 33 (0) 4 90 34 57 55
DOMAINE DE VILLENEUVE	Fax : + 33 (0) 4 90 51 61 22
Route de Courthézon	Courriel : domainedevilleneuve@free.fr
84100 Orange	Site Web : www.domainedevilleneuve.com

Appellation de référence : Châteauneuf-du-Pape
Superficie : 8,4 ha
Production : 30 000 bt/an
Cépages : Clairette, Grenache, Mourvèdre, Syrah, Cinsault

Types de viticulture : Agrobiologie et biodynamie
Organisme et année de certification : Ecocert 2005

Domaine

Le Domaine de Villeneuve, situé au nord de l'appellation Châteauneuf-du-Pape a été repris en 1995 par les familles Wallut et du Roy de Blicquy avec pour projet de faire partie des meilleurs de l'appellation et ils y réussissent.

Depuis 2002, ils se sont tournés vers la biologie et la biodynamie en éliminant les traitements à base de molécules de synthèse et en privilégiant les préparas utilisés en biodynamie, l'important étant la santé de la plante. S'ils apportent un grand soin à la vigne, ils poursuivent à la cave où tout se fait par gravitation. Les raisins sont vinifiés le plus naturellement possible dans le plus grand des respects afin d'engendrer des vins de belle profondeur.

Les vins

Cuvée Vieilles Vignes, Domaine de Villeneuve, Châteauneuf-du-Pape
2006 🍷 🍷 🍷 🍷 <u>17,5/20</u>
Grenache, mourvèdre, syrah, cinsault et clairette constituent l'assemblage de ce châteauneuf qui se pare d'une robe intense aux reflets grenat. Il développe un nez puissant sur des arômes de fruits noirs et rouges, de poivre et d'anis, le tout dans une ambiance délicatement chocolatée. La bouche appétissante est construite sur une belle matière soutenue par des tanins de qualité. Bien équilibré, élégant, raffiné, sa finale sur les fruits et les épices lui confère une belle longueur persistante d'une agréable fraîcheur. Un modèle du genre que le temps sublimera.

Cuvée Vieilles Vignes, Domaine de Villeneuve, Châteauneuf-du-Pape
2005 🍷 🍷 🍷 🍷 <u>17,5/20</u>
Sur ce millésime, il se présente de la même trempe que 2006, tout en élégance et d'un superbe équilibre qui a su préserver sa fraîcheur. Un vin de grande classe qui possède de belles années devant lui.

DOMAINE VIRET

Philippe Viret	Tél. : + 33 (0) 4 75 27 62 77
DOMAINE VIRET	Fax : + 33 (0) 4 75 27 62 31
Clos du Paradis	Courriel : cosmoculture@domaine-viret.com/
276110 Saint-Maurice-sur-Eygues	domaineviret@domaine-viret.com
	Site Web : www.domaine-viret.com

Appellation de référence : Côtes du Rhône-Villages
Superficie : 30 ha
Production : 110 000 bt/an
Cépages : Viognier, Roussanne, Marsanne, Clairette, Bourboulenc, Grenache, Syrah, Carignan, Mourvèdre, Merlot, Cabernet sauvignon, Cabernet franc, Caladoc, Cot
Types de viticulture : Agrobiologie et biodynamie (cosmoculture)
Organisme et année de certification : ND

Domaine

Ce domaine familial, acquis en 1917 par l'arrière-grand-père de Philippe Viret, actuel propriétaire avec son père, est situé sur la commune de Saint-Maurice-sur-Eygues, dans le Rhône méridional, plus exactement sur les Collines du Clos du Paradis, haut lieu gravé d'histoire puisque, déjà à l'époque romaine, les légions s'y étaient installées.

Quand Alain Viret a repris le domaine en 1973, il y avait un problème majeur, l'eau de la source se tarissait l'été, on nage en plein Pagnol. Lui qui possédait le don de trouver l'eau chez les autres, était incapable de la trouver sur son domaine et quand il a été question de ne plus porter les raisins à la cave, ça a posé un réel problème pour la construction d'un chai.

Il avait beau faire creuser des forages jusqu'à des profondeurs insondables, rien ! Surprenant pour un ancien camp romain. Au moment où il pensait abandonner et construire une cave ailleurs, il a eu un signal comme quoi l'eau coulerait sur la butte d'argile dans la garrigue à environ 35 m de profondeur. Il a fait forer et, effectivement, il a trouvé l'eau. C'était en 1996 et ça changeait la donne. En 1999, une cave, qui était une véritable cathédrale, a donc été construite pour accueillir les premiers raisins qu'ils allaient vinifier ensemble, père et fils. En partant du principe que le vin est un produit vivant, qui suit les cycles naturels et ses influences, la cave dans la continuité de la philosophie de travail au vignoble a été construite afin d'élaborer le vin dans les conditions optimales. Dans ce temple dédié au vin, les formes, les volumes, les treize colonnes et le chœur ont ici un rôle prépondérant sur les échanges énergétiques et vibratoires, dans le but d'exalter les vins lors des cycles successifs d'élevage et de conservation.

Bâti sur le principe du nombre d'or (règle de l'architecture des bâtisseurs de la Grande Égypte), mais aussi en fonction du lieu (autour de la source) de l'angle solaire et de la coudée royale, le chai a été construit à partir de blocs de pierre du Gard, de trois à six tonnes chacun et d'une épaisseur d'un mètre trente.

De plus, ici est née la cosmoculture qui est une méthode de culture rejoignant les principes des cultures biologiques et biodynamiques. Elle ouvre des horizons nouveaux sur les principes bioénergétiques. L'eau, élément principal de la vie, est donc au centre de cette culture. La finalité reste la qualité des raisins dans un but ultime, élaborer des vins authentiques, naturels et vivants, reflets du terroir où ils sont nés. Les principes de vinifications sont des plus simplistes et les vins sont élevés dans ce lieu magique en cuves, en fûts mais aussi en dolia, amphores de terre cuite de 420 litres. Des essais avec l'argile du lieu incorporée à l'amphore sont réalisés pour que le vin soit à la même résonance.

Les vins

🍷 **100 % Pur Bulles, Domaine Viret, Vin de Table de France ND 14,5/20**
D'une teinte rose framboise, d'où s'échappent de fines bulles, il s'ouvre au nez sur les fruits acidulés, dont la fraise, la framboise et la groseille, associés à une belle fraîcheur. Un vin élégant et charmeur sur une belle acidité accentuée par l'effervescence.

🍷 **Solstice VIII, Domaine Viret, Vin de Table ND 15/20**
D'une teinte jaune paille à reflets or, il s'ouvre sur un nez assez puissant sur des arômes de pêche de vigne et de mirabelle associés aux fruits secs et avec un côté floral. L'attaque est franche, droite, et la rémanence sur les fruits lui confère fraîcheur et digestibilité. Un vin pour ouvrir les agapes.

🍷 **La Coudée d'Or, Domaine Viret, Côtes du Rhône-Villages Saint-Maurice 2008 ND 16,5/20**
Assemblage de viognier, clairette, roussanne et marsanne, d'une couleur jaune paille à reflets vieil or, il se dévoile sur un nez aromatique de fruits blancs et de pêche associés à une belle fraîcheur. La bouche se révèle gourmande avec sa texture grasse. Bien équilibré, sur les fruits blancs, il possède une finale longue et fraîche. Un vin élégant, de belle facture.

🍷 **Solstice VIII, Domaine Viret, Vin de Table ND 14,5/20**
Mourvèdre, merlot, cabernet sauvignon, cabernet franc, caladoc et cot composent l'assemblage de ce rosé lumineux, qui exhale des arômes de poire, de compote de pommes et de fruits rouges acidulés. L'attaque est

nette sur une belle fraîcheur et la rétro sur les fruits acidulés lui confère une finale assez longue.

Solstice VI, Domaine Viret, Vin de Table ND 15,5/20
Même assemblage que le rosé mais vinifié en rouge, d'une teinte rubis moyennement intense aux reflets violacés. Il développe au nez des arômes de fruits confiturés, dont le cassis, la mûre et la fraise des bois, avec une pointe iodée, le tout sur des notes de poivre et de garrigue. La bouche est gourmande, d'une belle rectitude sur une matière soutenue par des tanins souples. En retour sur les fruits, il est bien équilibré et sa finale possède une agréable longueur. Un vin de plaisir, élégant et souple.

Énergie Yin, Domaine Viret, Vin de Table de France 2008 ND 14,5/20
Grenache, syrah, mourvèdre s'harmonisent dans cette cuvée qui se colore de rubis violacé et s'ouvre sur un nez de fruits noirs associés à des notes florales sur un fond d'épices. La bouche, juteuse, possède une agréable matière soutenue par des tanins souples et fins. Équilibré, tout en finesse, il possède une finale fraîche un rien féminin. Un beau vin de soif.

Énergie Yang, Domaine Viret, Vin de Table de France 2008 ND 15/20
En opposition à Yin, Yang, issu d'un assemblage de grenache, carignan et mourvèdre, se révèle plus viril. Au nez, il s'exprime par le cassis avec une pointe de poivre. La bouche plus riche se révèle gourmande, sur un beau volume et des tanins étoffés. La rétro sur les fruits lui confère une longue finale. Un des plus racés.

Renaissance, Domaine Viret, Côtes du Rhône-Villages Saint-Maurice 2006 ND 16/20
Grenache, syrah et mourvèdre s'harmonisent dans cette cuvée qui se pare d'une robe d'un rubis violacé intense et qui s'ouvre sur un nez complexe aux effluves de cassis et de mûre associés à un côté floral, dans une ambiance poivrée et cacaotée. La bouche s'avère puissante, construite sur un beau volume structuré par des tanins soyeux mais charnus. Bien équilibré, sur les fruits pressentis au nez, il se dissipe sur une finale longue et persistante. Un vin puissant tout en conservant une belle élégance. Il possède de belles années devant lui.

Moréotis, Domaine Viret, Côtes du Rhône-Village Saint-Maurice 2006 ND 16,5/20
Issu de grenache et de syrah, ce vin rubis foncé aux reflets pourpres présente des arômes complexes de cassis, de mûre et de framboise associés à une pointe animale, le tout dans une ambiance poivrée et réglissée. La bouche volumineuse est structurée par une trame aux tanins soyeux et enrobés. Harmonieux, en rémanence sur les fruits, il possède une belle concentration et sa finale s'avère longue et persistante sur une belle fraîcheur. Un vin encore tout jeune mais d'un beau potentiel.

Les Colonnades, Domaine Viret, Côtes du Rhône-Villages Saint-Maurice 2006 ND 16,5/20
D'un rouge rubis intense aux reflets violacés, cette cuvée qui assemble grenache, mourvèdre et carignan s'ouvre sur un nez puissant et complexe qui allie les fruits mûrs, les notes de cuir et les épices chaudes, avec une pointe chaleureuse de chocolat. La bouche est gourmande, riche, puissante sur une matière concentrée soutenue par des tanins ronds. D'une belle amplitude et bien équilibré, sa finale sur les fruits lui confère une longueur appuyée. Un grand vin qui possède une belle tenue même si encore jeune.

Émergence, Domaine Viret, Côtes du Rhône-Villages Saint-Maurice 2005 ND 17/20
Grenache, syrah, carignan se donnent la main dans cette cuvée qui se pare d'une robe pourpre intense. Au nez, elle développe des arômes complexes et puissants de fruits noirs mûrs accompagnés de notes de cuir, le tout sur un fond épicé et chocolaté. En bouche, sa riche matière concentrée est structurée par des tanins charnus et enrobés. Les fruits font leur retour sur des effluves de cassis, de mûre et d'épices. La finale d'un bel équilibre s'avère persistante. Un vin qui traversera le temps.

Amphora VIII, Domaine Viret, Vin de Table de France 2008 ND 17,5/20
Grenache, syrah, mourvèdre, carignan en quantités égales se partagent l'affiche de ce vin vinifié en amphore qui se colore d'un rouge rubis soutenu. Il laisse derrière lui des arômes puissants et complexes de cassis et de mûre associés à des notes de cacao, de réglisse et de cuir ainsi qu'à une pointe d'humus, le tout sublimé par les épices douces avec un côté safran. En bouche, tout est en harmonie : une belle matière ample sur des tanins soyeux. De plus, le retour sur les fruits avec ce côté terreux lui confère une finale fraîche, persistante et digeste. Un vin de belle facture qui sait se tenir.

AUTRES DOMAINES INTÉRESSANTS
DOMAINE LES BRUYÈRES (Crozes-Hermitage)
DOMAINE GERIN (Côte-Rôtie)
DOMAINE LES APHILLANTHES (Côtes du Rhône)
DOMAINES DES COCCINELLES (Côtes du Rhône)
CLOS DU JONCUAS (Gigondas)
DOMAINE MARCEL RICHAUD (Côtes du Rhône-Villages)

SUD-OUEST

L a région Sud-Ouest n'a pas jusqu'à présent réussi à s'imposer comme une appellation à part entière, tant les différences de goûts, de terroirs, de climats et de cépages entre les vignobles qui la constituent sont importantes. Qu'y a-t-il de commun entre le Bergeracois limitrophe de Bordeaux et le Jurançon à quelques centaines de kilomètres de là sur les contreforts des Pyrénées ? Pour comprendre cette région, il est nécessaire de remonter dans le temps, à l'époque où, grâce aux voies navigables constituées par les affluents de la Garonne (la Dordogne, le Lot et le Tarn), ce que l'on appelait alors les «vins du Haut-Pays» étaient acheminés à Bordeaux afin d'y être embarqués, quand ils ne servaient pas de vin «médecin» pour rehausser certains bordeaux. La renommée des vins des Pyrénées étant dans ces conditions confinée à leur voisinage immédiat.

Aujourd'hui, le Sud-Ouest semble se réveiller d'une longue somnolence et, afin de préserver leur authenticité et leur diversité, certains viticulteurs, défenseurs de leur terroir et de leur appellation, ont décidé d'orienter leur domaine vers la culture biologique, voire biodynamique. Même si seulement 124 viticulteurs sont convertis ou en conversion sur leur vignoble, soit une surface de 735 hectares, ils semblent créer des émules et la région enregistre une hausse de sa superficie en bio de 33 % rien que durant la dernière année.

Les vignobles de cette vaste région, parmi les plus anciens de France, ont su garder leur typicité locale en préservant leurs cépages et l'originalité de leurs vins. On retrouve ici une richesse ampélographique comme nulle part ailleurs. Sous cet étendard Sud-Ouest, pas moins de 22 appellations sont regroupées sur une superficie totale d'environ 15 000 hectares.

Des vignobles de la bordure du Bassin aquitain à ceux des Pyrénées en passant par le pays toulousain, il est difficile d'énumérer tous les cépages, les climats et les types de sol qui entrent en ligne de compte dans l'élaboration de tous ces vins si différents.

Le Bergeracois et ses appellations, les Côtes de Duras, Buzet et les Côtes de Marmandais, situés sur la bordure aquitaine, sont plantés des cépages dominants du Bordelais. Ces vignobles étant finalement dans le

Vignoble du Sud-Ouest

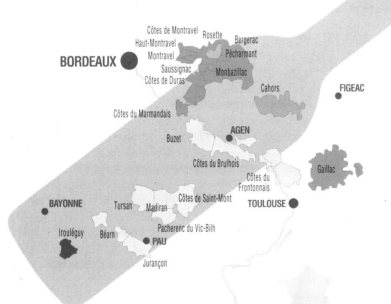

Côtes de Montravel   Rosette
Haut-Montravel   Bergerac
        Montravel   Pécharmant
BORDEAUX
        Saussignac   Monbazillac
Côtes de Duras
                              Cahors   **FIGEAC**

Côtes du Marmandais

                                        AGEN
        Buzet

        Côtes du Brulhois

                        Côtes du   Gaillac
                        Frontonnais

BAYONNE
        Tursan   Madiran   Côtes de Saint-Mont   **TOULOUSE**

Irouléguy   Béarn   Pacherenc du Vic-Bilh
                        PAU
            Jurançon

prolongement des appellations Saint-Émilion, Entre-Deux-Mers, et Côtes de Bordeaux.

Le vin du Frontonnais se distingue par son cépage négrette qui doit obligatoirement entrer dans au moins 50 % de la composition de ce vin. Cahors trouve son originalité dans le cot ou malbec associé au tannat ou au merlot, les cabernets en étant interdits. Gaillac produit une multitude de vins aux facettes variées, secs dans les trois couleurs mais aussi des blancs moelleux, doux, mousseux et même perlés, provenant des cépages bordelais et locaux comme le mauzac, le loin de l'œil et l'ondenc en blanc ou le duras, le braucol et le prunelart que l'on replante, en rouge.

Le vignoble de Madiran, comme celui d'Irouléguy au Pays basque, élabore des rouges issus du tannat. Le jurançon sec ou moelleux est produit à partir des cépages gros et petit manseng et courbu, cépages que l'on retrouve aussi dans l'appellation Pacherenc du Vic-Bilh associés à l'arrufiac.

Par cette richesse et cette diversité, associées à une constante recherche de la qualité et d'expressions visant à mettre de l'avant ces terroirs trop souvent méconnus, les vins du Sud-Ouest, aussi nombreux et dispersés soient-ils, s'affirment de plus en plus. Ainsi, il devient désormais difficile de les passer sous silence.

DOMAINE DE CAUSSE MARINES

Patrice Lescaret
DOMAINE DE CAUSSE MARINES
81140 Vieux

Tél. : +33 (0) 5 63 33 98 30
Fax : +33 (0) 5 63 33 96 23
Courriel : causse.marines@gmail.com
Site Web : www.causse-marines.com

Appellation de référence : Gaillac
Superficie : 12,5 ha
Production : 50 000 bt/an
Cépages : Mauzac, Loin de l'œil, Chenin, Muscadelle, Ondenc, Sémillion, Braucol, Duras, Syrah, Prunelart
Types de viticulture : Agrobiologie et biodynamie
Organismes et années de certification : Qualité France 2009, Demeter 2010

Domaine

Ce domaine, propriété de Patrice Lescaret depuis 1993, tire son nom du ruisseau au bas de la propriété et prend assise sur un causse calcaire.

Ce vigneron qui ambitionnait de s'installer à Marcillac après s'être formé à la bordelaise et avoir fait ses classes en Sancerrois et en Provence a finalement opté pour un vignoble proche en jetant son dévolu à Gaillac.

Sur cette appellation, cet artiste travailleur plein de conviction prend plaisir à remettre à l'honneur les cépages ancestraux plantés dans la région. Par sélections massales, choisies avec soin, il a replanté de nouvelles parcelles et aujourd'hui, il est très fier de n'avoir aucun clone sur son domaine.

Cependant, les décrets d'appellation, peut-être un peu rétrogrades à son goût, ont eu raison de sa pugnacité et font qu'aujourd'hui, parmi plus de 12 références, la plupart de ses vins aux noms évocateurs, de « Zacmau » pour mauzac, « Rasdu », pour duras, « 7 souris » pour Syrah, sont déclassés en vin de table.

Ce vigneron atypique et vindicatif a été jusqu'à créer et afficher fièrement sur ses étiquettes un logo symbolisant un blaireau barré, positionné à côté de celui de la femme enceinte qu'il a couché. Dans cette aventure, il a fait des émules parmi d'autres viticulteurs qui, comme lui, considèrent que leurs vins ne sont pas destinés à être bus par des « blaireaux » et qui apposent fièrement ce sigle.

Aujourd'hui accompagné de sa compagne, ce vigneron fonceur poursuit son rêve à Marcillac où il a déjà mis un pied, en prenant part au Domaine du Mioula, et vient d'investir dans un nouveau domaine sur ce magnifique coteau qu'il convoitait depuis des années. Là il s'affaire à refaire les terrasses exposées plein sud qu'il plantera par sélection massale et conduira en bio comme son domaine de Gaillac. Rendez-vous dans quatre ans pour goûter là première cuvée !

Les vins

Préambulles, Domaine Causse Marines, 2007 🍷 🍷 <u>16,5/20</u>
Élaboré selon la méthode ancestrale de seconde fermentation en bouteille, ce mauzac pur, élaboré sans soufre, se pare d'une robe jaune paille aux reflets vieil or d'où s'échappent de fines bulles. Il s'ouvre sur une belle fraîcheur minérale en toile de fond derrière les fruits blancs et les fleurs blanches, notamment l'acacia. La bouche friande renferme une belle acidité accentuée par la fine effervescence. Bien équilibré, il revient sur les arômes perçus au nez pour se dissiper sur une finale d'une grande fraîcheur.

Les Greilles, Domaine Causse Marines, Gaillac, 2007 🍷 🍷 <u>16,5/20</u>
À base de mauzac, de loin de l'œil et d'ondenc, ce vin d'une teinte jaune paille à reflets verts s'exprime par un nez invitant aux effluves d'agrumes et de fruits blancs, associés à des notes florales miellées avec un côté mentholé. Après une attaque franche et vive, la bouche renferme un bel équilibre grâce à une belle matière et une belle minéralité. La finale légèrement soutenue renferme une belle fraîcheur. Un vin fin, élégant et racé.

Peyrouzelles, Domaine Causse Marines, Gaillac 2008 🍷 🍷 <u>16,5/20</u>
Issu d'un assemblage des cépages braucol, syrah et duras, ce vin se pare de rubis aux reflets violacés assez intense. Le premier nez présente une légère pointe de réduction qui disparaît à l'aération pour laisser la place aux fruits rouges et noirs, notamment la mûre et le cassis, associés à des notes animales et épicées, ainsi qu'une touche végétale. La bouche sur une acidité fraîche et des tanins fondus s'avère assez souple et sa finale sur les arômes perçus au nez lui confère une agréable longueur digeste.

DOMAINE COSSE-MAISONNEUVE

Catherine Maisonneuve   Tél. : +33 (0) 5 65 24 22 37
DOMAINE COSSE-MAISONNEUVE   Fax : +33 (0) 5 65 24 22 37
Les Clots   Site Web : www.leslaquets.com
46800 Fargues

Appellation de référence : Cahors
Superficie : 15 ha

Production: 70 000 bt/an
Cépage: Malbec
Types de viticulture: Agrobiologie et biodynamie
Organisme et année de certification: Ecocert 2008

Domaine
Situé dans l'appellation Cahors, ce domaine a pour objectif de faire des vins précis et équilibrés tout en respectant la faune et la flore indigènes. C'est pourquoi le domaine est conduit en biologie et en biodynamie. Les vins élaborés ici sont de libres expressions de ce que peut engendrer le malbec en respectant le terroir.

Les vins
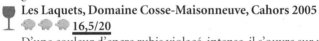 Le Combal, Domaine Cosse-Maisonneuve, Cahors 2005 🍷 🍷 <u>15,5/20</u>
Rouge rubis intense et profond, ce vin s'ouvre sur un nez expressif aux arômes de fruits noirs, dont la mûre et le cassis, associés à une pointe épicée et une touche de boisé. La bouche se révèle friande sur une acidité fraîche et des tanins soyeux et enrobés. Bien équilibré, sa rétro sur les fruits lui confère une finale de longueur soutenue. Un classique du genre.

🍷 Les Laquets, Domaine Cosse-Maisonneuve, Cahors 2005
🍷 🍷 🍷 <u>16,5/20</u>
D'une couleur d'encre rubis violacé, intense, il s'ouvre sur un nez aromatique et complexe de fruits, de mûre et de framboise, en harmonie avec des notes épicées, une touche florale et mentholée, et une pointe musquée, le tout dans une ambiance boisée. En bouche, il s'avère ample, puissant, sur une acidité fraîche et soutenue par des tanins fondus. Encore jeune et fougueux, il se dissipe sur le boisé dans une finale longue et persistante. Un beau potentiel de vieillissement.

DOMAINE ILARRIA

Peio Espil	Tél.: +33 (0) 5 59 37 23 38
DOMAINE ILARRIA	Fax: +33 (0) 5 59 37 23 38
64220 Irouléguy	Courriel: ilarria@wanadoo.fr

Appellation de référence: Irouléguy
Superficie: 10 ha
Production: 35 000 bt/an
Cépages: Petit manseng, Petit courbu, Cabernet franc, Cabernet sauvignon, Tannat

Type de viticulture : Agrobiologie
Organisme et année de certification : Ecocert 1999

Domaine

En reprenant en 1988 et en agrandissant le vignoble de l'activité agricole familiale, Peio Espil crée le Domaine Ilarria. Pionnier en la matière, il se lance en producteur indépendant et décide de vinifier ses propres raisins plutôt que de faire comme tout le monde et de les porter à la cave coopérative. Il a fait des émules puisque aujourd'hui sur l'appellation Irouléguy, située au Pays basque, à la frontière espagnole, qui ne couvre que 240 hectares, ils sont neuf. En décidant de replanter sur les terroirs calcaires au cœur de l'appellation, laissés à l'abandon, il n'a pas choisi la facilité. Les vignes sont plantées autant que faire se peut en fonction de la déclivité dans le sens de la pente ou en terrasses si celle-ci est trop importante. Dans le même temps, il a fait le choix de la culture biologique même s'il n'a demandé la certification que plus tard. Effectivement, lui qui avait toujours vu les gens travailler manuellement de petites parcelles, dès le départ l'utilisation de molécules de synthèse lui a posé un problème et il a voulu s'en passer.

Au fil des ans il a appris à connaître ses vignes et il ne regrette pas son choix des terroirs calcaires puisque sur ses sols la vigne arrive à s'autoréguler.

De la même manière qu'il soigne ses vignes, il vinifie ses vins avec le moins d'intrants possible. Pas de levures autres que celle du terroir, pas de chaptalisation, seul un léger collage et une filtration sont pratiqués sur les vins. Il en va de même avec les doses de soufre utilisées, elles sont au minimum sans pour autant s'en passer. Des vins vrais, exprimant l'originalité de leur terroir, sont ainsi engendrés.

Les vins

Domaine Ilarria, Irouléguy 2005 🌳 🌳 **16/20**

Le tannat en majorité et un peu de cabernet franc et de cabernet sauvignon composent l'assemblage de ce vin rouge à la robe pourpre intense. Les fruits rouges et noirs, notamment la cerise et la mûre, dominent le nez qui se complexifie par des arômes d'épices, de réglisse et de poivre associés à des notes animales, avec un côté sanguin. Il se montre chaleureux, sur une acidité fraîche et des tanins charnus garants d'une bonne évolution. Bien équilibré, il allie puissance et finesse, et sa finale longue et appuyée sur les fruits possède une belle fraîcheur.

DOMAINE DE LAFAGE

Bernard Bouyssou
DOMAINE DE LAFAGE
82270 Montpezat-de-Quercy

Tél. : + 33 (0) 5 63 02 06 91
Fax : + 33 (0) 5 63 02 04 55
Courriel : domainedelafage@free.fr
Site Web : domainedelafage.free.fr

Appellation de référence : Coteaux du Quercy
Superficie : 12 ha
Production : 65 000 bt/an
Cépages : Cabernet franc, Cot, Merlot, Tannat
Types de viticulture : Agrobiologie et biodynamie
Organisme et année de certification : Ecocert 1990

Domaine

Proche de Cahors, le vignoble du Quercy, encore confidentiel, ne couvre qu'environ 400 hectares. Dans cette région de polyculture, qui assure une biodiversité, c'est naturellement que ce vigneron s'est tourné vers la biologie tout en respectant le calendrier lunaire, c'est-à-dire la biodynamie. De plus, les animaux élevés sur le vignoble répandent la fumure nécessaire à l'enrichissement des sols et à la régénération de la faune et de la flore. Sur ce domaine, les raisins poussent naturellement pour engendrer un vin sans artifice.

Les vins

Cuvée Tradition, Domaine de Lafage, Coteaux du Quercy 2006
🐑 🐑 **15/20**

Issu d'un assemblage de cabernet franc, de cot, de merlot et de tannat, ce vin est d'une teinte rubis intense et profond à reflets violacés. Il s'ouvre sur des arômes de fruits noirs, dont la mûre sauvage, associés à des notes animales ainsi qu'à une touche épicée de safran et de romarin, et d'un agréable bois. La bouche renferme une belle fraîcheur grâce à une belle acidité vivifiante et une trame tannique aux tanins fermes. Bien équilibré, la rétro sur les fruits noirs associés à une pointe minérale lui confère une finale fraîche et assez soutenue.

DOMAINE DU PECH

Magali Tissot et Ludovic Bonnelle   Tél. : +33 (0) 5 53 67 84 20
DOMAINE DU PECH   Fax : +33 (0) 5 53 67 88 99
Le Pech   Courriel : info@domainedupech.com
47310 Sainte-Colombe-en-Bruilhois   Site Web : www.domainedupech.com

Appellation de référence : Buzet
Superficie : 17 ha
Production : 50 000 bt/an
Cépages : Sauvignon blanc, Merlot, Cabernet franc, Cabernet sauvignon
Types de viticulture : Agrobiologie et biodynamie
Organismes et année de certification : Ecocert et Demeter 2007

Domaine

Créé en 1978, ce domaine de l'appellation Buzet, où 90 % des vignerons apportent leurs raisins à la coopérative, a d'abord été conduit en viticulture conventionnelle jusqu'à ce que Magali Tissot et Ludovic Bonnelle le reprennent en 1997. Dans un premier temps, le domaine a été conduit en lutte raisonnée puis en biologie et en biodynamie depuis 2003.

À la confluence des climats océanique et méditerranéen, l'effet millésime est sur cette appellation très marqué. C'est pourquoi il était important pour ce jeune couple de viticulteurs de conduire le vignoble en biodynamie. Ce type de viticulture favorise une meilleure implantation des levures indigènes, reflet de la relation entre la plante et le climat, ainsi qu'un enracinement profond qui protège la vigne des aléas climatiques afin de refléter au mieux le terroir.

Le vignoble est totalement enherbé et comme Ludovic, le propriétaire, se passionne pour les plantes, il les utilise non seulement grâce à leurs vertus médicinales pour les traitements en biodynamie mais aussi comme indicateurs de l'état des sols.

L'attention ne se porte pas qu'à la vigne, il en va de même au chai où aucun produit œnologique de correction ni d'extraction de la vendange n'est utilisé afin d'avoir des vins qui reflètent au maximum le terroir.

Les vins

Pech Badin, Domaine du Pech, Vin de Table Français 2007
🍷🍷🍷 <u>16/20</u>

Jaune pâle à reflets or, il s'ouvre sur un nez aux arômes de fleurs blanches, dont l'acacia, et de fruits, dont la poire, le tout dans une belle minéralité. En bouche, le vin possède un beau volume équilibré grâce à une acidité fraîche

qui contrebalance la pointe de sucre résiduel. Un vin charmeur et gourmand qui revient en finale sur les fleurs pour lui conférer une finale longue et persistante. De l'apéritif au dessert.

Pech Abusé, Domaine du Pech, Buzet 2005 🍷🍷🍷 <u>15,5/20</u>

Issue d'un assemblage de cabernet franc et sauvignon et de merlot, cette cuvée rouge rubis aux reflets violacés s'exprime par un nez aromatique sur des effluves de fruits noirs, notamment de bigarreau, de cassis et de mûre, associés à une légère pointe animale et florale, dont la pivoine, ainsi que des notes réglissées et une belle minéralité. La bouche est tendue par une belle acidité supportée par des tanins fondus. La finale sur les fruits lui confère une agréable finale appuyée sur une fraîcheur minérale. Encore jeune, il possède déjà un beau potentiel.

Badinerie du Pech, Domaine du Pech, Buzet 2007 🍷🍷🍷 <u>15,5/20</u>

D'un rouge rubis intense et profond aux reflets violacés, cette cuvée issue uniquement du cabernet franc révèle un nez puissant sur les fruits noirs, associés à une pointe végétale et une touche florale, le tout aromatisé par des notes épicées, de réglisse et de café. La bouche riche est soutenue par des tanins fondus mais encore présents et la finale sur les fruits au boisé maîtrisé s'avère de belle longueur. Encore tout jeune, il se peaufinera avec le temps.

Pech Badin, Domaine du Pech, Vin de Table Français 2005 🍷🍷🍷🍷 <u>15/20</u>

De teinte rubis, il émane de ce vin des arômes de fruits noirs, notamment la mûre et la cerise, en association avec des notes épicées. La bouche veloutée, grâce à une pointe de sucre résiduel, ne s'en trouve pas pour autant déséquilibrée. Gourmand, il s'avère charmeur et sa finale soyeuse possède une belle allonge.

DOMAINE DE SOUCH

Yvonne Hégoburu
DOMAINE DE SOUCH
805, chemin de Souch
64110 Laroin

Tél. : +33 (0) 5 59 06 27 22
Fax : +33 (0) 5 59 06 51 55
Courriel : domaine.desouch@neuf.fr

Appellation de référence : Jurançon
Superficie : 6,5 ha
Production : 25 000 bt/an
Cépages : Petit manseng, Gros manseng, Petit courbu

Types de viticulture: Agrobiologie et biodynamie
Organismes et années de certification: Ecocert 1990, Demeter 1994

Domaine

C'est sur la commune de Laroin, à six km de Pau, que le Domaine de Souch, domaine phare de l'appellation Jurançon, a vu le jour en 1987. Effectivement, à soixante ans, Yvonne Hégoburu, alors gérante d'un château à Pomerol, a décidé de planter sur son domaine 6,5 hectares de vignes. Sur ces coteaux du vignoble de Jurançon, aménagés en terrasse, elle a donc opté pour les cépages traditionnels. Ayant choisi dans un premier temps l'agrobiologie, elle s'est par la suite tournée vers la biodynamie en 1994.

Sur ce vignoble exempt de tout produit chimique de synthèse, tout se fait naturellement et traditionnellement dans le plus grand respect du raisin. Les vendanges manuelles, comme beaucoup de choses ici, se font par tris successifs et peuvent se prolonger tard dans l'automne.

Soignée, à l'image de ses vins et de ses vignes, cette femme exceptionnelle, dynamique et passionnée, qui arbore fièrement ses quatre-vingts ans passés, dégage une énergie qu'elle sait communiquer à son entourage. En témoignent tous les délicieux nectars qu'elle façonne et qui, peut-être, sont des élixirs de longue vie.

Les vins

Domaine de Souch, Jurançon sec 2008 🍷🍷🍷 <u>16,5/20</u>
Cet assemblage de gros et de petit manseng additionné de courbu est de teinte jaune pâle à reflets vieil or. Il s'exprime par une fraîche minéralité d'où émanent des arômes d'agrumes, notamment de pamplemousse, avec un côté mentholé et anisé. Après une attaque franche et vive, la bouche s'avère friande et bien équilibrée. D'une belle tension, sa finale sur la minéralité lui confère une allonge rafraîchissante. Un vin élégant d'une grande pureté.

Cuvée du Domaine, Domaine de Souch, Jurançon 2005
🍷🍷🍷 <u>17/20</u>
Jaune pâle à reflets légèrement verts, ce jurançon s'ouvre sur un nez suave aux effluves de fleurs blanche, d'acacia, voire de miel, le tout appuyé par une belle minéralité. En bouche, il s'avère friand grâce à un bel équilibre entre le sucre résiduel et l'acidité. D'un agréable volume, il se dissipe sur le côté floral et le miel perçu au nez dans une finale fraîche, de bonne persistance. De belle facture, il possède un grand potentiel de vieillissement.

Cuvée Marie Kattalyn, Domaine de Souch, Jurançon 2005
🍇 🍇 🍇 🍇 🍇 **18/20**
De couleur jaune doré, cette cuvée aux reflets légèrement cuivrés s'offre à nous par des fragrances d'agrumes, notamment de pamplemousse, associées aux fruits blancs, notamment le coing et la pêche, sans oublier le côté floral de fleur d'oranger et de miel. De subtiles notes de vanille viennent agrémenter le tout dans une ambiance minérale. La bouche friande et suave se révèle nette, ample, sur une acidité qui équilibre parfaitement le sucre résiduel pour s'évanouir sur des notes de miel dans une longueur élancée qui ne laisse pas indifférent. Un grand liquoreux qui possède classe et digestibilité.

CHÂTEAU TOUR DES GENDRES

Luc de Conti	Tél. : + 33 (0) 5 53 57 12 43
CHÂTEAU TOUR	Fax : + 33 (0) 5 53 58 89 49
DES GENDRES	Courriel : familledeconti@
Les gendres	chateautourdesgendres.com
24240 Ribagnac	Site Web : www.chateautourdesgendres.com

Appellation de référence : Bergerac
Superficie : 52 ha
Production : 300 000 bt/an
Cépages : Sémillon, Sauvignon, Muscadelle, Cabernet sauvignon, Merlot, Malbec, Cabernet franc
Type de viticulture : Agrobiologie
Organisme et année de certification : Ecocert 2005

Domaine

Installé à Ribagnac au début des années quatre-vingt, pour y vivre sa passion pour les chevaux, Luc de Conti s'est associé à son frère, et par la suite à son cousin. Ils ont décidé de faire revivre le vignoble du Château Tour des Gendres devenu aujourd'hui un des domaines phares de l'appellation Bergerac. Ce vignoble connu depuis le XIIᵉ siècle et établi sur le site d'une ancienne villa gallo-romaine a été décimé par le phylloxéra et n'a revu le jour que grâce à la famille de Conti. Effectivement, Luc de Conti, cavalier chevronné, qui a compris en 1979 ce qu'était le vin en dégustant à l'âge de dix-huit ans un Château Léoville Las Cases 1974, n'a pas freiné des quatre fers à la suite de la faillite de son poney club en 1983. Il s'est vite remis en selle et comme après le cheval, son dada c'était le vin, il a converti sa propriété en vignoble sans se laisser désarçonner même si, au début, on le prenait pour un fou.

C'est Michel Riouspeyrous du domaine Arretxea à Irouléguy, chez qui Luc est allé chercher conseil pour la vinification de ses vins blancs, qui l'a éperonné et initié à l'agriculture biologique. Et depuis 1994, dans un souci de rétablir les équilibres naturels et de garantir une meilleure vie à sa famille, Luc de Conti a converti petit à petit ce domaine en agriculture biologique afin de récolter tous les ans les meilleurs raisins et tirer le maximum du potentiel de son terroir. La première parcelle à être travaillée en bio fut le Moulin des Dames qui tire son nom d'un magnifique moulin du XIe siècle dans les bois avoisinants.

Ici, les vignes sont travaillées méthodiquement, manuellement et par traction animale sans aucun produit chimique. Ce sympathique épicurien qui vinifie à l'instinct afin d'engendrer des vins qu'il aime avant tout, produit une gamme de vins homogènes, entre tradition et modernité, bien définis et parfaitement équilibrés. Des vins rouges qui ont montré le chemin à emprunter aux voisins de ce domaine et des blancs d'un style nouveau qui les ont fortement influencés.

Aujourd'hui, ce vigneron fort sympathique qui n'a pas d'œillères laisse peu à peu les rênes à son fils. Et comme il est vrai qu'à quelque chose malheur est bon, le phylloxéra en détruisant le vignoble et en laissant les terres libres a favorisé la trufficulture, le nouveau dada de Luc qui envisage de replanter des chênes truffiers dans ce coin de Périgord. De plus, les orchidées sauvages ont réinvesti le terroir, favorisant d'autant la biodiversité par le retour des insectes.

Les vins

Cuvée des Conti, Château Tour des Gendres, Bergerac 2008
16,5/20

Majoritairement issue de sémillon associé à un peu de sauvignon blanc et de muscadelle, cette cuvée jaune paille aux reflets verts s'exprime par un nez frais et complexe aux arômes de fruits blancs, notamment de pêche, associés à des notes florales d'acacia, voire de miel, le tout nimbé d'une belle minéralité. La bouche, grasse, bien équilibrée sur un beau volume et tendue par une acidité vive est d'une grande pureté. La finale sur des notes mellifères lui confère une belle longueur rafraîchissante grâce à la minéralité.

Le Moulin des Dames, Château Tour des Gendres, Bergerac 2008
18/20

Dégusté à la barrique avant assemblage, les différents cépages de cette cuvée se présentent sous de bons hospices et devraient engendrer un vin d'exception à la robe d'or et aux arômes de fleur d'acacia, voire de fleur d'oranger, de pêche, associés à une touche vanillée due à son élevage et une grande pureté minérale. La bouche devrait posséder un beau volume et une minéralité vivifiante. À suivre mais c'est très prometteur.

Anthologia, Château Tour des Gendres, Bergerac 2007
🐖🐖🐖🐖 **17,5/20**

Issue de vieilles vignes de sauvignon blanc, cette cuvée qui porte bien son nom se pare d'une teinte d'un jaune pâle aux reflets vieil or. Il en émane des effluves riches et complexes d'une grande fraîcheur sur des arômes de fruits blancs, dont la poire et la pêche, agrémentés d'une touche de bois et d'une grande minéralité. La bouche d'un superbe équilibre se révèle opulente grâce à un magnifique volume et une grande minéralité qui lui confèrent persistance et fraîcheur. Un vin droit de grande classe.

Anthologia, Château Tour des Gendres, Bergerac 2008
🐖🐖🐖🐖 **18,5/20**

S'annonce plus que prometteur, d'une grande puissance sur la minéralité avec une superbe rondeur.

Gloire de mon Père, Château Tour des Gendres, Bergerac 2007
🐖🐖 **16,5/20**

D'une couleur rouge rubis aux reflets violets, il s'ouvre sur un nez aromatique sur les fruits noirs, notamment de cassis, de mûre et de cerise, mêlés de notes florales et animales, dans une ambiance feutrée de vanille et de réglisse. La bouche ample se révèle friande, généreuse, construite sur une belle acidité et des tanins fondus. Un vin qui revient en finale sur les fruits accompagnés d'une grande fraîcheur minérale qui lui confèrent longueur et persistance. Un vin qui donne envie de se resservir.

AUTRES DOMAINES INTÉRESSANTS

DOMAINE ARRETXEA (Irouléguy)
MOUTHE LE BILHAN (Côtes de Duras)
DOMAINE DE CANTALAUZE (Gaillac)
ELIAN DA ROS (Côtes du Marmandais)
DOMAINE LAPEYRE (Jurançon)
DOMAINE DE PEYRES-COMBE (Gaillac)

ESPAGNE

S i l'on devait caractériser le vignoble espagnol en un mot, on déclarerait que c'est le plus vaste vignoble du monde même si, dans le trio de tête des pays producteurs, il n'est qu'en troisième position en raison de ses faibles rendements. Depuis vingt ans, l'Espagne viticole évolue à la vitesse grand V et l'amateur peut largement y trouver son bonheur car, en dehors de la grande quantité de vins de table que ce pays produit, la gamme des vins de qualité est vaste, du blanc sec au rouge de garde, en passant par les rosés et les cavas, sans oublier les xérès. De plus, d'importants investissements ont permis de moderniser les anciennes bodegas et coopératives dont bon nombre de vignerons se sont affranchis pour produire des vins de grande qualité, parfois sous les conseils d'œnologues français. On attache aussi désormais de l'importance au millésime.

Sur le vignoble espagnol, qui, en dehors de quelques grandes familles ou groupe, est partagé entre de très nombreux petits viticulteurs, on enregistre une forte conversion de la surface en viticulture biologique. Cette superficie, qui ne cesse de croître, a doublé au cours des trois dernières années et représente environ 2 % de la surface totale du vignoble pour une superficie d'environ 17 000 hectares. Non seulement les petits vignerons s'y intéressent mais certaines coopératives adoptent aussi ce mode de culture et convertissent au bio de grandes surfaces, notamment dans la région de la Mancha, qui regroupe à elle seule environ la moitié de la production de « vin biologique ». Le vignoble de Catalogne n'est pas en reste avec une augmentation des surfaces en viticulture biologique de 35 % enregistrée dans les huit premiers mois de 2009. Cette surface représente aujourd'hui environ 3 000 hectares dans cette région. Une augmentation considérable même si dans le trio de tête des pays producteurs de vin, elle reste derrière l'Italie et la France en ce qui concerne sa proportion de vignobles convertis à l'agriculture biologique.

C'est l'arrivée des Phéniciens, le long des côtes, qui initie le vignoble espagnol. Par la suite, les Grecs et les Romains ont contribué à son développement. Au XIXe siècle, la région de la Rioja sert de précurseur à la viticulture moderne en barrique. L'après-guerre civile et la victoire des

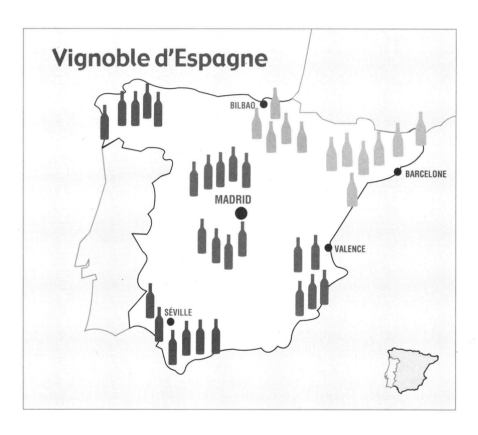
Vignoble d'Espagne

BILBAO

BARCELONE

MADRID

VALENCE

SÉVILLE

franquistes en 1939 ont amené l'industrialisation de la viticulture et le développement d'importantes coopératives. Aujourd'hui, si la surface du vignoble de la péninsule ibérique est en régression et compte environ 1 200 000 hectares, le volume est en hausse grâce à l'irrigation qui est autorisée, et à l'augmentation de la densité de plantation. Le relief varié de l'Espagne associé aux différents climats (atlantique, méditerranéen et continental) crée une multitude de microclimats, ajoutant ainsi une complexité supplémentaire au paysage viticole. Sur le modèle français, une réglementation stricte régit le vignoble espagnol et on dénombre 62 DO (Dénomination d'Origine) réparties sur l'ensemble du territoire. Pour ne citer que les plus connues, mentionnons la Rioja, la plus ancienne des appellations en Navarre, le Penedès et le Priorat en Catalogne, Utiel-Requena dans la région du Levant près de Valence, la Mancha au centre du pays, la Ribera del Duero et le Bierzo en Castillea y Leon, et le Xérès en Andalousie.

Le vignoble de la péninsule ibérique offre une grande variété de cépages dont une quinzaine se targuent d'être typiquement espagnols. Ils sont réimplantés dans les vignobles, offrant ainsi une grande diversité de goûts. Attention : suivant les régions, ils peuvent changer de nom. Le plus connu est sans doute le Tempranillo duquel naissent les plus grands vins espagnols, notamment en Rioja et en Ribera del Duero. On trouve aussi en rouge quatre cépages, le grenache, le monastrell qui est du mourvèdre, le bobal et le carignan. En blanc, l'airen, le plus planté, et le viura ou maccabeo à la base des cavas.

Comme partout, les grands cépages français, cabernet sauvignon, cabernet franc, merlot, pinot et chardonnay, ont commencé à y être implantés et vinifiés seuls ou en assemblage avec des cépages espagnols. En fonction de l'élevage, les vins sont classés en Crianza, Reserva ou Gran Reserva.

Difficile aujourd'hui de passer les vins d'Espagne sous silence car certains comptent désormais parmi les meilleurs au monde.

ALBET I NOYA

Josep Maria Albet i Noya   Tél. : + 34 93 899 48 12
ALBET I NOYA   Fax : + 34 93 899 49 30
Can Vendrell de la codina   Courriel : albetinoya@albetinoya.cat
08739 San Pau d'Odal   Site Web : www.albetinoya.cat

Appellation de référence : Penedès
Superficie : 66 ha
Production : ND
Cépages : Chardonnay, Macabeu, Xarel-lo, Parellada, Muscat, Viognier, Sauvignon blanc, Grenache blanc, Cabernet sauvignon, Tempranillo, Merlot, Syrah, Grenache noir, Petite syrah, Caladoc, Arinarnoa
Types de viticulture : Agrobiologie et biodynamie
Organisme et année de certification : Ecocert 1985

Domaine

Le plus grand producteur de vin biologique d'Espagne depuis 1979. Depuis quatre générations, la famille Albet élabore du vin sur sa propriété de Can Vendrell, dans le Penedès. Le but ultime de la cave est de produire des vins de qualité et non des vins biologiques à n'importe quel prix. Aujourd'hui, en biologie et en biodynamie en respectant les rythmes de la nature qui contribue à engendrer des raisins de qualité et à la cave, ils innovent afin d'adapter au mieux les technologies aux cépages.

Les vins

Tempranillo Classic, Albet i Noya, Penedès 2008 🍷 🍷 <u>15/20</u>
Issu de tempranillo assemblé à une pointe de syrah, il s'habille de rouge rubis intense et s'ouvre sur un nez aux senteurs de fruits noirs mûrs, notamment de cerise et de mûre, associées à des notes épicées. L'attaque est franche et la bouche se révèle onctueuse, gourmande, d'une belle acidité sur une belle matière structurée par des tanins fins. Les fruits l'accompagnent jusqu'en finale avec une pointe d'épices qui lui confère une belle longueur persistante et fraîche. Un vin élégant, de belle facture.

BODEGA ARANLEON

BODEGA ARANLEON
C/Enric Valor 3-2
46100 Burjassot (Valencia)

Tél.: + 34 902 023 069
Fax: + 34 963 636 534
Courriel: vinos@aranleon.com
Site Web: www.aranleon.com

Appellation de référence: Valencia
Superficie: 40 ha
Production: ND
Cépages: Bobal, Tempranillo, Syrah, Cabernet sauvignon, Merlot
Type de viticulture: Agrobiologie
Organisme et année de certification: Ecocert 2006

Domaine

Créée en 1927, la Bodega Aranleon se situe dans la province de Valence, à 100 km de la mer. Depuis 2006, elle est en culture biologique afin de respecter l'environnement et de laisser les vins s'exprimer librement.

Les vins

Blès Crianza, Bodega Aranleon, Valencia 2006 🐖 🐖 <u>14,5/20</u>
De couleur rubis intense aux reflets violacés, il y a dans le verre plus de jambes que dans une revue complète du Moulin Rouge, comme me le faisait remarquer un ami. Il s'ouvre sur un nez aromatique aux effluves de fruits noirs, dont la cerise et la prune, le tout nimbé de notes réglissées, de tabac et d'épices chaudes. La bouche est friande, sur une acidité fraîche quelque peu dominée par l'alcool. Un vin souple doté de tanins soyeux qui revient sur les fruits noirs avec une pointe de muscade dans une finale d'une belle intensité. Un vin agréable.

DOMINIO DEL ARENAL

DOMINIO DEL ARENAL
Ctra. Ponton a Utiel,
46390 San Juan (Requena)
Valencia

Tél.: + (34) 962 32 00 01
Fax: + (34) 962 32 06 24
Courriel: info@dominiodelarenal.com
Site Web: www.dominiodelarenal.com

Appellation de référence: Utiel-Requena
Superficie: 80 hectares
Production: 150 000 bt/an
Cépages: Tempranillo, Cabernet sauvignon, Shiraz, Merlot

Type de viticulture : Agrobiologie
Organisme de certification : Comité Ecologica

Domaine

Ce vignoble tire son nom « Dominio del Arenal » de la pulvérisation de sable de la plage de Valencia sur le domaine pour endiguer la progression du phylloxéra du XIXᵉ siècle.

C'est sur les plaines de la rivière Magro que s'est développé ce vignoble et aujourd'hui, les vins combinent tradition et modernisme. Ce vignoble offre une large gamme de produits allant de vins jeunes, de cépages, de vintages, de réserves sans oublier le vin bio cultivé dans le respect des traditions sur un certain terroir.

Les vins

Dominio del Arenal Cerrano Del Espino Utiel-Requena 2007 🍷 **14/20**
Issu de tempranillo, il se teinte de rouge rubis aux reflets violacés et développe au nez des arômes de fruits noirs mûrs, dont la cerise, associés à des notes épicées, notamment de réglisse. La bouche est généreuse, structurée par des tanins fondus mais présents. Il revient sur les fruits mûrs dans une finale assez soutenue.

BODEGAS ARUSPIDE

José Luis Gomez   Tél. : + (34) 926 34 70 75
BODEGAS ARUSPIDE   Fax : + (34) 926 34 78 75
Ciriaco Cruz 2   Courriel : info@aruspide.com
13300 Valdepenas Ciudad Real   Site Web : www.aruspide.com

Appellation de référence : Vina de la Tierra de Castilla
Superficie : 130 ha
Production : ND
Cépages : Airen, Tempranillo
Type de viticulture : Agrobiologie
Organismes et année de certification : Ecocert, SHC 2002

Domaine

Fondée en 1999 par un groupe de passionnés du vin et de sa culture, cette bodega située à Valdepenas est une des plus importantes contrées viticoles d'Espagne. Issus de vieilles vignes, les vins y sont élaborés de façon traditionnelle dans un respect de la vigne et de son environnement, c'est

· pourquoi les vignes sont conduites en agrobiologie. Leurs vins ont une forte identité, qui n'a d'égal que leur personnalité.

Les vins

Ardales Blanco, Bodegas Aruspide, Vino de Tierra de Castilla 2007
🍷🍷 **14/20**
Jaune pâle aux reflets verts, lumineux, ce vin issu d'airen s'exprime au nez par des notes fraîches de fruits, dont les agrumes et l'ananas, associées à une pointe de minéralité. En bouche, après une attaque franche, il se révèle vif et délicat sur les arômes perçus au nez. Belle fraîcheur en finale de longueur moyenne.

Ardales Crianza, Bodegas Aruspide, Vino de La Tierra de Castilla 2006
🍷🍷 **15/20**
De teinte rouge rubis aux reflets violacés, ce tempranillo s'ouvre sur un nez expressif aux arômes de fruits noirs mûrs, dont le cassis et la mûre, associés à des notes épicées, le tout enveloppé d'un léger boisé s'exprimant par des notes torréfiées. La bouche se révèle onctueuse, friande, bien équilibrée grâce à une acidité fraîche et des tanins soyeux. La rétro sur les fruits noirs lui confère une longueur agréable.

BODEGAS BOCOPA

Gaspar Pedro Martinez   Tél. : + 34 966 950 489
BODEGAS BOCOPA   Fax : + 34 966 950 406
Paraje les Pederes   Courriel : info@bocopa.com
03610 Petrer Alicante   Site Web : www.bocopa.com

Appellation de référence : Alicante
Superficie : 325 ha
Production : ND
Cépages : Monastrell, Tempranillo, Cabernet sauvignon, Syrah, Grenache, Macabeu, Petit verdot
Type de viticulture : Agrobiologie
Organisme et année de certification : CPAEN-NNPEK 1997

Domaine

Créé en 1996 par un groupe de vignerons, ce domaine s'est lancé dans la production de vins biologiques. Aujourd'hui, cette cave coopérative bio en quelque sorte regroupe une vingtaine de vignerons bio, une des plus grosses d'Espagne.

Les vins

Barrica Laudum Nature, Bodegas Bocopa, Alicante 2007 🍷 🍷 15/20
Issu de cabernet sauvignon, de monastrell et de merlot, d'un rouge rubis
profond, il développe au nez des arômes puissants et complexes de fruits
noirs mûrs, associés à des notes de sous-bois, le tout dans une atmosphère
épicée et boisée sur des notes de vanille. La bouche, gourmande, se révèle
construite sur une belle matière, ample, soutenue par des tanins fondus.
Bien équilibré, sa finale sur les fruits et les épices perçus au nez possède une
belle longueur soutenue. Un vin de belle facture qui mérite d'être attendu
un peu.

Senorio de Elda, Bodegas Bocopa, Alicante 2007 🍷 14,5/20
Rouge rubis aux reflets violacés, intense et profond, il exhale au nez des
arômes puissants et frais de fruits rouges et noirs, notamment de cassis et
de mûre, associés à des notes plus fraîches légèrement végétales avec une
pointe d'épices douces. L'attaque est franche et la bouche, friande,
construite sur une acidité qui lui procure une belle fraîcheur. Équilibré, sur
une matière structurée par des tanins soyeux et ronds, il revient sur les
fruits et se dissipe sur une finale de belle allonge.

BODEGAS VICENTE GANDIA

Famille Gandia	Tél. : + 34 96 252 42 42
BODEGAS VICENTE GANDIA	Fax : + 39 96 252 42 43
Ctra. Cheste a Godelleta s/n	Courriel : info@vicentegandia.com
46370 Chiva, Valencia	Site Web : www.vicentegandia.com

Appellation de référence : Valencia
Superficie : ND
Production : ND
Cépages : Chardonnay, Sauvignon blanc, Monastrell, Tempranillo, Shiraz,
Bobal, Merlot, Cabernet sauvignon
Type de viticulture : Agrobiologie
Organisme et année de certification : ND

Domaine

Cette bodega, fondée en 1885 par Vicente Gandia Pla, a acquis en 1992
la Finca Hoya de Cadenas. La cuvée El Miracle Planet est issue de raisins
cultivés en agriculture biologique.

Les vins

🍷 **El Miracle Planet, Bodega Vicente Gandia Pla, Valencia 2008**
🍷 🍷 **14,5/20**

Issu de monastrell, ce vin rubis violacé s'ouvre sur un nez dominé par des arômes de confiture de fruits noirs, dont la cerise et la prune, associés à des notes de vanille bien présentes et un côté épicé. La bouche se révèle friande, onctueuse, riche et construite sur une belle matière à l'acidité fraîche, soutenue par des tanins fondus. Sa finale sur les fruits confiturés manque un peu de finesse et lui confère une pointe de lourdeur. De belle longueur, il s'avère puissant.

BODEGAS VINA IJALBA

Dionisio Ruiz Ijalba   Tél. : + 34 941 26 11 00
BODEGAS VINA IJALBA   Fax : + 34 941 26 11 28
Ctra. de Pamplona, km 1   Courriel : vinaijalba@ijalba.com
26006 Logrono   Site Web : www.ijalba.com

Appellation de référence : Rioja
Superficie : 80 hectares
Production : 600 000 bt/an
Cépages : Viura, Maturana blanca, Tempranillo, Graciano, Maturana tinta, Garnacha, Mazuelo
Type de viticulture : Agrobiologie
Organisme et année de certification : Normes européennes Ecologica 1994

Domaine

Si Dionisio Ruiz Ijalba, dans un souci de recyclage, n'avait pas eu l'idée de reconvertir les anciennes mines à ciel ouvert d'extraction de gravats qu'il exploitait, ce vignoble aux sols donc pauvres, de graves, n'aurait jamais vu le jour en 1975.

Ce vignoble se répartit sur 80 hectares dans différents secteurs de la Rioja autour de Logrono.

Sur ce domaine, son propriétaire a choisi de planter les cépages traditionnels de la région mais il a laissé aussi une place pour réhabiliter certains cépages autochtones, comme le graciano ou le maturana tinta.

Depuis 1994, toujours dans un souci environnemental, il conduit son domaine en culture écologique, répondant aux normes européennes. Il a banni l'utilisation d'herbicides, d'engrais chimiques et tous autres produits phytosanitaires de synthèse pour ne plus utiliser que des produits naturels.

Une bodega à l'architecture avant-gardiste lui sert de chai où il rentre des raisins sains à bonne maturité qu'il vinifie dans un style classique.

Les vins

Genoli, Vina Ijalba, Rioja 2008 🍷 <u>15,5/20</u>

Issu de viura, il se teinte d'une couleur jaune paille à reflets argentés et s'exprime sur un nez d'une belle fraîcheur aux senteurs de fruits blancs, dont la pêche, associées à des notes florales, voire mellifères, sur un fond de minéralité. L'attaque est franche, sur une acidité vive qui confère au vin une belle droiture. Bien équilibré, il revient sur les arômes perçus au nez avec une pointe d'amertume qui lui confèrent une finale fraîche, longue, d'une belle intensité. Un vin élégant et élancé.

Graciano, Vina Ijalba, Rioja 2005 🍷 🍷 <u>16,5/20</u>

D'une teinte rubis intense qui s'empourpre, ce vin issu de graciano exhale un nez intense et puissant dominé par les épices d'où s'échappent les fruits noirs, dont le cassis et la mûre, avec des notes vanillées, voire d'encaustique, et une pointe animale, qui apportent à la complexité. La bouche se révèle onctueuse, puissante, sur une matière riche de belle concentration et structurée par des tanins fondus. Bien équilibré, il est élégant et revient sur les fruits dans une finale de belle allonge. Un vin qui possède une belle personnalité, mais il est encore jeune.

Livor tinto, Vina Ijalba, Rioja 2005 🍷 🍷 <u>15,5/20</u>

Rouge rubis aux reflets violacés, il s'ouvre sur un nez frais et invitant aux effluves de fruits rouges et noirs, notamment de fraise et de framboise, complexifiés par des notes épicées en toile de fond et une pointe vanillée subtile. L'attaque est franche et la bouche sur une belle onctuosité s'avère gourmande et juteuse. Construit sur une belle matière portée par des tanins soyeux et ronds, il se dissipe sur une finale épicée d'une agréable fraîcheur et de belle facture.

Crianza, Vina Ijalba, Rioja 2005 🍷 🍷 <u>16/20</u>

Sous son apparence rouge grenaté intense se dissimule un nez riche et complexe sur des arômes de fruits noirs, dont la mûre, associés à des notes de torréfaction, le tout sur un fond épicé, voire de boîte à cigares. D'une belle fraîcheur en bouche, sur une matière épaulée par des tanins soyeux, il est équilibré, charmant, et sa finale sur des notes poivrées possède une belle longueur appuyée.

Dionisio Ruiz, Vina Ijalba, Rioja 2005 🍷 🍷 🍷 <u>17/20</u>

Issu du seul cépage maturana tinta, il se pare d'une robe rouge rubis intense aux reflets violines et développe au nez des arômes puissants sur les fruits noirs, dont le cassis et la mûre, accompagnés de notes épicées, le tout complété par un boisé intégré sur une pointe de vanille, voire de cacao. La bouche, d'une belle puissance en continuité du nez, compose sur une belle matière structurée par des tanins fondus encore présents qui s'assoupliront avec le temps. Sa finale est longue et persistante. Un vin qui mérite d'être attendu quelques années.

ALVARO PALACIOS

Alvaro Palacios
ALVARO PALACIOS S.L.
Afores s/n
43737 Gratallops (Tarragona)

Tél. : + 34 977 83 91 95
Fax : + 34 977 83 91 97
Courriel : alvaropalacios@ctv.es

Appellation de référence : Priorat
Superficie : 25 hectares
Production : 195 000 bt/an
Cépages : Grenache, Carignan, Samso, Cabernet sauvignon, Syrah, Merlot
Types de viticulture : Agrobiologie et biodynamie
Organisme et année de certification : Conseil Régulateur de l'Agriculture Écologique 1992

Domaine

Baptisé au Rioja, éduqué à la bordelaise par Jean-Pierre Moueix de Pétrus, Alvaro Palacios, vigneron talentueux, a préféré voler de ses propres ailes que de retourner au nid familial et s'est installé, en 1989, en Priorat. À force de talent et de détermination, il a su redonner tout son panache à cette région éloignée et oubliée. Il est considéré aujourd'hui comme l'homme incontesté du priorat et incarne le renouveau de la viticulture moderne espagnole. Cette bodega ne cesse de faire parler d'elle par l'extrême qualité de ses vins, de sa cuvée Les Terrasses à son légendaire Ermita, qu'il a volontairement voulu très cher, en passant par Finca Dofi. Considéré comme le viticulteur en vogue et le plus dynamique d'Espagne, cet avant-gardiste s'est d'entrée tourné vers la viticulture biologique par respect pour le terroir, dont il a redoré le blason. Aujourd'hui, il fait des émules et sert de leader.

Au décès de son père, il a remis le vignoble familial de La Rioja sous les feux de la rampe. Et comme cet homme passionné, pour qui la qualité prime avant tout, aime se dépasser, il a aussi décidé avec son neveu d'insuffler à la région de Bierzo, dans le nord-ouest de l'Espagne, le même renouveau qu'au Priorat.

Ce pionnier, plus que talentueux, est aujourd'hui « LE » viticulteur espagnol et ses vins n'ont pas besoin de porte-parole pour exprimer leur terroir et la passion de cet homme.

Les vins

Les Terrasses, Alvaro Palacios, Priorat 2007 🐑 🐑 🐑 <u>**17/20**</u>
Issu de grenache, de carignan, de cabernet sauvignon et de syrah, ce vin se pare d'une couleur rubis intense et profonde. Il développe un nez riche et aromatique sur des arômes de fruits noirs, dont la mûre, le cassis et la prune, associés à une pointe florale et des notes épicées, sur le poivre, avec des notes plus chaudes, chocolatées, réglissées en toile de fond. Après une attaque suave, il se révèle d'une belle concentration sur un corps d'Apollon soutenu par des tanins délicats. Un vin élégant, harmonieux, qui monte en puissance pour s'éteindre sur des notes plus torréfiées et qui possède une superbe longueur persistante. Un vin de belle élégance qui tient son rang.

Finca Dofi, Alvaro Palacios, Priorat 2007 🐑 🐑 🐑 🐑 <u>**18/20**</u>
Si vos moyens ne vous permettent pas de vous offrir L'Ermita, ce vin saura vous séduire. Il se teinte d'une couleur rubis intense aux nuances pourpres et s'exprime par un nez d'une grande complexité, bien qu'étant encore en jeunesse, aux effluves puissants de fruits noirs et rouges, dont le cassis, la cerise noire et la mûre, associés à des notes épicées de muscade et de poivre, le tout dans une ambiance chaleureuse de vanille et de cacao. En bouche, il est ample, puissant, sur une acidité présente et une matière riche structurée par des tanins d'une grande finesse. D'un superbe équilibre, il revient sur les arômes perçus au nez pour se dissiper en douceur dans une finale d'une longueur incommensurable. Un vin d'une grande classe, qui ne demande qu'à être attendu longtemps.

L'Ermita, Alvaro Palacios, Priorat Espagne 2007 🐑 🐑 🐑 🐑 <u>**19/20**</u>
Un vin qui ne se décrit pas, qui se vit tant il est intense, puissant, riche, d'une complexité sans mesure, tout en gardant une élégance et une classe inouïe. Quel infanticide de le boire aujourd'hui avec le potentiel de garde grandissime qu'il possède ! Un des plus grands vins de ce monde.

DESCENDIENTES DE J. PALACIOS

Ricardo Pérez Palacios
DESCENDIENTES DE J. PALACIOS
SL Calle Calvo Sotelo 6
24500 Villafranca del Bierzo

Tél.: + 34 987 54 08 21
Fax: + 34 987 54 08 51
Courriel: ricardo@djpalacios.com

Appellation de référence: Bierzo
Superficie: 15 ha
Production: ND
Cépage: Mencia
Types de viticulture: Agrobiologie et biodynamie
Année de certification: 1999

Domaine

Descendientes de J. Palacios est un projet qui vise à redorer le blason des vins du Bierzo, région où les romains puis les curés du chemin de Saint-Jacques-de-Compostelle ont développé la vigne. Depuis 1999, Alvaro Palacios, bien connu dans le Priorat, y cultive de la vigne avec son neveu Ricardo Perez Palacios. Le vignoble constitué d'une multitude de parcelles est conduit en biodynamie depuis le début.

Les vins

Petalos, Descendientes de J. Palacios, Bierzo 2007 🍷🍷 <u>17/20</u>
Sous sa robe rubis intense aux reflets pourpres se dissimule un nez frais aromatique et complexe duquel émanent des senteurs de fruits noirs, dont la prune et la cerise, combinées à des notes animales sur un fond d'épices et de cacao, le tout nimbé d'une belle fraîcheur. Puissance et finesse s'allient en bouche, construite sur une belle concentration, supportée par une trame aux tanins élégants. Bien équilibré, il revient sur le boisé subtil perçu au nez dans une finale longue et persistante d'une belle fraîcheur. Un vin élégant, racé et de belle facture qui possède un beau potentiel de vieillissement.

PARÈS BALTA

Famille Cusiné
PARÈS BALTA
Masia Can Balta s/n
08796 Pacs del Penedès
Barcelona

Tél. : + 34 93 890 13 99
Fax : + 34 93 890 11 43
Courriel : visits@paresbalta.com
Site Web : www.paresbalta.com

Appellation de référence : Penedès
Superficie : 175 ha
Production : 800 000 bt/an
Cépages : Grenache, Xarel-lo, Macabeu, Parellada, Chardonnay, Sauvignon blanc, Gewurztraminer, Muscat, Pinot noir, Merlot, Cabernet sauvignon, Syrah, Tempranillo, Cabernet franc, Petit verdot, Touriga nacional
Type de viticulture : Agrobiologie
Organisme et année de certification : Agricultura Ecologica 2004

Domaine

L'origine de Parès Balta remonte au XVIIIe siècle. Ce domaine, situé dans le Penedès, se transmet de père en fils depuis 1790. Depuis cette date, les vignes sont cultivées de manière écologique ; c'est pourquoi depuis 2004 les vins sont certifiés. Sur ce domaine, cette éthique est poussée à l'extrême. Ils possèdent leur propre troupeau de moutons pour fertiliser les sols et leurs propres abeilles pour assurer la pollinisation.

Un domaine de grande tradition aux idées jeunes qui est passé aux mains des deux petits-fils, Joan et Josep Cusiné Carol. Leurs femmes étant œnologues, elles s'occupent à la cave d'élaborer des vins de caractère, élégants et équilibrés, à partir du travail élaboré en amont à la vigne. Les vignes se regroupent en cinq domaines dans une grande diversité de sols, de climats et de cépages. C'est pourquoi la gamme des vins est très large mais toujours d'un grand niveau qualitatif. Ils possèdent aussi un domaine dans la Ribera del Duero, Dominio Romano et dans le Priorat, Gratavinum.

Les vins

B Brut, Parès Balta, Cava 🐑 🐑 <u>15/20</u>
De couleur jaune pâle aux reflets argenté, d'où s'échappent de fines bulles, ce cava s'ouvre sur un nez frais aux arômes de fleurs et de fruits à chair blanches avec une pointe de brioche, le tout dans une belle minéralité. L'attaque est franche et vive grâce à une belle acidité accentuée par l'effervescence. La finale possède une belle allonge fraîche. Un vin élégant d'une belle tension.

N Brut Nature, Parès Balta, Cava 🍷 🍷 <u>15,5/20</u>

D'une teinte jaune paille aux miroitements vieil or, nimbé d'une belle mousse, il développe au nez des effluves de fruits blancs associé à des notes de levure, le tout dans une belle fraîcheur. La bouche, bien équilibrée sur une acidité tonifiante et un beau volume, renferme une belle longueur sur une pointe d'amertume qui, avec les fines bulles, accentue sa fraîcheur. Un cava élégant et racé.

S Sélection, Parès Balta, Cava 🍷 🍷 🍷 <u>16,5/20</u>

Il se pare d'une robe jaune doré et d'une belle effervescence. Au nez, il développe des arômes de fruits accompagnés de notes de brioche, voire de grillé, avec une fraîcheur mentholée, voire une pointe saline. L'attaque est franche et la bouche se révèle d'un beau volume, ample, sur une acidité vive et des bulles rafraîchissantes. Bien équilibré et élégant, il revient sur les arômes perçus au nez dans une finale de belle allonge. Un cava qui possède une belle personnalité.

Blanca Cusiné, Parès Balta, Penedès 2006 🍷 🍷 🍷 <u>16/20</u>

Issu de l'assemblage de chardonnay et de pinot noir, ce vin est d'un jaune pâle aux nuances dorées, dans lequel dansent de fines bulles. Complexe, il exhale au nez des arômes de fruits secs, notamment d'amande, associés à des notes briochées, voire lactées, sur une toile de fond florale, voire de miel. Franc, sur une acidité vive, la bouche possède une belle rondeur et revient sur un petit côté rancio dans une finale pétillante de belle longueur.

Cuvée de Carol, Parès Balta, Penedès 🍷 🍷 🍷 <u>17/20</u>

Or doré éclatant sur une belle mousse invitante, le nez de ce vin est expressif et recèle des fragrances de fruits à chair blanche et de fruits secs, accompagnées de notes florales, avec un léger côté rancio, le tout dans une ambiance grillée, voire briochée, très agréable. La bouche est riche, ample et crémeuse grâce à une belle effervescence. Suave et élégant, il possède une finale persistante de belle facture.

B Blanc de Pacs, Parès Balta, Penedès 2008 🍷 <u>15,5/20</u>

D'une teinte jaune pâle aux reflets argentés, cet assemblage de parellada, xarel-lo et macabeu, qui est l'assemblage des cavas, s'ouvre sur un nez aux arômes dominés par les fruits blancs, dont la pêche et l'abricot, accompagnés de notes plus florales, nimbés d'une belle minéralité. L'attaque en bouche est nette, suave, sur une belle acidité. Bien équilibré, en rémanence sur les arômes du nez, il possède une agréable finale rafraîchissante.

Calcari, Parès Balta, Penedès 2008 🍷 🍷 <u>16/20</u>

Élaboré à partir de xarel-lo, il se colore de jaune paille aux nuances argentées et s'exprime par une belle minéralité, accentuée par des arômes légèrement grillés, accompagnés d'un côté floral et de fruits blancs sous-jacents, notamment de poire, avec une pointe de fenouil. La bouche est élégante, ample, sur une belle vivacité, et la pointe de fenouil revient pour lui imprimer une grande fraîcheur dans une finale d'agréable longueur.

Electio, Parès Balta, Penedès 2007 🐑🐑🐑 <u>17/20</u>

Sous sa couleur jaune pâle à reflets or, ce xarel-lo se dévoile sur les fruits blancs et les agrumes associés à des notes florales, voire végétales, de fenouil, avec une pointe mentholée, le tout dans une ambiance grillée, fumée. La bouche est ample, grasse, sur une belle acidité et bien équilibrée. D'une belle puissance, sur des notes de boisé bien intégrées, il renferme une finale longue sur une pointe d'amertume rafraîchissante. Un vin élégant et racé, de belle facture.

Ginesta, Parès Balta, Penedès 2008 🐑🐑🐑 <u>16,5/20</u>

Ce gewurztraminer se pare d'une teinte jaune pâle aux reflets vieil or et possède un nez aromatique de fleurs, dont la rose et le litchi, d'une belle finesse, associées à un côté frais sur des notes mentholées, voire une pointe minérale d'une belle fraîcheur. La bouche, tendue par une belle acidité, se révèle ample, et la rétro sur le gingembre confit lui imprime une belle longueur appuyée. Un gewurztraminer tendu, droit, d'une belle pureté.

R Ros de Pacs, Parès Balta, Penedès 2008 🐑 <u>15/20</u>

D'une couleur rose framboise, cet assemblage de cabernet sauvignon avec une touche de merlot se livre sur un nez frais de fruits des bois, avec une pointe épicée. En bouche, il se révèle friand, frais, d'une belle acidité. Bien équilibré, il est plaisant sur une finale désaltérante.

Radix, Parès Balta, Penedès 2008 🐑🐑🐑 <u>15/20</u>

Cette syrah vinifiée en rosé se pare d'une robe rose intense aux reflets violacés. Il émane de ce rosé des notes de fruits rouges et noirs acidulés, notamment de fraise et de mûre, accompagnées de notes plus florales sur la pivoine, le tout sur une trame de fond épicée. La bouche, puissante, renferme un beau volume structuré par des tanins ronds. Bien équilibré, il renferme une belle acidité et revient sur les fruits dans une finale longue et appuyée. Un rosé de repas.

Mas Petit, Parès Balta, Penedès 2007 🐑 <u>15,5/20</u>

Issu de l'assemblage de grenache et de cabernet sauvignon, il se teinte d'un rouge rubis de moyenne intensité et organise son nez sur les fruits rouges, dont la framboises, sur une trame épicée et vanillée, voire chocolatée. La bouche est friande et construite d'une matière soutenue par des tanins soyeux et ronds. Bien équilibré, il revient sur les fruits et le boisé subtil dans une finale de belle allonge.

Indigènes, Parès Balta, Penedès 2008 🍷 🍷 <u>16/20</u>
Il émane de ce vin d'une couleur rouge violacé intense, un nez complexe sur des arômes de fleurs, dont la violette et la lavande, accompagnés de fruits noirs, dont le bigarreau et la mûre, avec en arrière-plan des notes épicées, voire réglissées. La bouche, sur un beau volume supporté par une belle acidité et des tanins soyeux et ronds, s'avère gourmande. La finale sur les épices possède une belle longueur persistante. Un vin élégant et complet.

Hisenda Miret, Parès Balta, Penedès 2007 🍷 🍷 🍷 <u>17/20</u>
À base de grenache, d'un rouge rubis intense et éclatant, il s'ouvre sur un nez aromatique et complexe aux effluves de fruits rouges mûrs, associés à des notes plus florales, le tout sur une trame de fond épicée, voire grillée. Bien équilibré, il est gourmand et structuré par des tanins fondus qui supportent une belle matière dense. La finale épicée est longue et appuyée. Un vin d'une belle puissance encore tout jeune.

Mas Élena, Parès Balta, Penedès 2006 🍷 🍷 <u>17,5/20</u>
Issu d'un assemblage de cabernet sauvignon, de merlot et de cabernet franc, il se teinte d'un rouge intense à reflets violacés et s'exprime par un nez où se mêlent les fruits noirs, notamment le cassis et la mûre, accompagnés de notes réglissées et d'une pointe de café moka, le tout dans une ambiance épicée. En bouche, il s'avère élégant, puissant sur une belle matière soutenue par des tanins soyeux et ronds. Bien équilibré, il revient sur les arômes de torréfaction en raison de son élevage et se dissipe sur une finale longue et persistante. Un vin de belle facture et de grande fraîcheur.

Marta de Balta, Parrès Balta, Penedès 2006 🍷 🍷 🍷 🍷 <u>17,5/20</u>
Cette syrah se colore d'un rouge pourpre intense et profond aux reflets violet. Il s'exprime par un nez puissant d'une grande complexité sur des effluves de fruits noirs, notamment de mûre, de prune et de cerise, combinés à des notes de torréfaction, de vanille et de grillé avec une pointe animale et florale, le tout avec en arrière-scène, les épices. La bouche se révèle puissante, riche, d'une grande concentration sur des tanins fondus et ronds. La finale en opposition entre puissance et finesse renferme une belle longueur persistante. Un vin de belle facture et de grande tenue encore tout jeune.

Absis, Parrès Balta, Penedès 2003 🍷 🍷 🍷 🍷 <u>17,5/20</u>
Tempranillo, merlot, cabernet sauvignon et syrah s'assemblent dans cette cuvée qui se pare d'une teinte grenat profond et intense aux reflets pourpre et exhale au nez des arômes concentrés de fruits rouges et noirs bien mûrs, dont le cassis, la mûre et la prune, accompagnés de notes boisées sur le caco, la vanille et la réglisse, avec une pointe animale. D'une grande puissance, ample, gras, sur une trame aux tanins fon-

dus, il est bien équilibré et de gros calibre, même s'il a encore besoin de temps. La finale est profonde et longue. Un vin qui possède de magnifiques années devant lui.

Dominio Cusiné 1790, Parès Balta, Penedès 2003 🍷 🍷 🍷 🍷 <u>**18,5/20**</u>

D'une couleur encre grenat aux reflets pourpres, cette cuvée élaborée uniquement dans les millésimes exceptionnels assemble tempranillo, merlot, cabernet sauvignon et syrah. Au nez, il se révèle puissant, complexe et riche, avec des arômes de fruits confits, de fruits secs, dont la figue, associés à des notes de cuir, d'encaustique, en raison d'un élevage maîtrisé, sur une toile de fond d'épices. La bouche est puissante, concentrée et structurée sur des tanins élégants. Superbement équilibré, d'une belle rondeur, il s'évanouit en finale sur les fruits confits en laissant une forte impression tant sa longueur est magistrale. Un vin d'une prestance inouïe.

Dominio Romano, Ribera del Duero 2006 🍷 🍷 🍷 <u>**17/20**</u>

À base de tinto fino, d'une couleur rubis intense aux reflets violacés, il s'ouvre sur un nez expressif aux arômes de fruits noirs, dont le cassis et la mûre, associés à des notes florales et épicées sur une trame de boisé sur des notes de cacao. La bouche renferme une belle fraîcheur et se révèle riche et puissante sur un beau volume où tout est en équilibre, supporté par des tanins soyeux et enrobés. Ample, sa longueur sur les épices et sa minéralité est de grande allonge. Encore jeune, il possède un certain potentiel.

RDR, Dominio Romano, Ribera del Duero 2006 🍷 🍷 🍷 🍷 <u>**17,5/20**</u>

D'un rouge pourpre intense et profond, il exhale au nez des arômes de fruits noirs, notamment de cerise et de prune, combinés à des notes vanillées et chocolatées, sur une trame épicée. La bouche est puissante, riche, ample et d'une belle concentration, appuyée par des tanins fondus et enveloppés. D'un bel équilibre, il possède une finale impressionnante. Un grand vin qui saura bien évoluer.

2 π R, Gratavinum, Priorat 2006 🍷 🍷 🍷 <u>**17/20**</u>

Il émane de ce vin, qui se colore d'un rouge rubis intense, un nez puissant aux arômes de fruits noirs, dont le cassis et la prune, combinés à des notes de torréfaction, de chocolat et de boîte à cigares. La bouche, en continuité avec le nez, possède à la fois richesse et élégance. Le vin est construit sur une matière concentrée et soutenue par des tanins fondus et ronds qui ne demandent qu'à se fondre encore plus. Il est bien équilibré et sa finale d'une belle fraîcheur s'avère longue et persistante. Un vin de grande facture qui possède de belles années devant lui.

GV5, Gratavinum, Priorat 2007 🍷 🍷 🍷 🍷 <u>**17,5/20**</u>

D'un rouge pourpre violacé, intense et profond, il s'exprime par un nez aromatique et complexe aux effluves de fruits noirs et rouges, accompagnés de notes florales et animales, dont le cuir, le tout dans un boisé maîtrisé. La bouche, concentrée, droite, structurée par des tanins fondus et ronds possède une belle richesse. Onctueux, bien équilibré, il revient sur les épices dans une finale d'une superbe longueur. Un vin de beau calibre qui s'affinera avec le temps car il possède un gros potentiel.

CELLER PINOL

CELLER PINOL   Tél. : + 34 977 430 505
C/Algars 7   Fax : + 34 977 430 498
43786 Batea Tarragona   Courriel : info@cellerpinol.com
                                Site Web : www.vinospinol.com

Appellation de référence : Terra Alta
Superficie : 57 ha
Production : ND
Cépages : Grenache blanc, Sauvignon blanc, Viognier, Macabeu, Cabernet sauvignon, Grenache noir, Merlot, Syrah, Carinena, Tempranillo, Morenillo
Type de viticulture : Agriculture écologique
Organisme de certification : Consell Català de la Producció Agrària Ecològica (CCPAE)

Domaine
Situé en Catalogne dans l'appellation Terra Alta, Cellar Pinol est un domaine familial voué à l'élaboration de vins de qualité, et ce, certainement depuis le Moyen Âge.

Sur ce domaine en plus de travailler à élaborer des grands vins, ils sont soucieux de leur environnement et c'est pourquoi tous les vins sont issus de l'agriculture biologique.

Les vins
Sacra Natura, Celler Pinol, Terra Alta Catalogne 2006 🍷🍷 15,5/20
Ce vin, issu d'un assemblage de carinena, de merlot, de cabernet sauvignon, de syrah et de tempranillo, se pare d'une robe rubis à reflets violacés. Au nez, il s'ouvre sur les fruits rouges confiturés, comme le cassis et la mûre, avec une pointe fumée et des notes épicées de vanille. Moyennement corsé, il est bien équilibré en bouche sur une trame aux tanins fondus. La finale légèrement chaude est de belle allonge. À boire d'ici trois ans.

MIGUEL TORRES

MIGUEL TORRES
Comercio, 22
08720 Vilafranca del Penedès (Barcelona)

Tél. : + (34) 938 17 74 00
Fax : + (34) 938 17 74 44
Courriel : webmaster@torres.es
Site Web : www.torres.es

Appellation de référence : Penedès
Superficie : 1 700 ha
Production : 10 000 000 bt/an
Cépages : Sauvignon blanc, Chardonnay, Parellada, Moscatel, Gewurztraminer, Riesling, Cabernet sauvignon, Merlot, Cabernet franc, Tempranillo, Pinot noir
Type de viticulture : Agrobiologie sur certaines parcelles
Organismes de certification : Normes européennes, Ecocert

Domaine

Depuis plus de trois siècles, la famille Torres est intimement liée à la vigne de la région de Penedès proche de Barcelone. Bombardée pendant la guerre civile espagnole, en 1939, cette maison a été entièrement reconstruite et depuis n'a cessé de s'étendre à travers le monde. Cette expansion est due essentiellement à la persévérance et à l'audace de Miguel Torres qui n'a jamais renié ses origines. Ses ramifications s'étendent outre-Atlantique, au Chili et aux États-Unis.

Aujourd'hui, cette grande maison se tourne vers l'environnement en collaborant à certains projets de restauration du patrimoine architectural, mais aussi en replantant et en vinifiant des cépages autochtones et en cultivant certaines parcelles isolées selon les normes européennes de la viticulture biologique, estimant qu'il n'y a pas de bons vins sans respect de mère Nature, en harmonie avec l'environnement.

Les vins

Merlot Atrium Torres, Penedès Espagne 2004 🍷🍷 **14/20**
Ce vin issu du seul cépage merlot, de teinte rubis aux reflets violacés, s'exprime par un nez aux arômes de fruits rouges confiturés associés à des notes de torréfaction, voire un côté floral et végétal. La bouche est ample, bien structurée par des tanins souples. Un vin bien équilibré qui revient en finale sur les fruits pour se dissiper en laissant une agréable sensation.

TRIO INFERNAL

TRIO INFERNAL   Tél./Fax : + 34 977 839 403
C/de la Baixa Font 18   Courriel : trioinfernal@wanadoo.fr
437374 Torroja del Priorat   Site Web : www.trioinfernal.es
Tarragona

Appellation de référence : Priorat
Superficie : 18 ha
Production : 20 000 bt/an
Cépages : Grenache blanc, Macabeu, Grenache noir, Carignan
Type de viticulture : Agrobiologie
Organisme et année de certification : Ecocert 2005

Domaine

Le Trio Infernal est un projet né en 2002 qui repose sur vingt ans d'amitié commune et qui réunit trois vignerons renommés. Il s'agit de Laurent Combier (Domaine Combier en Crozes-Hermitage), de Jean-Michel Gerin (Domaine Gerin en Côte-Rôtie) et Peter Fischer (Château Revelette en Provence). Fascinés par la région, ils ont décidé de s'installer dans le Priorat et d'y produire de superbes vins.

Les vins

RIU, Trio Infernal, Priorat 2007 🍷🍷🍷 **16,5/20**
D'une teinte rouge rubis intense aux reflets violacés, il s'ouvre sur un nez expressif où se mêlent les fruits noirs, notamment le cassis et la mûre, à une belle fraîcheur, le tout dans une ambiance épicée. La bouche est riche, bien équilibrée sur une belle matière supportée par des tanins soyeux et ronds. D'une belle concentration, il revient sur les fruits et les épices dans une longue finale fraîche et persistante. Un vin de très belle facture.

1/3, Trio Infernal, Priorat 2005 🍷🍷🍷🍷 **17,5/20**
Issu de grenache et carignan, il se pare d'une couleur rubis intense et profonde d'où émane un nez expressif aux arômes de fruits noirs, dont le cassis et la prune, combinés à des notes réglissées ainsi qu'à une pointe animale dans une ambiance épicée et torréfiée. Riche, d'une grande concentration en bouche, il se structure grâce à des tanins fondus qui supportent une belle matière. Bien équilibré, il allie puissance et finesse, et sa finale élégante d'une belle fraîcheur possède une agréable longueur soutenue. Un vin de grande tenue qui s'affinera encore avec le temps.

2/3, Trio Infernal, Priorat 2005 🍷🍷🍷🍷 **18/20**
À base de carignan de quatre-vingt-dix ans, il se teinte d'un rouge rubis intense et se dévoile par des effluves puissants et complexes de fruits noirs,

dont la prune et la cerise, accompagnés d'une pointe animale, le tout sur une toile, fond épicée et boisée. La bouche est puissante, concentrée et construite sur une trame aux tanins ronds mais présents. La finale réglissée d'une belle fraîcheur renferme une longueur grandissime. Un vin de grande classe qui laisse une belle impression sur son passage. De belles années s'offrent à lui.

AUTRES DOMAINES INTÉRESSANTS
VINOS DE BENJAMIN ROMEO — CONTADOR (Rioja)
BODEGA EMILIO MORO (Riebero del Duero)
DOMINIO DE PINGUS (Ribera del Duero)
MAS IGNEUS (Priorat)

ITALIE

L'époque des bouteilles habillées de paille, dans lesquelles étaient conditionnés des vins proches de la «piquette», servis sur les tables des trattorias, est aujourd'hui révolue. Les viticulteurs italiens ont compris que la recherche de l'authenticité et de la qualité était la meilleure voie à suivre. Si l'Italie n'arrive qu'en deuxième position derrière la France dans le classement des pays producteurs mondiaux de vin, elle est en tête de celui des pays producteurs de vins bio. Selon les chiffres du Salon Biofach, le plus grand salon biologique du monde, la surface convertie en biologie est d'environ 36 700 hectares, soit environ 5 % du vignoble total. La production de ce type de vin est essentiellement concentrée dans le sud du pays. Cette surface est en croissance grâce aux allocations d'aide à la conversion et au maintien en mode de production biologique que l'État attribue aux viticulteurs qui se lancent dans l'aventure.

La viticulture en Italie remonte à l'époque des Romains et même des Étrusques avant eux et occupe tout le territoire. Sur ce territoire, environ 800 000 ha sont plantés de vigne. Dans la plupart des régions viticoles, exception faite de la Toscane, les exploitations sont d'assez petite taille. Face à l'étendue de son terroir, la variété de son relief, de son climat et de son encépagement, ce pays viticole produit une multitude de vins différents dans tous les styles imaginables.

L'Italie viticole se caractérise aussi par la diversité de ses cépages locaux mais aussi par toute la palette des cépages internationaux. Pour ne citer que les plus connus des cépages autochtones, on trouve, en rouge: barbera, corvina, montepulciano, nebbiolo, nero d'avola, primitivo et sangiovese. En blanc, l'Italie se distingue par ses cépages catarratto, cortese, garganega, malvasia, trebbiano et vermentino, entre autres.

Dans ce pays, la hiérarchie des appellations ressemble à celle de la France. On y répertorie les vins de table qui représentent la moitié de la production, les DOCG (Dénomination d'Origine Contrôlée Garantie), les DOC (Dénomination d'Origine Contrôlée), mais aussi, entre les DOC

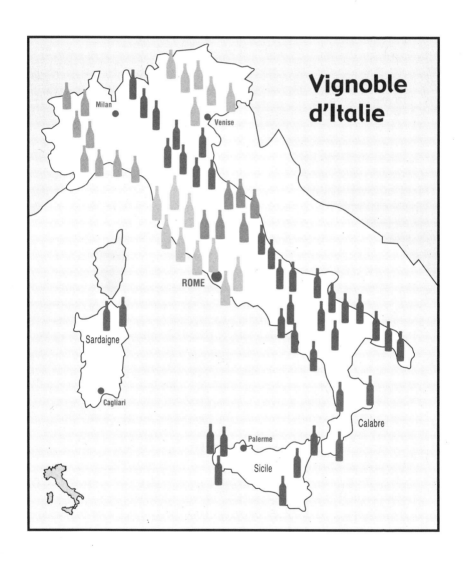

Vignoble
d'Italie

Milan

Venise

ROME

Sardaigne

Cagliari

Palerme

Calabre

Sicile

et les vins de table, les IGT (Indication Géographique Typique), équivalents des vins de pays.

Par souci de clarté, on peut regrouper les principales appellations par région : le Nord, le Centre et le Sud du pays. Le Nord regroupe le Val d'Aoste, le Piémont, la Ligurie, la Lombardie, la Vénétie, le Trentin-Haut-Adige et le Frioul. Le Centre rassemble l'Émilie-Romagne, la célèbre Toscane, l'Ombrie, le Latium, les Marches et les Abruzzes. Le Sud, quant à lui, englobe la Campanie, le Molise, les Pouilles, la Basilicate, la Calabre et les deux îles, la Sicile et la Sardaigne.

Toute cette diversité contribue aujourd'hui à traduire la richesse et l'authenticité de la viticulture italienne.

L'ANTICA QUERCIA

L'ANTICA QUERCIA   Tél. : + 39 0438 789 344
Via Cal di Sopra, 8   Fax : + 39 0438 789 714
31015 Scomigo di Conegliano (TV)   Courriel : info@anticaquercia.it
                                    Site Web : www.anticaquercia.it

Appellation de référence : Prosecco di Conegliano
Superficie : 25 ha
Production : ND
Cépage : Prosecco
Type de viticulture : Agrobiologie
Organisme et année de certification : ND

Domaine

Le vignoble de L'Antica Quercia, situé en Vénétie, en appellation Prosecco di Conegliano, est conduit en agriculture biologique dans le but de garder des sols fertiles, capables d'engendrer des vins qui expriment le terroir.

Les vins

Matiu, Antica Quercia, Prosecco di Conegliano 🍷 🍷 __15/20__

D'une teinte jaune pâle à reflets verdoyants et doté d'une belle mousse, il s'ouvre sur un nez frais et discret aux arômes de fruits blancs, dont le melon et la poire, combinés à une pointe de minéralité qui lui confère une agréable finesse. Après une attaque franche, la bouche se tend par une belle acidité accentuée par sa fine pétulance. Bien équilibré, d'une grande délicatesse, il offre une longueur agréable. Un prosecco honnête, qui renferme pureté et élégance.

CASA VINICOLA BOTTER

Annalisa Botter   Tél. : + 39 (0) 42 16 71 94
CASA VINICOLA BOTTER   Site Web : www.Vinibotter.it
Via L, Cadorna, 17
30020 Fossalta di Piave (Vénétie)

Appellation de référence : IGT Sicile
Superficie : ND
Production : ND
Cépages : Inzolia, Nero d'Avola
Type de viticulture : Agrobiologie
Organisme et année de certification : ICEA 2002

Domaine

Même si la société Botter se situe en Vénétie, près de Venise, les raisins issus des cépages Inzolia et Nero d'Avola utilisés pour ses vins proviennent d'un vignoble que cette maison détient en Sicile, une île située au sud-ouest de l'Italie. Ce vignoble est cultivé en agriculture biologique depuis 2002 dans le respect de l'environnement.

Les vins

Era Inzolia, Botter, IGT Sicile 2007 🍷 🍷 <u>14,5/20</u>
D'une teinte jaune doré aux reflets argentés, son nez frais s'exprime par des arômes d'agrumes mêlés de pomme acidulée et d'une pointe herbacée et minérale avec une touche anisée. En bouche, l'attaque est franche et vive grâce à une acidité bien présente. Il revient en rétro sur le côté minéral perçu au nez avec une pointe d'amertume qui lui confère une certaine fraîcheur. La finale, de longueur moyenne, est à l'image de ce vin qui offre néanmoins un certain plaisir.

Era Nero d'Avola, Botter, IGT Sicile 2008 🍷 🍷 <u>14,5/20</u>
D'un rubis intense aux reflets violacés, il émane de ce vin aromatique des effluves de fruits noirs confiturés de mûre et de myrtille associés à des notes d'épices, notamment la muscade. La bouche, friande et souple, révèle une matière soutenue par des tanins enrobés. La rétro sur les fruits et les épices perçus au nez lui confère une finale assez longue.

Zonello La Natura, Nero d'Avola, BOTTER, IGT Sicile 2007 🍷 <u>14/20</u>
Sous sa couleur rouge rubis soutenu aux reflets violacés, ce vin assez intense s'ouvre sur des arômes de fruits noirs, dont le bigarreau, mais aussi la prune et la mûre, avec une touche fraîche sur les épices. L'attaque est souple et sa concentration en bouche, moyenne, mais pourvue de tanins soyeux et enrobés. La finale sur les fruits noirs et les épices n'est pas très persistante, mais est pourvue d'une agréable fraîcheur.

CORTE PAVONE ESTATE

Tenute Loacker	Tél.: + 39 (0) 5 77 84 81 10
CORTE PAVONE	Fax: + 39 (0) 5 77 84 64 42
53024 Montalcino	Courriel: lo@cker.it
	Site Web: www.loacker.net

Appellation de référence: Brunello di Montalcino
Superficie: 16 ha
Production: ND
Cépages: Sangiovese, Cabernet sauvignon, Merlot

Type de viticulture : Agrobiologie
Organisme et année de certification : Ecocert 1996

Domaine

Dans une des plus vieilles et plus prestigieuses régions viticoles italiennes, la Toscane, le vignoble de Corte Pavone s'étend sur les coteaux de Montalcino à 500 mètres d'altitude.

Selon la philosophie de la maison, la vigne est conduite en biologie et même si le travail est plus contraignant, le résultat est là, et le succès de ce domaine le démontre. Sur ce vignoble, tout produit utilisé est naturel et les traitements sont préventifs, afin de respecter les caractères intrinsèques et l'esprit de chaque cépage. Le travail se poursuit à la cave dans un respect des traditions conjuguées au modernisme.

Les plus grands terroirs sont plantés avec des clones sélectionnés de sangiovese afin de produire le Brunello di Montalcino. Après fermentation lente, ce vin est élevé pendant quatre ans dans des contenants en chêne, de tailles et origines différentes et est mis sur le marché la cinquième année.

Des vins expressifs qui ne laissent pas indifférents.

Les vins

Corte Pavone, Brunello di Montalcino 2004  **17,5/20**
D'une couleur rubis intense aux reflets grenatés, ce brunello s'ouvre sur un nez expressif et complexe aux arômes de fruits noirs mûrs, dont la prune et la mûre, combinés à des notes réglissées, voire anisées, à une pointe de cuir et de sous-bois, le tout sur une toile de fond épicée aux effluves de cannelle, de moka et de tabac. En bouche, il se révèle généreux, charnu, d'une grande concentration, structuré par des tanins enrobés. Bien équilibré, d'une belle puissance, il revient sur les notes de torréfaction perçues au nez pour s'évanouir lentement dans une finale persistante. Un vin qui allie puissance et élégance, qui ne demande qu'à prendre de la maturité, mais qui est déjà très plaisant.

CASA VINICOLA CARPINETO

Antonio Zaccheo et Giovanni C. Sacchet
CASA VINICOLA CARPINETO
Dudda — 50022 Greve in Chianti (FI)

Tél. +39 (0) 5 58 54 90 62
Fax +39 (0) 5 58 54 90 01
Courriel : info@carpineto.com
Site Web : www.carpineto.com

Appellation de référence : Chianti
Superficie : 70 ha

Production : ND
Cépage : Sangiovese
Type de viticulture : Agrobiologie et biodynamie
Organisme et année de certification : Ecocert 2001

Domaine

Créé en 1967 par les familles Sacchet et Zaccheo, le domaine Carpineto se situe en Toscane, plus particulièrement en Chianti. Ce chianti issu de raisins cultivés en agriculture biologique provient d'un vignoble de la région de Valdarno où aucun produit chimique n'est utilisé.

Les vins

Carpineto, Chianti 2007 🍷 🍷 **15/20**
Il émane de ce vin, de teinte rubis légèrement grenaté, un nez puissant et aromatique de fruits noirs mûrs et d'épices où s'additionne une pointe de cuir et de boîte à cigares. La bouche, dominée par les fruits, d'une belle amplitude, est construite sur une acidité fraîche et des tanins enrobés. Elle s'évanouit lentement sur une belle persistance agréable.

CASCINA DEGLI ULIVI

Stefano Bellotti
CASCINA DEGLI ULIVI
Strada Mazzola 14
15067 Novi Ligure

Tél. : + 39 01 43 74 45 98
Fax : + 39 01 43 32 08 98
Courriel : cascinadegliulivi@libero.it
Site Web : www.cascinadegliulivi.it

Appellation de référence : Gavi
Superficie : 16 ha
Production : 100 000 bt/an
Cépages : Cortese, Arneis, Nebbiolo, Barbera, Dolcetto
Types de viticulture : Agrobiologie et biodynamie
Organismes et années de certification : ICEA 1981, Demeter 1985

Domaine

En 1977, lorsque Stefano Bellotti prend en charge la ferme familiale située dans le Piémont, le vignoble ne compte qu'un seul hectare. Presque tout de suite, il opte pour une conduite en bio, puis en 1985, il adopte la biodynamie. Aujourd'hui, le vignoble s'étend sur 16 hectares. L'exploitation ne produit pas que du vin. En effet, la propriété possède aussi une activité d'agrotourisme, un potager, une étable pour le fromage et des céréales.

Les vins

Cascina Degli Ulivi, Gavi 2007 🐑 🐑 <u>16,5/20</u>
Issu de cortese, il se teinte d'une couleur jaune doré aux reflets vieil or et s'ouvre sur un nez expressif aux arômes de fruits blancs et de fruits secs, dont la châtaigne, associés à des notes épicées, voire un petit côté rancio, le tout dans une belle fraîcheur d'où émane la gentiane. Après une attaque franche, la bouche s'avère friande, tendue par une acidité tonifiante. Conforme aux parfums perçus au nez, elle s'achève par une longue finale agrémentée d'une pointe d'amertume rafraîchissante. Un vin élégant et racé, de forte personnalité.

ALOIS LAGEDER

Alois Lageder	Tél. : + 39 04 71 80 95 00
ALOIS LAGEDER	Fax : + 39 04 71 80 95 50
Via dei Conti, 9	Courriel : info@aloislageder.com
39040 Magrè (Bz)	Site Web : www.aloislageder.eu

Appellation de référence : Alto Adige
Superficie : 60 ha
Production : ND
Cépages : Pinot blanc, Chardonnay, Pinot grigio, Müller thurgau, Sauvignon, Gewurztraminer, Terlaner, Mosacto, Lagrein, Merlot, Pinot noir, Cabernet sauvignon
Types de viticulture : Agrobiologie et biodynamie
Organismes et années de certification : Ecocert 1991 et Demeter 2006

Domaine

Situé dans le nord de l'Italie dans la région du Haut-Adige au milieu des Dolomites, le Domaine Alois Lageder appartient à la famille Lageder depuis 1855.

Ici, le respect de l'environnement et le souci de l'authenticité sont prioritaires, c'est pourquoi la même philosophie est suivie aussi bien à la vigne qu'à la cave. Le vignoble est donc conduit en biologie et les raisins sains sont vinifiés le plus naturellement possible. De plus, depuis 2003, il s'est converti à la biodynamie.

Alois Lageder produit des vins exprimant le plein potentiel de sa région natale et il y réussit fort bien tant ses vins sont purs, expressifs et d'une grande finesse.

Les vins

Benefizium Porer Pinot Grigio, Alois Lageder, Südtirol Alto Adige 2007 🐷 🐷 🐷 <u>16,5/20</u>

De couleur jaune paille aux reflets verts, il s'ouvre sur un nez frais sur les fruits blancs combinés à des notes florales dans une ambiance d'une belle pureté sur une pointe d'épices et de minéralité. En bouche, après une attaque franche, il se révèle droit avec une acidité fraîche sur une texture agréable. Bien équilibré, d'une belle fraîcheur, il est fidèle au nez et sa finale possède une belle allure.

Haberle Pinot Bianco, Alois Lageder, Alto Adige 2007 🐷 🐷 🐷 <u>16,5/20</u>

D'une teinte jaune pâle cristalline aux reflets verts, il s'ouvre sur un nez frais et délicat où se mêlent les fruits blancs et les agrumes, associés à des notes florales et épicées, le tout sur une belle minéralité. Après une attaque franche, la bouche se révèle d'une grande pureté, sur une matière tendue par une belle acidité. D'un bel équilibre, la touche mentholée perceptible en finale lui confère une fraîcheur supplémentaire et une agréable longueur soutenue. Un vin élégant d'une belle définition.

Gewurztraminer, Alois Lageder, Alto Adige 2008 🐷 🐷 🐷 <u>17,5/20</u>

Sous sa robe éclatante jaune paille à reflets vieil or se dissimule un nez d'une grande pureté sur des arômes de rose, de litchi, le tout dans une ambiance épicée sur une fraîcheur minérale. La bouche est suave et droite, grâce à une acidité et une belle texture. D'un superbe équilibre, ce gewurztraminer sec de grande définition se dissipe en douceur sur une finale longue et persistante. Un modèle de finesse, de pureté et d'élégance.

Coreth Chardonnay, Alois Lageder, Alto Adige 2007 🐷 🐷 <u>17/20</u>

D'une belle couleur jaune paille lumineux aux reflets argentés, ce chardonnay développe un nez expressif duquel émanent des effluves de fruits à chair blanche, notamment de poire et de pêche et, plus particulièrement, le côté amande de son noyau, combinés à des notes florales de tilleul, avec en toile de fond une belle minéralité. Bien équilibré, gracieux, doté d'une acidité fraîche et d'une matière grasse, il revient en bouche sur les arômes perçus au nez dans une finale de grande allonge. Un vin racé, d'une belle richesse, qui possède une belle tenue.

Löwengang Chardonnay, Alois Lageder, Alto Adige 2005 🐷 🐷 🐷 <u>18/20</u>

Il émane de ce vin, qui se pare d'une robe brillante jaune paille aux reflets verts, un nez riche et complexe aux effluves de fruits secs, dont l'amande, et de fruits blancs, dont la poire, combinés à des notes mellifères, lactées, briochées, voire légèrement grillées, sur une trame minérale. La bouche se révèle ample, riche, d'une texture grasse et d'une acidité fraîche. D'un grand équilibre, il monte en puissance pour culminer par une finale subtilement grillée, d'une longueur et d'une persistance légendaire. Un vin d'une grande classe qui laisse une forte impression.

Chardonnay-Pinot Grigio, Alois Lageder, Alto Adige 2007
🍷 🍷 🍷 **17,5/20**

Le premier certifié Demeter. Il se pare d'une teinte jaune paille aux nuances vertes, et s'exprime par un nez aromatique et complexe aux arômes de fruits à chair blanche, dont la poire, voire l'ananas, combinés à des notes florales sur un fond de minéralité. La bouche n'est pas en reste, elle présente une belle matière soutenue par une acidité fraîche. Bien équilibré, il renferme une grande pureté de fruit et revient avec élégance sur le côté floral de l'acacia, pour s'évanouir dans une finale magistrale, longue et persistante. Un vin élégant, d'une belle personnalité.

Cabernet Riserva, Alois Lageder, Alto Adige 2005 🍷 🍷 🍷 **17/20**

D'un rouge rubis éclatant, il émane de ce vin un nez de belle fraîcheur aux arômes de fruits rouges frais, notamment de cerise, combinés à une pointe florale, le tout sur une toile de fond épicée de poivre rose. La bouche est friande, onctueuse, gourmande, construite sur une belle matière et structurée par des tanins soyeux. Bien équilibré, harmonieux, il revient sur les épices dans une finale longue et persistante. Un vin élégant qui possède un beau potentiel.

MEZZACORONA

MEZZACORONA
Via del Teroldego
38016 Mezzacorona

Tél. : + 39 (0) 4 61 61 63 99
Fax : + 39 (0) 4 61 60 56 95
Courriel : info@mezzacorona.it
Site Web : www.mezzacorona.it

Appellation de référence : Trentino
Superficie : 2 400 ha
Production : ND
Cépages : Pinot grigio, Teroldego
Type de viticulture : Agrobiologie
Organisme de certification : British Retail Consortium

Domaine

Il faut remonter au début du siècle dernier pour attester de la viticulture sur ce domaine qui regroupe aujourd'hui plusieurs vignobles.

Tous les vignobles de cette maison sont cultivés en biologie en conformité avec le «Integrated Farm Management» afin d'obtenir des produits sains qui respectent l'équilibre naturel.

De plus, le cépage indigène italien teroldego, cultivé dans le Trentin, est considéré selon certaines études comme celui qui contient le plus de resvératrol. Cette molécule aurait la propriété de tonifier le muscle cardiaque et de lutter contre le cancer et le vieillissement. Des vins proches du terroir et dans le respect de la santé.

Les vins

Teroldego Rotaliano, Mezzacorona, Trentino 2008 🍷 **14,5/20**
D'un rouge rubis foncé aux nuances violacées, il émane de ce vin un nez expressif de fruits noirs et rouges, dont la fraise et la mûre, combinés à des notes florales. La bouche, après une attaque franche, se révèle d'une belle acidité. De corpulence moyenne, il est épaulé par des tanins souples. Bien équilibré, il revient en finale sur les épices qui lui confèrent une longueur moyenne. Un vin sans prétention et agréable.

Teroldego Rotaliano Reserva, Mezzacorona, Trentino 2006 🍷🍷 **15/20**
Il se pare d'une couleur rubis violet de belle intensité et s'ouvre sur un nez puissant et aromatique aux effluves de fruits confiturés, notamment la quetsche, le tout sur une toile de fond épicée et de cacao. En bouche, il est généreux, bien équilibré, sur une belle acidité et des tanins soyeux et ronds. Sa finale sur les fruits lui imprime une belle allonge.

MONTESECONDO

Silvio Messana
MONTESECONDO
Via Per Cerbaia 18
50020 Cerbaia val di Pesa

Tél. : + 39 (0) 55 82 52 08
Fax : + 33 (0) 55 82 99 828
Courriel : montesecondo@montesecondo.com
Site Web : www.montesecondo.com

Appellation de référence : Chianti Classico
Superficie : 12 ha
Production : 50 000 bt/an
Cépages : Sangiovese, Canaiolo, Colorino, Cabernet sauvignon
Types de viticulture : Agrobiologie et biodynamie
Organisme et année de certification : Ecocert 2004

Domaine

Situé dans la région du Chianti Classico, sur les collines de Toscane, le domaine de Montesecondo s'étend sur 12 hectares entourés d'oliviers et de bois.

Convaincu de la valeur de son terroir et de l'importance d'une viticulture respectueuse des cépages et des traditions, ce vignoble, créé en 2004, s'est tourné vers la biodynamie, méthode de culture qui correspondait à sa philosophie et aux vins qu'il entendait élaborer.

Les vins

Rosso del Rospo, Montesecondo, IGT Toscano 2005 🍷 🍷 🍷 <u>17/20</u>
Issu de cabernet sauvignon, ce vin se teinte d'une couleur rubis profond et s'ouvre sur un nez aromatique et complexe de fruits noirs, dont le cassis et la mûre, associés à des notes réglissées, avec une pointe animale sur une trame légèrement épicée. La bouche, friande, gourmande sur une belle acidité et une matière structurée par des tanins fondus. Droit, d'un bel équilibre sur une grande fraîcheur, il revient sur les arômes perçus au nez dans la finale. Un vin élégant, de belle facture.

PODERE CASTORANI

PODERE CASTORANI
S.r.l. c/da Oratorio, 100
65020 Alanno (PE)

Tél. : + 39 33 55 31 29 61
Fax : + 39 08 71 96 14 26
Courriel : info@poderecastorani.it
Site Web : www.poderecastorani.it/
www.jarnotrulli.com

Appellation de référence : Montepulciano d'Abruzzo
Superficie : 30 hectares
Production : ND
Cépages : Malvasia, Trebbiano, Pecorino, Montepulciano
Types de viticulture : Agrobiologie et biodynamie
Organisme et année de certification : Ecocert 2000

Domaine

Déjà connu à la fin du XVIIIᵉ siècle, ce vignoble, laissé à l'abandon à la suite d'un problème de succession, a retrouvé sa vitalité grâce à quatre amis. Ces quatre personnes ont su joindre leur passion du vin et donner vie à une entreprise commerciale, « Podere Castorani », vouée à l'élaboration d'un produit de qualité dans le respect de la tradition des Abruzzes. Si jusqu'en 2000 les raisins étaient vendus intégralement à la cave coopérative, aujourd'hui, les meilleures et les plus vieilles parcelles sont vinifiées séparément dans le souci de produire des vins de qualité. Le vignoble est cultivé entiè-rement en biologie. Chaque partenaire se charge d'une étape différente, de la culture du raisin à la mise en marché du vin en passant par la vinification. Si les trois autres copropriétaires jouent un rôle important, le quatrième, Enzo Trulli est un partenaire d'exception. En effet, c'est le père du pilote de Formule 1 Jarno Trulli qui conduit ce vignoble de main de maître. Chaque vin représente un terroir différent et puise ses racines dans la tradition viticole.

Les vins

Amorino, Podere Castorani, IGT Colline Pescaresi 2008
🐷🐷🐷 **15,5/20**
De couleur jaune pâle aux reflets argentés, il s'exprime au nez par des arômes frais de fleurs blanches associés à une belle minéralité avec une légère pointe lactée, voire de rancio, qui le complexifie. La bouche, après une attaque franche sur une acidité vive, prend de l'ampleur et révèle une agréable fraîcheur en finale. Bien équilibré, il est doté d'une persistance assez soutenue. Droit, il possède une belle élégance.

Coste delle Plaie, Podere Castorani, Trebbiano d'Abruzzo 2006
🐷🐷 **16/20**
D'une teinte cristalline jaune paille à reflets argentés, il développe au nez des arômes frais de fruits blancs, notamment de poire, combinés à des notes légèrement végétales dans une ambiance minérale. L'attaque est franche et la bouche se révèle d'une belle concen-tration sur une acidité fraîche. Bien équilibré, sa finale minérale lui confère une fraîcheur persistante. Un vin racé et élégant.

Jarno, Podere Castorani, Colline Pescaresi 2007 🐷🐷🐷🐷 **17/20**
Sous sa robe étincelante, jaune pâle à reflets argentés, se dissimule un nez frais et délicat sur les notes d'agrumes, de fruits blancs, dont l'abricot, combinées à des notes florales, voire à un côté épicé, nimbées d'une belle minéralité. La bouche, suave et friande, présente un beau volume soutenu par une acidité fraîche. Bien équilibré, il revient en rétro sur le côté floral, voire mellifère, perçu au nez. Sa finale possède une belle longueur sur une pointe de sucre résiduel pas déplaisante. Un vin plein, de belle facture, qui possède de beaux atouts.

Lolita, Podere Castorani, Colline Pescaresi 2007 (🐷🐷 **15/20**
D'un rouge rubis aux reflets violacés, il s'ouvre sur un nez aromatique sur les fruits rouges et noirs, dont la fraise, associés à des notes florales de pivoine, le tout sur une toile de fond épicée. La bouche, friande et bien structurée par des tanins fondus, revient sur les épices et les fruits pour culminer dans une finale harmonieuse de belle allonge.

Coste delle Plaie, Podere Castorani, Montepulciano d'Abruzzo 2006 16/20

Derrière sa teinte rubis aux nuances de violet se cache un nez complexe et aromatique évoquant les fruits rouges, dont la framboise, la fraise et la cerise, conjugués à des notes épicées, sur des effluves de boîte à cigares. La bouche se révèle onctueuse, gourmande ainsi que d'une belle densité structurée par des tanins élégants et soyeux. Bien équilibré, il se dissipe sur les fruits et les épices dans une finale d'une belle fraîcheur.

Amorino, Podere Castorani, Montepulciano d'Abruzzo Cassauria 2006 15,5/20

Rouge rubis aux reflets violacés, il s'ouvre sur des effluves de fruits noirs sauvages, notamment de mûre, associés à des notes d'épices, de muscade, et un boisé bien intégré aux accents de vanille. La bouche, onctueuse, bien équilibrée, sur une acidité fraîche et des tanins fondus, s'achève sur les fruits dans une longue finale persistante. Un vin agréable.

Podere Castorani, Montepulciano d'Abruzzo 2004 16,5/20

D'un rouge rubis intense et profond, il exhale des senteurs de fruits noirs mûrs, dont le cassis et la prune, combinés à un côté fleurs séchées, le tout nimbé d'un parfum d'ambiance épicé et vanillé, épices avec un côté tabac, voire de cacao. La bouche est ample, gourmande, construite sur une belle matière soutenue par une structure aux tanins fondus. Bien équilibré, il s'avère d'une belle richesse et sa finale sur les arômes perçus au nez lui confère une belle longueur persistante. Un vin qui possède de belles années devant lui.

Jarno, Podere Castorani, Colline Pescaresi 2005 17,5/20

Il émane de ce vin, qui se pare d'une couleur rubis grenaté intense, un nez aromatique et puissant sur des effluves de fruits noirs mûrs, dont le cassis, la prune et la cerise, associés à des notes florales, le tout nimbé de réglisse, d'une pointe de fumée, de tabac qui complexifient le tout. Dense et riche, la bouche révèle une matière ample, soutenue par des tanins charnus et ronds. Bien équilibré, il est harmonieux, et la très légère touche de sucre résiduel en raison d'un léger passerillage des raisins lui confère une finale longue et appuyée. Un vin de forte person-nalité et de belle tenue qui se bonifiera encore avec les années.

Grappa Jamo, Podere Castorani 2007 (Alcool) 16,5/20

Translucide, elle exhale au nez des arômes de figue, de fleurs blanches, de fruits secs, d'infusion de tilleul et de verveine dans une fraîcheur men-tholée. Racée et équilibrée, c'est une grappa de belle facture.

PUNSET

Marina Marcarino	Tél. : + 39 01 73 67 072
PUNSET	Fax : + 39 01 73 67 74 23
F. ne Moretta, 5	Courriel : punset@punset.com
12057 Neive (Cn)	Site Web : www.punset.com

Appellation de référence : Barbaresco
Superficie : 20 ha
Production : 100 000 bt/an
Cépages : Cortese, Arneis, Nebbiolo, Barbera, Dolcetto
Type de viticulture : Agrobiologie
Organisme et année de certification : Ecocert Italia 1987

Domaine

Le domaine Punset se situe dans le village de Neive dans la région du Piedmont en Italie.

Produisant du vin pour la consommation courante de la famille, ce n'est qu'en 1964 que Renzo Marcarino a décidé de vendre le vin de ce domaine. Aujourd'hui, il est dirigé par Marina Marcarino, une des premières femmes vigneronnes dans le Piémont qui en a fait un vignoble phare de la région. Ce domaine est conduit en biologie sans pesticides, herbicides ou fertilisants. C'est le seul dans la région à être totalement converti et certifié. Des vins de qualité et de forte personnalité qui combinent modernisme et tradition.

Les vins

Punset, Barbera d'Alba 2004 🍷🍷 <u>15/20</u>
D'une teinte rubis aux reflets violacés, il s'exprime au nez par les fruits noirs, notamment la mûre et la cerise, combinés à des notes épicées. La bouche friande, gourmande, renferme une acidité fraîche et une matière soutenue par des tanins soyeux. Un vin qui revient sur les fruits dans une finale persistante et fraîche. Un vin de belle facture.

Campo Quadro, Punset, Barbaresco 2001 🍷🍷🍷🍷 <u>17/20</u>
D'une teinte grenat brillant, invitant, ce barbaresco s'ouvre au nez sur des arômes de fruits noirs, dont la cerise et la mûre, associés à des notes de torréfaction, de café moka et de chocolat. La bouche, après une attaque franche, se révèle d'une grande finesse grâce à sa fraîcheur et sa matière soutenue par une trame tannique fine. D'un bel équilibre, il joue sur l'opposition entre la puissance et la finesse. Sa finale possède une longueur persistante. Un vin élégant qui donne le meilleur de lui-même.

AUTRES DOMAINES INTÉRESSANTS

AZIENDA AGRICOLA BUGANZA (Piémont)
CAMPINUOVI (Toscane)
TENUTA COLTIBUONO (Toscane)
TORRE DEI BEATI (Abruzzes)

PORTUGAL

Plus connu pour son porto, le Portugal, huitième pays producteur de vin au monde, a accompli depuis le début des années quatre-vingt-dix d'énormes progrès dans la vinification, notamment au niveau des vins rouges secs, et élabore aujourd'hui des vins qui entrent en concurrence avec ceux des autres pays.

Sur ce vignoble, d'une superficie de 250 000 hectares, la viticulture biologique est encore embryonnaire, et ne représente qu'environ 0,6 % de la viticulture totale même si cette surface est en croissance ces dernières années. La petite taille des exploitations est certainement une des raisons de cette faible proportion.

L'histoire du vin au Portugal remonte à 2000 ans avant J.-C. avec les premières vignes plantées dans la vallée du Tage. Puis les civilisations qui se sont succédé ont toujours continué la production de vin.

La découverte au XVIIe siècle par les Anglais d'un vin additionné d'eau-de-vie propulsa l'essor du porto qui atteindra par la suite une renommée mondiale. D'ailleurs, le Douro est réputé être la première région viticole à avoir été délimitée, et ce, bien avant l'entrée du Portugal dans l'Union européenne en 1986.

À la suite de cette adhésion à l'Europe, le Portugal s'est doté de nouvelles délimitations, calquées sur le modèle des AOC françaises. En effet, on y retrouve des DOC, répliques des AOC, des IPR, équivalentes des VDQS, ainsi que des Vinho Regional et des Vinho de Mesa. Il est à noter qu'il existe deux organismes de contrôle distincts pour les vins et les portos.

Sous un climat, dominé par les influences atlantiques au nord, et continentales et méditerranéennes au sud, le Portugal bénéficie de températures proches de celles de l'Espagne. Sur ce vignoble, les cépages cultivés sont essentiellement autochtones. Mentionnons la touriga nacional, la touriga francesa, la tinta roriz en rouge et l'alvarinho, le loureiro et l'arinto, en blanc, pour n'en citer que quelques-uns.

Le Bairrada et le Dao, les deux plus anciennes régions du Portugal, subissent aujourd'hui des mutations et se tournent vers la qualité. Le

Douro, plutôt connu pour ses vins de Porto, élabore de beaux vins rouges à base des cépages locaux. Autre fleuron du Portugal, le Vinho Verde, le fameux « vin vert », représente un sixième de la production nationale.

Outre ces appellations, le vignoble du Portugal est en pleine restructuration et l'on retrouve des vignobles de qualité dans d'autres provinces sous les appellations Setubal, connu pour son muscat, et Palmela, Ribatejo et Alentejo mais aussi le vignoble de l'Estremadura et des îles de Madère et des Açores. Un vignoble en pleine expansion qui n'a pas fini de faire parler de lui.

CASA DE MOURAZ

Antonio Lopes Ribeiro
et Sara Dionisio
CASA DE MOURAZ
Quinta do Outeiro
Mouraz
3460-330 Tonleda

Tél./Fax : + 351 232 822 872
Courriel : casademouraz@sapo.pt
Site Web : casademouraz.blogspot.com

Appellation de référence : Dao
Superficie : 13 ha
Production : 60 000 bt/an
Cépages : Malvasia Fina, Bical, Cerceal-Branco, Encruzado, Alvarinho, Touriga Nacional, Tinta roriz, Alfrocheiro, Jaen, Agua santa
Types de viticulture : Agrobiologie et biodynamie
Organisme et année de certification : Ecocert 1997

Domaine

Situé à Mouraz, Casa de Mouraz est le premier domaine à avoir pratiqué la viticulture bio dans le Dao, une des régions les plus importantes et prestigieuses du Portugal. Déjà dans cette région, au XIIᵉ siècle les moines cisterciens du monastère de Sao-Pedro de Mouraz y cultivaient la vigne. Dans le but de créer des vins authentiques qui expriment la richesse du terroir, Antonio Lopes Ribeiro et Sara Dionisio, issus de lignées vigne-ronnes, ont naturellement exclu tous produits chimiques et conduit le vignoble en bio dès leur installation et, depuis 2006, ils ont opté pour la biodynamie.

Les vins

Casa de Mouraz, Dao 2005 ☙ <u>15/20</u>
D'une teinte jaune paille cristalline, ce vin issu de l'assemblage de bical et de malvasia fina s'ouvre sur un nez expressif aux notes grillées avec en arrière-plan les fruits blancs, sur une belle minéralité. La bouche est franche sur une acidité fraîche et une belle matière. Il revient sur les arômes perçus au nez et exprime un côté minéral par des notes légère-ment pétrolées. Bien équilibré, sa finale possède une belle longueur nimbée de fraîcheur. Un vin racé et élégant.

Casa de Mouraz, Dao 2006 ☙ ☙ <u>16/20</u>
D'une teinte rouge rubis intense aux reflets pourpres, il émane de ce vin un nez aromatique et complexe de fruits noirs, dont le cassis, la mûre et la prune, combinés à des notes épicées. En bouche, il se révèle suave,

gourmand et construit sur une belle acidité ainsi que sur une agréable matière portée par des tanins élégants. Sa finale, en rétro sur les fruits, renferme une agréable longueur persistante. Un vin de belle facture.

AUTRE DOMAINE INTÉRESSANT
FONSECA (Porto)

GRÈCE

A
u pays de Dionysos, dieu de la vigne et du vin, et de la retsina, la vigne est cultivée depuis l'Antiquité, mais ce n'est que récemment, en puisant dans son riche passé viticole, que la Grèce se construit de nouveau un avenir viticole prospère. Sur son vignoble d'une superficie d'environ 150 000 hectares, la Grèce se reconstruit de la crise du phylloxéra et joue la carte identitaire en privilégiant les cépages autochtones qui existaient jadis au détriment des cépages internationaux. On en dénombre plus de 300.

La Grèce connaît aussi un développement significatif de son vignoble conduit en biologie et la proportion est estimée à environ 3 %, soit environ 4 500 hectares. Un chiffre qui, comme ailleurs en Europe, est en constante évolution.

Son entrée dans l'Union européenne en 1981 et l'aide qu'elle a reçue ont permis à la Grèce de moderniser sa filière vin, de diminuer ses rendements et de se consacrer davantage à la qualité. Dans ce pays culturellement riche, la production de vin blanc est majoritaire à partir des cépages locaux comme l'assyrtiko, l'athiri, le savatiano et autres. En rouge, on retrouve notamment le xinomavro, l'agiortiko, le limnio, mais la liste est beaucoup plus longue. Les cépages internationaux y sont aussi présents.

Dans le renouveau de sa viticulture, la Grèce, en 1971, s'est dotée d'un système d'appellations, calqué sur le modèle français. On y dénombre huit OPE (Onomasias Proelefsis Elenchomenis), l'équivalent des AOC, qui s'appliquent aux vins doux issus de muscat ou de mavrodaphne. Les OPAP (Onomasias Proelefsis Anoteris Piotitas) au nombre de vingt-deux. On y produit des vins de qualité issus d'un seul cépage, les vins de pays et les vins de table.

On répertorie six grandes régions viticoles. La première est le Péloponnèse, la plus dynamique avec ses sous-régions de Patras, de Némée et Mantiana. La deuxième réunit la Macédoine et la Thrace, qui sont parmi les régions les plus renommées pour leurs vins rouges, mais aussi pour la production d'Ouzo, regroupant les appellations Naoussa, Goumenissa, Amindeo et Côtes de Meliton. Dans le centre de la Grèce et la Thessalie, on retrouve la troisième, qui est la plus grande région viticole du pays et qui compte pour un tiers de la production nationale, sous les appellations Rapsani, Anchialos et Mesenikola. L'Épire et les îles Ionniennes, quatrième et plus petite région, rassemble les appellations Zitsa, Zante, Céphalonie et Corfou, du nom des îles. Entre le continent et la Turquie, se trouve la cinquième, qui regroupe les Cyclades où la viticulture y est aussi présente, entre autres sur les îles de Santorin, Paros, Rhodes, Cos et Limnos. Enfin, sur la plus grande des îles grecques, la Crète, on retrouve la sixième région viticole, qui est la plus ancienne de la Méditerranée et dont les plus grands vignobles sont Archanes, Peza, Dafnès et Sitia.

Bref, la Grèce est un pays en complète innovation qui allie tradition et modernité et qui n'a pas fini de faire parler de lui.

CHÂTEAU PORTO CARRAS

CHÂTEAU PORTO CARRAS   Tél. : + 23750 77000
Sithonia 2630 81   Fax : + 23750 71229
Chalkidiki   Courriel : wines@portocarras.com
                              Site Web : www.portocarraswines.com

Appellation de référence : Côtes de Meliton
Superficie : 4 500 ha
Production : ND
Cépages : Athiri, Assyrtiko, Rhoditis, Limnio, Cabernet sauvignon, Cabernet franc
Type de viticulture : Agrobiologie
Organisme et année de certification : Ecocert 1970

Domaine

Le vignoble du château Porto Carras est situé en Macédoine, sur les pentes nord de la montagne qui surplombent Porto Carras, port pittoresque de la presqu'île de Sithonia. Plus grand vignoble bio de Grèce, voire d'Europe, il s'étend sur 4 500 hectares et est planté de cépages autochtones et français, qui donnent naissance à des vins ayant droit à l'appellation d'origine Côtes de Meliton. Le vin de Château Porto Carras est issu de raisins cultivés en agriculture biologique.

Les vins

Château Porto Carras, Côtes de Meliton 2004 🐷 🐷 🐷 <u>**14,5/20**</u>
D'une teinte rubis assez intense aux reflets pourpres, ce vin s'ouvre sur un nez aromatique et complexe aux effluves de fruits noirs bien mûrs, notamment de prune et de mûre, combinés à des notes d'encaustique, de vanille et de noix de coco, en raison de son élevage sous bois. Cette gamme aromatique est complétée par des épices chaudes évoquant le romarin. La bouche, après une attaque franche, se révèle gourmande et structurée par des tanins fondus. Sa finale sur le bois et les fruits avec une pointe végétale lui confère une longueur fraîche.

ÉTATS-UNIS

S ur le territoire états-unien, il y a la Californie, qui compte à elle seule pour 90 % de la production viticole, et le reste.

La viticulture bio aux États-Unis, comme ailleurs, gagne du terrain et si on s'en tient aux chiffres, la Californie est en tête avec 2 % de sa surface viticole convertie d'après l'Institut du vin de Californie. Elle est en progression et enregistre une hausse de 61 %, entre 2007 et 2008, des demandes de certification des domaines. Aujourd'hui, quelque 9 000 hectares sont cultivés selon ce mode de culture à travers tout le pays.

Puisque les États-Unis ne reconnaissent pas la certification bio européenne, elle est réglementée dans ce pays par le National Organic Program (NOP). Cet organisme distingue trois catégories et les producteurs peuvent revendiquer sur l'étiquette, au choix, la mention « 100 % Organics » si 100 % des intrants sont bio et sans SO_2 ajouté, « Organics » avec 95 % des ingrédients bio et sans soufre ajouté ou encore « Made with organic grapes » avec au moins 70 % des constituants bio et pouvant contenir du SO_2 ajouté. Ce sont ces derniers que l'on retrouve majoritairement hors des frontières.

Cependant, vu la taille des exploitations et la faible réglementation, certains grands vignobles californiens n'ont qu'une faible partie de leur exploitation en bio sur un secteur bien défini.

Même si l'origine du vignoble californien remonte au XVIIIe siècle, on le considère comme appartenant au nouveau monde viticole, puisque ce n'est qu'à la fin des années soixante que de grandes *Wineries* se sont développées. Le phylloxéra et la prohibition avaient détruit une grande partie du vignoble d'alors.

Sur la côte ouest des États-Unis, le vignoble californien occupe une superficie d'environ 200 000 hectares. C'est une des régions viticoles les plus diversifiées du monde, avec quelque 100 cépages répertoriés, dans une multitude de zones viticoles, sous une diversité de microclimats et de sols. C'est pourquoi il existe une telle diversité dans le style des vins californiens.

En Californie, comme sur l'ensemble de ce pays, si la législation existe, elle est quelque peu laxiste, et contrairement à certains autres pays producteurs de vin, le viticulteur est libre de son encépagement et peut irriguer s'il le juge utile. Seule la chaptalisation et l'utilisation de certains produits sont réglementées.

Aux États-Unis, une appellation d'origine peut être le nom de l'État si le raisin provient entièrement de cet État ou le nom d'un comté, si 75 % du raisin entrant dans l'élaboration du vin provient de ce comté ou encore un district viticole si 85 % du raisin de ce vin est produit sur cette zone.

Sur le vignoble californien, on distingue cinq zones viticoles distinctes : la Côte Nord (avec ses appellations aux noms évocateurs de Mendocino, Sonoma et Napa), la Côte Centrale, la Côte Sud, la Sierra Nevada et la Vallée Centrale.

Si l'encépagement est laissé au libre arbitre du viticulteur, certains cépages ont pris de l'importance ces dernières années. Le cabernet sauvignon et le chardonnay sont toujours dominants, suivis du merlot, du zinfandel, du pinot noir, de la syrah, du sauvignon blanc et du viognier, ces autres cépages qui gagnent en popularité.

Face à l'augmentation de la consommation de vin aux États-Unis, son territoire viticole risque de s'étendre et on peut espérer que la part des vins bio suivra cet accroissement.

BONTERRA

BONTERRA VINEYARDS
2231 McNab Ranch Road,
Ukiah
California 95482

Tél. : + 707-744-7600
Fax : + 707-744-7605
Site Web : www.Bonterra.com

Appellation de référence : Mendocino
Superficie : 150 ha
Production : ND
Cépages : Chardonnay, Viognier, Roussanne, Sauvignon, Muscat, Zinfandel, Syrah, Merlot, Cabernet sauvignon, Sangiovese, Carignan
Types de viticulture : Agrobiologie et biodynamie
Organisme et année de certification : Organically Grown Grapes 1996

Domaine

Au nord de San Francisco, dans le comté de Mendocino, un des plus grands de Californie, ce domaine de 150 hectares fut un des pionniers de la culture en biodynamie aux États-Unis. La topologie des lieux et l'influence de la mer en font un lieu propice à la culture de la vigne. En se basant sur ce qui se faisait dans les jardins dans les années quatre-vingt, 10 acres de sauvignon ont servi d'essai. Les résultats obtenus se sont révélés si concluants qu'on a pris la décision de tout convertir. Les vignes traitées selon cette philosophie produisent des fruits de meilleure qualité et plus typiques du terroir. Ici, la viticulture, malgré sa prédominance, est associée à la polyculture dans le but de recréer un écosystème naturel. Toute forme de vie terrestre est ainsi réapparue.

L'approche est ancestrale, et les méthodes de viticulture utilisent les préparas de la biodynamie dans le but de stimuler le potentiel d'autodéfense de la plante et de régénérer le sol. On laisse faire la nature aussi pendant les vinifications, et ce sont des raisins sains qui sont rentrés au cuvier afin d'être vinifiés, puis élevés en barrique de chêne.

Les vins

Chardonnay, Bonterra, Mendocino Californie 2007 🍷 🍷 <u>15/20</u>
D'une teinte jaune paille aux reflets or, ce chardonnay s'ouvre sur un nez aux arômes grillés, beurrés, voire briochés, avec les fruits blancs sous-jacents, notamment la poire, accompagnés d'une note florale, voire mellifère. La bouche, après une attaque franche, montre un beau volume. Elle possède une belle densité et sa finale sur un boisé maîtrisé, s'avère fraîche sur une pointe minérale et de belle longueur.

Sauvignon blanc, Bonterra, Mendocino Californie 2008 🍷🍷 <u>15,5/20</u>
D'une couleur jaune pâle aux reflets vieil or, il émane de ce vin un nez expressif d'agrumes, notamment le pamplemousse rose, associés à une pointe d'ananas, le tout accompagné de notes végétales, avec en toile de fond une belle minéralité. La bouche s'avère tendue par une belle acidité et les arômes perçus au nez reviennent lui conférer une finale longue et rafraîchissante. Un vin élégant, de belle facture.

Viognier, Bonterra, North Coast Californie 2007 🍷🍷 <u>16/20</u>
Ce viognier se pare d'une couleur jaune paille assez intense et développe un nez aromatique aux effluves de fruits à chair jaune bien mûrs, notamment de pêche et d'abricot, combinés à de subtiles notes florales et grillées. D'une belle fraîcheur, il se révèle charmant grâce à une texture assez grasse offrant en rétro une pointe vanillée. La finale est longue et soutenue. Un vin de belle facture.

Cabernet sauvignon, Bonterra, North Coast Californie 2006 🍷🍷 <u>16/20</u>
Derrières sa robe pourpre intense se cache un nez aromatique sur des senteurs de fruits rouges et noirs, dont le cassis et la mûre, avec en toile de fond des notes épicées avec un côté réglissé. La bouche, friande et d'une belle amplitude, se structure par des tanins fins, de belle définition. En rétro, on perçoit les notes vanillées que lui confère son élevage maîtrisé dans une finale longue et persistante.

Zinfandel, Bonterra, Mendocino Californie 2007 🍷🍷 <u>15,5/20</u>
D'une couleur rubis pourpre, ce zinfandel montre un nez complexe, aromatique et riche qui évoque presque un porto par ses arômes intenses de fruits confiturés, notamment de cerise et de kirsch, combinés à des notes épicées de cannelle. En bouche, il se révèle gourmand, puissant et d'une densité quasi sucrée. Bien équilibré, il est opulent mais soutenu par des tanins soyeux et le bois lui apporte une complexité supplémentaire. Les épices en finale lui impriment une longueur appuyée. Un zinfandel luxuriant.

Merlot, Bonterra, Mendocino Californie 2006 🍷🍷 <u>16/20</u>
De couleur rubis soutenu, il exhale de ce vin des arômes puissants de fruits noirs, dont la guigne et le cassis, accompagnés de notes florales avec en arrière-plan des notes épicées et boisées sur la vanille. D'une belle acidité, la bouche renferme une matière bien texturée sur des tanins fondus. Il revient en finale sur les fruits et les épices avec ce côté vanillé, puis s'évanouit en laissant une agréable impression. Encore jeune.

AUTRES DOMAINES INTÉRESSANTS
BONNY DOON (Californie)
BEZINGER WYNERY (Californie)

CANADA

Ce jeune vignoble, puisqu'il n'a que vingt ans, surtout connu à travers le monde pour ses remarquables vins de glace, commence à se faire remarquer aussi pour ses vins secs. Sous ses allures rudimentaires, il existe bel et bien et gagne du terrain malgré la rudesse de ses hivers.

Face à cette expansion sur des terres vierges, il semble normal que la conduite de la vigne en biologie gagne elle aussi du terrain.

D'une superficie d'environ 12 000 hectares, le vignoble canadien se répartit sur quatre provinces : la Colombie-Britannique, l'Ontario, le Québec et la Nouvelle-Écosse. L'Ontario, surtout la péninsule du Niagara, représente le vignoble le plus important et produit les deux tiers des vins canadiens.

Bien qu'aujourd'hui, on compte de plus en plus d'espèces *vitis vinifera*, les hybrides sont encore beaucoup utilisés. Un système d'appellation d'origine, le VQA (Vintners Quality Alliance) est aujourd'hui en place pour réglementer l'origine des raisins.

L'Ontario regroupe, en plus des vignobles de Niagara, d'autres vignobles, disséminés dans le reste de la province, qui gagnent en notoriété, notamment Lake Erie North Shore, Pelee Island et le comté de Prince Edward.

À l'ouest, la Colombie-Britannique regroupe sous des microclimats propices à la viticulture, les vignobles de l'Okanagan Valley et de Similkameen Valley.

Le vignoble du Québec, qui date de 1983, se démarque et élabore aujourd'hui des blancs à base de cépages hybrides de belle facture. Parmi les viticulteurs du pays, deux ont fait le choix de conduire leur vigne en biologie, mais la superficie convertie, au total six hectares, reste encore très confidentielle.

L'avenir nous réserve encore de belles surprises.

QUÉBEC

VIGNOBLE DES NEGONDOS

Carole Desrochers
VIGNOBLE DES NEGONDOS
7100, rang Saint-Vincent
Saint-Benoît-de-Mirabel, Qc
J7N 3N1

Tél. : + (1) 450 258-2099
Courriel : info@negondos.com
Site Web : www.negondos.com

Appellation de référence : Québec
Superficie : 3 ha
Production : 10 000 bt/an
Cépages : Seyval, Vidal, Chambaudière, Cayuga, Geisenheim, Kgray, Sainte-Croix, Dechaunac, Maréchal Foch, Frontenac
Type de viticulture : Agrobiologie
Organisme et année de certification : Québec vrai, 1997

Domaine

Situé au cœur des Basses-Laurentides, dans la région de Deux-Montagnes, le Vignoble des Négondos a été planté de 10 000 pieds en 1995, à l'initiative de Carole Desrochers. C'est sa passion pour le vin qui a poussé cette travailleuse sociale à planter son propre vignoble après avoir vinifié dans son garage des raisins importés de Californie. Pour ce faire, cette autodidacte n'a pas hésité à plonger le nez dans les livres pour apprendre et comprendre. Quand fut le temps de s'installer, elle a opté pour cette région et surtout pour ses sols calcaires parsemés de roches. Pour une Desrochers, c'était normal. Dans cette aventure, elle est partie de zéro et, en plus de planter les cépages hybrides adaptés à la région, elle a construit une cave de vinification et un chai afin de sublimer ses raisins en cuve et en fût. Elle continue d'aller de l'avant et vient d'arracher une parcelle de dechaunac, car difficile à travailler et sensible au mildiou, et se demande si elle ne va pas replanter en blanc avec du cayuga. Le Québec, avec ses hivers rigoureux, se prête mieux aux blancs qu'aux rouges.

Certifié bio dès les premières années par Québec vrai, un organisme à but non lucratif géré par des Québécois, la propriété s'inspire des méthodes ancestrales dans un souci de respecter la nature et la santé des amateurs de bons vins. Le vignoble est travaillé mécaniquement et manuellement et aucun produit chimique n'est utilisé. La vinification est 100 % naturelle et, si elle a recours à la chaptalisation, c'est avec du sucre bio. Les doses de sulfites utilisées dans le processus d'élaboration sont limitées au minimum.

Ici, pas moins de huit vins sont élaborés.

Les vins

Opalinois, Vignobles des Négondos, Québec 2008 🐷 <u>**14,5/20**</u>
D'un jaune cristallin aux reflets argentés, ce vin issu de seyval s'ouvre sur les fruits blancs, dont la poire, associés à des notes d'agrumes, avec une touche florale, le tout sur une belle minéralité. La bouche, après une attaque franche, se révèle tendue par une acidité vive. Bien équilibré, ce vin possède du mordant et sa finale de longueur moyenne sur les agrumes, avec une pointe d'amertume, renferme une belle fraîcheur. Un vin droit et tendu.

Cuvée Saint-Vincent, Vignoble des Négondos, Québec 2008 🐷 <u>**14/20**</u>
Issu d'un assemblage de cayuga, de geisenheim, de vidal et de seyval, ce vin se pare d'une robe jaune paille aux reflets or et s'exprime par un nez frais aux arômes d'agrumes, de pamplemousse, mais aussi de fruits blancs et d'ananas, avec un côté végétal évoquant l'asperge et l'herbe fraîchement coupée, ce qui fait penser au sauvignon. L'attaque est nette et la bouche, sur une acidité mordante, s'avère tendue et d'une belle rectitude. La finale sur la minéralité lui confère une belle longueur rafraîchissante. Un vin tonique.

Orélie, Vignoble des Négondos, Québec 2007 🐷 <u>**13/20**</u>
Le seyval et le chambaudière s'allient dans cette cuvée élevée sous bois qui se teinte d'un jaune paille aux reflets or. Il émane de ce vin un nez de fruits secs, notamment d'amande, et de notes mellifères sur une trame très beurrée, voire lactée. La bouche dominée par le côté lacté, avec une pointe de vanille en raison du boisé, renferme une acidité fraîche. Tout doit encore se fondre et sa finale, toujours sur le beurre, possède une longueur moyenne.

Le Suroît, Vignoble des Négondos, Québec 2008 🐷 <u>**13,5/20**</u>
D'un rouge rubis aux reflets pourpres, moyennement intense et lumineux, il développe au nez des arômes de fruits acidulés, dont la fraise, la framboise et la groseille, avec une pointe épicée de muscade. La bouche, où les fruits explosent, est construite sur une acidité fraîche et une matière soutenue par des tanins fins. Un vin juteux, croquant, qui suit le nez et se dissipe sur une finale fraîche.

VIGNOBLE LES PERVENCHES

Véronique Hupin et Michael Marler   Tél. : + (1) 450 293 8311
VIGNOBLE LES PERVENCHES   Courriel : lespervenches@qc.aira.com
150, chemin Boulais   Site Web : www.lespervenches.com
Farnham, Qc
J2N 2P9

Appellation de référence : Québec
Superficie : 3 ha
Production : 10 000 bt/an
Cépages : Seyval, Chardonnay, Maréchal Foch, Frontenac, Zweigelt, Baco noir, Seyval noir
Types de viticulture : Agrobiologie et biodynamie
Organismes et années de certification : Ecocert 2008, Demeter 2009

Domaine

Ce petit domaine, qui est situé dans les Cantons-de-l'Est, a vu le jour en 1991 avec les premiers ceps de seyval blanc plantés au Québec. Depuis 2000, il est sous la houlette de Véronique Hupin et Michael Marler. Ces vignerons se sont donné pour mission de produire des vins de grande qualité en utilisant des méthodes alliant la technologie et la tradition, aussi bien à la vigne qu'au chai. Pour ce faire, ils ont choisi une viticulture respectueuse de l'environnement afin de faire revivre le terroir et de donner naissance à des vins racés. Ce vignoble est certifié en intégralité depuis 2008 par Ecocert Canada et en cours de certification en biodynamie par Demeter. Ils élaborent quatre cuvées : deux en blanc et deux en rouge.

Les vins

Seyval-Chardonnay, Les Pervenches, Québec 2008 🐷 🐷 <u>15/20</u>
Vinifié en chêne américain, d'une teinte jaune pâle à reflets verdoyants, il s'exprime par un nez aromatique alliant les fruits blancs, dont la poire, aux agrumes, mais aussi les fruits secs, notamment l'amande, sur une toile, fond légèrement épicée sur des notes vanillées, voire lactées. La bouche, après une attaque franche, se révèle tendue par une belle acidité. Bien équilibré, sur une agréable matière, il revient sur les épices et sur son côté beurré, ce qui lui confère une belle finale, longue et rafraîchissante. Un vin de belle facture ; droit et élégant.

Chardonnay-Seyval, Les Pervenches, Québec 2008 🐷 🐷 15,5/20
D'une teinte jaune paille aux reflets vieil or, ce chardonnay, unique au Québec, exhale au nez des arômes de fruits blancs, dont la pêche, combinés à des notes florales d'aubépine, voire des notes mellifères, avec une

pointe de fenouil et un petit côté lacté. En bouche, il possède une agréable franchise, sur une acidité fraîche et un beau volume. Bien équilibré, il revient sur le côté lacté dans un boisé fondu et bien intégré. Sa finale possède une longueur persistante nimbée d'une belle fraîcheur. Élégant et racé, il est très agréable. Une belle réussite québécoise.

Cuvée de Montmollin, Les Pervenches, Québec 2008 🍷 🍷 <u>14/20</u>
Rouge rubis foncé aux reflets violacés, il émane de ce vin de puissants arômes de fruits noirs mûrs, dont la mûre et la quetsche, associés à une touche épicée, le tout sur une belle fraîcheur. En bouche, l'acidité est vive, sur le juteux des fruits perçus au nez, et sa matière est supportée par des tanins souples. Sa finale possède une longueur moyenne sur l'acidité et les épices, dont la muscade.

ONTARIO

LE CLOS JORDANNE

Thomas Bachelder   Tél. : + (1) 905 562 9404
LE CLOS JORDANNE   Fax : + (1) 905 562 9407
2540 South Service Road   Courriel : info@leclosjordanne.com
Jordan Station, On   Site Web : www.leclosjordanne.com
L0R 1S0

Appellation de référence : VQA Niagara Peninsula
Superficie : 50 ha
Production : ND
Cépages : Chardonnay, Pinot noir
Type de viticulture : Agrobiologie
Organisme et année de certification : Ecocert Canada, 2005

Domaine

Situé dans la Péninsule de Niagara, en Ontario, le vignoble du Clos Jordanne résulte d'un partenariat entre Vincor Canada et Boisset France. Depuis sa création, en 2000, ce jeune vignoble, aux sols similaires à ceux de la Côte d'Or en Bourgogne, allie le Nouveau Monde et les traditions bourguignonnes. Sous la houlette de Thomas Bachelder, formé dans différents domaines prestigieux bourguignons, ce domaine élabore des vins dans le respect de l'environnement afin de révéler au mieux l'essence des terroirs de Niagara.

Des vins de forte personnalité qui allient les deux mondes.

Les vins

Village Réserve, Le Clos Jordanne, VQA Niagara Peninsula 2006
15,5/20

D'une couleur jaune dorée aux reflets or, ce chardonnay s'exprime par un nez aromatique dominé par la vanille, la noix de coco et le grillé, en raison de son élevage, laissant les fruits blancs et secs à l'arrière-plan. Après une attaque franche, la bouche se révèle ample et bien équilibrée mais sa matière est quelque peu alourdie par un boisé encore très présent. Sa finale possède une belle longueur persistante. Laissons faire le temps.

Village Réserve, Le Clos Jordanne, VQA Niagara Peninsula 2006
16/20

D'une teinte rubis lumineux aux reflets pourpres, ce pinot noir s'ouvre sur un nez aromatique aux effluves de fruits noirs et rouges, notamment de cerise et de noyau, combinés à des notes épicées avec une pointe de sous-bois et des arômes de vanille. La bouche, d'une acidité fraîche, renferme une belle matière structurée par une trame aux tanins fondus mais encore présents. Bien équilibré, il revient sur des arômes de torréfaction dans une finale de belle allonge. Encore marqué par le bois, il possède un beau potentiel.

AUTRE DOMAINE INTÉRESSANT

TAWSE WINERY (Niagara)

CHILI

L e Chili apprend vite et tient désormais un rôle substantiel sur la scène viticole internationale. Il occupe le neuvième rang de la production mondiale et la viticulture est devenue une des fiertés du pays.

S'il y a encore peu de temps, la viticulture biologique sur ce vignoble était quasi absente, à l'heure actuelle, le Chili est l'étoile montante de ce type de viticulture et quelques producteurs renommés convertissent de grandes surfaces à cette dernière. Aujourd'hui, environ 3 000 hectares sont déjà cultivés de cette façon. Dans quelque temps, ils feront partie des plus grands producteurs de vin bio du monde.

Il faut remonter au XVIe siècle pour attester de la présence de la vigne, importée ici par les conquistadors. Entre le Pacifique à l'ouest et la Cordillère des Andes à l'est, le paysage viticole de ce pays d'Amérique du Sud est spectaculaire. D'une superficie de 165 000 hectares, c'est essentiellement un vignoble de plaine qui s'étend au piémont de la Cordillère des Andes. Les reliefs variés et l'influence du climat méditerranéen font en sorte que le vignoble chilien jouit d'un écosystème viticole étonnant. Les saisons sont nettement marquées par des hivers assez froids et des périodes estivales ensoleillées.

De plus, le vignoble chilien bénéficie d'avantages non négligeables : il est exempt de phylloxéra et de mildiou ; l'irrigation est permise et, même si elle fait l'objet d'un large débat, bien maîtrisée, elle permet d'obtenir une qualité régulière des vins ; les sols sont neufs, ce qui donne plus de qualité. Finalement, la taille des exploitations est étonnante, puisque plus de 80 % ont une surface comprise entre 1 000 et 2 000 hectares et la main-d'œuvre est bon marché.

Le vignoble chilien est en pleine expansion et s'il était jusqu'à tout récemment concentré dans un couloir entre la cordillère des Andes et la cordillère côtière, dans les vallées d'Aconcagua, de Maipo, de Cachapoal, de Colchagua, de Curico et de Maule, il gagne du terrain et s'étend maintenant en bordure des côtes, dans les vallées de Casablanca, de San Antonio et de Leyda. La limite de la zone de la culture de la vigne est aussi repoussée vers le nord, dans les vallées d'Elqui, de Limari et de Choapa, à des latitudes autrefois considérées trop basses pour y produire des vins de qualité. Dans sa partie la plus méridionale, la vigne colonise les vallées d'Itata, de Bío bío et de Malleco, régions plus fraîches et plus propices aux blancs.

Sur ce vignoble, les cépages produits sont ceux connus mondialement. On retrouve en rouge le cabernet sauvignon, le merlot, le cabernet franc et le carmenère, cépage disparu du Bordelais qui revient à la mode au Chili. En blanc, on retrouve le chardonnay et le sauvignon blanc. Cependant, dans le sud, le cépage local país est encore répandu.

Ce pays a su conquérir les plus grands noms du vignoble français et mondial et on retrouve sur place Marnier-Lapostolle, Michel Laroche, ainsi que des partenariats entre maisons de grande renommée, notamment la maison Rothschild et Concha y Toro, ou Mondavi et Chadwick.

Les Chiliens sont donc aujourd'hui entrés de plain-pied dans la compétition. Ils exportent environ 60 % de leur production, et de nouvelles tendances se dessinent pour le plus grand plaisir de l'amateur.

CASA LAPOSTOLLE

Alexandra Marnier-Lapostolle   Tél. : + (562) 426 9960
CASA LAPOSTOLLE   Fax : + (562) 426 9966
Av. Vitacura 5250 OF. 901 Vitacura   Courriel : info@lapostolle
Santiago   Site Web : www.casalapostolle.com
Chili

Appellation de référence : Vallée de Colchagua
Superficie : 380 ha
Production : 900 000 bt/an
Cépages : Sauvignon blanc, Chardonnay, Cabernet sauvignon, Merlot, Carmenère, Syrah, Petit verdot
Types de viticulture : Agrobiologie et biodynamie
Organismes et année de certification : CERES 2005, Demeter sur la totalité en 2011

Domaine

Casa Lapostolle a été fondé en 1994, à la suite d'un coup de cœur d'Alexandra Marnier, arrière-petite-fille du fondateur de la liqueur éponyme et fille du propriétaire du Château de Sancerre, pour le vignoble d'Apalta dans la vallée de Colchagua, la partie sud de la vallée de Rappel. Ici, le climat est propice à la culture de la vigne et, de plus, les vignes sont encore franches de pied (non greffées). D'une superficie totalisant aujourd'hui environ 380 hectares, le vignoble de Casa Lapostolle se répartit dans trois différents vignobles : le vignoble de Las Kuras à Cachapoal, ceux d'Atalayas à Casablanca et celui d'Apalta.

Depuis 2000, le vignoble y est conduit en biodynamie, Casa Lapostolle ayant été convaincue de ses bienfaits par une dégustation à l'aveugle organisée par Anne-Claude Leflaive, du Domaine éponyme en Bourgogne, où étaient mêlés des vins issus de viticulture conventionnelle, de viticulture bio et de viticulture biodynamique originaires d'une même parcelle. En constatant une réelle différence dans les vins, notamment sur le plan de la minéralité, Alexandra Marnier-Lapostolle a décidé de sensibiliser les employés de son vignoble chilien et de le convertir progressivement vers une viticulture en biodynamie.

De plus, comparé à la Bourgogne, le climat chilien s'avère plus sain et plus propice à ce type de viticulture. Pour ce faire, elle a fait appel à Alan York, un californien, spécialiste de la biodynamie connaissant les conditions climatiques de ce pays. Même si les premiers essais ne furent pas trop concluants, petit à petit, l'enthousiasme des employés s'est manifesté et la conversion s'est amorcée. Les vignobles sont plantés de fleurs un rang sur deux et labourés sur l'autre. Sur certaines parcelles, ils ont même recours à la traction animale. Afin de recréer un écosystème, des poules, des oies et même des vaches ont été introduites dans les vignes. De plus, l'utilisation de ce type de culture sur le potager avec des résultats plus rapidement observables a fini de convaincre les employés. Ils ont également su influencer leur voisin, Santa Émiliana, dorénavant converti en bio.

Aujourd'hui, déjà la moitié du vignoble de Las Kuras est certifié et, d'ici 2011, l'intégralité de Casa Lapostolle, avec les cuvées Alexandre et Clos Apalta, sera en biodynamie, qu'ils adaptent à cette région. Des essais avec un arbre qui posséderait des vertus similaires à l'ortie sont en cours. Pour mener la conversion à bien, ils ont dû faire appel à une main-d'œuvre plus importante, car les ouvriers doivent faire beaucoup de travaux à la main pour mieux maîtriser les techniques de ce type de viticulture.

Sur les vins d'entrée de gamme Lapostolle, une part de raisins provient de vignobles extérieurs à la propriété, ce qui rend plus compliqué de garantir la conduite en bio.

Si la culture des raisins est importante, il en va de même à la cave. Pour cela, Alexandra s'est dotée d'un chai ultramoderne où tout se fait par gravitation. Des vins qui, d'année en année, gagnent en finesse et en élégance pour notre plaisir.

Les vins

Cuvée Alexandre, Cabernet sauvignon, Casa Lapostolle Apalta Estate, Colchagua Vallée 2007 🍷 🍷 🍷 <u>16,5/20</u>
Ce vin issu de vignes de quatre-vingts ans non irriguées, élaboré majoritairement à partir de cabernet sauvignon avec une pointe de merlot, arbore une couleur rubis foncé aux reflets violacés. Il s'ouvre sur un nez aromatique et puissant de fruits noirs, notamment le cassis et la mûre, associés à des notes épicées mais aussi de café et de chocolat en raison d'un boisé maîtrisé. La bouche s'avère riche, puissante, d'un beau volume, construite sur une acidité rafraîchissante et des tanins juteux. Un vin de belle concentration qui confirme en rétro-olfaction les arômes perçus au nez où le boisé est bien intégré. Bien équilibré, il s'évanouit en douceur dans une finale soutenue, sur la minéralité qui lui confère fraîcheur et longueur. Un vin d'une belle digestibilité, même si aujourd'hui encore un peu jeune.

Le chardonnay et le merlot de la game Lapostolle, même si issus d'un peu de négoce, sont des vins bien équilibrés, plaisants et sans artifice.

VINA CONO SUR

VINA CONO SUR
Av. Nueva Tajamar 481 Torre Sur
Oficina2101, Las Condes
Santiago, Chili

Tél.: + (562) 476 50 90
Fax: + (562) 203 67 32
Site Web: www.conosur.com

Appellation de référence: Vallée de Colchagua
Superficie: 250 ha
Production: ND
Cépages: Chardonnay, Sauvignon blanc, Viognier, Cabernet sauvignon, Carmenère, Pinot noir
Type de viticulture: Agrobiologie
Organisme et année de certification: BCS Oeko Garantie GMBH Germany 2003

Domaine

Créé en 1993, Cono Sur tire son nom de sa localisation géographique. Depuis 1999, 40 hectares sont certifiés bio, mais Cono Sur continue sa conversion et ce sera bientôt 250 hectares qui seront convertis avec le millésime 2010.

La bicyclette sur l'étiquette est un hommage aux ouvriers qui viennent travailler en vélo.

La devise de Cono Sur : « *Drinking a Cono Sur wine is now greener.* »

Les vins

Chardonnay, Cono Sur, Vallée de Colchagua 2008 🍇 🍇 15,5/20
D'une couleur jaune pâle à nuances verdâtres, il dégage au nez des arômes frais sur les agrumes, associés à des notes plus florales ainsi qu'à des fruits blancs. La bouche renferme une belle fraîcheur tout en finesse. Élégant sur une belle matière au boisé bien intégré, il possède une finale de belle allonge. Un vin droit de belle facture.

Carmenère/Cabernet Sauvignon, Cono Sur, Vallée de Colchagua 2008 🍇 🍇 16/20
Le seul officiellement en bio dans ce millésime. Il se pare d'une couleur foncée aux accents grenatés et s'ouvre sur un nez expressif aux arômes de fruits rouges et noirs, dont la fraise, la framboise et la prune, avec une pointe végétale, combinés à des notes épicées de poivre et à la vanille en raison d'un boisé subtil. La bouche est friande et onctueuse sur une acidité fraîche et une matière supportée par des tanins fondus et ronds. Bien équilibré, il revient sur les arômes perçus au nez pour se dissiper sur une finale longue et persistante de belle fraîcheur. Encore tout jeune, mais le temps l'épanouira.

🍷 **Pinot noir Reserve, Cono Sur, Casablanca Valley 2008** 🍷 🍷 <u>16,5/20</u>
D'une teinte rubis lumineux aux reflets pourpres, il développe un nez frais
aux arômes de fruits rouges comme la fraise, la framboise et la cerise, associés à une pointe florale, le tout dans une atmosphère épicée, poivrée sur
un boisé bien intégré. La bouche est franche, sur les fruits et les épices,
d'une matière structurée par des tanins fins et élégants. Bien
équilibré, sa finale renferme une agréable fraîcheur et une longueur soutenue. Un vin élégant, de belle facture.

NATIVA

NATIVA	Tél. : + 56 (2) 362 21 22
Av. Apoquindo 3669	Fax : + 56 (2) 263 15 99
Of. 701	Courriel : info@nativa.cl
Santiago du Chili	Site web : www.nativa.cl

Appellation de référence : Vallée de Maipo
Superficie : 150 ha
Production : ND
Cépages : Chardonnay, Sauvignon blanc, Gewurztraminer, Carmenère,
Cabernet sauvignon, Merlot, Pinot noir, Cabernet franc
Type de viticulture : Agrobiologie
Organisme et année de certification : NOP « Organically Grown
Grapes » 1995

Domaine

Fer de lance de la viticulture bio au Chili, le domaine Carmen, du nom de
la femme du fondateur en 1850, est situé dans la vallée de Maipo au pied
des Andes, à 35 km de Santiago, la capitale du Chili. En 1987, son acquisition par la maison Viña Santa Rita lui a donné une impulsion nouvelle.

Ce domaine a été le premier à produire un vin issu de raisins de
culture biologique au Chili. Nativa, nom de la gamme bio, se décline en
plusieurs cépages. Aujourd'hui, 150 hectares sont convertis, mais le projet ne s'arrête pas puisqu'au total quelque 250 hectares seront cultivés en
bio. Sur ces vignes, la nature et le raisin sont respectés, aucun produit chimique n'est utilisé dans la viticulture ni dans les vinifications. Les vins de
la gamme Nativa respectent l'environnement et sont représentatifs de leur
terroir. Toutes les étiquettes et bouteilles sont même faites à partir de matériaux recyclés.

Les vins

🍷 **Sauvignon blanc, Nativa Terra, Curico Valley 2009** 🐷 🐷 <u>**15,5/20**</u>

D'une teinte jaune pâle aux reflets argentés, il s'ouvre sur un nez expressif aux arômes de fruits blancs, dont la pêche et l'ananas, ainsi que
d'agrumes, le tout dans une ambiance végétale aux effluves de feuilles de
tomate. La bouche, après une attaque franche et vive, se tend
grâce à une belle acidité. D'un beau volume et bien équilibré,
il revient sur les arômes perçus au nez dans une agréable finale
de moyenne longueur.

🍷 **Gewurztraminer, Nativa Terra Reserva, Colchagua Valley 2008**
🐷 🐷 <u>**15,5/20**</u>

De couleur jaune paille clair, il s'exprime par un nez aux fragrances de
rose, de muguet et de litchi, d'une belle fraîcheur sur une pointe de minéralité. L'attaque est vive, grâce à son acidité, et la bouche se
révèle bien équilibrée par sa matière agréablement parfumée
en continuité du nez. Il se dissipe sur une pointe d'amertume
qui accentue sa fraîcheur en finale. Un vin élégant et racé.

🍷 **Chardonnay, Nativa Gran Reserva, Single Vineyard 2006** 🐷 🐷 <u>**16/20**</u>

Jaune or aux reflets verts, il émane de ce vin un nez frais de fruits secs,
notamment d'amande, avec un côté grillé, vanillé et beurré en raison du
boisé bien intégré, le tout dans une belle minéralité. La bouche se révèle
complexe, ample, sur une acidité assez vive. D'une belle densité,
il revient sur le côté beurré et fruité avec cette pointe de vanille,
mais sans exagération. Bien équilibré, il possède une finale de
belle longueur nimbée d'une pointe de fraîcheur agréable.

🍷 **Carmenère, Nativa Terra, Curico Valley 2008** 🐷 🐷 <u>**15/20**</u>

Rubis intense aux reflets violacés, il développe un nez aux arômes de fruits
noirs, notamment la prune et la mûre, combinés à une pointe végétale par
des notes de poivron vert et de tomate avec en toile de fond une
touche épicée et boisée. Le bois domine plus en bouche.
Construit sur une belle matière soutenue par des tanins fondus.
La finale s'avère de belle longueur. Encore jeune et fougueux.

🍷 **Cabernet sauvignon, Nativa Terra, Rappel Valley 2007** 🐷 🐷 <u>**14,5/20**</u>

D'une teinte rouge pourpre aux nuances violacées, il se dévoile sur les fruits,
dont la quetsche et la framboise, accompagnés de notes de
sous-bois sur un côté épicé et une pointe de chocolat. En
bouche, il s'avère friand, sur les arômes du nez, dense, supporté
par des tanins fondus. La finale possède une belle allonge.

Cabernet sauvignon, Nativa Gran Reserva, Single Vineyard 2006
🍷 🍷 **16/20**

Sous sa couleur rouge sombre avec des reflets pourpres, il émane de ce vin des arômes puissants et complexes de cèdre et de feuille de tabac associés à un côté réglissé, voire poivré, complétés par des notes végétales et de fruits noirs. La bouche est riche, puissante sur les arômes perçus au nez. D'une belle matière soutenue par des tanins relativement souples, il est bien équilibré, encore jeune, mais très prometteur. La finale possède une belle longueur appuyée.

SEÑA ESTATE

Famille Chadwick
SEÑA ESTATE
Avenida Nueva Tajamar 481
503 Torre Sur

Tél.: + 56 2 339 31 00
Fax: + 56 2 203 66 90
Courriel: wine.report@errazurriz.cl
Site Web: www.sena.cl

Appellation de référence: Vallée d'Aconcagua
Superficie: 50 hectares
Production: ND
Cépages: Cabernet sauvignon, Merlot, Malbec, Cabernet franc, Petit verdot, Carmenère
Types de viticulture: Agrobiologie et biodynamie
Année de certification: 2004

Domaine

Né d'un partenariat entre Robert Mondavi et Eduardo Chadwick de Viña Errázuriz, ce domaine appartient depuis 2004 à la famille Chadwick.

Au nord du Chili, dans la vallée d'Aconcagua aux hivers pluvieux et aux étés ensoleillés, sous un microclimat étudié au préalable, Eduardo Chadwick conduit son domaine en biodynamie. Il est convaincu que c'est la seule façon d'obtenir un vin d'expression du terroir. Pour ce faire, il a su s'entourer des conseils d'un biodynamiste.

La mission que Seña s'est fixée, c'est de produire un grand vin qui respecte l'essentiel du raisin et du terroir chilien. Les vins issus des différents cépages sont assemblés assez tôt pour que les saveurs et les nuances des différentes variétés de raisin se fondent durant l'élevage en barrique. Un vin qui sait parler de lui-même.

Les vins

Seña, Mondavi & Chadwick, Aconcagua Chili 2006

 **16,5/20**

Issu de l'assemblage de cabernet sauvignon, de merlot, de cabernet franc et de carmenère, il se teinte d'une couleur d'encre, rubis intense et profond, et s'ouvre sur un nez puissant et complexe aux arômes de fruits noirs mûrs, dominés par le cassis, mais aussi les autres fruits sauvages, combinés à des notes épicées et des effluves de torréfaction, c'est-à-dire de moka avec une pointe chocolatée. L'attaque est puissante grâce à une matière de belle concentration. Un vin puissant, à la matière dense, soutenue par des tanins élégants. Le boisé encore un peu présent ne demande qu'à se fondre pour rendre l'équilibre encore plus harmonieux. Il revient sur les épices avec des notes de vanille et de fruits, dans une finale de belle amplitude. Encore jeune, laissons-lui le temps de s'affiner.

TARAPACA

TARAPACA   Site Web : www.tarapaca.cl

Isla de Maipo

Appellation de référence : Maipo Valley
Superficie : 600 ha
Production : 15 millions de litres
Cépages : Viognier, Carmenère, Malbec, Cabernet sauvignon, Cabernet franc, Mourvèdre, Syrah, Pinot noir
Types de viticulture : Agrobiologie et biodynamie
Organisme de certification : CERES

Domaine

Connu dans un premier temps sous le nom de Vina Rojas, du nom de son créateur en 1874, puis renommé Vina Zavala par son nouveau propriétaire, ce domaine se nomme aujourd'hui Vina Tarapaca Ex Zavala, à la suite du divorce de ce dernier. Il est situé au pied de la cordillère des Andes, entre Isla de Maipo et Talagante, à seulement 40 minutes de Santiago. Les raisins bio qui élaborent cette cuvée proviennent du vignoble d'Isla de Maipo, où les meilleures conditions sont réunies pour la conduite en biologie car ce vignoble est protégé par un écosystème sans risque de contamination.

Les vins

Tarapaca + Plus, Maipo Valley 2007 🐑 🐑 <u>14,5/20</u>

Issu de l'assemblage de cabernet sauvignon, cabernet franc, carmenère et syrah, il se teinte d'un rouge rubis intense et profond aux reflets violacés et s'ouvre après aération sur un nez aromatique et complexe aux arômes de fruits noirs mûrs, dont la prune, la mûre et le cassis, combinés à des notes épicées sur une toile de fond réglissée, une pointe de torréfaction, voire de goudron. La bouche est intense, sur une matière ample, soutenue par des tanins fondus. Sa rétro sur le cassis associée au boisé lui confère une finale assez longue. Un vin qui possède du caractère.

AUTRE DOMAINE INTÉRESSANT

ERRAZURIZ (Vallée d'Aconcagua)

ARGENTINE

L'Argentine, qui doit sa renommée internationale au malbec, cépage rouge bordelais et surtout cadurcien, introduit à Mendoza au milieu du XIXe siècle, a réussi à se hisser au cinquième rang mondial en matière de viticulture. De l'autre côté de la cordillère des Andes, par rapport au Chili, ce pays bénéficie de conditions naturelles opposées.

Grâce à la faible humidité, à l'altitude élevée et à l'air froid des montagnes, dans ces régions viticoles, la vigne est relativement préservée des insectes et des maladies, contrairement aux autres régions viticoles mondiales. En conséquence, peu ou pas de traitements sont nécessaires, ce qui permet plus aisément de conduire la viticulture en biologie, méthode de culture qui s'étend de plus en plus dans ce pays. Aujourd'hui, ce sont même les grandes maisons qui se convertissent, même si ce n'est encore que partiellement.

Face à l'importance de la taille des exploitations viticoles, la surface bio s'accroît d'année en année et représente maintenant 4 000 hectares. Depuis 1998, les autorités reconnaissent Letis S.A., comme organisme certificateur de produits bio en Argentine.

La vigne est arrivée en Argentine par les colonisateurs espagnols et propagée grâce au clergé. Le vignoble argentin s'est cependant développé avec les grandes vagues d'immigration espagnole et italienne du milieu du XIXe siècle, ce qui explique cette grande diversité de cépages. Les années quatre-vingt-dix ont propulsé l'Argentine parmi les leaders des pays producteurs de vin, ce qui l'a poussée à se tourner vers l'export même si, aujourd'hui, l'export ne représente encore que 5 % de la production mondiale.

Le vignoble argentin, d'une superficie de 200 000 hectares, se situe comme son homologue chilien à la limite de la zone de culture de la vigne et doit son existence à l'altitude. Effectivement, ce vignoble au pied des Andes est planté à des altitudes comprises entre 700 et 1 400 m, voire jusqu'à 3 000 m, dans la province de Salta. À cette hauteur, les conditions climatiques sont plus propices à la viticulture. Les hivers y sont froids et les étés chauds, mais les températures descendent suffisamment bas la nuit.

Même si le malbec règne en maître absolu, la palette des cépages est très diversifiée et on retrouve du bornada, du cabernet sauvignon, de la syrah, du tempranillo en rouge et du chardonnay, du torrontes, du sauvignon et autres en blanc. Quelque 70 % de la viticulture se concentrent dans la région de Mendoza avec sa ville éponyme qui compte parmi les capitales mondiales du vin. Cette région de longue tradition viticole s'est aujourd'hui tournée vers la qualité et bon nombre d'investisseurs français et d'autres pays du monde y ont aujourd'hui développé quelque chose, seuls ou en partenariat, notamment Michel Roland avec Clos de Los Siete, mais aussi la famille Bonnie du Château Malartic-Lagravière avec la Bodega DiamAndes, pour n'en citer que quelques-uns. Ce qui fait qu'aujourd'hui la notion de « terroir » ou, du moins, de parcelles, est prise en compte pour valoriser les cépages. Si cette région représente les deux tiers de la superficie viticole de l'Argentine, elle n'est plus la seule à compter et d'autres régions se développent, notamment juste au sud, celle de San Juan. Au nord, le vignoble de Salta, considéré comme étant le plus haut perché du monde, est planté de torrontes, mais la région de La Rioja l'est également, sans oublier au sud du pays, les vins de Patagonie.

Aujourd'hui, l'Argentine continue son ascension et joue du coude avec le Chili pour la première place en Amérique du Sud.

BODEGA NOÉMIA DE PATAGONIA

BODEGA NOÉMIA DE PATAGONIA   Tél. : + 54 929 41 53 04 12
Ruta Provincial 7, Km 12   Site Web : www.bodeganoemia.com
Valle Azul — Rio Negro
BOD N-72431

Appellation de référence : Patagonie
Superficie : 13 ha
Production : 65 000 bt/an
Cépages : Malbec, Merlot
Types de viticulture : Agrobiologie et biodynamie
Organisme de certification : Argencert

Domaine

La Bodega Noémia de Patagonia est née de la découverte d'une vieille vigne de Malbec plantée en 1930 dans la vallée de Rio Negro, à peu près à 1 000 km de Buenos Aires.

La comtesse Noemi Marone Cinzano, productrice italienne et l'œnologue danois Hans Vinding-Diers ont trouvé le terroir et le climat de cette vallée parfaits pour la vigne.

Ils utilisent le terme « Terre de rêve » pour décrire cette oasis au milieu du désert de Patagonie parce que trouver là un si vieux vignoble relève du rêve. L'atmosphère non polluée et pure est propice à la culture fruitière et c'est là que, dans les années 1900, un immigré italien a planté le premier vignoble de cépages français.

Dans un tel endroit, il était naturel de conduire ce vignoble en culture biologique.

Les vins

A Lisa, Bodega Noémia de Patagonia, Patagonia 2008 🍷🍷🍷 **15,5/20**
Malbec majoritairement avec une pointe de merlot, il se pare d'une robe rubis profonde aux reflets violacés et s'ouvre sur un nez aromatique aux effluves de fruits noirs, dont le cassis et la prune, combinés à une pointe épicée, avec en toile de fond des notes grillées, une pointe de réglisse et de tabac. La bouche se révèle dense, sur les fruits, d'une texture supportée par des tanins fondus, le tout dans une acidité perceptible. Sa finale boisée possède une belle allonge. Encore jeune, laissons agir le temps.

J Alberto, Bodega Noémia de Patagonia, Patagonia 2008
🍷🍷🍷 **16/20**
Composé essentiellement de malbec avec une pointe de merlot, ce vin de couleur rubis intense développe au nez des arômes puissants de fruits

noirs mûrs, notamment de cerise et de cassis, combinés à des notes chocolatées, sur une trame boisée. La bouche, ample, puissante, d'une grande concentration sur des tanins charnus, mais présents, possède une acidité fraîche. Bien équilibré, il revient sur les fruits noirs avec une pointe florale et des effluves boisés. Une pointe de sucrosité subsiste, ce qui le rend moelleux. Belle longueur en finale sur une pointe d'alcool. Tout est là, mais il est encore tout jeune et possède un beau potentiel de vieillissement.

FAMILIA ZUCCARDI

José Alberto Zuccardi   Site Web : www.familiazuccardi.com
FAMILIA ZUCCARDI

Appellation de référence : Mendoza
Superficie : 650 ha
Production : ND
Cépages : Torrontes, Chardonnay, Sauvignon blanc, Pinot grigio, Viognier, Malbec, Carmenère, Tempranillo, Cabernet sauvignon, Merlot, Pinot noir, Bonarda, Syrah, Grenache, Verdelho, Touriga nacional, Ancellota, Caladoc, Marselan, Tannat
Type de viticulture : Agrobiologie
Organisme et année de certification : Letis S.A. 1998

Domaine
Situé à Mendoza, cette *winery* a été fondée en 1963 par Alberto V. Zuccardi. Elle est aujourd'hui dirigée par son fils. Le vignoble se répartit entre Vista Flores, Altamira, Maipo et Santa Rosa dans le district de Mendoza. Depuis le début, par respect pour l'environnement, le vignoble a été conduit de façon naturelle et, depuis 1998, en biologie. Aujourd'hui, un tiers du vignoble est certifié bio et planté sur des sols autrefois désertiques qui sont revenus à la vie grâce à l'eau très pure des Andes.

Les vins
Vida Organica Sparkling Chardonnay, Familia Zuccardi, Mendoza 2007 🐑🐑 14/20
D'une teinte jaune paille à reflets or, de laquelle se dégage une mousse abondante, il émane de cet effervescent élaboré à base de chardonnay des arômes de fruits blancs, dont la poire, et de fruits secs, associés à des notes briochées, voire beurrées, sur un fond légèrement caramel. La bouche se révèle franche sur une acidité fraîche et une belle matière. Équilibré, il

s'achève par une fraîcheur accentuée par des bulles assez évanescentes sur une finale de longueur moyenne.

Fuzion Organico, Familia Zuccardi, Mendoza 2009 12/20
Issu d'un assemblage de malbec et de cabernet, il se teinte d'une couleur pourpre assez soutenue et s'ouvre sur un nez aux arômes dominés par un côté animal laissant la place aux fruits noirs mûrs comme le cassis et la mûre. La bouche, d'une acidité fraîche, se révèle alourdie par une pointe de sucrosité et soutenue par des tanins assez fondus. La finale sur le cassis est assez simple.

Organica Cabernet Sauvignon, Santa Julia, Familia Zuccardi Mendoza 2007 13/20
Sous sa robe rouge rubis intense se dissimule au nez des effluves de fruits noirs, notamment de mûre, combinée à une pointe d'épices. En bouche, il se révèle volumineux sur une pointe de sucre associée à une texture dense sur un boisé qui doit s'intégrer et des tanins indéfinis. La finale, fruitée, s'avère de moyenne longueur.

AFRIQUE DU SUD

L'arrivée en Afrique du Sud des Huguenots français, après la révocation de l'édit de Nantes au XVIIe siècle, marque le début de la viticulture dans ce pays. En effet, ils ont apporté avec eux non seulement leur savoir-faire, mais aussi leurs plants de vignes.

Depuis plus de trois siècles, le vignoble n'a cessé de croître pour atteindre environ 120 000 hectares aujourd'hui, ce qui range ce pays au dixième rang des pays producteurs de vins.

Depuis la fin de l'apartheid, l'Afrique du Sud a relancé son industrie viticole et, depuis le début des années quatre-vingt-dix, le vignoble sud-africain n'a cessé de se développer, et ce, aussi sur le plan qualitatif afin de se repositionner sur le marché mondial. Il est donc logique qu'aujourd'hui, face à la progression des vins issus de culture biologique, l'Afrique du Sud voit une partie de sa surface viticole se convertir petit à petit en bio. De plus, le programme « The Biodiversity and Wine Initiative » (Initiative de la biodiversité et du vin) incite les viticulteurs à préserver la flore naturelle dans la région du Cap où le royaume floral serait le plus riche de la terre.

Sous un climat de type méditerranéen influencé par le courant marin de Benguela qui permet un rafraîchissement de la côte ouest, la vigne a trouvé là un lieu de prédilection. Si ce vignoble produisait traditionnellement du vin blanc, il passe au rouge qui occupe aujourd'hui plus du quart du vignoble.

Le système d'appellation des Vins d'Origine créé en 1974 ne cesse d'évoluer et on retrouve une certaine hiérarchie, de l'appellation « régionale », la plus étendue aux « wards » qui, plus petite, correspondrait à l'équivalent des appellations communales en France en passant par les « Districts ». La Coastal Region, région du Cap, est le berceau de la viticulture en Afrique du Sud, où l'on retrouve les plus anciens vignobles, notamment les vignobles de Constantia, de Durbanville, de Stellenbosch, de Paarl, de Swarland et de Franschloek, plantés des cépages internationaux comme le cabernet sauvignon, le shiraz, le merlot, le chenin, le chardonnay, mais aussi le pinotage. D'autres vignobles se développent, notamment ceux de Robertson, de Worcester, de Swellendam dans la Breede River Region, et celui de Douglas, dans l'Orange River Region ou encore Tulbagh dans la Boberg Region. Les vignobles de Oliphant Region, de Klein Karoo Region, d'Overberg et de Picketberg ne sont pas à laisser pour compte pour autant.

Le potentiel des fabuleux terroirs de ce pays attire de grands noms qui investissent et qui font non seulement parler d'eux mais de leurs vins et, par conséquent, des vins de toute l'Afrique du Sud. Un pays qui allie traditions européennes au nouveau monde viticole.

AFRICAN TERROIR
AFRICAN TERROIR   Site Web : www.african-terroir.co.za

Appellation de référence : Afrique du Sud
Superficie : 130 ha
Production : ND
Cépages : Sauvignon blanc, Chardonnay, Chenin blanc, Colombard, Pinotage, Merlot, Cabernet sauvignon, Shiraz
Type de viticulture : Agrobiologie
Organisme et année de certification : Control Union 1996

Domaine
C'est parce que African Terroir est concerné par l'impact des pesticides sur la santé que les propriétaires ont décidé d'élaborer un vin organique. Le raisin provient de la Sonop Farm, où il est cultivé en biologie sans produits chimiques. Il en va de même à la cave où le vin est élaboré le plus naturellement possible.

Les vins « Winds of change » sont également certifiés « Commerce équitable » puisque les travailleurs de Sonop se sont vu donner des terres et des maisons, et que leur éducation est fournie par une partie des recettes des ventes des vins.

Les vins
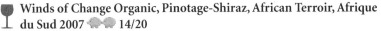
Winds of Change Organic, Pinotage-Shiraz, African Terroir, Afrique du Sud 2007 ⬤⬤ 14/20
Issu d'un assemblage de pinotage et de shiraz, ce vin d'une couleur rubis aux nuances pourpres développe au nez des arômes de fruits noirs, notamment de mûre, combinés à des notes de sous-bois, mais aussi des effluves végétux d'eucalyptus et de poivron, le tout dans une ambiance de fumée. L'attaque est souple sur une pointe de sucrosité et la bouche structurée par des tanins qui manquent de définition. Sa finale sur les fruits et le boisé possède une longueur moyenne sur une pointe d'amertume.

LAIBACH VINEYARDS

Famille Laibach
LAIBACH VINEYARDS
Klapmuts Road
P.O. Box 7109
Stellenbosch
7599 South Africa

Tél. : + 27 21 88 44 511
Fax : + 27 21 88 44 848
Site Web : www.laibachwines.com

Appellation de référence : Simonsberg-Stellenbosch
Superficie : 42 ha dont 18 certifiés
Production : ND
Cépages : Chardonnay, Chenin blanc, Viognier, Cabernet sauvignon, Merlot, Pinotage, Cabernet franc, Petit verdot, Malbec
Type de viticulture : Agrobiologie
Organisme et année de certification : SGS 2001

Domaine

La famille Laibach, originaire d'Allemagne, installée à Simonsberg à côté de Stellenboch depuis 1994, élabore un des premiers vins biologiques d'Afrique du Sud. Le vin Ladybird, qui signifie coccinelle, est nommé ainsi parce que ces insectes jouent un rôle dans le contrôle des insectes nuisibles. Il est issu d'une partie du vignoble conduit en agriculture biologique.

Les vins

The Ladybird Organic, Laibach, Simonsberg-Stellenboch 2007
🐞🐞 **13,5/20**
Issu de l'assemblage de merlot, cabernet franc, cabernet sauvignon, malbec et petit verdot, ce vin d'une couleur rouge pourpre assez intense s'ouvre sur un nez aux odeurs animales dont le cuir et la sueur, qui masquent les fruits sous-jacents combinés à des notes florales, le tout sur des effluves légèrement boisés. L'attaque est souple et la bouche de moyenne envergure se révèle sur une texture soutenue par des tanins fondus. Sa finale, dotée d'une amertume avec une pointe asséchante en raison du boisé, s'avère de longueur moyenne.

INDEX DES DOMAINES, MAISONS ET CAVES CLASSÉS PAR ORDRE ALPHABÉTIQUE

INDEX DES DOMAINES, MAISONS ET CAVES CLASSÉS PAR RÉGION

INDEX DES VINS BIO DISPONIBLES À LA SOCIÉTÉ DES ALCOOLS DU QUÉBEC (SAQ)

Notez que c'est volontairement que l'auteur n'a pas mentionné les millésimes, ceux-ci pouvant être différents de ceux dégustés. Les autres vins du guide sont, pour la plus part, disponibles en Importation Privée auprès des agences qui les représentent.

REMERCIEMENTS

À tous les viticulteurs qui travaillent fort pour redonner vie à leur terroir et qui m'ont chaleureusement accueilli. Aux agences qui m'ont facilité la collecte d'échantillons. À toutes les personnes qui m'ont aidé dans mes recherches. À mes parents et amis qui m'ont soutenu et encouragé au cours de mon périple et pendant la rédaction. Pour n'en citer que quelques-uns : Gilles Grman, Isabelle, Florence, Anne-Pascale, Meriem, Johanne et tous les autres qui se reconnaîtront dans le mot « ami ».